ein Ullstein Buch

W0030352

ÜBER DAS BUCH:

Sexualverhalten von der Pubertät bis ins fortgeschrittene Alter, erfolgreiche sexuelle Praktiken, Sex während und nach der Schwangerschaft, Erotik ohne Partner, weibliche und männliche Sexualstörungen u. a. – selten ist so offen wie hier über sexuelle Aktivitäten und Wünsche geschrieben worden. Die beiden Sexualtherapeutinnen Lonnie Barbach und Linda Levine befragten 120 Frauen, die sich freiwillig bereit erklärt hatten, über ihr sexuelles Leben Auskunft zu geben. Aus diesen Interviews entstand das vorliegende Buch. Die beiden Autorinnen glauben, daß die positiven Erfahrungen ihrer Gesprächspartnerinnen dazu beitragen können, anderen Frauen bei der Lösung ihrer sexuellen Probleme zu helfen.
»Das Ergebnis ist ein Potpourri von Ideen, beigesteuert von Frauen unterschiedlichster Herkunft und aus allen Lebensaltern, die es verstanden haben, eine sexuelle Beziehung auf lange Sicht lebendig und interessant zu erhalten. Die beiden Autorinnen stellen diese Erfahrungen ohne Werturteile vor – eine anregende, hilfreiche und vor allen Dingen positive Lektüre.« (*Volksblatt Berlin*)

DIE AUTORINNEN:

Lonnie Barbach ist Psychologin und Sexualtherapeutin an der Medizinischen Fakultät der Universität von Kalifornien in San Francisco. In Amerika machte sie sich einen Namen mit einem neuartigen sexualtherapeutischen Programm, das sie am California Medical Center in Berkeley mit mehreren Frauengruppen erprobte. Seitdem hält sie in Deutschland zweimal jährlich derartige Kursprogramme ab.
Linda Levine, Magister der Psychologie und Medizin, ist staatlich anerkannte Sexualerzieherin und -therapeutin und arbeitet seit 1971 im klinisch-sozialen Bereich. Sie besitzt eine Privatpraxis in Washington.

Lonnie Barbach/
Linda Levine

Der einzige Weg, Oliven zu essen

und andere intime Geständnisse

ein Ullstein Buch

ein Ullstein Buch
Nr. 20777
im Verlag Ullstein GmbH,
Frankfurt/M–Berlin
Titel der Originalausgabe:
Shared Intimacies
Aus dem Amerikanischen
von Peter Borg

Ungekürzte Ausgabe

Umschlagentwurf:
Hansbernd Lindemann
Foto: Artreference/Dommnich

Printed in Germany 1989
Druck und Verarbeitung:
Clausen & Bosse, Leck
ISBN 3548207774

April 1989
182.–231. Tsd.

Von Lonnie Barbach
in der Reihe der
Ullstein Bücher:

For Yourself (20182)
... und mein Verlangen
ist grenzenlos (22019)

CIP-Titelaufnahme
der Deutschen Bibliothek

Barbach, Lonnie:
Der einzige Weg, Oliven zu essen und
andere intime Geständnisse/Lonnie
Barbach; Linda Levine. [Aus. d.
Amerikan. von Peter Borg.] –
Ungekürzte Ausg., 182.–231. Tsd. –
Frankfurt/M; Berlin: Ullstein, 1989
(Ullstein-Buch; Nr. 20777; Erotica)
Einheitssacht.: Shared intimacies <dt.>
ISBN 3-548-20777-4
NE: Levine, Linda: GT

Inhalt

Dank

Dies war eine zeitraubende und zuweilen auch schwierige Gemeinschaftsarbeit, die aus einer lang dauernden persönlichen und beruflichen Verbindung erwuchs. Und wenn wir auch unsre beiderseitigen Erfahrungen als Sexuallehrerinnen, Therapeutinnen und Interviewerinnen einbrachten, möchten wir hier doch unsere unterschiedlichen Beiträge zum Gelingen des Werkes klar darstellen: Linda hatte die Idee, dieses Buch zu machen, während Lonnie die Erfahrung und das nötige Wissen mitbrachte, um es so gestalten zu können, wie es nun vorliegt.

»Dieses Buch« hätte niemals geschrieben werden können ohne die Hilfe und Unterstützung unserer vielen Freunde und Kollegen. Wir stehen in tiefer Schuld gegenüber Paul Fargis für seine Anleitung bei den ersten Planungen für dieses Buch und bei Loretta Barrett, unserer Herausgeberin, bei Anchore Preß für ihren Enthusiasmus und ihre Fachkenntnis. Gleiches gilt für unsre Agentin Rhoda Weyr für ihre fortdauernde Fürsorge und Unterstützung. Alan Margolis und Mark Glasser waren unentbehrliche Helfer, indem sie uns mit den notwendigen medizinischen Informationen versorgten.

Die reinen Schreibarbeiten an diesem Manuskript waren ungeheuer umfangreich. Alle Interviews mußten übertragen werden, während das Manuskript selbst vielfach überarbeitet werden mußte. Wir wären verloren gewesen ohne die Hilfe von Kathy Adams, Joan Delaney und Sharon Baumann-Leach, die den größten Teil der Schreibarbeiten übernommen hatten. Auf Laurel Wensel, Carmel Densley und Angela Tillin konnten wir immer dann zählen, wenn wir in zeitliches Gedränge gerieten.

Ebensosehr wußten wir unsre Freunde und Kollegen zu schätzen, die uns Interviews arrangierten, technische Informationen beschafften und viel Zeit und Energie in die verschiedensten Teile dieses Buches investierten. Es sind dies namentlich: Rosalin Andrews, Elaine Blank, Jane Browning, Cheryl Chisholm, Norma Davidoff, Pat Deloreme, Ken Dychtwald, Caroline Fromm, David Geisinger, Rita Martin, Barry McCarthy, Jeanne Mitschler-Fiks, Beverly Richmond, schließlich Kathy Tyler Scott. Abschließend schulden wir Dank all jenen Frauen, die sich dazu bereit fanden, mit uns die Freude, zuweilen allerdings auch die Peinlichkeiten ihrer intimen Sexualbeziehungen zu teilen. Ohne sie wäre dieses Buch niemals entstanden.

Einführung

»Ich bin sehr sinnlich. So gehört es für mich zu den schönsten Dingen, die ich mit meinem Partner zu tun liebe, ehe es zum eigentlichen Geschlechtsverkehr kommt, daß wir uns gegenseitig eine vollständige Ganzkörper-Massage geben«, erklärte die 35 Jahre alte Sharon, eine Lehrerin, die geschieden ist und nun allein lebt. »Mein Partner und ich liegen auf dem Boden, auf einem Tuch oder einem Bettlaken, das über eine weiche Decke gebreitet ist. Alle Lichter mit Ausnahme einer Kerze sind gelöscht. Ich mag dabei gedämpfte Hintergrundmusik. Oftmals, noch ehe ich meinen Partner zu massieren beginne, nehme ich eine Blüte aus einer Vase, um damit seinen Körper zu liebkosen. Manchmal ist mir aber auch ein seidenes Halstuch lieber als Blumen für diese Zärtlichkeit. Dann beginne ich ihn zu massieren. Dazu benutze ich Olivenöl, weil es so wunderbar in die Haut einzieht. Und ich selbst ziehe es vor, auch noch Rosenwasser in das Öl zu geben. Ich gieße zunächst ein wenig Olivenöl in meine Hand und halte diese dann über die Kerze, um das Öl anzuwärmen. Dieses Massageöl gleitet so wundervoll, daß ich damit eine außerordentlich sinnenreizende Massage machen kann, ohne mich dabei körperlich allzusehr anzustrengen. Ich liebe dieses seidige, glatte Gefühl bei der Berührung unserer eingeölten Körper. Und wenn wir den Akt als solchen vollzogen haben, brauchen wir nicht einmal zu duschen, weil das Olivenöl vollständig in unsere Haut eingezogen ist. Haben wir zuvor ein Tuch auf den Boden gebreitet, so habe ich am nächsten Morgen keine andere Arbeit, als es aufzunehmen und in die Waschmaschine zu stopfen. Andere Spuren sind nicht zu beseitigen.«

Bis in jüngste Zeiten hinein wäre für eine solch ausführliche Beschreibung eigener Sexualpraktiken in unserer Kultur wohl kaum Platz gewesen. Es war zwar ohne weiteres möglich, Tante Mary nach ihrem einmaligen Rezept für Gebäck mit Schokoladenstreusel zu fragen, jedoch war es keineswegs zulässig, gleich genaue Informationen über die von ihr bevorzugten Sexpraktiken einzuholen. Und wenn wir Probleme mit einem Rezept, bei der Kindererziehung, oder weil irgendeine Vorrichtung kaputtgeht, haben, greifen wir ungeniert zum Telefon und rufen einen Nachbarn, Freund oder Handwerker zu Hilfe. Stellen sich aber bei unserem Sexualleben Probleme ein, so verschließen wir sie nur zu gern in uns selbst und verdrängen sie so lange, bis sich das Problem zu einer Krise ausgewachsen hat. Erst dann entschließen wir uns , professionelle Hilfe in Anspruch zu nehmen, und kommen uns wie totale Versager vor, daß dieser Schritt nun notwendig geworden ist.

Als Psychotherapeutinnen, die sich auf weibliche Sexualprobleme spezialisiert haben, sind wir mit diesem kulturellen Syndrom besonders vertraut. Im Laufe der Jahre haben wir vieles gelernt über die Faktoren, die für die Frau zum Genuß ihrer Sexualität erforderlich sind. Wir hielten vororgastische Gruppentherapie für Frauen, Therapiegruppen, ausschließlich dazu bestimmt, solchen Frauen zu helfen, die noch zu keinem Orgasmus gelangt waren. Viele der dabei gewonnenen Erkenntnisse wurden in dem Buch »For Yourself«: »Die Erfüllung weiblicher Sexualität« von Lonnie Barbach verarbeitet. Noch ganz intuitiv stellten wir dabei fest, daß da noch weit mehr zu lernen blieb – kleine Kniffe, die eine Sexualbeziehung mit mehr Freude und Genuß zu erfüllen vermögen.

Dieses Buch entstand aus der Summe unserer Erfahrungen bei der Gestaltung unseres Unterrichts und unserer Therapieveranstaltungen für Frauen. Innerhalb dieser Aktivitäten erkannten wir immer mehr, wieviele Informationen die Teilnehmerinnen unserer Kurse sich gegenseitig zu vermitteln hatten und wie wenig Platz in unserer Kultur noch für den Austausch solch wichtiger Erfahrungen vorhanden ist. Viele Frauen nahmen an unseren Arbeitsgruppen bar jeglicher Neugierde, ohne jegliches Interesse, teil, ihre eigenen Sexualbeziehungen zu vervollkommnen und zu bereichern. Andere wiederum kamen mit Fragen oder Problemen, die sie selbst nicht zu lösen vermochten. Manche fürchteten, daß ihr Wunsch nach clitoraler Stimulanz ausschweifend sei, andere fühlten nicht, daß sie den Orgasmus früh genug erlebten, wieder andere hatten Scheu, ihre Kinder könnten mitten während des Geschlechtsaktes ins Zimmer treten. Oftmals gab die Gruppe ihnen erstmals im Leben die Möglichkeit, mit anderen Frauen in klaren Worten über ihre Sexualität und ihre sexuellen Probleme offen zu sprechen. Die Arbeitsgruppen bildeten eine Art Forum für die Lösung von Schwierigkeiten, unter denen manche Frauen oft jahrelang gelitten hatten, nur weil hier in der Gruppe das notwendige Wissen und die entsprechenden Informationen zu bekommen waren.

So kamen wir zu der Erkenntnis, daß einer solchen Informationsfülle, wie sie in einem Zwei-Stunden-Programm einer kleinen Gruppe von Frauen entstehen kann, eine Riesenmenge von Ideen entsprechen müßte, wenn eine große Zahl von Frauen verschiedenster Herkunft, unterschiedlichen Alters und mit der ganzen Breite möglicher Erfahrungen auf dem Gebiet der Beziehungen interviewt würden. Würden wir diese Informationen in Form eines Buches herausgeben, so müßten wir damit unendlich viel mehr Frauen erreichen können, als es uns in unseren Arbeits- und Therapiegruppen jemals möglich wäre.

Einen weiteren Anreiz bildete für uns die Erkenntnis, daß wir mit einem solchen Buch helfen könnten, jene kulturellen Schranken einzureißen, die den freien Austausch von Informationen auf dem Gebiet weiblicher Sexualität behindern. Sowohl Männer als auch Frauen sind sich oftmals nicht im klaren über die Bedeutung sexueller Vorlieben und Praktiken für die Frau. Unsere Gesellschaft hat den Mann in die Rolle des Sex-Lehrers gestellt. Die meisten Frauen lernen Sexualität durch ihren ersten männlichen Partner kennen. Sogar Lesbierinnen erwerben ihre ersten Sexualerfahrungen mit Männern. Meist nur mit Informationen ausgestattet, die aus Büchern oder von Gleichaltrigen stammen, ist der Mann schlicht überfordert mit der Aufgabe, den Geschlechtsakt harmonisch zu gestalten, die verschiedenen sexuellen Aktivitäten richtig einzusetzen und so die Partnerin und sich selbst wirklich zufriedenzustellen. Von ihm erwartet man die Lösung dieser Aufgabe ohne jegliche Mithilfe der Frau, die als zu rein und daher zu unerfahren betrachtet wird, als daß sie auch eigene sexuelle Wünsche haben könnte. Frauen erfahren lediglich, ob sie gute Liebende sind oder ob ihre Reaktionen normal oder abnormal erscheinen und welche Sexpraktiken bei ihrem männlichen Partner auf Antwort und Zustimmung stoßen. Und wenn der Stil ihres ersten Partners von ihrem eigenen abweicht, läßt man sie mit einem Gefühl mangelnder Befriedigung oder der Abnormität zurück. Möge sie sich über sich selbst wundern, daß rasches Zustoßen sie nicht auf den Höhepunkt bringt oder warum der Akt in der Missionarsposition sie unbefriedigt läßt. Mag sie ruhig fühlen, daß sie zu lange brauche, weil er rascher kommt oder daß ihre Genitalien trocken bleiben, weil sie einen Partner hat, der keinen Oralsex mag. Welch ein Riesenunterschied wäre es, wenn sie die Möglichkeit zum Austausch von Erfahrungen mit anderen Frauen hätte, wenn sie mit anderen Frauen ihre Fragen besprechen, von ihnen Rollenmodelle oder neue Ideen bekommen könnte. Das würde auch bei den Männern den Druck wegnehmen, allwissend sein zu müssen, immer Lehrer und Initiator sein zu sollen. Hätten die Frauen ein größeres Wissen, gäben sie sich bestimmter und sexuell erfindungsreicher, könnte der Fluß der Beziehungen zwischen Mann und Frau gleichmäßiger sein.

Uns wurde klar, daß das Schreiben eines solchen Buches dem Entwicklungsprozeß hin zu freiem Austausch zwischen Frauen und infolgedessen auch zwischen Mann und Frau dienen werde. Dieser Plan begeisterte uns und wir begannen enthusiastisch mit unsren Interviews.

Im allgemeinen interviewten wir Frauen, die mit ihrer Sexualität in Einklang lebten, denn es sollte ja kein Buch gestörter Verhältnisse, sondern eine gute Darstellung dessen werden, was wir als weibliches Geschlecht richtig machen, was wir genießen und was wir vom Geschlechtsleben zu gewinnen wissen. Freilich kann das nicht heißen, daß das Geschlechtsleben aller von uns interviewten Frauen perfekt gewesen sei. Jede von ihnen hatte Bereiche, an denen sie noch zu feilen hatte, in denen sie sich noch nicht ganz sicher fühlte, aber jede von ihnen hatte auch andere Zonen, in denen sie volle Erfolge errungen hatte. Da gab es zum Beispiel eine Frau, die sich immer wieder neue Wege einfallen ließ, um ihr Geschlechtsleben aktiv zu halten, obwohl Kinder vorhanden waren, aber sie fühlte sich absolut unfähig, mit ihrem Mann über ihre sexuellen Vorlieben zu sprechen. Frauen, die der Ansicht huldigten, daß man über Sexualität nicht so offen sprechen könne, oder solche, die derzeit sexuell nicht aktiv waren, auch andere, die in ihrer sexuellen Bindung sehr unglücklich waren oder sich sehr unwohl fühlten, weigerten sich entweder, sich interviewen zu lassen, oder aber sagten die Verabredung in letzter Minute ab. Ließen sie sich dennoch interviewen, so war die Informationsausbeute so gering, daß andere Frauen daraus kaum mehr Zutrauen oder Sachkenntnis auf sexuellem Gebiet gewinnen konnten. Deshalb konnten wir schließlich fast nichts von solchen Interviews verwerten. Wir konzentrierten uns daher auf positive Erfahrungen und schöpferische Lösungen für die Probleme.

Infolgedessen ist dieses Buch nicht als Ergebnis einer statistischen Studie nach dem Random-System (Auswahl für repräsentative Bevölkerungsbefragungen) zu betrachten, bei der jeweils eine Anzahl Frauen ausgewählt wurden, die Oralsex versucht oder an Gruppensex teilgenommen oder vorehelichen Verkehr hatten. Die Tatsache, daß wir auf Frauen angewiesen waren, die dazu bereit waren, mit einem völlig fremden Menschen intimste Aspekte ihres Sexuallebens zu diskutieren, verlieh dagegen unserer Interviewsammlung automatisch ein erhebliches Gewicht. Andererseits verfügen wir über keinerlei Informationen von Frauen, aus deren Perspektive Sexualität eine zu rein private Angelegenheit ist, als daß sie sie für die Diskussion in einem Interview geeignet hielten.

In den Aufzeichnungen wurde tatsächlich eine Sammlung wertvoller Hinweise und Lösungen erteilt von Frauen, die wissen, daß ihre alltäglichen Probleme die Sexualität der meisten Menschen mehr oder weniger stark beeinflussen. Es ist eine Sammlung der sexuellen Haltungen, Aktivitäten und Gefühle von 120 verschiedenen Frauen. Es ist gleichsam ein Potpourri von Ideen, wie eine sexuelle Beziehung auf lange Sicht lebendig und interessant gehalten werden kann, wie man miteinander über Sex reden, wie man durch eigenes Zutun den Negativeffekt von Tagesarbeit und Kindern auf das Sexleben so klein wie möglich halten kann. Es bietet Lösungen für normale Schwierigkeiten, wie sie bei den meisten Frauen in Zeiten der Schwangerschaft oder während des Reifeprozesses auftreten und bespricht mancherlei körperliche Mißhelligkeiten oder Einschränkungen, die bei sogenanntem ›normalen Sex‹ auftreten können und einen Wechsel in den sexuellen Verhaltensweisen erfordern. Es enthält auch Modelle für diejenigen von uns, die sich mit unserer eigenen Entwicklung als weibliche Wesen und Menschen mit geschlechtlichen Notwendigkeiten befassen.

Zu Anfang gewannen wir unsere Interviewpartner auf zwei Wegen: zum einen fragten wir Freunde, zum anderen verteilten wir Fragebogen am Ende unserer Veranstaltungen für Arbeitsgruppen. Nach diesen ersten Kontakten halfen uns die von uns interviewten Frauen mit jeweils einer bis zehn neuen Adressen von ihren Freundinnen, weil sie so leidenschaftlich Anteil am Fortgang des Buches nahmen, daß sie fest überzeugt waren, auch ihre Freundinnen wollten sich daran beteiligen. Bei den meisten war das auch wirklich so, und wir standen bald vor einer solchen Fülle von Adressen, daß wir all die Frauen gar nicht sprechen konnten, die ihr Interesse kundgetan hatten. In einem Fall hatte eine Frau einen unserer Fragebogen am Ende einer Arbeitsgruppe ausgefüllt. Einige Wochen später rief sie uns an: »Warum haben Sie mich noch nicht angerufen? Heute habe ich Geburtstag, ich werde 61 Jahre alt. Und ich habe Ihnen so vieles über Sex zu erzählen!« Wir machten zu dieser Zeit gerade ein Interview mit einem Team aus Mutter und Tochter. Das mit der einen von ihnen, der Tochter, gab dieser reichlich Stoff, über ihre Mutter nachzudenken und gipfelte in dem Ausruf: »Um Himmels willen, ich würde mich doch sehr wundern, wenn meine Mutter sich wirklich interviewen ließe!« Wie es bei uns in jedem Fall üblich war, wurde natürlich auch hier jede Information absolut vertraulich behandelt, die wir von der 55 Jahre alten Tochter und der 79 Jahre alten Mutter erhielten.

Manche möglichen Interviewpartnerinnen gewannen wir völlig unerwartet. So rief uns beispielsweise eine Stenotypistin an, die in einem Schreibbüro einige Tonbänder für uns übertragen hatte, und bat uns, sie zu interviewen, um das Buch zu fördern. Bei einer anderen Gelegenheit trafen wir in einem Landstädtchen in Kalifornien Frauen von einer kirchlichen Vereinigung, die so begeistert von unserem Buchplan waren, daß wir am Ende neun Frauen einschließlich der Gattin des Priesters der Gemeinde interviewen konnten.

Als wir mit unseren Befragungen begannen, fanden wir, daß es geradezu schreckliche sexuelle Unterschiede bei den befragten

Frauen gäbe. Wir fanden keinerlei Verbindungen zwischen dem Bildungshintergrund einer Frau, ihrem Lebensweg, ihrer Persönlichkeitsstruktur, ihrem Beruf und ihrer Art zu leben und ihrem sexuellen Empfinden. Eine gut angezogene, gebildete, wortgewandte Frau kann ein vielgestaltiges Sexleben haben und keinerlei Schwierigkeiten kennen, auch darüber zu reden, sie kann aber auch ebenso leicht krank werden wie über Sex sprechen, kann eine völlig oberflächliche, konventionelle Sexbeziehung haben.

Da gab es Frauen aus ländlichen Bereichen, die völlig ungehemmt über die Bedeutung ihres Sexuallebens reden konnten, und ebenso gab es überall Frauen, denen das Gespräch über dieses Thema furchtbar schwerfiel. Frauen aus Alabama und Indiana lieferten uns ebenso interessante Informatioanen wie solche aus Kalifornien. Unglücklicherweise reichte der Umfang unserer Befragungsaktion nicht aus, um in jedem Gebiet den Anteil der Frauen, die sich ohne Schwierigkeiten über ihr Geschlechtsleben unterhielten, dem der anderen gegenüberzustellen, bei dem das nicht der Fall war. Das lag auch außerhalb unseres Vorhabens bei der Abfassung dieses Buches. Immerhin stellten wir Unterschiede in der Art der Darstellung fest. Wenn etwa Frauen in Birmingham auch ebenso bereit waren, privat ihre Sexualität zu diskutieren wie Frauen, die wir in San Francisco interviewten, so scheuten sie doch oft davor zurück, sie auch öffentlich mit anderen Leuten in ihrem Lande zu besprechen, weil die allgemeine Atmosphäre dort noch weniger frei ist. Als Konsequenz mag vielleicht festgestellt werden, daß es in Atlanta oder in einem kalifornischen Landstädtchen mehr konservative Frauen gab als etwa in Washington D. C. Aber überall trafen wir auf Frauen, die ihr Geschlechtsleben zu erforschen und zum Experimentieren bereit waren und auch in San Francisco stießen wir auf Frauen, denen das Sprechen über ihr Sexleben so schwerfiel, daß kein Interview zustande kam. Das gab es sowohl in Kleinstädten wie in den großen Zentren des Landes, das gab es in allen vier Himmelsrichtungen.

Die von uns interviewten Frauen kamen aus den verschiedensten Milieus. Die meisten stammten aus mittleren und höheren Einkommensschichten. Es waren oft karrierebewußte Frauen, die entweder ständig berufstätig waren oder nur zeitweise ihren Beruf unterbrochen hatten, um eine Familie zu gründen. Die Mehrzahl dieser Frauen war heterosexuell veranlagt, einige Lesbierinnen und einige bisexuell, neigten also ebenso zu Männern wie zu Frauen. Wir stellten in diesem Buch alle Frauen einfach nebeneinander, unabhängig von ihrem Lebensalter, ihrem Familienstand, ihrer sexuellen Orientierung, um so einen Überblick zu geben über das breite Spektrum sexueller Ausdrucksweisen der Frau.

Die von uns interviewten Frauen waren nicht nur hochgebildet und in der Lage, sich auszudrücken, sie waren auch daran interessiert, im Gespräch über die Sexualität mehr darüber für sich selbst zu lernen, vor allem wenn sie noch ziemlich unerfahren waren. In diesem Sinne ist unsere Befragung zusammengesetzt aus einer einzigen Gruppe von Frauen, die einen Austausch spezifischer persönlicher Einzelheiten der Sexualtechnik und ihrer Gefühle dabei als einen wichtigen Dialog betrachteten, der unbedingt in Gang gebracht werden müsse.

Anfangs zögerten manche Frauen, sich interviewen zu lassen, weil sie das Gefühl hatten, wenig originelle oder kreative Sexualerfahrungen bieten zu können. Als aber die Zahl der Interviews größer wurde, fanden wir heraus, daß fast jede Frau originelle Sexualerfahrung oder Ideen mitzuteilen hat. Einige waren entsetzt, wie etwa Susan, eine sechsunddreißig Jahre alte Frau, die ihre Zeit zwischen einer Anstellung bei einer Luftlinie und ihrem Haushalt teilte und seit fünfzehn Jahren verheiratet war und zwei Kinder ihr eigen nannte. Auf die Frage, was denn nun im einzelnen für sie ihre Sexualerfahrungen schätzenswert gemacht habe, antwortete sie: »Wenn ich an gute Sexualerfahrungen denke, spüre ich eine angenehme Wärme, aber ich denke keineswegs über Einzelheiten nach. Ich weiß, das sollte eigentlich so sein. Aber ich habe verschiedene Gründe, darüber nicht gern zu reden. Ich schätze, es ist außerordentlich schwierig, über das zu reden, was mir Freude macht.«

Selbstverständlich waren die einen Interviews zäher als andere. Aber die Frauen wurden in aller Regel entspannter und damit mitteilsamer für intime Einzelheiten, wenn das Interview eine Zeitlang andauerte. In jedem Interview vereinbarten wir von vornherein, daß eine Frau freimütig die Antwort auf eine unserer Fragen verweigern konnte, ohne daß wir dann noch weiter in dieser Richtung gebohrt hätten. Vielmehr gingen wir bereitwillig sofort zur nächsten Kategorie Fragen über, wenn es für die Befragte irgendwie unangenehm wurde.

In aller Regel waren allerdings die Frauen so außerordentlich frei in ihren Ausführungen, daß manche von ihnen erschrak, wenn sie anhand der Kopien unserer Mitschriften, die wir ihnen nachher aus Gründen der Vertraulichkeit überließen, ihre eigenen Aussagen schwarz auf weiß lasen. Und obwohl sie die verwendeten Worte als ihre eigenen erkannten, waren sie oftmals verblüfft, wie klar und unmißverständlich sie sich während des Interviews ausgedrückt hatten.

Obwohl die Frauen überraschend offenherzig waren beim Ausbreiten ihrer Liebestechniken, wurde ihnen hinterher zuweilen doch recht unwohl, wenn sie nachlasen, wie sie irgendwelche speziellen Liebeserfahrungen mit ihren landesüblichen Namen benannt hatten. Oft geschah es ja, daß sie uns eine Geschichte oder ein Ereignis anvertrauten, über das sie noch niemals in ihrem Leben mit einem Menschen gesprochen hatten. Was Wunder, daß sie dabei ängstlich darauf bedacht waren, ihre absolute Anonymität gesichert zu wissen. Denn wenn auch alle befragten Frauen ein Pseudonym erhielten, wich doch die Sorge nicht völlig, daß ein Freund oder ihr vergangener oder gegenwärtiger Liebhaber einen ihrer Berichte in dem Buch wiedererkennen könne und das Geheimnis lüfte, weil er ihre Identität vermute. Um diese Frauen nun zu schützen und sicherzustellen, daß sie auf keinen Fall mit irgend einer bestimmten Erfahrung in Zusammenhang gebracht werden könnten, schufen wir eine fiktive Gestalt, Mrs. X. Diese Frau gibt es zwar in der Wirklichkeit absolut nicht, sie steht aber in unsrem Buch für jeweils eine bestimmte Geschichte, die uns von einer Frau berichtet wurde, die ein wenig zu ängstlich war, irgend jemand könne sie mit dieser in Verbindung bringen.

Da wir in dieses Buch nur solche Beispiele aufgenommen haben, in denen Frauen im Einklang mit ihrer Sexualität leben oder eigene Wege gefunden haben, auftretende Probleme zu lösen, könnte der Eindruck entstehen, daß keine der von uns befragten Frauen Schwierigkeiten gekannt hatte, mit denen sie nicht hätte fertigwerden können. Ferner könnte daraus der Eindruck entstehen, daß jede Frau mit Ausnahme unserer Leserinnen ständig nur in Hochstimmung von ihrem Geschlechtsleben zu berichten weiß. Nichts läge natürlich ferner der Wahrheit als eine solche Ansicht. Das weiß niemand besser als wir in unserem Beruf als Therapeutinnen mit dem Spezialgebiet Sexualität. Im Gegenteil gibt es nach wie vor viel zu viele Paare, für die Sexualität absolut kein Thema ist, weil sie sich völlig hilflos fühlen, mit ihren Problemen gemeinsam zu Rande zu kommen.

Manche Interviews mit solchen Frauen mußten wir einfach abbrechen. Andere hatten das Gefühl, daß das Gespräch mit uns über ihre Geschlechtlichkeit für sie eine gute Erfahrung darstelle. Andere sahen einfach eine mitfühlende Zuhörerin. Viele solcher Interviews gerieten mehr zu einer therapeutischen Sitzung als zu einem Informationsgespräch. Eine Frau hatte ernsthafte Sexualschwierigkeiten infolge von Verständigungs- und Beziehungsproblemen. Bei einer anderen Frau hatte der Mann Depressionen, weil er mehr als zehn Jahre lang sexuell inaktiv war. Wieder eine andere Frau hatte kürzlich geheiratet, und zwar einen Mann, der keine Erektion bekam und es ablehnte, darüber zu sprechen. Und so gab es viele andere. In solchen Fällen versuchten wir, den Frauen ein Höchstmaß an Information, Erfahrung und Hilfsmöglichkeiten zu bieten, soweit wir nur je dazu in der Lage waren. Allgemein konnten wir aber nicht mehr tun, als sie unsere Sympathie und Anteilnahme spüren lassen. Immerhin, da wir hier eine Arbeit über schöpferische Ideen und Lösungen für Probleme bringen wollen, wurden die quälendsten Teile der Interviews, die sich mit der ungelösten Art von Problemen befaßten, in diesem Buch nicht verwertet.

Sich wiederholende Antworten und ungelöste Probleme wurden in diesem Buch nicht dargestellt. Im übrigen haben wir uns bemüht, die Vielzahl der Verhaltensweisen, Aktivitäten, Interessen und Wünsche der von uns interviewten Frauen peinlich genau darzustellen. Je mehr Frauen wir befragten, je umfangreicher unser Material wurde, um so stärker schälte sich jede einzelne Frau als einmalige Erscheinung heraus, die irgend etwas Einmaliges zum Gesamtbild beitrug. Schließlich mußten wir die Interviews einstellen, weil wir klar erkannt hatten, daß die Flut der ungemein nützlichen Informationen unerschöpflich sei, und wir bereits über mehr Material verfügten, als wir überhaupt verarbeiten konnten.

Wir haben uns bemüht, keinerlei Werturteile zu fällen, ob die einzelnen Aktivitäten und Erfahrungen gut oder schlecht, richtig oder falsch seien. Manches von dem, was die Frauen enthüllten, beispielsweise das Rauchen von Marihuana, ist ungesetzlich. Trotzdem haben wir auch solche Dinge in den Bericht aufgenommen, weil es uns darum ging, all das anzuführen, was Menschen tun, um ihre sexuelle Lust zu steigern, was sie anregt, was andererseits weder für sie noch für ihre Partner irgendeinen Schaden bringt. Bei manchen Frauen mag die sehr ausgeprägte Ausdrucksweise überraschen. Wir hielten es aber für wichtig, die Erzählungen der Frauen in ihrer eigenen Sprache wiederzugeben, um auch damit die Vielfalt der befragten Frauen zu dokumentieren.

Unsere Leserinnen werden vielleicht von einem bestimmten Erlebnis einer der Frauen lesen und dabei denken »wie kann sie, um Himmels willen, so etwas sagen?« oder »wie können die Autorinnen dieses Buches solch eine Erfahrung in ihr Werk aufnehmen?«. Das darf keineswegs so gedeutet werden, daß wir notwendigerweise mit allem übereinstimmen, was wir hier aufgenommen haben, oder es gar mit unseren eigenen sexuellen Vorlieben übereinstimme. Wir müssen aber betonen, daß es sich hier um Aktivitäten handelt, die von Menschen ausgeübt werden und die diese genußreich finden. Auch als Geschlechtswesen sind wir Menschen alle Originalgeschöpfe, und was dem einen von uns Freude bereitet, erscheint deshalb noch lange nicht auch allen anderen als erstrebenswert.

Diese Feststellung bringt uns zu unserer Absicht bei der Abfassung dieses Buches. Vor allem hoffen wir, daß es Antworten auf eine Frage gibt, die häufiger als jede andere gestellt wird: »Wie kann man eine lang andauernde, monogame Beziehung davor bewahren, sexuell langweilig zu werden?«

Man kann dieses Buch als Quelle betrachten, indem man einige neue Ideen ausprobiert oder auch spielerisch nutzt, indem man beispielsweise irgendeine Seite in Kapitel 3 herauspickt, um die dort dargestellten Aktivitäten zu erproben. Ein anderes Motiv kann sein, daß man Informationen und Lösungsmöglichkeiten zu erfahren wünscht, die sich bei Frauen bewährt haben, die in ihrem Leben ein ganz bestimmtes sexuelles Problem hatten. Im übrigen haben wir nur sehr wenige Frauen getroffen, die nicht zu irgendeinem Zeitpunkt in ihrem Leben Sexualprobleme gehabt hätten, mit denen sie aber mit gutem Erfolg fertig werden mußten.

Dieses Buch kann genutzt werden, um die geschlechtliche Verbindung auf unterschiedlichen Wegen zu verbessern. Die Ausdrucksweisen, die manche Frauen benutzt haben, um einen Geschlechtsakt einzuleiten oder sich über bevorzugte Sexpraktiken mit dem Partner zu verständigen, kann man in der Phantasie durchgehen, um sich »fit« zu machen. Hat das zu gutem Erfolg geführt, kann man sie auch mit dem Partner erproben. Daneben können beide Partner jeder sein eigenes Exemplar des Buches lesen und die Dinge unterstreichen, die ihren eigenen Interessen oder Bedürfnissen entsprechen. Anschließend kann man die Exemplare austauschen, gleichsam als Einleitung zum Gespräch darüber oder auch als Ersatz für ein solches Gespräch.

Das Buch vermittelt auch Informationen, die eine Frau auf Erfahrungen vorzubereiten vermögen, die sie bislang nicht gemacht hat. Es kann etwa einer Frau, die noch nicht schwanger gewesen ist, einiges darüber mitteilen, was andere Frauen während ihrer Schwangerschaft auf sexuellem Gebiet erlebt haben. Es sollte den Frauen bessere Vorstellungen von gewissen Veränderungen liefern, die sich aus der Elternschaft ergeben, gerade in Bezug auf ihre Sexualität, und in der Lage sein, den Eltern Wissen zu vermitteln. Frauen in den zwanziger und dreißiger Jahren fragen oft, welche physischen Veränderungen sie zu bewältigen haben, wenn das Klimakterium beginnt oder zu Ende geht. Auch hier wiederum können die Erfahrungen mancher interviewten Frauen eine Fülle von Antworten Befragter entsprechenden Alters vorlegen und dabei aufzeigen, welche Faktoren ausschlaggebend sind, um negative Wirkungen so gering wie möglich zu halten. Unser Hauptanliegen bleibt es allerdings, jene Arten von Informationen und jenes Gefühl zu vermitteln, die in unserer Kultur noch nicht gerade weit verbreitet sind. Hier gilt unser Bemühen einem echten Beitrag zu jener Evolution, in deren Fortgang die Frau Herrin über ihre eigene Sexualität wird und diese frei zu genießen weiß. Es kann direkten persönlichen Austausch nicht voll ersetzen. Es soll aber intime Informationen und Modelle vorstellen, um die eigene Sexualität vollständiger und damit mit größerem Genuß zu handhaben.

Wir hoffen, die Frauen dahingehend zu befreien, daß sie mancherlei sexuelle Aktivitäten, die sie bislang nur in Erstaunen versetzten oder die sie gern ausprobiert hätten, nicht kennenlernten, weil sie der Ansicht waren, daß sie einer ehrenwerten Frau nicht wohl anstünden. Unsere Befragung unabhängiger amerikanischer Bürgerinnen hat bewiesen, daß eine ganze Serie sexueller Praktiken genossen werden, abhängig ausschließlich vom Gefühl und sexuellen Stil sowie den Liebhabereien der daran beteiligten Personen. Natürlich erwarten wir keinesfalls, daß alle in diesem Buch niedergelegten Sexualerfahrungen zu jedem Menschen passen. Aber es wird eine Fülle von Variationen geben, aus denen man auswählen kann. Und es wird manche Frau und manchen Mann geben, die überhaupt keine der hier beschriebenen Aktivitäten selbst ausführen mögen, die sie aber trotzdem gern in das Repertoire ihrer erotischen Phantasie einbeziehen.

Am allermeisten hoffen wir allerdings, daß das in diesem Buch zusammengetragene Material die Erregung steigern wird, die überall da zu entstehen pflegt, wo Frauen ihre sexuellen Gefühle und Geheimnisse mitteilen! Die von uns befragten Frauen vermittelten ein frohes Gefühl des Festlichen, eine wirkliche Befriedigung, wenn sie von ihren sexuellen Erfahrungen, Gedanken und Gefühlen berichteten, was oftmals zum allerersten Mal geschah.

Für die Frauen, die wir interviewten, war Sex ein wesentlicher und erfüllender Teil ihres Lebens. Sie hatten sich dazu durchgerungen, mitzuwirken an der Schaffung einer neuen Bewußtseinsebene des Austausches und der beiderseitigen Freude sowohl für die Frau wie für den Mann. Sie teilen mit uns die Hoffnung, daß die Mitteilung ihrer sexuellen Erfahrungen an uns dazu beitragen möge, unseren Leserinnen zusätzlichen Reichtum, mehr Vielfalt und größere Freude im eigenen Geschlechtsleben zu vermitteln.

Demographische Daten

Gesamtzahl der interviewten Frauen: 120

Lebensalter:	
unter 20	2
20–29	19
30–39	64
40–49	16
50–59	3
60–69	12
70 und mehr	4

ethnische Herkunft:	
kaukasisch	109
Dritte Welt	11

geographisches Gebiet der USA:	
Ostküste	46
Süden	13
mittlerer Westen	14
Westen	47

sexuelle Orientierung:	
heterosexuell	96
heterosexuell mit einigen Erfahrungen mit Frauen	8
bisexuell	2
lesbisch	6
Lesbierinnen mit einigen Erfahrungen mit Männern	8

Gegenwärtig verheiratete oder in Partnerschaft lebende Frauen

Zahl der gemeinsamen Jahre:	
unter 1 Jahr	4
1–10 Jahre	50
11–20 Jahre	8
21–30 Jahre	4
31 Jahre und mehr	5

Kinder*	verheiratet oder in Partnerschaft	Frauen allein
Kinder unter 1 Jahr	11	0
Kinder von 1–11 Jahren	26	11
Kinder von 12 Jahren und älter (zu Hause)	12	3
erwachsene Kinder	13	9
keine Kinder	20	28

Berufsgruppen:	
Bücherrevisoren	2
Verwalter/Inspektoren	7
Personal von Fluglinien	2
Künstlerinnen/Kunsthandwerkerinnen	7
Geschäftsfrauen	6
Pastorinnen	1
Lehrberufe	19
Hausfrauen/Mütter	7
Anwältinnen	2
Pflegeberufe für Geisteskrankheiten	22
Büroangestellte	7
Pflegeberufe für körperlich Kranke	10
Forscherinnen	3
Pensionärinnen	5
Verkäuferinnen	4
Studentinnen	9
Autorinnen/Herausgeberinnen	7

* Elf Frauen haben Kinder in zwei Altersgruppen und wurden daher zweimal gezählt. Eine Frau hat Kinder in drei Altersgruppen und wurde daher dreimal gezählt. Bei einer geschiedenen Lesbierin hat der Mann das Sorgerecht für die Kinder, die auch bei ihm leben. Sie wurde unter die Frauen ohne Kinder eingereiht.

Kennzeichen eines guten Geschlechtslebens

Viele Menschen betrachten ein erregendes Geschlechtsleben als typisches Kennzeichen einer neuen Verbindung zwischen zwei Menschen und stellen mit dem Verlauf einer länger anhaltenden Bindung eine Verminderung des Vergnügens und des Interesses daran fest. Das muß aber keineswegs der Fall sein, wie Tara nach 42 Ehejahren bewies:

Es geht damit wie mit allem anderen, was man genießt und deshalb wieder und wieder tut. Es wird ebensowenig langweilig wie etwa der Sonnenuntergang. Die Sonne geht jeden Tag unter und trotzdem ist es jeden Tag irgendwie anders.

Was eigentlich macht das Geschlechtsleben für den einen Menschen zu einer Quelle ständigen Vergnügens, beständigen Interesses, während es den anderen nur langweilt oder gar quält? Vieles hängt dabei von dem Wissen ab, welche Eigenschaften wichtig sind, um eine gute Sexualerfahrung zu gewinnen. Infolge der historischen Unterdrückung weiblicher Sexualität in unserer Kultur wissen manche Frauen ganz einfach nicht, wie sie verfahren müssen, um für sich selbst zu einem guten Geschlechtsleben zu gelangen.

Diese Kultur diktiert kategorisch, daß Frauen über Sexuelles nicht zu reden haben. Offensichtlich ist das ein Thema, mit dem sie sich nicht zu befassen brauchen, da traditionell die Männer als Experten für alles Geschlechtliche betrachtet werden. Eine Frau hat nichts anderes zu tun als auf den richtigen Mann zu warten, dann wird sich eine gute sexuelle Beziehung ganz von selbst einstellen. Dieser Mythos klingt in etwa so: Finde nur Herrn Richtig und Du wirst für alle Zeiten glücklich leben (sowohl im Bett wie auch außerhalb desselben). Die Frau ist dann in die Lage gestellt, in der sie alles über das Geschlechtsleben von ihrem/ihren Partner/n lernen soll. Da aber jeder Mann seinen eigenen sexuellen Stil hat, der unverwechselbar nur ihm eigen ist, ist also der sexuelle Stil (oder die Mehrzahl davon) nur das Ergebnis ihrer Partnerwahl. Hat sie nur mit einem Mann Geschlechtsbeziehungen, so ist ihr nur sein Stil vertraut.

In der Realität kann eine Frau außer mit ihren Partnern mit keinen anderen Männern über die Art reden, in der sie es gern hat, Liebe zu machen, denn sie müßte befürchten, daß sie sich ihnen damit anbieten wollte. Wie also kann aber eine Frau die Wege zum Geschlechtsverkehr kennenlernen, die ihr dann auch Freude bereiten würden? Theoretisch könnte sie mit anderen Frauen darüber reden. Doch ist das in der Praxis gar nicht so einfach. Es liegt nun einmal in der sehr persönlichen Art dieses Themas, daß man oft nur sehr schwer eine andere Frau findet, die zu einem absolut offenen Gespräch über Sexualität bereit wäre. Eine solche Konversation zu beginnen, kann entschieden ärgerlich und lästig werden. Wie also soll man solch ein Gespräch eröffnen? Wie wird die Freundin antworten? Wird ein solches Gespräch die Freundschaft zerstören? Wird sie gar das Gespräch als sexuelle Annäherung mißverstehen?

Fühlt sich eine Frau in ihren sexuellen Beziehungen wohl, so wird sie Hemmungen haben, mit anderen Frauen darüber zu sprechen. Sie muß befürchten, ihre Freundinnen könnten ihre eigenen Erlebnisse den ihren haushoch überlegen finden. In dieser Gesellschaft sind Frauen nicht unbedingt dazu erzogen, miteinander zu konkurrieren. Man betrachtet es als unweiblich, besser zu sein als andere. Fühlt sie sich dagegen in ihren Geschlechtsbeziehungen unausgefüllt, muß sie befürchten herauszufinden, daß ihre Sexualerfahrungen mittelalterlich rückständig sind, und daß sie etwas entbehre, was alle Welt außer ihr als höchst erfreulich ansieht. Viele Frauen sprechen auch deshalb nicht darüber, weil sie ihre Partner schützen möchten. Sie befürchten, ein ausdrückliches Gespräch über dieses Thema könnte ihren Partner als minderwertig erscheinen lassen.

Die Gesellschaft verleiht der Frau nicht das Recht, Sexualfragen in gleicher Weise zu diskutieren wie andere Themen. Haben wir für unseren Ehemann oder Liebhaber ein großes Huhn in einer ganz speziellen Weinsauce bereitet, so finden wir absolut nichts dabei, dessen Geschmack, die Zutaten, die Art, wie wir den Tisch gedeckt haben und die kleinen Kniffe, die wir benutzten, genau zu beschreiben. Aber nur selten werden wir über unsere sexuellen Beziehungen in der gleichen offenen Weise reden.

Ausgehend von der Tatsache, daß Frauen in unserer Kultur gelernt haben, man spreche nicht über Sexualität, werden unsere Leserinnen über manche Stellen in diesem Buch ärgerlich werden, werden sich geniert fühlen. Sie werden zuweilen das Gefühl haben, in die persönlichen Erfahrungen von Frauen einzudringen. Sie vergessen dabei, daß diese Frauen diese Information an sie weitergeben wollten und sich dabei bemühten, nicht nur die Bedeutung der Sexualität für andere offenzulegen, sondern dabei über sich selbst neue Erfahrungen zu sammeln, sich selbst besser kennen und verstehen zu lernen.

Eine andere Reaktion unserer Leserinnen mag jene sei, daß die von uns interviewten Frauen doch sehr verschieden von ihnen seien. Man mag meinen, sie müßten leichtsinnig oder zu Promiskuität veranlagt sein, wenn sie diese Themen so detailliert besprechen könnten. Dem steht entgegen, daß viele Frauen uns sagten, sie hätten noch nie in ihrem Leben eine so ausdrückliche und ins Detail gehende Konversation über Sexualität gepflogen vor dem Interview mit uns. Aussprüche wie »Das habe ich noch niemandem erzählt« oder »Ich kann gar nicht glauben, daß ich das bin, die das sagt«, waren häufig. Ein siebzehnjähriges Mädchen, das nur einmal für die Dauer von sechs Monaten eine sexuelle Verbindung eingegangen war, stellte an einem bestimmten Punkt im Interview fest: »Es ist mir so fremd, in dieser Art zu reden. Das sind doch Dinge, über die man eigentlich meint, gar nicht sprechen zu können!« Zuweilen kam es vor, wenn wir darüber informierten, daß das Interview zwei Stunden in Anspruch nehmen würde, daß die Frauen uns sagten, soviel Zeit hätten sie nicht eingeplant, weil sie sich nicht vorstellen könnten, daß sie uns so viel zu erzählen hätten. Waren die zwei Stunden dann vorbei, war das Interview oftmals noch gar nicht beendet, und es mußte ein neues Treffen vereinbart werden. Für viele Frauen war das die allererste Gelegenheit in ihrem ganzen Leben, einmal so offen über ihre Sexualität zu sprechen. Oft waren die Frauen auch ausgesprochen neugierig auf die Reaktionen anderer Frauen. Was hatten sie verraten? Hatten ihre Vorlieben und Antworten Ähnlichkeit mit den eigenen oder waren sie grundsätzlich von ihnen verschieden?

Die erste Frage, die wir den Frauen stellten, war die, welche Qualitäten sie für eine gute Sexualerfahrung für ausschlaggebend hielten. Diese Frage war oftmals gar nicht leicht zu beantworten. Viele Frauen hatten ganz schlicht noch niemals darüber nachgedacht. Um ihnen zu helfen, ihre Gedanken zu klären, halfen wir ihnen, diejenigen sexuellen Erfahrungen ins Gedächtnis zurückzurufen, die ihnen besonders lebhaft in Erinnerung geblieben waren, um dann festzustellen, welche Qualitäten diese speziellen Erfahrungen im allgemeinen enthielten.

Häufig wurde die genaue Definition einer bestimmten Qualität oder die Frage, warum eine solche besonders hervorstach, erst gegen Ende des Interviews klar, wenn ein vollständigeres Verstehen der ganzen weiblichen Persönlichkeit und ihrer sexuellen Beziehung(en) gewonnen werden konnte. Dann fingen die Teile an, zusammenzupassen wie die einzelnen Stücke eines komplizierten Puzzlespiels.

Zu Beginn ihres Interviews berichtete Mary, eine 48 Jahre alte Künstlerin mit vier Kindern, die sich kürzlich nach 27 Ehejahren hatte scheiden lassen, folgendes:

»Ja, zehn Jahre Eheleben und einige Kinder dazu, das Leben fordert alltäglich seinen Tribut, da ist nicht viel Platz für eine Romanze. Ich meine, man ist da mit jeder Art Lebensfragen ausgelastet. Sicherlich ist auch das Empfinden da, daß der Sex für beide Partner eine erfreuliche Angelegenheit ist. Aber darüber und daneben gibt es etwas anderes, das mich ganz besonders anspricht. Ich versuche dahinterzukommen, was das sein kann... etwas, wie die Konzentration der Aufmerksamkeit auf mich als Mensch und als wichtiger Mensch dazu. Es hat etwas mit der Umgebung, den Gegebenheiten, den wechselnden Tageszeiten zu tun, die Zeit nach dem Mittagessen ist großartig... oder irgendetwas, was ihm einen speziellen Wert verleiht. Es hat nichts mit Pflichterfüllung zu tun... wie etwa bevor man nachts einschläft oder morgens vor dem Aufstehen. Es ist eine Unterbrechung der Routine, und irgendwie ist dabei die Atmosphäre anders.«

Am Ende des zweistündigen Interviews meinte sie:

»Ich schätze, für mich ist es wichtig, daß praktizierte Liebe mich aus der Rolle der Hausfrau herausreißt. Ich fühle mich ebenbürtiger... mehr auf diesem Wege, als wenn ich zu einem Treffen ausgehe. Sie verstehen sicher, wenn man solange verheiratet ist, wird man zu einem Teil des Mobiliars, dem eigenen Gefühl nach. Alles was einen aus diesem Gefühl herausreißt, gewinnt einen besonderen Wert. Wenn wir zum Dinner ausgehen, habe ich keine Lust, mich über die Kinder, über Geld, über Häusliches zu unterhalten. Solche Gespräche geben mir das Gefühl, Teil der Hauseinrichtung zu sein. Wirklich wesentlich ist für mich, was ich tat, was er tat . . . eher intellektuelles Zeug.«

In der Auswertung des Interviews wurde es klar, daß gewisse Gelegenheiten ihre gewöhnliche Selbsteinschätzung als Hausfrau und Mutter torpedierten. Das Ergebnis war dann eine Steigerung ihrer Selbstwertgefühle, die zu genußreicherem Geschlechtsverkehr führte.

Das Interessanteste war, daß keine einzige Qualität sich als die Antwort schlechthin für alle 120 interviewten Frauen erwies. Vielmehr ergaben sich eine erkleckliche Anzahl von Qualitäten aus diesen Interviews. Die Ansicht jeder Frau darüber, was sie an einer glückhaften Sexualerfahrung für wichtig hielt, spiegelte jeweils ihre eigene Originalität wider. Jede Frau sieht die Welt mit anderen Augen an, und jede hat ihre eigene, individuelle Idee von den Faktoren, die zu einem zufriedenstellenden Leben erforderlich sind. So ist es auch nur konsequent, wenn jede Frau die Bedingungen, die sie für eine gute Sexualerfahrung für erforderlich hält, anders definiert.

Im allgemeinen wurden die Fragen der Beziehung, der Bequemlichkeit, der Vertrautheit miteinander, wie die Sicherheit einer Geschlechtsbeziehung von der Mehrheit der von uns befragten Frauen als die wichtigsten Komponenten angesehen. Danach folgten Dinge, die die Frauen selbst betrafen: ihr Gefühl für den eigenen Begehrenswert, ihr Selbstvertrauen waren ausschlaggebend für den Genuß eines sexuellen Erlebnisses. Eigenschaften wie Spielfreude, Unerlaubtheit, Vielfalt und ausreichende Zeit wurden ebenfalls genannt, in der Regel aber als weniger wichtig betrachtet.

Darielle, die mit 27 Jahren drei Jahre verheiratet war, bezeichnete die ganze Tonleiter der Faktoren, die ihr für einen guten Geschlechtsverkehr wichtig erschienen, mit den folgenden Ausführungen:

»Es gibt da eine Reihe von Voraussetzungen, um einen guten, befriedigenden und freudvollen Geschlechtsverkehr zu haben. Einer der wichtigsten Faktoren für die Atmosphäre ist, daß man selbst sehr entspannt und vergnügt dabei ist. Ich kann es absolut nicht vertragen, dabei gehetzt zu sein oder wenn es Nebenerscheinungen gibt, die einen von uns beiden stören. Ebenso wichtig erscheint mir, füreinander genügend Zeit aufzubringen. Gerade die Frage der ausreichenden Zeit ist sehr wesentlich, um in jenes Stadium der Erregung zu gelangen, in welchem man mit seinen Körpern spielen kann. Wenn immer einer von uns den anderen zu hart bedrängt, ist es gleich viel weniger befriedigend. Ich glaube, ein wirkliches Sichgehenlassen, ein die Dinge-sich-selbst-entwikkeln-lassen, eine Einstellung des ›Laß kommen; was kommt‹ garantiert für mich eine viel hübschere Zeit als jede noch so harte Sexanstrengung. Es ist eine wunderbare Sache, Geschlechtsverkehr zu haben, wenn ich mich frei genug fühle, meine Phantasie spielen zu lassen und in den Augenblicken zu übertragen, so daß man einige dieser phantasievollen Träumereien miteinander teilen oder durchführen kann. Es ist eine durchaus ausschlaggebende Dimension, wenn ich in der Lage bin, diesen ganzen spielerischen Teil meines Geistes sich ausleben zu lassen und ihn in den Akt einzubringen.«

Zuweilen sind die von den Frauen genannten Voraussetzungen mehr eine Reflektion ihrer derzeitigen Situation als etwas, was notwendigerweise für ihr ganzes Leben Gültigkeit haben müßte. Da sind zum Beispiel Frauen, die lange Zeit verheiratet waren und niemals mit einem anderen Partner außerhalb ihrer Ehe Geschlechtsbeziehungen hatten. Wurden sie dann geschieden oder Witwe, begannen viele, über ihre Sexualität nachzugrübeln und wünschten keine neue Bindung. Ihr Blick war dann mehr auf Abwechslung gerichtet, sie wollten Erfahrungen mit neuen Geschlechtspartnern sammeln, neue sexuelle Aktivitäten kennenlernen. Sie fühlten sich in ihrer Situation um so wohler, je sexuell aktiver sie wurden. Eine feste Verbindung hatten sie ja bereits kennengelernt und waren in dieser Zeit nicht daran interessiert, diese Art einer Beziehung erneut zu erleben. Andererseits strebten Frauen, die lange Zeit allein gewesen waren und in dieser Zeit eine Vielfalt von flüchtigen Bindungen eingegangen waren, stark danach, eine Beziehung mit dem ständigen Austausch und der Abgeschlossenheit zu entwickeln, wie sie nur eine dauerhafte Partnerschaft bringen kann. Frauen, die eine gewisse Zeit fest an einen Partner gebunden waren, trachteten häufig danach, diese Beziehung noch auszubauen und Hemmungen abzulegen, etwa auf Gebieten wie der Nacktheit oder auch in der Erforschung des Körpers ihres Partners ohne Scham. Andere, die in diesen Beziehungen bereits keine Schranken mehr kannten, versuchten vielleicht Neues auszuprobieren, Dinge, zu denen sie drei oder vier Jahre früher noch nicht in der Lage gewesen wären oder auch, die in dieser Beziehung bzw. Partnerschaft zu einem früheren Zeitpunkt nicht denkbar gewesen wären. Frauen in den sechziger oder siebziger Jahren neigten dazu, andere Aspekte des Geschlechtslebens zu schätzen als die, die ihnen in ihren Dreißigern wesentlich gewesen waren. Womit bewiesen sein dürfte, daß die Faktoren, die eine Frau für einen guten Sex für wesentlich hält, von ihren jeweiligen Lebensumständen abhängen.

An einem bestimmten Punkt des Interviews fragten wir die Frauen nach ihrem besten sexuellen Erlebnis. Praktisch hatte jede Frau einmal ein so herausragendes sexuelles Erlebnis, daß es ihr als Basiserinnerung ein für alle Male im Gedächtnis haften blieb. Solche Erlebnisse waren Grundlage für die Wertschätzung bestimmter Umstände, die in einer ganz bestimmten Periode ihres Lebens für sie ausschlaggebende Bedeutung hatten, die sie für alle Zeiten behalten würden – oder auch nicht.

Bei dieser Gelegenheit mögen sich vielleicht unsere Leserinnen wundern, warum wir so viele Mühe darauf verwandten, die Umstände herauszuarbeiten, die einen guten Geschlechtsakt ermöglichen. Wäre es nicht vielleicht besser, das Mysterium zu erhalten und gar nicht darüber nachzudenken oder das Geschlechtsleben überhaupt zu analysieren? Das scheint uns zumindest unsere Kultur zu empfehlen. Irgendwie wurde uns die Idee eingepflanzt, den Sex zu analysieren, heiße, ihm die Ursprünglichkeit des Erlebens zu rauben. Zu ihm gehöre vor allem echte Spontaneität, wenn er gut sein soll. Aber wir mußten erkennen, daß das für die Mehrzahl der Frauen absolut nicht der Fall ist. Das Nichtwissen, welche Voraussetzungen für einen genußvollen Geschlechtsakt erforderlich sind, vermag zwar einer Frau eine Reihe herrlicher

Erinnerungen an Sexualerlebnisse zu bescheren, ebenso aber auch Erinnerungen an andere, die weder glückhaft noch anders als unangenehm waren. Und es scheint so, als habe sie keinerlei Einfluß auf das, was da geschehen wird.

Es ist wichtig, die Bedingungen zu verstehen, die zu einem guten Geschlechtsakt führen, weil die Voraussetzungen für einen guten Sex bei jedem Menschen absolut einmalig sind. Unglücklicherweise haben sich die meisten von uns niemals die Zeit genommen, darüber nachzudenken oder zu analysieren, was eigentlich eine gute von einer mittelmäßigen Sexualerfahrung unterscheidet. Ist man aber einmal in der Lage, diese Voraussetzungen klar in Worte zu fassen, hat die Frau auch die Möglichkeit, sie zu schaffen und nicht länger mehr einen guten Geschlechtsakt dem Zufall zu überlassen. Sie kann ihn vielmehr selbst herbeiführen, wenn sie sich nur der erforderlichen Anstrengung unterzieht. So kann zum Beispiel ein Dinner mit einem guten Gespräch zuvor, die Benutzung eines anderen Bettes oder das Bemühen um Lösung einer Spannung in der Partnerschaft zuvor den ganzen Unterschied bedingen zwischen einem wirklichen Sexerlebnis und einer reinen Routinebegegnung oder gar einem Negativerlebnis.

Cortney begann mit ihren 31 Jahren gerade, die Bedingungen für ein erfülltes Sexerlebnis für sich selbst zu klären:

»In acht Jahren Ehe hatte ich niemals einen Orgasmus, und das war mir nicht einmal bewußt, bis Bücher über das Geschlechtsleben begannen auf den Markt zu kommen. Irgendwie ignorierte ich jede Vorstellung, was ich eigentlich vom Sex zu erwarten hätte. Sex war für mich etwas, was ich zwar tat, aber nur weil ich meinte, dafür sei man eben bestimmt. Nach meiner Scheidung kam es mir so vor, als sei jede Sexualerfahrung, die ich durchmachte, etwas völlig Neues und bei jedem Mal lernte ich etwas dazu. Zunächst war es erregend und befriedigend für mich, aber ich habe in den letzten vier Jahren gelernt, daß es für mich wichtiger ist, für jemanden zu sorgen und ihn zu lieben. Nur dann kann ich Geschlechtsverkehr wirklich genießen. Ich hatte immer diese Hemmschwelle, so daß ich nicht kommen konnte, weil ich einfach Angst hatte, Verbotenes zu tun. Ich hatte das Gefühl, immer alles so ganz richtig machen zu müssen, wie es die Bücher vorschrieben, weil ich so angelegt sei. Ich war auch immer darauf eingestellt, einen Orgasmus zu bekommen, aber ich tat nur so, weil ich meine Partner nicht enttäuschen wollte. Nun habe ich ausfindig gemacht, daß ich nur für jemanden wirklich besorgt sein, ihn wirklich lieben muß, um wirklich ganz im Sex zu versinken, und sofort verschwindet dann all das theoretische Zeug aus meinem Kopf. Es ist das Vertrauen, das sich mit dem Menschen herausgebildet hat, der nun zu meinem Leben gehört, das Mitleid, die absolute Ehrlichkeit gegeneinander in jeglicher Hinsicht und das völlige ›Ja‹ zueinander, die den Unterschied ausmachen.«

Bevor man diesen Abschnitt liest, sollte man den Wunsch haben, für sich selbst jene Gegebenheiten zu erkennen, die aus einem Sexerlebnis für einen selbst ein gutes Erlebnis werden lassen. Ein brauchbarer Weg, das zu bewerkstelligen, ist der, drei oder vier gute Sexerlebnisse herauszupicken, die man in seinem Gedächtnis speichert. Diese geht man dann ganz langsam eines nach dem anderen durch. Wie begann die sexuelle Begegnung? Welche Art Tätigkeit übte man gerade aus, als man auf die Idee kam, Sex zu machen? Ist man morgens gemeinsam aufgewacht? Wie sahen die Gefühle für den Partner zu dieser Zeit aus? War man an diesem Tage besonders allein? Hatte man sich gerade erst getroffen? Hatte man ein geruhsames Dinner zusammen oder hatte man den Abend im Gespräch über besonders wichtige Dinge miteinander verbracht? Wie wurde der Geschlechtsakt in diesem Falle eingeleitet, und wer tat den ersten Schritt dazu? Wo befand man sich und was war das ausschlaggebende Moment? Was geschah dann? Was war der aktuelle Wunsch, Liebe zu machen? Welche Art Aktivitäten wurden dabei vorgenommen? War der Partner roh oder zärtlich? Wie ging das Liebesspiel zu Ende? Was ereignete sich danach?

Geht man diese drei oder vier Erlebnisse durch, sollte man alle Ähnlichkeiten notieren. Diese ähnlichen Gegebenheiten können diejenigen bedeuten, die für einen selbst besonders wesentlich sind. Der Rest dieses Kapitels enthält jene Vorbedingungen und Erfahrungen, die sich für die von uns interviewten Frauen als wesentliche Vorausetzungen für guten Sex erwiesen. Dabei versuchen wir nicht, unseren Leserinnen einen magischen Schlüssel für alle Frauen zu liefern, denn einen solchen gibt es einfach nicht. Es ist völlig klar, daß in Abhängigkeit von der Persönlichkeit der einzelnen Frau absolut unterschiedliche Kriterien notwendig sind. Wer diesen Satz liest, mag den Wunsch hegen, Klarheit zu gewinnen, welche Aspekte für die eigene(n) sexuelle(n) Partnerschaft(en) relevant und welche total unwichtig ist/sind. Eine solche Analyse ist durchaus geeignet, Aufschluß über die eigenen Notwendigkeiten zu liefern. Andererseits ist ein solches Wissen hilfreich bei der Kontrolle sexueller Begegnungen, so daß eine größere Zahl von ihnen zu wirklicher Befriedigung führt, wenn man sein Wissen gezielt einsetzt.

Die Frauen erachteten häufig mehr als einen Faktor ausschlaggebend für eine gute sexuelle Begegnung. Eine der Frauen kombinierte die Notwendigkeit, von ihrem Partner akzeptiert zu werden mit der, die Schauplätze ihrer Sexerlebnisse wie auch die Sexstellungen zu wechseln. Eine andere Frau sprach kurz von der Wichtigkeit, daß der Partner sie voll akzeptiere, um sich dann völlig ihren eigenen Gefühlen zuzuwenden, die zunächst wirklich erregt sein müßten, bevor sie sich dem Geschlechtsakt hingeben könne.

Die Partnerschaft

Die am meisten genannte Voraussetzung war die Wichtigkeit der partnerschaftlichen Beziehung. Die Frauen sprachen von Sicherheit, Annehmlichkeit und wirklicher Teilhabe in der gefühlsmäßigen Partnerschaft als absolut notwendigen Voraussetzungen für ein gutes Sexerlebnis. So rief uns beispielsweise die 59 Jahre alte Ann einige Tage nach dem Interview extra nochmal an, weil sie vergessen habe, uns die für sie wichtigste Voraussetzung für ein gutes Sexerlebnis mitzuteilen. »Du mußt in Deinen Partner verliebt sein«, sagte sie. »Das ist das Allerwichtigste.«

Sarah, 29 Jahre alt, verheiratet, erklärt, wie eine wirklich vertraute Partnerschaft für sie das sexuelle Erlebnis steigert: »Ich finde, für mich wird ein sexuelles Erlebnis dann besonders mitreißend, wenn ich es mit einem Partner teile, mit dem ich schon so lange zusammen bin, daß ich mit ihm offen sein kann über alles, auch über meine Vorlieben beim Geschlechtsverkehr und ebenso das, was ich dabei nicht mag. Ich muß ihm sagen können, an welchen Körperzonen ich gern gestreichelt werde und wo mir das unangenehm ist. Für mich ist es wichtig, daß wir mehrere Gebiete emotionaler Übereinstimmung haben, denn dann ist auch das gefühlsmäßige Erlebnis weitaus größer, als wenn es sich nur auf den rein genitalen Verkehr beschränkt. In der Vergangenheit waren für mich unsere sexuellen Erfahrungen nicht gerade sehr positiv, denn wir beide benötigten erst Zeit, um zunächst zu einem gemeinsamen Rhythmus zu finden. Die Qualität unseres Geschlechtsverkehrs steigerte sich aber dann sehr rasch, als wir nach der ersten Heftigkeit der Begegnungen unsere beiderseitigen Körper kannten und wußten, was jeweils dem anderen Freude bereitet.«

Becky, eine 21 Jahre alte Rechtsstudentin, hat ebenso das Gefühl, daß Sex im Zusammenhang mit einer zärtlichen Partnerschaft für sie zu den besten sexuellen Erlebnissen geführt hat:

»Das Wichtigste für mich ist die Gemeinsamkeit und die gegenseitige Aufmerksamkeit. Ich brauch einen Menschen, der ein Höchstmaß an Rücksicht auf meine Gefühle nimmt, der sich auf mich einstimmt, und zwar sowohl gefühlsmäßig wie auch körperlich. Es muß in erster Linie und vor allem anderen jemand sein, mit dem ich am nächsten Morgen zusammen aufwachen möchte. Wenn es sich nicht um eine fortschreitende Gemeinsamkeit handelt, fühle ich mich nicht sicher. An einem Verhältnis für nur eine Nacht möchte ich mich nicht beteiligen. Auch das habe ich zur Genüge erlebt, um zu wissen, daß dabei ein Gefühl von Unzufriedenheit entsteht, das alles andere überlagert, so daß die ganze Affäre für mich keinen Wert hat.«

Das Bedürfnis nach Zusammengehörigkeit, Fürsorge und Zuneigung wurde von einer ganzen Anzahl von Frauen beschrieben. So fühlte zum Beispiel Roberta mit ihren 35 Jahren:

»Die wichtigsten Faktoren in einer guten Geschlechtsbeziehung sind gefühlsmäßige Zusammengehörigkeit, gegenseitige Fürsorge, Feinfühligkeit und Zärtlichkeit. Von all dem scheint mir gefühlsmäßige Zusammengehörigkeit das Allerwichtigste, denn wenn dabei die Gefühle zu kurz kommen oder im Hintergrund Ärger aufgestaut ist, kann ich keine wirklich enge Verbindung erleben. Die wirkliche Basis des Liebeslebens ist eine echte gegenseitige Bindung.«

Natürlich ist es nicht möglich, aufkeimenden Ärger über Meinungsunterschiede und Unzufriedenheiten völlig zu beseitigen, der ganz natürlich in einer wachsenden Verbindung einmal entsteht. Wohl als eine Art Tatsache meinten einige Frauen, ihre beglückendsten Sexualerlebnisse hätten sie nach einem intensiven Streitgespräch oder einer Auseinandersetzung gehabt. Die Gefühle seien dann immer in hohem Grade aufgeheizt und die Intimität entstehe geradezu aus der Verletztheit schmerzlicher oder schwieriger Gefühlslagen.

Rebecca, 32 Jahre alt, verheiratet seit fünf Jahren, erläutert ihre Wahrnehmungen dazu:

»Ich kam kürzlich dahinter, daß Sex oftmals am besten ist nach einer Auseinandersetzung oder einem Streit. Ich vermute, das hängt damit zusammen, daß die dabei entstehende physiologische Spannung und die Energie, die mit der Aufregung, dem Haß oder dem Ärger in einem entsteht, sich in einem kraftvollen Geschlechtsakt entladen. Das hat sich für mich als richtig erwiesen, vor allem, als wir es einmal ausprobiert haben. Da gab es Gelegenheiten, bei denen war ich vor allem ziemlich ausgelaugt, und er kam einfach über mich und begann einfach mit mir zu spielen. Und obwohl ich noch ziemlich ärgerlich war, habe ich ihm doch geantwortet und bin auf das Spiel eingegangen. Zuweilen denke ich, das Sich-dem-anderen-nähern und mit ihm Sex machen, das ist ein Weg, sich zu sagen, ich liebe dich, ich wollte dich ja gar nicht verletzen.«

Das Teilen wesentlicher Gefühle kann auch aus einem außergewöhnlich schönen Sexualerlebnis resultieren, wie es für die 37 Jahre alte Kathryn, eine Immobilienagentin, der Fall war, die seit 17 Jahren verheiratet ist:

»Eines Nachts war ich ziemlich außer Fassung, denn in den nächsten Tagen stand mir ein wesentliches, inneres Erlebnis bevor. Ich wollte das Grab meines Vaters besuchen. Ich hatte meinen Vater nie gekannt. Ich hatte ihm nachgeforscht und herausgefunden, wo er begraben lag. Und ich war ausgesprochen ... Ich fühlte mich wirklich gut aufgelegt. Zu jener Zeit war ich nicht sehr einig mit mir selbst. Nach meiner Erinnerung war ich mit diesem Mann zusammen ... wir fühlten uns sehr, sehr wohl miteinander, sprachen miteinander, und ich schrie irgend etwas, und er war wirklich für mich da. Er versuchte nicht meine Probleme zu lösen oder irgend etwas anderes, er war ganz einfach jemand, der für mich da war. Das Ganze mündete in ein riesiges Sexualerlebnis. Ich glaube nicht, daß das irgend etwas mit Technik oder physischer Anziehungskraft zu tun hatte – es entstand ganz einfach aus einer tiefen Verbundenheit.«

Ein emotionales Band oder eine gefühlsmäßige Verbundenheit wurde häufig als der wichtigste Faktor für ein gutes Sexerlebnis bezeichnet. Für die meisten Frauen entwickelte sich dieses Gefühl, den anderen zu kennen, des sich völlig Entspanntfühlens miteinander außerhalb der üblichen Liebesspielereien, während einer gewissen Zeit, in der das Paar enger zusammenwuchs. Immerhin berichteten einige Frauen aber auch, daß sich ein solches Band unter ganz besonderen Umständen auch am Anfang einer Beziehung schon scheint entwickeln zu können, und daß es manchmal sogar bei einer Verbindung für eine Nacht entsteht. Theresa, eine Lesbierin von dreißig Jahren, die allein lebt, berichtet, wie dieses Gefühl sie sexuell befreit:

»Ich kann mich so geben und so sein, wie ich bin, wenn ich mich von einer Partnerin akzeptiert fühle. Dann kann ich völlig gelöst sein – alle Widerstände fallenlassen. Ich habe meine Gefühle nicht zu beurteilen. Ich habe gar nichts zu beurteilen, weil da eben jene Bindung ist, jene Annahme dessen, was geschieht, und auch meiner selbst.

Die Bedeutung der Kommunikation oder des aufeinander Eingestimmtseins wurde auf mancherlei Wegen beschrieben. Nach zwei Jahren in ihrer Ehe glaubte Elaine:

»Die Beziehung zueinander ist das, worauf es mir allezeit ankam. Ich bin niemals ins Bett gekommen, nur um ins Bett zu gehen oder weil er ›Joe Blow‹ war. Es mußte mit einem Menschen sein, der einige Tiefe und Wärme ausstrahlte. Ich mußte nicht unbedingt geliebt werden, aber wir mußten in der Lage sein, gut miteinander auszukommen. Für mich entsteht guter Sex aus einer guten Verbundenheit.«

Suzanne beschreibt eine Art Balletterlebnis, in dem die Vertrautheit mit dem Körper des anderen und das Wissen, wie man ihm Freude machen kann, und das gegenseitig, die sexuelle Lust zu steigern vermag:

»Ich war zehn Jahre verheiratet und ließ mich dann scheiden.

Einige Jahre später kam ich dann mit diesem Mann zusammen und wir hatten wirklich unglaubliche Sexerlebnisse miteinander. Wenn wir Liebe machten, war es gerade so, als seien unsere Körper aufeinander abgestimmt. Es war fast wie bei einem Tanz, und je mehr wir übten, um so größer wurde die Präzision. Es war, als bewegten wir uns auf einer Wolke, als seien wir gar nicht mehr auf dieser Welt. Wir wußten, was uns erregte und uns anmachte, und wie wir es jeder dem anderen zu vermitteln hatten. Und dann fand das Ganze seinen Höhepunkt in einem geradezu unglaublichen Orgasmus ... es war ganz einfach herrlich. Der beste Weg, den ich mir dazu vorstellen kann, ist diese völlige Einstimmung unserer Körper aufeinander, die sich zu einem vereinigten. Das ging nicht von vornherein und auf Anhieb so, das mußte sich erst entwickeln. Unsere ersten sexuellen Erlebnisse miteinander waren sehr erfreulich und erregend, weil wir wirklich gut zusammenpaßten. Als wir dann aber einige Zeit mehr miteinander verbrachten, wurden sie immer größer und herrlicher.«

Für viele war auch die eigene und die Möglichkeit des Partners, abwechselnd aktiv und passiv zu sein, beim Geschlechtsverkehr sehr wichtig. Sally beschreibt das so:

»Für mich bedeutet guter Sex die Fähigkeit zu geben, aber auch die zu nehmen. Wenn ich mit einem Mann zusammen bin, der nicht gern nehmen mag, der sich nicht einfach hinlegen möchte, um mich die Gebende sein zu lassen, einem Mann, der ständig der Handelnde sein will, verliere ich rasch das Interesse. Es mag befremdend klingen, aber ich fühle irgend etwas Unbekanntes. Beim ersten Mal ist das ein normaler Verlauf, aber wenn es dann zu keiner Umkehrung der Rollen kommt, fühle ich mich ausgeschlossen.«

Frauen sprechen auch von einem besonderen Zustand des Verlustes jeglicher Selbstwahrnehmung und des Willens zur Aufgabe jeglicher Bewußtheit, die sie für außerordentlich wichtig für den Genuß eines Sexualerlebnisses halten. Harriet, 34 Jahre alt:

»Für mich ist das Höchste, mich selbst völlig in meinen Gefühlserlebnissen zu verlieren. Das ist es, was sie so herrlich macht. Alles außerhalb meinem gegenwärtigen physischen und gefühlsmäßigen Erleben völlig vergessen. Keine Notiz davon nehmen, ob der Raum kalt oder warm ist, ob es draußen regnet oder nicht, kaum wahrnehmen, ob Musik spielt oder nicht, oder ob das Baby schreit oder wieviel Geräusche ich dabei mache – wirklich völlig abgeschaltet sein von anderem und von mir selbst.«

Betty, eine fünfunddreißigjährige Geschiedene, beschreibt Situationen, die eher ihr Selbstgefühl stärken als das Sichverlieren und wie ein Partner dabei hindert oder hilft:

»Ich will Ihnen erzählen, wie das bei mir ist: wenn ich das Gefühl habe, daß jemand auf mein Kommen wartet, dann werde ich unwirsch, wenn seine Arme müde sind. So bin ich dann von vornherein ärgerlich, und meine Gefühle verschwinden. Ich fühle mich bewacht. Wenn aber der Mann meinen Orgasmus als sein eigenes Ziel betrachtet, wenn seine eigene Erlösung eingebunden ist in den Wunsch, mich zufriedenzustellen, wenn er beweisen will, daß er das fertigbringt, dann geht alles den richtigen Weg. Ich glaube nicht an einen gemeinsamen Orgasmus, ich habe auch nicht dazu zu kommen, ehe er es tut. Und wenn ein Mann zwei gute Hände hat, benötige ich seinen Penis nicht, um zum Orgasmus zu kommen. Ich werde von seiner Erregung erregt und ich schätze es sehr, daß er mich dabei völlig vergißt und seinem eigenen Rhythmus folgt. Was ich vom Sex erwarte ist, daß ich mich als Frau gut fühle, daß ich begehrt werde. Wenn das im Verlauf klar wird, ist mir das genug. Ob ich dann einen Orgasmus habe oder nicht, das spielt keine entscheidende Rolle. Ich brauche es nur, begehrt zu werden.«

Einige andere Frauen berichteten dagegen, daß zwar der Faktor einer persönlichen Bindung für sie wichtig sei, um sexuellen Genuß empfinden zu können, daß er aber ersetzt werden könne. Die Sicherheit einer langdauernden Gefühlsbindung könne durch die besondere Erregung einer Sexualbegegnung mit jemandem, den man nicht kenne und zu dem keine Gefühlsbeziehungen bestehen, durchaus übertroffen werden. Diese Frauen tendierten zur Bevorzugung des einen oder des anderen Extrems: entweder sicherer Geschlechtsverkehr oder »Zufallsfick ohne Bindung«. Interessant ist immerhin festzustellen, daß keine Frau solchen »Phantasiefick« hinterher als die eine Sexualerfahrung bezeichnete, die ihr dauerhaft im Gedächtnis geblieben sei. Er wurde immer nur im Vergleich zu einer dauerhaften Sexualbeziehung erwähnt. Diane, eine 32 Jahre alte ungebundene Lesbierin berichtete:

»Solche Sexualerlebnisse, die ich als die befriedigendsten empfinde, können in zwei Kategorien eingeteilt werden. Das eine sind erfrischende, lustvolle Begegnungen, aus denen keinerlei Bindung folgt, die aber beide Teile wirklich genießen. Bei solchen Gelegenheiten fühle ich mich weniger veranlaßt zu der Frage, welche Absicht wohl in dieser Verbindung liegen mag. Ich brauche mir um nichts Sorgen zu machen bei einer solchen Begegnung, als nur um das sexuelle Erlebnis. Die andere Kategorie ist die einer langdauernden Bindung an jemanden anders und die daraus resultierende Verbundenheit miteinander. Da ist der Geschlechtsverkehr oft weniger aufregend, dafür aber das Gefühl gegenseitiger Sicherheit viel stärker.«

Paula, 32 Jahre alt und alleinstehend, meint:

»Einmal scheint es, daß die Verbindung für eine Weile anhalten wird, ich bin dann mehr für das Experimentieren. Da fühle ich mich sicherer und bin infolgedessen entspannter und aufgelegter dazu, neues auszuprobieren. Bin ich entspannt, kann ich den Sex viel mehr genießen. Es ist ausgesprochen schwierig für mich, mit jemandem gelöst zusammenzusein, von dem ich annehme, daß er am nächsten Morgen verschwindet. Auf der anderen Seite habe ich gelegentlich gute Erfahrungen unter besonderen Umständen, wie etwa während der Ferien, gemacht oder wenn jemand nur mal kurz in der Stadt war. Da habe ich dann absolut kein Gefühl von Risiko. Ich kann dann völlig hemmungslos hingegeben an die Situation sein, weil ich genau weiß, es wird sich absolut gar nichts daraus entwickeln.«

Die 20 Jahre alte Sylvia beschreibt den »Zufallsfick ohne Bindung« in seiner Entstehung und wie er besonders reizvoll durch ihre Angst vor dem Genommenwerden war:

»Ich hatte in New York geschäftlich zu tun. Am letzten Nachmittag dort befand ich mich auf dem Rückweg von Long Island zur Innenstadt. Der Kerl, der mir im Zug gegenübersaß, versuchte mit mir anzubändeln und sagte irgend etwas wie: ›Möchten Sie meine Zeitung lesen?‹ Ich antwortete nur: ›Himmel, was für eine typische Art, Frauen anzusprechen!‹ Seine Reaktion: ›Jawohl, ich will Dich anmachen.‹ Ich wiederum: ›Wie wollen Sie wissen, daß ich weder verheiratet noch fest gebunden bin?‹ Er darauf: ›Das ist mir egal, ich finde Dich einfach wundervoll.‹«

Das war eine nette Art, den Kontakt zu eröffnen, und wir verbrachten die Zeit im Zug plaudernd und lachend. Als wir in der Stadt eintrafen, erzählte er mir, er habe irgend ein Paket in irgend einem Bürohaus abzuliefern. ›Warum gehst Du nicht einfach mit?‹ Er wußte, daß ich noch einige Zeit keinen Zug zurück hatte. Also sagte ich ›Okay‹, weil ich wirklich nichts Besseres zu tun hatte. Erst kamen wir heraus und tranken irgendwo etwas. Dann saßen wir eine Zeitlang im Central Park und unterhielten uns. Dann mußte das Paket abgegeben werden. Nachdem wir das erledigt hatten, befanden wir uns nahe beim Lift. Dort sahen wir einen leeren Raum, der so aussah, als wenn er umgebaut werden sollte. Da sagte er zu mir: ›Warum sollten wir uns genieren, Mädchen, laß uns dort hineingehen und Liebe machen.‹ Und ich antwortete ihm ziemlich rotzfrech: ›Du, ich hab eine Neuigkeit für Dich. Mit Dir mache ich überhaupt nicht Liebe‹, worauf er nur ›Okay, ist gut‹ sagte. Der Aufzug kam lange nicht, weshalb er vorschlug, die Treppe zu nehmen. Als wir dann ins Treppenhaus gingen und die Tür hinter uns schlossen, drehte er sich herum und attackierte mich. Das war eine so plötzliche Wendung, daß sie mir richtig gefiel. Ich war begeistert! Ich vermute, er dachte noch, wir würden irgendwohin gehen, um Liebe zu machen. Aber ich stürzte mich auf ihn. Wir waren beide noch vollständig bekleidet, nur seine Hosen hatte er geöffnet. Es war eine völlig hemmungslose Situation, denn wir hörten dauernd die Leute in der Halle laufen. Aber es war einfach riesig. Dann nahm er mich. Wir probierten alle möglichen Stellungen und lehnten dabei an der Tür, falls jemand versucht hätte hereinzukommen, damit wir gewarnt wären. Aber während der ganzen Zeit kam niemand die Treppen herauf oder herunter. Das Erregende dabei aber war ja gerade das Bewußtsein, daß hier Leute waren, und zwar unmittelbar hinter der Tür. Und daß jeden Augenblick irgend jemand hereinkommen könnte und wir entdeckt worden wären.«

Innere Gefühle

Einige Frauen stellten fest, daß ihr Genuß am Sex wenig mit ihrer Einstellung zu dem jeweiligen Partner zu tun hatte, sondern mehr mit ihrem eigenen Gefühl als erstrebenswerte und wissende Frau. Waren sie mit sich selbst im Einklang, dann konnten sie den Geschlechtsverkehr voll genießen.

Anna, die nach einer Scheidung drei Jahre wiederverheiratet war, bekannte:

»Wenn ich mich wirklich gut in meiner eigenen Haut fühle, dann klappt alles, und der Akt ist wirklich besonders gut. Ist das aber nicht in Ordnung, dann ist auch der Sexualakt nichts wert. Ich nehme an, daß mein Partner auf das Gefühl antwortet, das ich in mir habe. Bin ich auf anderen Gebieten mit mir selbst einig, dann drückt sich das auch in meiner Sexualität aus. Bin ich in meinem Gefühlsleben in Ordnung, dann ist das gerade, als wenn jemand zärtlich zu mir wäre. Dann nehme ich mir auch die Zeit für all jene speziellen Zärtlichkeiten, Küssereien und Nagereien. Fühle ich mich aber in meiner eigenen Haut unwohl, habe ich fünf oder sieben Pfund zugenommen, die nun an den falschen Stellen sitzen, wie einem das ja immer so vorkommt, oder wenn ich müde bin oder mich ganz einfach mißlaunig fühle, kann ich mich nicht genügend entspannen, so daß auch der Sex nichts wird.«

Viele Frauen huldigen der Ansicht, daß das eigene Sichwohlfühlen in der eigenen Haut auch ausschlaggebend dafür ist, wie erregt sie sich vor Beginn der sexuellen Begegnung fühlen. Andere wiederum stellen fest, daß ihr Hormonzyklus, der Grad ihrer Entspanntheit oder ihre Wertschätzung für den Partner das Maß ihrer Begierde vor dem Akt bestimmen. Aber sie waren sich alle darin einig, daß das Erlebnis qualitativ um so besser war, je erregter sie sich bereits vorher fühlten.

Aruna, eine 33 Jahre alte Hausfrau, meinte dazu:

»Ich muß aktiv wünschen, Liebe zu machen. Wenn ich das tu, bin ich der angreifende Teil, und das genieße ich wirklich. Das geschieht zuweilen, weil ich ihn wirklich sehr schätze und alle Tage lieb habe. Dann wachsen meine Gefühle, und ich will ihn ganz einfach haben.«

Das Erkennen dieses inneren Verlangens nach Sex, ebenso wie

sein Gegenteil, kann von ausschlaggebender Bedeutung sein. So stellt jedenfalls Judith fest, eine 40 Jahre alte Buchhändlerin mit zwei Kindern im Teenager-Alter, die seit acht Jahren mit ihrem zweiten Mann, Nathan, verheiratet ist:

»Der wesentlichste Faktor ist, wohin mir der Sinn steht. Bin ich mir selbst im Klaren darüber, daß Sex das ist, was ich jetzt möchte und bin ich entsprechend erregt, dann wird es auch fast immer ein gutes Erlebnis. In meiner ersten Ehe hatte ich noch nicht erkannt, daß ich es sagen könnte, wenn ich keine Lust zum Sex hatte oder nicht erregt war. Ich will damit nicht sagen, daß ich mich einfach hingelegt habe und ließ es über mich ergehen, aber ich hatte große Schwierigkeiten, ›nein‹ zu sagen, und das übertrug sich auch auf den Sexualakt. Infolgedessen war ich natürlich die meiste Zeit unleidlich, weil ich mit mir selbst im Streit lag. Ich war natürlich daran interessiert, daß alles Notwendige immer auch geschah, aber zur Sexualität konnte ich einfach jene Einstellung des ›das ist es, was ich möchte, und deshalb möchte ich es haben‹ nicht aufbringen. So lernte ich im Laufe der Jahre erkennen, daß, wenn ich nicht erregt bin oder momentan kein Interesse daran habe, es besser ist, wenn ich keinen Sex habe. Andernfalls wird es nur ein sehr mäßiges Erlebnis. Gut wird solch ein Erlebnis bei mir nur, wenn ich die nötige Einstellung und das Interesse daran mitbringe. Ein spektakuläres Ereignis wird aber erst daraus, wenn mein eigenes Dazutun wie das der anderen Person so gut zusammenklingen, daß alles andere ganz von allein läuft.«

Edith, eine 66 Jahre alte Hausfrau mit erwachsenen Kindern, war 37 Jahre mit einem pensionierten Lehrer verheiratet. Sie spricht davon, wie ungeheuer wichtig die umkehrbare Natur einer Partnerschaft ist:

»Daß ich mich mit meinem Partner sexuell gut verstehe, das hat den Sex für mich zu einem besonderen Gefühl, zu einem der Höhepunkte im Leben werden lassen. Ich muß nicht notwendig zu irgendwelchen tollen Erfahrungen, wie etwa irgend etwas Besonderes tun, etwas Neues probieren oder einen Trip machen, getrieben sein. Es ist ganz schlicht mein Weg zu fühlen. Das ist eine innerliche Angelegenheit, aber die muß beiderseits sein. Sie muß von jedem von uns innerlich verarbeitet und dann miteinander geteilt werden.«

Dieses Reagieren auf Seiten des Partners meinte auch Allison, eine 35 Jahre alte geschiedene Frau:

»Für mich ist es wirklich wesentlich, daß ich mit jemandem ins Bett gehe, der mir das Gefühl gibt, ich sei anziehend für ihn, der mich merken läßt, daß ich ihn errege – das ist, egal was ich tue, wundervoll. Dazu gehört, daß er mir sagt, wie ich aussehe oder Dinge wie ›Himmel, Du machst mich wild‹ oder ›ich will Dich ficken‹. Ich habe dabei nichts anderes zu tun als nur ich selbst zu sein, und das ist herrlich. Der andere entscheidende Faktor ist der, daß er gut ist im Bett. Gut meint, daß er es lange aushält, daß er nicht zu schnell kommt, daß er seinen Orgasmus zurückhalten kann und wirklich ständig seine Erektion behält und ficken und stoppen und ficken und stoppen kann, immer wieder.«

Der Partner

Spontane, körperliche Anziehung wurde von manchen Frauen als integraler Bestandteil für eigene gute Sexualerlebnisse bezeichnet. Nach 36 Ehejahren kann Ann mit ihren 59 Jahren sagen:

»Mein Mann ist der beste Liebhaber, den ich je kennengelernt habe. Einer der Gründe, warum ich ihn geheiratet habe, war der, daß er mich so stark erregte. Ich glaube, anfangs war das Chemie, aber es ist immer so geblieben. Das soll nicht heißen, daß wir nicht jene Probleme hätten, die ja wohl zu jeder Ehe gehören. Aber wir haben uns die anfängliche Leidenschaft füreinander bewahren können und sind bis heute jederzeit in der Lage, sie wieder aufleben zu lassen.«

Alexandra, eine 32 Jahre alte Therapeutin, die allein lebt, sagt:

»Die Anziehungskraft und sexuelle Spannung waren von vornherein bei uns vorhanden. Wir haben von Anfang an höchste sexuelle Freuden miteinander erlebt und bald daraus eine Art Genußfülle entwickelt. Und wenn andere in der ersten Zeit, in der sie mit jemandem schlafen, keine Ruhe finden können, kann ich es schließlich überhaupt nicht. Da bestand keinerlei Notwendigkeit, irgend etwas Besonderes zu veranstalten. Wir waren beide unserer gegenseitigen Anziehungskraft so absolut sicher, daß bei uns ein ausgeprägtes Sicherheitsempfinden bestand.«

Die Bedeutung des Teilens gemeinsamer Interessen zeigte sich als ständig wiederholtes Thema bei den meisten Frauen, die ihre sexuelle Beziehung auf mehr aufbauen wollten als nur auf chemische Vorgänge. Tricia, 67 Jahre alt, Verkäuferin, heiratete vor neun Jahren ihren zweiten Mann Bert, einen Geschäftsmann:

»Das Entscheidende ist für mich, daß der Mann, mit dem ich zusammenlebe, mit mir noch andere Gemeinsamkeiten hat außerhalb des Sex. Beispielsweise die gleiche Vorliebe bei Büchern, Filmen oder Theaterstücken, kurz, irgend etwas anderes, was man miteinander teilen kann. Dann ist alles sehr leicht.«

Frauen meinten auch, daß andere Eigenschaften bei ihren Partnern durchaus auch die sexuelle Verbindung zu beeinflussen vermöchten, sowohl positiv als auch negativ. Die Offenheit und das Fehlen von Gehemmtheit waren für einige von ihnen sehr wichtig. Sonya, eine seit zwei Jahren getrennt lebende Vierzigerin, fand heraus, daß sie negativ reagiert, wenn ihr Partner gehemmt oder sexuell nicht aufgeschlossen sei:

»Grundsätzlich genieße ich Geschlechtsverkehr, aber ich bin irgendwie gehemmt, wenn mein Partner es auch ist. Ich ordne mich lieber unter, als daß ich die Führung übernehme. Die Partner, bei denen ich am meisten gehemmt bin, sind jene Typen, die steif, linkisch und lästig zugleich sind beim Sex. Je spontaner ein Partner ist, je mehr er seine Sexualität auszudrücken weiß und keinerlei Hemmungen kennt, desto mehr bin ich in der Lage zu reagieren.«

Connie, eine 26jährige, die vor vier Jahren Witwe wurde, vertritt die Ansicht:

»Die sexuellen Erfahrungen, die für mich gefühlsmäßig am befriedigendsten verliefen, hatte ich mit Menschen, die keinerlei Hemmungen zeigten, ihre sexuellen Gefühle offen auszuleben. Ich hatte sie mit Leuten, mit denen ich um keinen Preis hätte für längere Zeit ein Verhältnis haben wollen. Aber ich genoß sie, weil sie sich selbst erlaubten, in diesem Augenblick mit mir eins zu sein. Sie versuchten sich in keiner Weise zu maskieren oder zu verstellen. Ich hatte sehr gute Freundschaften mit Männern, die sexuell weder besonders geschickt noch erfahren waren, die aber das Selbstvertrauen und das Selbstbewußtsein hatten, sie selbst zu sein. Dagegen können manche Kerle wirklich auf Machotour kommen und sagen ›laß uns das machen oder jenes tun‹, und sie haben auch größeres Geschick dazu. Trotzdem macht es einen nicht befriedigt, weil sie außer sexueller Vollkommenheit nichts zu bieten haben.«

Andere nannten die Fürsorge, Zartheit und den Enthusiasmus des Partners. Judy beschreibt begeistert ihren Ehemann, mit dem sie zwei Jahre verheiratet ist:

»Er ist solch ein liebevolles und edles Menschenwesen. So war es von Anfang an. In der ersten Zeit, wenn wir uns liebten, war ich völlig von ihm erfüllt. Er war kein besonders großer Liebhaber, aber er machte alles mit soviel Geschmack, mit so großem Gefühl, ganz davon erfüllt zu sein – das merkte man ihm auf der ganzen Linie an. Er war bestimmt nicht der beste Liebhaber, den ich jemals gehabt hätte, das ganz bestimmt nicht. Aber er hatte einen Ausdruck im Gesicht und es war etwas in seiner ganzen Haltung, das mich völlig einlullte. Im Laufe der Jahre ist er zwar rein mechanisch ein besserer Liebhaber geworden, aber er hat nie diese unnachahmliche Haltung verloren. Er ist immer gütig und liebevoll. Sex ist für ihn eine große Sache. Mit ihm ist das keine Angelegenheit, die man mal eben tut, und die dann vorbei ist.«

Viele Frauen hielten die Technik wie die Haltung ihres Partners für gleichermaßen wichtig. Rosemary, 36 Jahre alt, seit vier Jahren geschieden:

»In erster Linie wichtig ist es, daß mein Partner fürsorglich ist, daß er mir gefallen will und Wert darauf legt, daß ich zufriedengestellt werde. In zweiter Linie kommt das Technische, daß er über den weiblichen Körper Bescheid weiß. Er sollte wissen, wo und wie ich gestreichelt werden möchte und mich fragen, was ich mag und nicht mag. Außerdem darf er nicht beleidigt sein, wenn ich aggressiv werde und die Initiative im Sex ergreife. Es muß jemand sein, dem ich offen sagen kann, ›dies mag ich jetzt tun und jenes mag ich jetzt nicht‹, und dann ist es schön mit ihm.«

Die Zeit

Eine signifikante Zahl der Frauen richtete ihr Interesse stärker auf die Qualitäten des sexuellen Verkehrs selbst als auf irgendwelche physischen oder seelischen Eigenschaften bei ihnen selbst, bei ihren Partnern oder in der Beziehung zwischen beiden. Der Faktor, der am häufigsten als besonders wichtig für ein gutes Sexualerlebnis genannt wurde, war die Zeit. Reichlich Zeit haben, um das Liebesspiel in aller Ruhe und in gemächlichem Tempo spielen zu können, das wurde immer und immer wieder als wichtig herausgestellt.

Dazu die alleinstehende 38jährige Alice:

»Genügend Zeit haben, damit ich mich nicht gedrängt oder gejagt fühle, so daß wir gemütlich miteinander reden und uns streicheln können, das ist für mich wichtig.«

Connie spricht vom langsamen Anlaufenlassen, das ihr wichtig sei:

»Ich genieße immer und bestehe auch auf stufenweisem Vorgehen. Ich mag die ›Zeremonie‹ in der Anfangsphase. Sie unterstreicht, daß es etwas Wichtiges ist, was hier geschieht. Von den schnellen Sachen halte ich nicht viel, es sei denn, es ist bereits sehr spät in der Nacht. Aber eine gute Vorbereitung kann mancherlei sein – es kann ein gemeinsames Dinner, ein Ausgehen, ein Theaterbesuch, auch eine lange Autofahrt zu zweit sein, das alles kann ein Vorspiel sein. Solch eine Vorbereitung ist für mich viel erregender als sich gerade nackt ins Bett zu legen und zu sagen ›komm, liebe mich‹.«

Meg, eine College-Professorin von 36 Jahren, Mutter einer zweijährigen Tochter, spricht über die Notwendigkeit, während des Liebesaktes ausreichend Zeit zu haben:

»Das Wichtigste bei dem, was ich guten Sex nenne, ist, sich ausreichend Zeit zu nehmen, damit wirklich jeder den anderen genießen kann. Ich streichele gern und werde gern lange gestreichelt. Dann entsteht das Gefühl, daß man nicht nur in sexueller Beziehung zusammen ist. Ich fühle mich dann als Wissende und wirklich auf einer Wellenlänge mit meinem Partner. Mein ganzer Körper braucht Zärtlichkeit, nicht nur mein Bauch und meine Brüste. Meine Zehen sind da genauso wichtig wie meine Brustwarzen oder meine Haare. Dann fühle ich mich richtig wohl, fühle mich geliebt und erregt. Ich mag dieses Gefühl, daß die ganze Welt den Atem anhält und nichts geschieht außer dem, was sich zwischen uns beiden ereignet.«

Im Gegensatz dazu sieht Helen in knapper Zeit den besten Weg zu einem hochbefriedigenden Geschlechtsverkehr:

»Einmal sollte der Mann, mit dem ich zusammelebte, zu seiner Arbeit gehen, und er trödelte herum, weil er keine Lust dazu hatte. Andererseits wollte er damals noch nicht, daß wir beide zu spät kämen. Ungefähr fünf Minuten, ehe wir fertig waren, um wegzugehen, sagte er: ›Komm, wenn wir das jetzt tun, sind wir ja wirklich jetzt gegangen.‹ Und plötzlich fühlte ich mich fürchterlich erregt und sagte: ›Uh, ich gehe nicht. Genau jetzt will ich einen raschen Fick haben‹. Ich dachte, er würde einen Herzanfall bekommen! Er sagte: ›Wovon sprichst Du überhaupt?‹ und ich antwortete: ›Und ich gehe nicht!‹ So sprangen wir für höchstens fünf Minuten zurück ins Bett zu einem riesigen Akt. Ich war sofort furchtbar geil. Vielleicht weil ich genau wußte, daß wir in wenigen Minuten ganz woanders sein mußten. Und dieses Restchen einer Nacht war so herrlich. Wir schauten uns dauernd gegenseitig an und grinsten, weil wir gerade diesen kleinen Akt miteinander erlebt hatten. Danach wollten wir immer gerade jetzt solch einen Schnellakt haben, und wenn wir dann irgendwohin wollten, wollten wir nie weg, außer wenn wir hinrennen mußten, weil es so spät war. Das half uns, Geschäftsessen und Parties zu überstehen.«

Mutwillen

Sex als eine Form von Spaß oder Spiel wurde ebenfalls von vielen Frauen als wichtig für ein gutes Sexerlebnis beschrieben. Das Element von Mutwillen steht oftmals in direktem Gegensatz zu jener Kulturbotschaft, die viele Frauen und ihre Eltern überliefert bekamen: Sex dient der Zeugung und nicht dem Vergnügen. Daß das Geschlechtsleben Erotik und Intensität bedeuten und dazu auch noch Spaß machen kann, das wurde uns nicht gelehrt. Ein Verständnis für die Bedeutung des Spielerischen in guten Geschlechtsbeziehungen kann sich oftmals erst über Jahre hinweg entwickeln, wie es auch bei der 40jährigen Judith der Fall war:

»Je älter ich wurde, desto mehr ging mir auf, daß Sex irgendeine Art Erwachsenenspiel ist, und wenn immer ich spielen kann, kann ich es auch zu einem sexuellen Erlebnis entwickeln. Wenn ich mich spielerisch fühle, entspannt bin, eine gute Zeit habe, dann bin ich am meisten dazu aufgelegt, das in irgendeine sexuelle Aktivität einzubringen.«

Ruby, 39 Jahre, seit 18 Jahren verheiratet, ist der Ansicht:

»Die eine Komponente, die aller gute Geschlechtsverkehr haben sollte, ist eine spielerische Qualität. Man selbst und der Partner müssen in allen Lebenslagen in der Fähigkeit beharren zu lachen, das gilt nicht nur im Bett. Lachen ist immer orgiastisch, so etwa, wenn man lachen und Spaß haben kann, während man Liebe macht. Dann muß man eine gute Zeit haben«

Die fünfunddreißigjährige Sally, Mutter zweier Söhne im Teenager-Alter, seit 17 Jahren verheiratet und von Beruf Psychotherapeutin, illustrierte, wie das Spiel zu einem ihrer besten Sexualerlebnisse führte:

»Eines meiner besten Geschlechtserlebnisse begann mit einer Schlagsahne-Schlacht. Es war in der Küche, wo ich Schlagsahne auf eine Pastete garnierte. Dan kniff mich ins Hinterteil, als er hereinkam. Ich wurde naß und bespritzte ihn mit der Schlagsahne aus der Kanne. Er schnappte sich das Gefäß und vergalt Gleiches mit Gleichem. Danach sahen unsere Kleider natürlich entsprechend aus. Also zogen wir sie aus und nahmen unsere Hände, um jeder den anderen mit Schlagsahne zu beschmieren. Dabei lachten wir immer noch, fühlten uns aber auch zunehmend erregter. Wir gingen ins Wohnzimmer, legten uns vor dem Kamin hin und begannen, jeder die Schlagsahne vom anderen abzuschlecken. Natürlich endete das Ganze in einem sehr intensiven Geschlechtsakt. Was so außerordentlich hübsch an diesem Erlebnis war, war zum einen, daß es sich mitten am Tage abspielte und daß es wirklich eine Erfahrung mit Spaß wurde. Wir haben fürchterlich gelacht und gekichert dabei. Und ich lernte dabei, daß es völlig in Ordnung ist, wenn man beim Geschlechtsverkehr lacht und Freude hat und ihn genießt und sich gegenseitig auch.«

Die 33 Jahre alte Unternehmerin Jacqueline ist seit zwei Jahren nach zehnjähriger Ehe geschieden. Sie erinnert sich, wie ein Liebhaber im Besonderen ihr half, die Eigenschaft des Mutwillens schätzen zu lernen, indem er ihr einen kreativen, spontanen Sex nahebrachte:

»Ich hatte einmal einen Liebhaber, der immer mit neuen, schöpferischen Ideen herauskam, wie man einen Nachmittag oder Abend verbringen könne, denn da war alles lustig und unerwartet. Wenn ich von der Arbeit nach Hause kam, begrüßte er mich an der Tür, nahm mir Tasche und Papiere ab und lockte mich ins Bett. Wenn wir uns dann geliebt hatten, entschied er, wir hätten jetzt ein Schaumbad nötig. Also sauste er ins Bad und ließ das Schaumbad ein. Dankbar versank ich in der Badewanne voll Schaum, er aber verschwand. Man muß sich dieses Bild vorstellen: Ich sitze da in dem hübschen, wunderbaren, warmen Schaumbad und wundere mich bei mir selbst, wo er wohl hingegangen ist, und schon kommt er herein. Er ist nackt bis auf eine kleine Zierschürze und ein Käppi auf dem Kopf und trägt auf einem Servierbrett ein komplettes Hühnermahl. Dieses Hühnerdinner haben wir in der Badewanne gegessen! Er servierte mir meinen Teller, und ich habe die ganze Zeit überhaupt nur gekichert. Natürlich hat mir nie zuvor jemand ein Hühnergericht in der Badewanne serviert. Und er kam auch mit seinem Teller, und wir saßen da und aßen Huhn im Schaumbad in der Badewanne. Es war einfach herrlich!«

Die Vielfalt

Vielfalt, Einfallsreichtum und Überraschung schälten sich als gute Mittel heraus, die Sexualpartnerschaft zu steigern. Viele Frauen beschrieben diese Vielfalt als das Offensein für Sex zu verschiedensten Zeiten, an unterschiedlichsten Orten und unter Einbeziehung aller möglichen Stellungen. Die neunundfünfzigjährige Ann stellte fest:

»Wir waren immer aufgeschlossen für neue Erlebnisse; wir trieben alle Arten von unterschiedlichen Dingen. Wir hatten Sex an den verschiedensten Plätzen. Wir suchten ständig nach neuen Wegen, um uns gegenseitig Freude zu bereiten.«

Monique, 32 Jahre alt, seit neun Jahren verheiratet:

»Ich gebe mir alle Mühe, immer neue Wege für unser Geschlechtsleben einzuleiten, oder ich frage meinen Mann danach.

So verfallen wir nicht in eine schale Routine. Manchmal frage ich ihn nach Sex, wenn ich genau weiß, daß das nicht möglich ist, nur um ihn zu reizen und auch mich selbst anzuheizen. Einmal fuhren wir den Parkweg hinunter, und ich nahm seinen Penis und sagte: ›Laß uns ficken‹, wobei ich sehr gut wußte, daß er das mitten auf dem Parkweg nicht tun konnte. Aber ich möchte keinesfalls in einen langweiligen Routinebetrieb verfallen.«

Zwei Jahre nach ihrer zweiten Eheschließung beschreibt Elaine, wie sie die Vielfalt in ihrem Geschlechtsleben erhält:

»Ich liebe Sex zu jeder Zeit. Wenn jetzt mein Mann heimkäme und die Kinder wären nicht im Weg, dann würden wir nichts anderes tun, wenn wir beide in entsprechender Stimmung wären. Ich mag keine Wiederholungen. Ich möchte, daß die Dinge unterschiedlich verlaufen. Deshalb versuchen wir uns die Abwechslung zu erhalten, indem wir nicht wieder die gleichen Stellungen machen. Wir machen es im Stehen, im Sitzen, auf dem Tisch liegend – unterschiedliche Stellungen für unterschiedliche Stimmungen. Haben wir es in letzter Zeit auf eine bestimmte Weise gemacht, so denken wir darüber nach, wie wir es in nächster Zeit anders machen können. Wir benutzen verschiedene Kerzen, verschiedene Räume des Hauses oder verschiedene Einrichtungsstücke. Meine Tochter hat ein Wasserbett. Wenn sie nicht daheim ist, nehmen wir das oder unser Bett, oder die Couch im Wohnzimmer oder unsere römische Badewanne.«

Susan ist 36 Jahre alt und Teilzeitangestellte einer Luftfahrtgesellschaft. Seit 15 Jahren ist sie mit Paul verheiratet, einem Kaufmann, mit dem sie zwei Kinder hat. Sie erfährt die Vielfalt auf einem ruhigeren Wege:

»Unsere Geschlechtsbeziehungen tendieren dazu, immer die gleichen zu sein, weil jeder von uns weiß, was der andere gern hat. Trotzdem ist da gewöhnlich irgend etwas anders, gerade so viel, daß es jedesmal ein wenig unterschiedlich ist. Das macht es interessant. Ich glaube kaum, daß einer von uns beiden vorher weiß, was da diesmal anders sein wird, ehe es nicht passiert ist. Es ist ja nicht so, daß wir Dinge machen, die wir nie zuvor getan hätten. Aber wir machen es anders, als wir es in letzter Zeit taten. Das geschieht ganz von selbst, und dann denke ich, oh je, ich habe ganz vergessen, wie man das nun wieder macht.«

Das Element der Überraschung war allezeit verbunden mit der Notwendigkeit zur Abwechslung. Jackie fand, daß die Erlaubnis an den Partner, die Führung zu übernehmen, ihr Abwechslung versprach und so das sexuelle Erlebnis steigerte:

»Was mir wirklich am Sex gefällt, ist das Element der Überraschung. Das erregt mich immer dermaßen, daß ich völlig außer Kontrolle gerate. Und das geschieht, wenn mein Partner die Entscheidung trifft. Ich habe es gern, wenn ich nicht weiß, was als nächstes kommen wird und wenn es immer wieder anders ist. Und mein Partner liebt die Mannigfaltigkeit und macht das großartig. Er führt und ich veranlasse gar nichts. Und meistens ist es mir ganz egal, was er tut. Ich will damit sagen, daß ich ein abgrundtiefes Vertrauen zu ihm habe, daß er mich niemals quälen und auch niemals etwas tun würde, von dem er weiß, daß ich es nicht gern hätte, wenn er es fordern würde. Für mich ist der Sex das einzige, was mich niemals langweilen könnte, weil ich nie weiß, was dabei als nächstes geschehen wird.«

Die Töpferin Paula, 32 Jahre alt und alleinstehend, beschreibt, wie sie selbst ein Element der Überraschung schuf, das in großartigem Sex endete:

»Wir hatten ein Gespräch über die Spontaneität. Ich sagte, um selbst spontan zu sein, daß eine Person, die spontan einen Akt beginnt, im allgemeinen nicht spontan sein muß. Man müsse aber irgend etwas auf die Beine stellen, da das ja der einzige Weg sei, um einmal spontan etwas zu beginnen. Um diesen Standpunkt selbst zu überprüfen, ging ich weg und organisierte bis ins Kleinste eine ›Nacht der Phantasie‹. Ich besitze die nötige Phantasie zu der Vorstellung, ich führe ein Zigeunerleben. Und so machte ich als erstes ein erschwingliches China-Restaurant mit der geeigneten Atmosphäre ausfindig. Dann nahm ich eine Karte und schrieb darauf: ›Sie haben zu erscheinen. Seien Sie darauf vorbereitet, daß Sie gekidnappt werden. Dies schreibt Ihr geheimer Liebhaber.‹ So lud ich ihn anonym ein, mit mir zu dinieren. Das war natürlich der Junge, mit dem ich zusammenlebte, so daß er sich schon denken konnte, wer dahintersteckte. Dann lief ich einen ganzen Tag lang herum und suchte einen schwarzen Strumpfgürtel und dunkle Strümpfe. Schließlich fand ich dunkelblaue. Als ich nach Hause kam, zog ich den schwarzen Strumpfgürtel und die Strümpfe ohne

Schlüpfer an. In dem Moment war ich richtig sexuell erregt. Ich war fit. Wir trafen uns in dem Restaurant, und etwa nach dem halben Abendessen sagte ich zu ihm: ›Denk mal, ich habe keinerlei Unterwäsche unter dem Kleid!‹ Da wurde er richtig hellhörig. Während des Restes der Mahlzeit saßen wir da und streichelten uns nur noch gegenseitig. Dann kamen wir nach Hause und machten Liebe. Dieses ganze Erlebnis schien ganz neue Saiten in ihm zum Klingen zu bringen. Er ging plötzlich aus sich heraus und war an diesem Abend viel erfinderischer. Und das war wirklich herrlich. Ich weiß nicht, ob er mir jemals Recht gegeben hat mit meiner Ansicht von Spontaneität. Aber dieses Erlebnis war in jedem Fall eines der besten in unserer ganzen Beziehung.«

Die Erregung über die Möglichkeit, einfach genommen zu werden, steigerte die sexuellen Erlebnisse mancher Frauen. Manche hatten den Eindruck, dieses Gefühl wiederhole den intensiven Sexualtrieb während ihrer Jugend, als Sex noch als unerlaubt galt. Mary-Lou, 31 Jahre alt und zehn Jahre verheiratet:

»Meine besten sexuellen Erlebnisse habe ich dann, wenn ich andere Leute in der Nähe weiß und daher kaum eine Chance sehe, genommen zu werden. Dann werde ich wirklich stark erregt. Zuweilen lieben wir uns im Wohnzimmer vor dem Feuer. Das Wohnzimmer hat eine durchsichtige Glastür und ich schaue immer nach, ob auch die Gardinen richtig geschlossen sind. Wenn jemand im Hause ist, versuche ich wirklich ruhig zu sein. Ich will dann wirklich alles tun, um sicherzustellen, daß uns keiner hört. Lieber liege ich dann auf dem Boden, wenn das Bett quietscht. Aber der Sex ist dann allemal viel besser, als wenn ich genau weiß, daß uns niemand hören oder sehen kann.«

Eine alleinstehende Frau mit ihren 32 Jahren beschreibt uns, wie sie ihre Freude am Unerlaubten auf sehr kühne Weise steigerte:

»Sich am Strand im Angesicht des Meeres zu lieben, ist für mich ein wirklich ursprüngliches Gefühl. Ich erinnere mich an Honolulu. Dort war ein Pier, der weit hinausführte und draußen so schmal wurde, daß zwei Menschen kaum nebeneinander paßten. Ich ging gern zum Sonnenuntergang dort hinaus. Eines Tages kam ich mit einem meiner Freunde dorthin. Zu meiner eigenen Überraschung nahm er mich und machte dort Liebe mit mir. Da waren wir nun, mit all der Weite um uns, und die Wellen krachten an die Bohlen und spritzten uns naß. Hinter uns hörten wir die Leute kreischen und die Kinder spielen. Und die Tatsache, daß uns in jedem Augenblick jemand entdecken könnte oder die Polizei käme und uns verhaften würde, steigerte nur unsere Erregung. Das war eines der wenigen Male, daß ich direkt und ohne Unterbrechung einen Orgasmus hatte, und es war einer der unglaublichsten Orgasmen, die ich je erlebt habe.«

Kosmischer Sex

Auf einer anderen Ebene sprechen Frauen von einer veränderten Bewußtseinslage, die – falls sie beim Geschlechtsakt vorkommt – das Erlebnis besonders erfreulich macht. Manche dieser Erlebnisse haben einen spirituellen, wenn nicht religiösen Charakter für sie.

Justine, eine Künstlerin von 31 Jahren, ist geschieden und lebt mit ihrer Liebhaberin Ellen zusammen. Sie beschreibt ihre Erfahrung von Sex und Orgasmus wie folgt:

»Es war eine totale orgastische Erfahrung, nicht nur eine der Geschlechtsorgane. Ich hatte das Gefühl, mich von meinem Kopf zu lösen und aus meinem Körper herauszuwachsen. Dafür gibt es einfach keine Sprache, in der man das ausdrücken könnte. Man befindet sich an einer besonderen Stelle, hinter einer geheiligten Tür. Es ist, als wenn man durch eine Pforte schreiten und irgendwohin gehen würde. Eine Veränderung tritt ein, die von den Genitalien ausgeht. Es scheint mir, als gehe die Energie oben von meinem Kopf aus ... herrliche Sensationen und Farben. Was ich tue, geht von meinem Hirn aus, ohne daß ich dessen völlig bewußt wäre, aber keinesfalls in Form von Gedanken. Da ist eine Trübung oder Erweiterung, und ich gehe immer weiter und weiter. Für mein Empfinden muß ich dieses Erlebnis haben, oder der ganze Sex ist nichts wert. Und wenn wir nicht gerade im Kampf miteinander stehen, können wir gemeinsam bis zu diesem Punkt kommen. Der Weg, auf dem wir das erreichen, ist der des gemeinsamen, des gleichzeitigen Tuns, also des ›69‹. Es hat sehr lange gedauert, bis wir die Technik richtig beherrschten, so daß wir zu gleicher Zeit beide aktiv und passiv sein können. Dann kann ich in das Spannungsfeld im Raum, im Universum und überall eindringen. Ich fühle mich mit ihr total verbunden und trotzdem ist es eine völlig anonyme Kraft. Einmal hatte ich den Gedankenblitz, sie sei jede Liebhaberin, die ich je gehabt habe und jede, die ich noch haben werde.«

Die 41 Jahre alte Lehrerin Christine ist neunzehn Jahre verheiratet und hat drei Kinder. Sie hält eine religiöse Annäherung für eines der wichtigsten Dinge im Sex:

»Ich denke, eine christliche oder gottorientierte Partnerschaft ist das Wichtigste, was einen Mann und eine Frau verbindet. Wir beide sind sehr strenggläubig, und wir sind überzeugt, daß unsere Partnerschaft nicht nur mit uns, sondern auch mit Christus besteht. Er ist immer da. Er nimmt an allem teil, was immer wir auch tun. Und deshalb sind wir nicht nur uns gegenseitig verantwortlich, sondern ebenso auch Christus. Ich meine, soweit meine Gefühle betroffen sind. Das betrifft negative Gefühle, die ich gegenüber meinem Mann oder gegen irgend etwas hätte. Und das ist auf eine Weise der Weg, wie ich mich erziehe. Ich weiß, daß christliche Partnerschaft eine Liebesbeziehung ist. Dieses Wissen ist immer unterbewußt bei mir vorhanden und hilft mir, meine eigenen Gefühle stets in Ordnung zu halten. Es hilft mir, meinen Mann so anzunehmen, wie er ist und ihn auch sexuell lieber zu haben. So sind wir nicht zu zweit, wir sind immer zu dritt.«

Sage beschreibt einen von sich selbst losgelösten Zustand, der mit gutem Sex Hand in Hand geht:

»Einmal nahm ich LSD und erlebte während des Geschlechtsaktes eine Art von Zustand, in dem ich von mir selbst völlig losgelöst war. Es war die gleiche Auflösung des eigenen Ichs, die mir manchmal passiert, wenn ich kiffe und mich selbst und meine Grenzen aus dem Gefühl verliere. Dann bin ich in höchst erregtem Zustand. Erst wenn ich wieder zu mir komme, wird mir bewußt, daß ich ganz woanders gewesen bin als in meiner eigenen Persönlichkeit. Diese Eigenschaft der völligen Loslösung aus den eigenen Begrenzungen hat absolut nichts mit Orgasmus zu tun. Sie hat mit Berührung zu tun und mit einer Art elektromagnetischer Anziehung, die auftritt und die aus dem Kontakt von Haut und Haaren entsteht.«

Und Sage fuhr fort mit der Beschreibung eines spezifisch kosmischen Erlebnisses, das ihr eines Nachts widerfuhr:

»Ich war mit einer neuen Liebhaberin in ein Frauenhaus gegangen. Dieses Frauenhaus lag im Hochland über dem Pazifik. Eine Gruppe Frauen hatte eine Pyramide für sich und ihre Freunde gebaut, um dort Workshops abzuhalten. Die Pyramide war ein wunderschöner Bau, drei Stockwerke hoch, mit herrlichen Wandbehängen. Sie übte einen prächtigen, magischen Eindruck auf mich aus, vor allem, wenn ich oben in der Spitze saß, um auf das Meer hinauszuschauen.

Meine Freundin und ich hatten einen fürchterlichen Streit über irgend etwas gehabt, und sie wollte in ihrem Schlafsack schlafen. Ich stieg zum Schlafen in die Spitze hinauf, die als Plattform für Meditationen genutzt wird. Mitten in der Nacht, als ich schon eingeschlafen war, kam sie zur Pyramide und stieg hinauf zu mir in die Spitze. Der Mond schien zu den Fenstern herein und verlieh ihr ein fast gespensterhaftes Aussehen. Sie schien mir verändert – fast unkenntlich. Ich erinnere mich noch, wie ihre Silhouette gegen den Mond stand. Sie hatte ihre Latzhosen an und löste sehr langsam die Träger und entkleidete sich auf eine sehr rhythmische, jenseitige Art. Es kam mir vor, als beziehe sie Kraft aus dem Mond und der Pyramide und brauche diese, um mit mir Liebe zu machen. Es war sehr wild. Ich erinnere mich an ein Gefühl, außerhalb von Zeit und Raum zu sein. Die Macht dieses Erlebens war unbeschreiblich, dieses Hinweggetragenwerdens und wieder Zurückkommens. Der Orgasmus wurde mir förmlich aus dem Leib gerissen, und ich hatte absolut gar nichts damit zu tun. Ich fühlte mich fast körperlos. Das war eine sehr erinnerungswerte, unirdische Erfahrung auf dem Gebiet des Geschlechtslebens.«

Die Ersten

Die Eigenschaft, die »Erste« zu sein, wurde von einigen Frauen als Grund für ein besonders gutes Sexualerlebnis betrachtet. Die erste Erfahrung eines Menschen, sei es ein Flug, der erste Skilauf, der erste Besuch in einem fremden Land, verbleibt oft als ganz spezielles Erlebnis im Gedächtnis, vorausgesetzt, sie war gut.

Trotzdem sind häufig die ersten Erfahrungen von Frauen mit dem Geschlechtsakt nicht besonders gut. Mangels ausreichenden Wissens sind sie wahrscheinlich nicht in der Lage, die Notwendigkeiten zu überschauen, die dieses Erlebnis befriedigend werden lassen können. Zusätzlich erwarten Frauen oftmals ihr erstes, sexuelles Erlebnis mit weit übersteigerten Erwartungen, die völlig unrealistisch sind, zumal wenn ihre vorkoitalen Erfahrungen mit Zärtlichkeiten und Petting sie sexuell stark erregt haben. Vielleicht erwarten sie, daß der Geschlechtsverkehr spaßiger, belebender und aufregender sei und sind oftmals tief enttäuscht, wenn die Wirklichkeit an ihre Phantasiebilder nicht heranreicht. Loraines Erfahrungen waren in jedem Fall anders als es die Norm ist. Die 27 Jahre alte Beraterin für gelähmte Menschen, die selbst an einer Cerebrallähmung leidet und allein lebt, teilte uns mit, wie ihr Partner aus ihrem ersten Sexualerlebnis eines ihrer besten machte:

»Ich fühlte mich zu diesem Mann hingezogen und dachte, das beruhe auf Gegenseitigkeit. Deshalb fragte ich ihn, ob er nicht mit mir ins Bett gehen wolle, und er sagte okay dazu. Aber ich sagte ihm: ›Ich muß Dir etwas gestehen, es ist das erste Mal bei mir!‹ Er antwortete: ›Das ist in Ordnung, dann soll es etwas Besonderes werden.‹ Und wirklich wurde es in verschiedener Hinsicht das beste Sexualerlebnis, das ich je hatte, und dafür bin ich sehr dankbar. Es gibt sicher nicht viele Menschen, die solch ein Erlebnis gehabt haben.

Wir begannen damit, daß wir uns gegenseitig entkleideten. Er zog meine Schuhe aus und rieb meine Füße. Das bewegte mich sehr stark. Es war eine Bestätigung, daß mein ganzer Körper in Ordnung sei, wobei meine Füße und Beine eingeschlossen waren. Dann küßte er die Narben auf meinen Beinen und sagte: ›Ich liebe Beine, und ich liebe Spannzeichen.‹ Ich konnte das nicht glauben. Wie habe ich diesen Menschen nur gefunden? Nach und nach berührten wir uns nun gegenseitig und liebkosten jedes Stück unserer Körper. Ich stellte fest, daß er wirklich Oralsex gern hat und ich mag das auch wirklich gern. Es war meine erste Erfahrung mit Oralsex, und wir blieben eine Zeitlang dabei. Er probierte auch verschiedene andere Stellungen mit mir aus. Manchmal mußte ich sagen, ›Moment, das kann ich nicht. Dafür kann ich meine Beine nicht weit genug auseinanderspreizen. Das tut weh.

Laß uns etwas anderes versuchen.‹ Zum Schluß drang er von hinten in mich ein, während ich auf Händen und Knien abgestützt war, und das war sehr gut. Später versuchten wir eine andere Stellung, bei der ich auf dem Rücken lag, aber die Beine auf seinen Schultern ruhten. Auch probierten wir es von der Seite. Es war wirklich aufregend, und das ganze Erlebnis gab mir ein sehr gutes Gefühl und das Selbstbewußtsein, eine geschlechtskräftige Frau zu sein.«

Der erste Orgasmus markiert, wie der erste Geschlechtsverkehr, in der sexuellen Entwicklung einer Frau einen wichtigen Abschnitt. Die 39jährige Louise, die seit zwei Jahren zum zweiten Male verheiratet ist, sagte dazu:

»Das eine ganz große sexuelle Erlebnis, an das ich mich erinnere, hatte ich, nachdem Dick und ich nach einer Trennung von anderthalb Monaten wieder zusammen waren. Früher hatte ich mir eingebildet, einen Orgasmus zu haben. Während des Sex' hatte ich immer ein Kribbeln und furchtbar schöne Gefühle, bis ich hinten auf einmal ganz gefühllos wurde. Ich dachte, das sei die Lösung des Orgasmus. Aber lassen wir das. An jenem Nachmittag begannen wir unsere Liebesspiele so, wie wir es fast immer taten, nahmen ein Bad zusammen, kicherten und spielten jeder mit dem anderen, liebkosten jeder des anderen erotische Zonen und stiegen dann aus der Badewanne, um ins Schlafzimmer überzuwechseln. Da aber begann er, mich ins Gesicht, auf den Mund, in den Nacken, auf meine Brüste zu küssen, mich völlig abzulecken und vom Bauch immer tiefer bis zur Scheide mit der Zunge zu wandern, bis ich völlig hoch war. Ich wartete darauf, daß das gewohnte Kribbeln wieder beginnen würde. Dann wurde mir plötzlich klar, daß da heute etwas anderes kommt. Er hatte mir inzwischen einen Finger in den After gebohrt, und das löste bei mir eine ganz neue Art von Gefühl aus, so daß ich mich fragte: ›Was geschieht da mit mir?‹ Im Augenblick war ich erschreckt, dachte aber, ›warte mal einen Moment, Du mußt Dich nicht fürchten‹. Er fuhr fort, meinen After innen vorsichtig zu massieren und mich gleichzeitig zu lecken. Plötzlich wurde mir bewußt, daß ich ihm mein Hinterteil entgegenwölbte und dachte, ›um Himmels willen, das ist ja Analverkehr, das ist doch nicht möglich!‹ Und dann kam eine Riesenwelle von Orgasmen über mich. Es war, als hätte ich

Seepferdchen in meinen Beinen und dann diese Wellenbewegung des Orgasmus. Und bei ihm ging es genauso. Dann dachte ich, ›er berührt mich nicht mehr‹. Und das war ein Gefühl, das hieß, ›er tut es nie mehr‹. Ich kann mich gerade noch daran erinnern, daß ich auf meinem Bett lag und er auch bei mir blieb. Aber seine Zärtlichkeiten wurden immer langsamer. Ich weiß, daß ich mich wie betäubt fühlte. Und ich sagte, ›ich glaube nicht, daß ich das Gefühl jemals zuvor gehabt habe‹. Und er sagte, ›ja, an einem Punkt hast Du gestöhnt, hör nicht auf, hör nicht auf‹. ›Das wußte ich gar nicht mehr.‹ So besprachen wir das ganze Erlebnis und fühlten uns wirklich völlig eins an diesem Nachmittag. Es dauerte danach einige Monate, bis ich mit meiner Traurigkeit fertigwerden konnte, daß ich 33 Jahre alt geworden war, ehe ich einmal einen richtigen Orgasmus gehabt hatte. Es war eine einerseits traurige, gleichzeitig aber auch glückliche Zeit für mich.«

Sylvia, eine 20jährige Studentin, die allein lebt, beschrieb mit Begeisterung ihren ersten erinnerungswürdigen Geschlechtsverkehr, den sie gerade zwei Monate nach ihrem ersten sexuellen Erlebnis hatte:

»Ich kannte diesen Jungen schon ungefähr zwei Jahre, hatte aber nie länger als fünf Minuten mit ihm gesprochen. Ich hatte Theaterkarten. Aber mein Freund war krank und konnte nicht mit. Deshalb fragte ich diesen Jungen, ob er mich begleiten wolle. Wir gingen zusammen ins Theater und genossen es wirklich. Anschließend gingen wir zum Essen. Das Restaurant, das er auswählte, lag sehr nahe bei seinem eigenen Zuhause. Es war wirklich nur drei Türen weiter. Ich sagte ihm, daß ich mir völlig darüber im klaren sei, daß wir so dicht bei seiner Wohnung seien und fragte ihn, ob das seine Absicht gewesen sei. Er meinte darauf, er habe dieses Restaurant genommen, weil er es besonders gern habe, aber wenn es sich ergeben würde, daß wir hinterher zu ihm gingen, fände er das auch prima. Das wäre dann also meine Angelegenheit. Ich fühlte mich gar nicht wohl dabei. Ich begann also von mir zu erzählen, wo ich herstamme und daß ich bis vor zwei Monaten noch Jungfrau gewesen sei. Vorher war ich für Männer eine harte Nuß, habe nur reichlich Oralsex gehabt. Er meinte, dieses ganze Gespräch mache ihn ausgesprochen geil. Wir zahlten die Rechnung, standen auf und gingen hinaus. Halbwegs zwischen seinem Wagen und seiner Wohnung sagte ich dann: ›Warum entscheidest Du nicht, was wir jetzt tun?‹ Und er antwortete: ›Okay, dann ist es gut, wir gehen zu mir!‹ Und ich war damit einverstanden.

In seiner Wohnung setzte ich mich auf eine Couch, und er stellte irgend eine sinnliche Musik an. An diesem Punkt hatte ich ein ungutes Empfinden, so etwa, jetzt kommt also der Schritt Nummer eins, der Kuß, dann Schritt Nummer zwei, das Streicheln. Er begann sich zu mir herüberzubeugen, um mich zu küssen, und ich dachte nur: ›Himmel, jetzt geht das wirklich so los!‹ Aber als er mich dann küßte, waren alle diese Empfindungen verflogen. Alles war völlig natürlich und schön. Er nahm mich auf und trug mich ins Schlafzimmer. Hier verwirklichten sich meine Phantasien, erlebt hatte ich das noch nie.

Ich ließ ihn nicht direkt in mich eindringen, denn das war nicht das, was ich jetzt von ihm erwartete. Er ist schon dreißig und zu dieser Zeit seines Lebens war er mehr darauf eingestellt, alles ruckzuck zu machen, ihn nur reinzustecken und zu ficken und seinen Orgasmus zu haben. Aber das ließ ich nicht zu, denn nach meiner Ansicht von Sex ist das Vor- und das Nachspiel mindestens ebenso wichtig wie die Hauptsache.

Also streichelte ich ihn von oben bis unten und machte ihn wild damit, um ihm alles zu geben, ohne ihn jetzt schon zu wollen oder von ihm etwas zu erwarten. Zunächst lag er auf dem Rücken und ich streichelte alle erreichbaren Stellen seines Körpers ganz sanft, spielte ein wenig mit seinem Penis, aber auch nicht so, daß es wie Reiben gewirkt hätte, Sie wissen schon, sondern nur mit ganz leichter Berührung. Und ich streichelte seine Haare und sein Gesicht, das ich sehr sinnlich fand. Dann drehte ich ihn um und streichelte auch seinen Rücken und seinen Po und massierte ihn ein bißchen, ging dann mit meiner Zunge über seinen ganzen Körper und er wurde wahnsinnig geil davon. Ich denke, er war absolut an dem Punkt des ›Oh Himmel, das kann ja nicht wahr sein, das ist so phantastisch, oh‹. Und weil er so aufgedreht war, wurde ich es zwangsläufig auch. Während der ganzen Zeit legte er keinen Wert darauf, mich zu nehmen, er wollte mich auch nur streicheln und mit mir spielen. Doch ich hätte ihn jetzt gern gehabt, hätte den Wechsel gebraucht, denn ich merkte, daß ich an den Punkt kam. So ließ ich mein Haar seinen Körper auf- und abgleiten. Und da das noch viel zärtlicher war als meine Fingerspitzen, jagte es ihm Schauer über den Leib. Dann tippte ich mit meinen Brüsten auf seinen Penis und auf sein Gesicht und er erzählte mir immer wieder, was für ein erkenntlicher Mann er sei, was mich natürlich auch noch steigerte.

Nachdem er ein bißchen mit mir gespielt hatte – viel ließ ich ihn nicht, denn ich wollte nicht, daß unsere Geilheit abfiele, bis er mich nimmt –, brauchte ich dringend, daß er nun in mich eindringe, und das sagte ich ihm auch. Das war das absolute Bild des Liebesspieles, wie es meiner Vorstellung entsprach. Der Rhythmus stimmte und der Wunsch, sich gegenseitig Freude zu bereiten.

Ich lag auf ihm und er auf dem Boden, und dann lag er auf mir und ich auf dem Boden ... Ach ja, ich vergaß zu erzählen, was auch noch wichtig war. Er machte eine Stellung, von der ich nie zuvor gehört und von der ich auch nie in einem Buch gelesen hatte. Es ist doch bekannt, daß man, wenn man zusammen einschläft, sich jeder auf die Seite zum anderen legt und den Partner mit den Armen umschlingt. Ja, und genau in dieser Stellung machten wir Liebe. Anstatt von vorn in mich einzudringen, tat er es von hinten. Er lag hinter mir, hatte seine Arme um meine Brüste geschlungen und drang in mich ein, natürlich in das richtige Loch, nicht in den Anus. Das wirkte auf mich wie Rauschgift. Ich habe nie gewußt, daß das in dieser Stellung möglich war, die ich sonst zum Masturbieren benutze. Es machte mich irrsinnig geil. Ich weiß nicht, wie wir darauf gekommen sind, aber in dieser Position erreichten wir gemeinsam unseren Orgasmus. Danach war ich völlig erschossen und er wohl auch, zumal das alles ja noch sehr neu für mich war.«

Suzanne ist 37 Jahre alt, Geschäftsfrau, bisexuell und teilte ihre erste Liebeserfahrung mit einer Frau. Sie ist geschieden und lebt allein.

»Das erste Erlebnis, das ich mit einer anderen Frau hatte, ereignete sich, nachdem ich erkannt hatte, daß ich auch zu Liebesbeziehungen mit Frauen in der Lage bin. Ich hatte das vorher nie gewußt, es war auch kein Gegenstand meiner Phantasie gewesen. Ich wollte ins Kino gehen, und plötzlich, wie aus heiterem Himmel, merkte ich, daß mich Frauen ebenso anzogen wie Männer. Kurz darauf hatte ich ein Essen mit einer bisexuellen Frau. Ich sagte ihr, daß ich stark beeindruckt von der Tatsache sei, daß sie Beziehungen mit Frauen und Männern schön fände. Sie brach das Gespräch ab und gab mir einige Hinweise, wie: ›Wenn Du auf eine Frau triffst, die Dich sexuell anzieht, mußt Du ihr das ganz einfach sagen und schauen, ob sie wirklich interessiert ist. Frauen sind nun einmal im allgemeinen passiv, und deshalb muß man selbst um so bestimmter sein, wenn man den Eindruck hat, auf eine Frau zu stoßen, deren Interessen in gleicher Richtung gehen.‹ Am Ende der Mahlzeit sagte ich ihr: ›Okay, ich möchte gleich ausführen, was Sie mir gepredigt haben. Ich fühle mich zu Ihnen hingezogen und würde gern mehr Zeit mit Ihnen verbringen. Würde Ihnen das passen?‹ Sie war einverstanden, und so begannen wir uns zu treffen.

Am Ende wurde sie mein erster weiblicher Liebhaber. Zuerst war sie sehr zurückhaltend, weil sie genau das nicht werden wollte, nachdem manche Frauen in der ersten Zeit durchdrehen, was ihr nicht gepaßt hätte. Ich war gleichbleibend freundlich zu ihr und umsorgte sie, ließ aber natürlich tröpfchenweise Erotisches in die Verbindung einfließen. Eines Tages aßen wir etwas miteinander und hörten Musik dabei. Da übernahm sie die Initiative und sagte, sie wolle gern mit mir Liebe machen, lege aber größten Wert darauf, daß ich mich dabei immer wohl in meiner Haut fühle. Und ich solle sie sofort stoppen, wenn mir irgendetwas unangenehm werde.

Nun, ich war erregt und gleichzeitig verstört, denn im Kopf wußte ich, daß ich dieses Erlebnis jetzt haben wollte, liebte sie auch wirklich, wußte aber nicht, wie man mit einer Frau Liebe praktiziert. Sollte ich eine Frau aufessen oder wäre es schön, sie ausgiebig mit einem Zungenkuß zu verwöhnen? Da war ein Tabu, mit dem ich aufgewachsen war, und mein Körper verlangte danach, während mein Geist gleichzeitig befürchtete, ich könne es nicht wirklich genießen. So sagte ich schließlich ja, nachdem sie gesagt hatte, wir könnten jederzeit aufhören, und wir ließen uns miteinander in Entspannung fallen. Ich werde dieses erste Erleben, das Schloß einer Frau zu öffnen, niemals vergessen. Ich weiß nicht, warum es bei mir so tief ging, aber es blieb in jedem Fall eine Erinnerung, die mir bis zum Tode gegenwärtig sein wird. Ich öffnete ihren Schoß, und sie ließ mich gewähren, und ich meinerseits betete alles an, was sie tat. Über zwei Stunden machten wir Liebe miteinander, taten es wieder und wieder, und es wurde ein riesiges Erlebnis für mich. Das Wunder, mit jemandem vom gleichen Geschlecht Liebe zu machen, war einmalig und faszinierend. Ebenso war das Gefühl der Erregung, der Liebe, der Lust, des Sex, der Gefühlsaufwallungen und der Schönheit miteinander wirklich der Gipfel für mich. Die Befürchtung, daß die Erfahrung mich anekeln würde, bestätigte sich absolut nicht. Ich liebte sie mit Beißen, liebte sie, indem ich ihre Brüste hielt, liebte, während ich sie eng umschlang und liebte sie stets so, wie sie es mit mir tat. Als sie schließlich wegging, war ich völlig aus dem Häuschen und gleichzeitig sehr fröhlich.«

Die 60 Jahre alte Jesse, eine geschiedene Künstlerin, erzählte eine Geschichte, die illustriert, daß es nie zu spät für erste Erfahrungen ist:

»Einmal war da jener schöne, strenge, große Mann, der so gar keine Ahnung von dem Charme seiner Persönlichkeit hatte. Er sah sich selbst als einen ungeschlachten, großen Boxertyp. Wenn ich sexuelle Begegnungen mit diesem Menschen hatte, der übrigens Bildhauer war und über einen ausgeprägten Sinn für Rhythmus und Form verfügte, was wohl mit seinem Beruf zusammenhing, trat der Wunsch meist wortlos zutage . . . und ja, wir wünschten es beide. Ich hätte so gern mein Alter vergessen, als wir unbekleidet waren. Ich war sechzig und er fünfunddreißig. Ich hatte seit meiner Trennung nur drei Sexpartner gehabt, während der Ehe natürlich nur den einen, aber dieser Mann führte mich zu einem völlig neuen Weg der sexuellen Begegnung. Er hatte große, rauhe Hände, denn er war gleichzeitig Automobilmechaniker. Er hatte riesige Körperkräfte und konnte mich mit Leichtigkeit heben. Wir fanden uns in dem Einklang der Bewegungen, ohne daß ein Wort darüber gesprochen wurde. Es war wie eine Art fließen von einer Stellung zur nächsten. Das war wirklich köstlich und gleichzeitig erstaunlich.

Dieses war unser allererster Geschlechtsverkehr und zu meinem größten Erstaunen hatten wir auch gleichzeitig einen Orgasmus. Ich fand, das sei außerordentlich selten, und er lachte nur und sagte: ›Gut, wir werden diesen Herrn Kinsey anrufen und ihm mitteilen, daß wir einen Rekord gebrochen haben‹, und dann fragte er nach einem kurzen Zögern: ›Und wie ist es mit einem nächsten Mal?‹ Und ich antwortete nur: ›Schön!‹ Und er fragte weiter: ›Möchtest Du einmal von hinten genommen werden?‹ Ich hatte vorher nie in meinem Leben Analsex kennengelernt und sagte deshalb: ›Das kenne ich nicht, aber wir können es versuchen.‹ So lernte ich auch diese Art Geschlechtsverkehr kennen und fand es ein sehr andersartiges Erlebnis, das ich nicht unbedingt wiederholen würde, weil es nicht so bequem ist, aber es war trotzdem sexuell befriedigend. Die Unbequemlichkeit war dabei eine fremdartige Sache von süß-saurem Erleben. Dabei waren unsere Bewegungen so leicht und schön und harmonisierten so miteinander, daß ich unwillkürlich an Ballett denken mußte. Das hatte ich vorher schon einmal irgendwo gelesen und dabei gedacht, das sei auch eine romantische Übertreibung. aber die war es hier nicht.«

Wie soll man das alles nun auswerten – geruhsamer Sex, Gymnastiksex, Sex als Kommunikation, Sex als Selbstbestätigung, Sex als Kommunikation mit dem Kosmos? Eines scheint dabei sicher: In jedem Fall kann jede Frau diejenigen Eigenschaften artikulieren, die für sie zu einem guten Sexerlebnis gehören, indem sie sich solche Erlebnisse ins Gedächtnis zurückruft, die sie besonders beeindruckten. Sie kann dann die Bedingungen schaffen, mit denen Sexualerlebnisse für sie in jedem Fall erfreulich werden.

Wenn man dieses Kapitel gelesen hat, wird es einem leichterfallen, die Eigenschaften zu erkennen, die auch bei unseren Leserinnen besonders gute Sexualerlebnisse von anderen, gewöhnlichen unterschieden. Der nächste Schritt ist es nun, diese Eigenschaften zu nutzen. Wenn man auf typisch weibliche Art erzogen wurde, mögen solche Leserinnen erkennen, daß sie absolut nichts zur Vorbereitung eines sexuellen Erlebnisses tun. Sie mögen auch der Ansicht huldigen, das sei Aufgabe ihres Partners. Wie dem auch immer sei, wenn sie sorgfältig nachdenken, werden sie dahinterkommen, daß sie trotzdem völlig unbewußt gewisse Vorbereitungen treffen, die ihnen ganz einfach zur zweiten Natur geworden sind, wie etwa sich parfümieren, ein Bad vor dem Geschlechtsverkehr nehmen oder das Zimmer aufräumen in der Vorbereitung auf den Geschlechtsverkehr. Vielleicht ergreifen sie aber auch direktere Initiativen, wie das Entzünden von Kerzen, das Entkleiden des Partners nach dem Essen, oder legen sogar einen Zettel hin, auf dem ihre Intention klar steht.

Das nächste Kapitel befaßt sich mit der Rahmengebung für erfreulichen Sex, und auch wenn man denkt, auf diesem Gebiete tue man nichts, mache sich auch keine Sorgen darum, mag man doch daran interessiert sein, zu erfahren, was andere Frauen auf diesem Gebiet tun.

Vorbereitung

Manche feinen oder auch weniger feinen Nuancen machen eine Liebesbegegnung zu einem besonderen, einmaligen Erlebnis, das im Gedächtnis haftenbleibt. Diese Ideen gehören nicht notwendigerweise immer zu sexuellen Begegnungen, werden aber gern angewandt, um Vielfalt zu erzeugen und die sexuelle Partnerschaft noch zu steigern, vor allem bei sehr langdauernden Partnerschaften. In dieses Kapitel gehören auch die Besuche in den Warenhäusern während der Weihnachtszeit, wenn die Regale überquellen von Spielzeug, Gesellschaftsspielen und Puzzles. Geht man die Abteilungen entlang, mögen die Augen auf bekannte Artikel fallen wie Haftfiguren, Dominosteine oder Spielstäbchen. Man kommt vielleicht an Mikadostäbchen vorbei und denkt bei sich »Mikadostäbchen! Die sind in diesem Jahr wieder modern«. Mancher dieser Verkaufsschlager mag einem lästig sein. Und manche mögen einfach verrückt erscheinen. Man nehme als Beispiel nur Pet Rocks: jedermann mag sie wie wild kaufen, während man zweifelnd zuschaut, sich wundert, was das nun wieder soll. Man selbst findet es vielleicht richtiger, einige der Angebote für später zu erstehen, etwa Gegenstände, die einem zu Weihnachten nicht zu passen scheinen, zu einer späteren Gelegenheit aber, wie zu einem Geburtstag oder einem Jahrestag, einem Jubiläum, durchaus richtig sein mögen. Theoretisch könnte man all diese Ideen ausprobieren, immer vorausgesetzt, man hat die Zeit und Energie dazu. Aber wir nehmen an, daß die meisten Leser nur dieses oder jenes testen werden, anderes aber übergehen.

Erregtes Gefühl

Eine notwendige Voraussetzung, um sich mit jeglicher sexuellen Aktivität zu befassen, ist das eigene Erregtsein. Ohne daß eine Frau geweckt ist oder genügend Leidenschaft hat, um sich die Möglichkeit von Sex zu wünschen, kann es keinen erfüllten Geschlechtsakt geben. Das kann zwar bei Gelegenheit einmal anders sein, und ein guter Sex kann aus scheinbar völligem Fehlen jeglichen Interesses daran entstehen, aber das ist eine recht seltene Angelegenheit.

Eine Reihe von Dingen scheint notwendig zu sein, damit eine Frau in eine sinnliche Geistesverfassung kommen kann. Manche der von uns interviewten Frauen vertraten die Ansicht, ein sexueller Erregungszustand habe einiges mit ihrer Physiologie zu tun. An manchen Tagen seien sie erregt, an anderen wiederum nicht. Einige hatten das Gefühl, daß der Pegel ihrer sexuellen Interessen mit ihrem Menstruationszyklus zusammenhinge. Streß wirkte ebenso oft belebend auf das sexuelle Interesse von Frauen wie er als Bremse dafür wirkte, ebenso Gesundheitsfragen bei sich oder Familienmitgliedern.

Zuweilen hatten Frauen den Eindruck, sie könnten gar nichts für den Grad ihres sexuellen Interesses tun. ›Wenn man heiß ist, ist man heiß – ist man es nicht, ist man es eben nicht.‹ Unter anderen Umständen wiederum konnten sie sehr wohl dies oder jenes tun, um ihr Sexualinteresse zu beleben. Zum Beispiel, sich einmal die Zeit zum Ausspannen nehmen oder ins Kino gehen oder auch zu einer Party, von ihren täglichen Pflichten und Sorgen einmal abzuschalten, zumindest für kurze Zeit.

Andere Frauen wiederum hatten herausgefunden, daß sie nur ganz bestimmte Dinge zu tun brauchten, um ihr sexuelles Interesse wiederaufleben zu lassen. Das ist so, wie wenn man ausgeht, um zu essen, ohne eigentlich richtig hungrig zu sein, und dann durch eine sorgfältige Auswahl des Restaurants, seinen Appetit reizt. Da mag man eines nehmen mit einer hübschen, Kerzen beleuchteten Umgebung, mit duftendem Blumenschmuck, wo einen Knoblauchduft an der Tür empfängt. Der gleiche Weg kann auch zum Wecken sexueller Interessen richtig sein. Vor allem, wenn man einen langen und harten Arbeitstag hinter sich hat, mag man finden, daß die Wünsche in einem wachsen, wenn man ein erotisches Buch liest, über eine frühere sexuelle Erfahrung nachdenkt, die einen erregt, oder wenn man mit Kerzen und Musik eine sinnliche Atmosphäre schafft.

Die nötige Stimmung schaffen, indem man irgend etwas tut, was man besonders gern mag, führt direkt zu jenem Weg, den viele Frauen seit jeher eingeschlagen haben, um Sex zu erzeugen. Unsere Kultur lehrt uns, es sei Sache des Mannes, uns zu erregen. Unsere Rolle dagegen sei nur, herumzusitzen und hübsch auszusehen, während er die Aufgabe habe, uns hübsche Nichtigkeiten ins Ohr zu flüstern und so die notwendige Atmosphäre zu schaffen. Viele Frauen erkennen gar nicht, daß die Fähigkeit, sie zu erregen, durchaus auch in ihren eigenen Händen liegt. Sie argumentierten, daß ihre besten Sexerlebnisse immer ganz spontan entstanden seien. Immerhin stellten die meisten dieser Frauen, wenn sie erst einmal ernsthaft darüber nachdachten, sehr rasch fest, daß viele ihrer besten sexuellen Erlebnisse dadurch entstanden sind, daß die Situation gut vorbereitet war, wenn sie sich die Zeit nahmen, das Erlebnis entsprechend zu inszenieren und irgend etwas dabei anders machten als sonst. Die eine Frau putzte immer ihr Schlafzimmer, ehe sie Geschlechtsverkehr hatte. Als ihr dann zum Bewußtsein kam, das sei doch eigentlich schon neurotisch, stellte sie dann bald fest, daß ein unaufgeräumtes Schlafzimmer ihr Erlebnis beeinträchtigte. Eine andere Frau nahm den Telefonhörer von der Gabel und traf auch andere Vorbereitungen, damit nichts ihr Vergnügen unterbrechen könne. Damit soll aber nicht gesagt werden, daß Sex mitten in der Nacht für fünf oder fünfzehn Minuten weniger wert sei und daher vermieden werden sollte. Will man aber ein ganz spezielles Sexerlebnis haben, so muß man es selbst herbeiführen, denn das ist absolut möglich.

Es erscheint klar, daß das Interesse an Sex mehr zu tun hat mit einer Vielfalt von Gefühlen, die sich im Verlauf einer gewissen Zeit entwickeln, als mit jenen ganz spezifischen, die in dem Augenblick auftreten, in dem die Möglichkeit zum Sex gegeben ist. Es handelt sich dabei um Gefühle für sich selbst wie für die jeweiligen Partner, dazu um solche, die unmittelbar aus dem gemeinsamen Geschlechtsverkehr entstehen. Sie setzen die Frauen und ihre Partner in die Lage, im allgemeinen erst überhaupt zum Geschlechtsverkehr angeregt zu werden. Eine Anzahl von Frauen bezeichnete das bewußte Erschaffen eines Gefühls als besonders guten Weg, sich selbst zu erregen. Diese Gefühlslage der Vorwegnahme entwickelte sich oftmals über mehrere Stunden hinweg, manchmal sogar über ein oder zwei Tage. Kathryn, mit 37 Jahren bereits seit sechzehn Jahren verheiratet, beschreibt zwei Wege, die sie und ihren Mann langsam hinführen zur sexuellen Begegnung:

»Wir hatten verschiedene Wege, die uns zum Geschlechtsverkehr führten, keiner von ihnen war, meiner Erinnerung nach, bewußt geplant. Einmal schauten wir gemeinsam das Fernsehen an. Es war so, wie es gern geschieht, das Fernsehen lief, und wir spielten jeder mit des anderen Füßen und das über lange Zeit hin. Nach der Hälfte des Programms schauten wir kaum noch hin und nachdem es zu Ende ging, sahen wir überhaupt nichts mehr davon. Bei einer anderen Gelegenheit schob er mir einen Zettel unter den Teller bei Tisch, auf dem stand: ›Hast Du irgend etwas Besonderes vor, wenn wir den Nachtisch gegessen haben?« Das fand ich großartig, denn während des ganzen Essens dachte ich nur daran, was hinterher kommen würde.«

Die 34 Jahre alte Harriet, seit zehn Jahren verheiratet, kam auf die Idee einer Sex-Party, um mit einer solchen Veranstaltung ihr Eheleben mit ihrem Mann wieder zu verjüngen:

»Wir treffen öfters miteinander eine Verabredung für eine Sex-Party, zuweilen im voraus, manchmal aber auch aus der Eingebung des Augenblickes heraus. Dieser Wunsch nach ›einer Sex-Party‹ kommt gewöhnlich dann über uns, wenn wir uns von unserer Arbeit, unserem Kind, unseren Freunden oder all jenen anderen Dingen überfordert fühlten, die in unserem Alltag passierten, so daß unser Geschlechtsleben weniger interessant war als zu anderen Zeiten. Dann sagten wir: ›Laß uns eine Sex-Party veranstalten.‹«

Eine Sex-Party machen, heißt bei uns, all das tun, was unsre Phantasie anregt, so daß jeder von uns geil wird. Wir können solch eine Sex-Party nachts haben, ebensogut aber auch tagsüber, aber immer dauert sie einige Stunden. Manchmal sind wir danach wie gesteinigt, aber das ist nicht immer so.

Lassen Sie mich ein Beispiel geben: Es mag damit beginnen,

daß wir zum Essen ausgehen, und zwar in ein Restaurant, in dem es gutes aber nicht zu schweres Essen gibt und das reichlich Atmosphäre besitzt. Während der Mahlzeit sprechen wir von all den kitzligen Dingen, die später jeder mit dem anderen machen möchte. Dann schauen wir in die Zeitung und finden dort einen geilen Film, da gehen wir hin. Keiner von uns wird von einem Film wirklich erregt, aber es ist doch eine stimmungsfördernde Sache... wir liebkosen uns gegenseitig auf dem Heimweg und sprechen über den Film, und bis wir heimkommen, sind wir wirklich beide leidenschaftlich erregt. Dann nehmen wir vielleicht ein Heißwasserbad in einer Spezialwanne, die so ausgelegt ist, daß vier Leute oder gar mehr bequem darin sitzen können oder wir machen Feuer an und massieren uns gegenseitig. Das hängt davon ab, wie erregt wir bereits heimkommen. Manchmal gehen wir auch nur rasch hinein, ziehen uns aus und tun es. Zu anderen Zeiten nehmen wir uns am Nacken und schmusen für eine Weile. Haben wir die ›Party‹ vorher geplant und ich vor dem Ausgehen meine sexy Unterwäsche angezogen, möchte ich, daß Tom sich aufs Bett legt, damit ich vor ihm einen Striptease machen kann. Während ich den mache, sind wir in der Regel ganz schön wild aufeinander und machen dann auch Liebe zusammen. Dabei verwenden wir sehr viel Zeit auf das Spiel um das Spiel, ehe wir richtigen Geschlechtsverkehr haben. In den meisten Fällen habe ich ein ganzes Bündel von Orgasmen vorher und wenn wir dann wirklich Sex machen, komme ich noch einmal. Und das ist bei uns eine Sex-Party!«

Viele Frauen sprachen davon, wie wichtig es für sie ist, dieses vorherige Gefühl während des frühen Stadiums eines Geschlechtserlebnisses beizubehalten. Sie stellen fest, daß eine Verlängerung des Vorspieles das Erlebnis erregender und befriedigender werden läßt. Wie ein altes Sprichwort sagt: »Liebe machen ist wie eine chinesische Schachtel – die Hälfte des Vergnügens liegt im Öffnen.«

Sonya, 40 Jahre, getrennt lebend:

»Oh, ich weiß manches, was Spaß macht. Ich liebe es, einen Mann auszuziehen und mich von ihm ausziehen zu lassen. Und das muß ganz langsam geschehen, wobei ich jeden Schritt genieße. Wahrscheinlich beginne ich im Stehen. Vielleicht knöpfe ich zuerst seine Manschettenknöpfe auf, dann langsam die an seinem Hemd, wobei ich seinen Nacken küsse, ihn umarme und drücke. Vielleicht knöpft er gleichzeitig meine Bluse auf, und wenn dann beide Oberkörper nackt sind, nehmen wir uns wieder in die Arme und fühlen jeder des anderen Brust. Das ist sehr erotisch. Wenn wir soweit sind, setzen wir uns vielleicht aufs Bett, und ich beginne seine Schuhe und Strümpfe auszuziehen. Dann nehmen wir uns erst mal wieder Zeit zum Küssen und Schmusen miteinander, ehe ich seinen Gürtel und er meine Hosen aufmacht. Meine Hose ausziehen ist wieder ein ganz anderer Schritt. Und manchmal macht es Spaß, eine Zeitlang meinen Slip und seine Shorts einfach anzulassen. Jeder Schritt auf diesem Wege muß so reizen, daß er zu dem ganzen Prozeß beiträgt. Es ist, als ob man verbotenen Sex betriebe.«

Eine Reihe von Frauen fand auch heraus, daß partiell bekleidet sein viel erregender sein kann als völlige Nacktheit.

Die zwanzigjährige und noch alleinstehende Sylvia dazu:

»Einen großen Reiz stellt es auch dar, wenn eines oder beide noch irgend eine Form von Bekleidung anhaben. Meinetwegen, wenn ich noch meinen Slip anhabe oder das Hemd, und zwar halb aufgeknöpft. Nacktheit kann abkühlen, während irgend ein Kleidungsstück einen starken Reiz ausübt.«

Einige Frauen beschrieben verlängerte Vorspiele, bei denen man sich Geschichten erzählte oder sie auch teilweise nachspielte. Zum Beispiel teilte die 46jährige Penelope, eine Ehefrau, das Folgende mit:

»Wir geilen uns gegenseitig mit dem Erzählen erotischer Geschichten auf. Um sie zu illustrieren, zeichnen wir Bilder und spielen sie dann nach. So kam ich zum Beispiel einmal ins Badezimmer und stieg in die Wanne. Und genau wie in der Porno-Geschichte, die ich ihm erzählt hatte, kam er nach und knutschte mich ab. Das war ein höchst erotisches Erlebnis. Ich wußte eigentlich nicht, warum ich mich bei dieser Gelegenheit so gesteigert hatte, aber allein der Gedanke, etwas ›Verbotenes‹ zu tun, erregte mich gewaltig.«

Mit ihrem ersten Gatten fand Penelope einen ungewöhnlichen Weg, um ihren Erregungspegel hochzuhalten:

»Mein Geschlechtsverkehr mit Peter war immer sehr erregend,

und wir fanden den Weg, uns das zu erhalten. Wir hatten nur einmal in der Woche ein Liebesfest, das dauerte dann allerdings drei Stunden.«

Alexandra, 32 Jahre alt und geschieden, beschreibt uns, wie ihr Partner die sexuelle Spannung dadurch steigerte, daß er den Unnahbaren spielte:

»Zuweilen lagen wir lesend im Bett, und ich bekam dabei Lust. Also begann ich ihn zu streicheln, aber er wollte bei seiner Lektüre bleiben und bewegte sich nicht. Ich wurde immer erregter und wilder dabei, aber dieser Kerl regte sich nicht – und mich bringt das um! Er wußte genau, was er tat, denn wir hatten mal darüber gesprochen, als ich mich wunderte, wenn er völlig passiv blieb oder völlig von seinem Buch befangen oder schlicht geistesabwesend oder wenn ich furchtbar erregt war und er gar nicht. Er behauptete, er wüßte nicht, was er täte. Er ließ mich glatt verrückt werden. Aber dann gab er seine stolze Rolle auf und wir fielen ineinander. Das wurde dann herrlich, denn ich war so wild, wenn er sich dazu entschloß, daß ich schon fast kam.«

Alexandra fand, daß sie dann, wenn sie nicht schon vorher in der entsprechenden Stimmung war, durch die Verquickung von Phantasie und einiger physischer Stimulierung durchaus den Weg beschreiten konnte, um sich selbst für eine sexuelle Begegnung aufzuheizen:

»Wenn ich Sex haben will, aber nicht besonders erregt bin, dann stimuliere ich mich selbst ein wenig, so daß ich zu dem Zeitpunkt, an dem ich ins Bett gehe, schon ein wenig in Stimmung bin, anstatt keine Lust dazu zu haben. Das bringt mich dann viel rascher in Stimmung. Meine Brustwarzen streicheln und dabei meine Phantasie walten lassen oder sonst irgend etwas tun, um mich selbst anzuheizen, das hilft immer.«

Die Hausfrau Bernice ist mit ihren 67 Jahren seit 42 Jahren mit dem Architekten Alan verheiratet. Gelegentlich liest sie tagsüber mal Erotica, wenn ihr Mann nicht zu Hause ist:

»Pornographie ist kein schlechtes Stimulanz. Sie hält meinen Sinn für den Sex offen. Mein Mann bringt schon mal eine Nummer von ›Penthouse‹ oder ›Playboy‹ mit, und die lese ich dann. In den frühen Tagen unserer Ehe waren es ›Tausend und eine Nacht‹ aus dem Burton-Verlag. Das hat uns beide stimuliert.«

Die Freude an der Vorbereitung kann ein wichtiges Moment sexueller Erregung sein. Die Wege, auf denen Frauen den Schauplatz so gestalten, daß sie sich davon sexuell erregt fühlen, wird detaillierter im nächsten Kapitel beschrieben. Immerhin beschreibt Judith, eine Vierzigjährige, die seit acht Jahren verheiratet ist, auf köstliche Weise, wie sie dafür Sorge trägt, daß die Situation auf einem Wege vorbereitet wird, der für sie von besonderem erotischen Reiz ist:

»Mir geht es ausgezeichnet, obwohl ich Jahre gebraucht habe, bis ich an diesen Punkt gelangt bin, an dem ich nun Dinge wie diese tun kann. Ich hole meine sexy Nachtsachen heraus . . . will Kerzen, Weihrauch, einen Joint, mache das Bett und bringe das Zimmer in Ordnung. Ich will keinen märchenhaften Sex in einem unordentlichen Schlafzimmer! Fast immer brauche ich ein heißes Bad. Ich möchte mich sauber fühlen, eine glatte Haut haben. Wir haben im Eßzimmer einen offenen Kamin, in dem machen wir dann zuweilen Feuer, legen die Kissen aus und holen uns das zu essen und zu trinken, worauf uns gerade der Sinn steht. Sehr häufig gehen wir gemeinsam ins Bad . . . Manchmal gehört eine Massage dazu, nicht unbedingt eine sehr zeitraubende, aber etwas als Auftakt für das Ganze. Zum Sex gehört für mich notwendig, daß ich mich entspannen kann, und zwar so vollständig, daß ich es genieße. Das heiße Bad, die Massage und sinnenbetörende Kleidung gehören dazu, um alle die verwirrenden Äußerlichkeiten abzuschalten und ein wirkliches Sexerlebnis zu haben. Also hänge ich das Telefon aus, weil es dauernd klingelt. Ich besuchte auch einige Sex-Lehrgänge, um gelöst genug zu sein, all diese Vorbereitungen treffen zu können. Ich brauchte es immer, umarmt zu werden, noch mehr aber, es selbst zu tun. Und dabei fand ich heraus, daß ich in der Regel alles bekam, was ich mir wünschte, je leichter alles vonstatten ging.«

Reinlichkeit

Wahrscheinlich mehr als jeden anderen Faktor nannten Frauen die Reinlichkeit als Voraussetzung, die zu einer erfreulichen Zeit im Bett gehöre. Sie fühlten sich einfach wohler, wenn sie sich sauber und frisch fühlten. Mit Sicherheit genossen sie Oralsex mehr, wenn sie sauber waren und sie fühlten sich auch häufig stärker von ihrem Partner angezogen, wenn er unmittelbar vor dem Geschlechtsakt geduscht hatte.

Es ist keineswegs überraschend, daß Frauen in dieser Weise empfinden. Reinlichkeit ist in unserer Kultur heimisch. Es gibt Hunderte von verschiedenen Achsel-Deodorants, Rasierwassern, Parfüms, wohlriechenden Seifen und Talkumpudern. Die Werbung in den Medien redet uns ein, daß der einzige gute Duft ein künstlicher Duft sei, außer dem es nichts gäbe. »Sauber ist sexy« wiederholt die Noxzema-Geschäftsleitung, und Intimduschen und -sprays sind so in Mode, daß man sich schlecht fühlt, wenn man irgendeinen natürlichen Geruch an sich hat, der von unseren Geschlechtsteilen stammen mag.

In unserer Jugend wurde uns Mädchen oft genug streng bedeutet, wir seien ›da unten‹ nicht sauber. Wir mußten uns mit duftendem Toilettenpapier abputzen, und viele von uns hatten sogar zwei Waschlappen, einen eigenen für die Geschlechtsteile, denn diese Gegend könnte sonst unseren übrigen Körper verunreinigen. Alexandra, 32 Jahre alt und geschieden, meint dazu:

»Reinlichkeit ist für mich sehr wichtig. Manchmal, wenn ich keine Zeit für eine Dusche habe, aber gern Oralsex haben möchte, gehe ich nur ins Badezimmer und wasche meine Geschlechtsteile mit Wasser und Seife. Ich dusche lieber vor als nach dem Sex. Die Art, wie ich nach dem Geschlechtsverkehr rieche und mich fühle, mag ich gern. Vor allem habe ich es morgens sehr gern, in dem Bewußtsein aufzustehen, daß ich Sex gehabt habe und das noch gerade an meinem Körper zu riechen und so auch zur Arbeit zu gehen. Dafür dusche ich gern, wenn ich von der Arbeit heimkomme, dann möchte ich den Schweiß des Tages loswerden.«

Christine mit ihren 41 Jahren und nach neunzehn Ehejahren dazu:

»Ich mag es, wenn er sauber ist. Das weiß er, auch daß mich das in Stimmung bringt. Deshalb hüpft er vorher rasch unter die Dusche.«

Manche Frauen sehen die Notwendigkeit von einer Supersauberkeit vor dem Geschlechtsverkehr unterschiedlich, wie die 32jährige Renée im Folgenden feststellt:

»Ich halte es nicht immer für notwendig, vor dem Sex unter die Dusche zu gehen. Es gibt Zeiten, in denen ich mich schmutzig fühle, vor allem bei stickigem Sommerwetter. Dann fühle ich mich nach einer Dusche einfach verjüngter. Wenn ich nicht gerade pyhsiologische Probleme wie frauliches Unwohlsein oder Achselschweiß habe, sehe ich keine Notwendigkeit, eine Dusche zu nehmen oder mich zu waschen, ehe ich mit irgend jemandem schlafen gehe. Ich dusche auch nur selten, nachdem ich mit jemandem geschlafen habe. Nach meinem Gefühl kann ich Sex nicht als etwas Beschmutzendes ansehen. Deshalb habe ich auch keinerlei Bedürfnis, mich zu waschen und vorher oder hinterher zu reinigen, um die Spuren davon zu beseitigen. Für mich hat es da noch nie Verbindungen zwischen diesen beiden Dingen gegeben.«

Manche Frauen sind sogar der Ansicht, daß ihr natürlicher Körpergeruch ihre sexuelle Empfänglichkeit steigert. Sie finden auch den Duft der Haut ihres Partners mindestens ebenso verführerisch wie den Geruch von Seifen oder Kölnisch Wasser. Mit 28 Jahren erinnert sich Claire, eine Fernsehdirektorin, die seit fünf Jahren mit dem Anwalt Alex verheiratet ist:

»Einmal waren wir auf einer herrlichen Campingfahrt in den Bergen. Am Ende eines langen Wandertages kamen wir ins Camp und kochten uns das Essen. Danach saßen wir rund um das Feuer unter freiem Sternenhimmel. Dabei wurden wir so wild aufeinander, daß wir Sex miteinander machten. Wir waren absolut schmutzig und rochen auch entsprechend. Aber es war ein sehr aufregendes Erlebnis.«

Und die 35jährige Sally, die seit siebzehn Jahren verheiratet ist, fügt noch hinzu:

»Ich liebe diese knallenden Geräusche, die unsere Körper machen, wenn wir wirklich feucht von Schweiß sind. Vielleicht bin ich etwas komisch, aber ich habe es gern, richtig ins Schwitzen zu kommen. Vor allem den Geruch habe ich sehr gern.«

Baden und Duschen wurde nicht immer nur als Weg zu Sauberkeit betrachtet, sondern ebenso auch als »sinnlicher Appetitanreger«. Morgan, 42 Jahre alt und seit neun Jahren verheiratet, berichtet:

»Für mich ist es eine wirklich Entspannung, eine Dusche mit Musikbegleitung oder bei Kerzenlicht entweder mit meinem Partner zusammen oder allein zu nehmen. Wenn ich wirklich sehr angespannt und müde bin, wirkt das außerordentlich entpannend auf mich. Meine Badezimmer haben alle Kerzenleuchter, und zwar in der Regel mit den dicken, dänischen Kerzen, nicht mit so kleinen Stummeln. Licht gibt es dort also genug, nur ist es nicht so hart wie die großen Deckenleuchten.«

Tara ist 63 Jahre alt und hat fünf erwachsene Kinder. Sie ist verheiratet mit dem Geschäftsmann Herb:

»Manchmal gehen wir beide zusammen duschen und spielen unter der Dusche jeder mit dem anderen. Zu anderen Zeiten nehmen wir unsere Duschen getrennt, und ich lege mich dann ins Bett, wobei ich mich sehr jung und verführerisch fühle, wenn ich nackt daliege und mir vorstelle, wie erregt er gleich werden wird, denn ich bin gepudert und geölt. Und dabei fühle ich mich dann wirklich reif für den Liebesakt.«

Eine Frau berichtete, daß sie an ihrer Dusche einen Massagekopf habe und daß sie herausgefunden hätte, daß das pulsierende Wasser sie sehr stark erregt. Eine andere berichtete von ihrer speziellen Seifenmarke und deren neuartigem Effekt:

»Dr. Bronners Castile-Seife wirkt auf mich wirklich unwahrscheinlich erregend. Es ist eine ziemlich scharfe Seife, man kann also nicht zu viel davon nehmen. Aber wenn man sie mit Wasser verdünnt und sich rund um die Genitalien damit einreibt, kribbelt sie, nachdem man sich längst abgespült und abgetrocknet hat, noch lange nach.«

Nachdem sich Reinlichkeit als ein wesentlicher Aspekt für das Wohlbefinden und daher zur Fähigkeit herausstellte, das Geschlechtsleben zu genießen, befragten wir die Frauen nach Anregungen, die sie aus eigener Erfahrung geben könnten. Manche Frauen erzählten uns, daß sie tagsüber Tampons oder Damenbinden tragen, eventuell auch am Abend zuvor, wenn für sie Sex auf dem Programm steht. Sie wollen damit vermeiden, daß sich irgendwelche Vaginalgerüche bilden und eventuelle Ausscheidungen absorbieren.

Sage, eine 35jährige Lesbierin, fand einen Weg, um ihrem Bedürfnis nach Sauberkeit Genüge zu tun, ohne daß dadurch die Spontanität im Verkehr mit ihrer Partnerin leiden würde:

»Ich habe einen Waschlappen neben dem Bett. So brauche ich

nicht erst aufzustehen, um meinen Unterleib zu waschen, wenn ich unsicher bin, ob da irgend etwas riechen könnte. Ein- oder zweimal bin ich aufgestanden, um mich zu waschen. Und da hat meine Partnerin gesagt: ›Mach Dich doch nicht lächerlich, steh doch jetzt nicht auf!‹ Jetzt habe ich meinen Waschlappen da und kann meinem Bedürfnis nach Sauberkeit Folge leisten, ohne daß ich dadurch die Stimmung zerstöre!«

Manche dieser Frauen wurden auch vom morgendlichen Atem, entweder ihrem eigenen oder dem ihrer Partner, gestört. Auch dazu wurden einige nützliche Hinweise gegeben. Iris:

»Ich mag wirklich den Geruch von Morgenatem nicht. Deshalb haben mein Mann und ich eine Flasche Binaca (Art Mundspray) auf dem Nachttisch stehen. Wollen wir nun morgens Sex miteinander machen, spritzen wir uns erst gegenseitig den Mundspray in den Mund, ehe wir beginnen, uns zu küssen. Das ist ein schönes Spiel.«

Judith: »Als erstes stehe ich morgens auf und putze mir im Badezimmer gründlich die Zähne, wenn die Möglichkeit besteht, daß wir noch Liebe machen. Anders kann ich es nicht vertragen.«

Sage: »Es ist für mich ausschlaggebend wichtig, daß ich neben dem Bett irgendetwas zu essen oder zu trinken habe, zum Beispiel Orangensaft oder Mineralwasser oder Tee, der von der Nacht zuvor übriggeblieben ist. Nur so kann ich morgens Geschlechtsverkehr haben, ohne vorher aufstehen zu müssen, um mir die Zähne zu putzen. Ich kann diesen ekligen Geruch im Mund nicht vertragen, wenn ich jemanden küssen möchte.«

Einige andere körperliche Attribute wurden von ein paar Frauen zusätzlich zur Reinlichkeit erwähnt, die für sie wichtig sind, wenn sie in entsprechende Erregung kommen wollen. »Ich trage nie Lockenwickler im Bett. Ich versuche, meine Fuß- und Fingernägel immer kurz zu halten, meine Beine müssen sauber rasiert sein und all jene kleinen Dinge, die notwendig sind, damit es mir Spaß macht, mit jemandem ins Bett zu hüpfen.«

Aber sauber rasierte Beine waren nicht für alle Frauen das Richtige, um sexuell erregt zu werden. Alice, eine 38 Jahre alte, alleinstehende Lehrerin sagte dazu:

»Ich habe mich gerade in diesem Winter dazu entschlossen, meine Beine nicht zu rasieren. Mein Liebhaber war darüber sehr entzückt. Er sagte, meine Haare fühlten sich auf seinen Beinen sehr weich und sexy an. Wir hatten den Eindruck, daß das ganze sexuelle Empfinden dadurch gesteigert werde, wenn wir zusammen sind, deshalb habe ich beschlossen, zumindest den Winter über meine Beine nicht mehr zu rasieren.«

Ruby, mit ihren 39 Jahren seit achtzehn Jahren verheiratet, fügte hinzu:

»Ich habe die Haare unter meinen Armen wachsen lassen. Es ist sehr weich, und die Störung durch das Rasieren entfällt auch. Für meinen Mann hat dieses Haar einen merkwürdigen Reiz. Ich habe gehört, wie andere Männer sagten, sie genössen Haar unter den Armen, aber ich hatte nie die Gelegenheit, die Tragweite dieser Behauptung zu überprüfen.«

Ruby sprach auch über eine kleine Tätowierung bei ihr, die sowohl für ihren Mann wie für sie selbst als sexueller Erreger einige Bedeutung gewann:

»Ich habe eine kleine herzförmige Tätowierung, die meinen Mann und mich sinnlich erregt. Sie sitzt auf meiner Hüfte, gerade unterhalb der Gürtellinie, wodurch sie außer in ganz privaten Situationen nie zu sehen ist.«

Der Ort

Wo sie Liebe machten, wurde eigentlich von allen interviewten Frauen besprochen. Die Frauen fanden, daß das Liebesspiel an möglichst vielen verschiedenen Orten eigentlich ein wirklich sexuell erregendes Moment bildet. Eingeschlossen waren dabei sowohl unterschiedliche Zimmer, Möbelstücke im eigenen Haus wie auch außerhalb und auch jedes nur denkbare Fahrzeug.

Außerhalb des eigenen Hauses Liebe zu machen, war für einige Frauen von besonderem erotischen Reiz. Sie sprachen von Liebe in den Wäldern, am Strand, im eigenen Hinterhof, überall da, wo man einigermaßen allein sein konnte.

Cortney, eine 31 Jahre alte geschiedene Frau erinnerte sich:

»Einmal liebten mein Mann und ich uns in unserem Hinterhof. Unser Haus liegt in einer Gruppe von Häusern, die alle auf einem Haufen stehen. Man ist zwar einigermaßen abgeschlossen, aber man kann doch über die Hecke schauen. Zu dieser Zeit war keiner unserer Nachbarn zu Hause. Es war ein sehr heißer Sommertag, deshalb gingen wir hinaus, legten uns in den Hof und liebten uns dort.«

Connie ist mit ihren 26 Jahren seit vier Jahren Witwe:

»Ich bin auf dem Lande aufgewachsen und meine ersten Liebesabenteuer spielten sich alle im Gras ab. Deshalb sind für mich jegliche Gedankenverbindungen damit auch so schön. Ich habe das bis letzten Sommer nie mehr erlebt. Ich kam nach Texas zurück und traf dort einen jener alten Liebhaber wieder, den ich eigentlich am liebsten hatte. Er fragte mich: ›Was möchtest Du tun?‹, und ich sagte ihm: ›Ich möchte zum See hinausgehen‹. So kamen wir hinaus zu den Uferfelsen. Die Sonne schien heiß vom Himmel und wir kletterten die Felsen hinunter zum Wasser. Erst zogen wir uns aus und sprangen ins Wasser. Danach kletterten wir auf den Felsen zurück und warteten bis die Sonne unterging, so daß man ein wenig abgeschlossener war. Schließlich liebten wir uns und sind in der Dunkelheit geschwommen.«

Eine Frau berichtete, daß die Sonne sie sinnlich erregt, so daß das Liebesspiel irgendwo in der prallen Sonne für sie besonders genußreich sei. Eine andere wurde von der Kälte erregt; da sie in einer schneereichen Gebirsgegend lebte, meinte sie, alles was man zu tun habe, sei lediglich ›leg Deinen Parka in den Schnee und hab tüchtig Spaß!‹. Wiederum eine andere Frau sprach davon, daß ihr der Geschlechtsverkehr in einem Schlafsack unter freiem Himmel besonderen Spaß machen würde.

Diane, 32 Jahre alt, Lehrerin und Lesbierin:

»Sich im Schlafsack zu lieben, ist wirklich eine feine Sache. Man fühlt sich wie in einem Kokon, wenn man zu zweit in einem Schlafsack liegt. Es ist wirklich gemütlich, denn es ist schön warm, und man liegt so fest aneinandergepreßt.«

Fahrzeuge in Bewegung schienen dem Liebeserlebnis ein Gefühl von Gefahr oder besonderer Erregung beizusteuern. Dabei wurden alle Arten von Booten erwähnt, von Ruderbooten über schicke Motorboote bis zu Segelbooten.

Nell, 36 Jahre alt und seit acht Monaten verheiratet:

»Wir waren mit einem Ruderboot im Delta und das Boot glitt langsam dahin. Wir ließen den Anker herunter und machten im

Boot sitzend Liebe miteinander. Das Boot lag in einem stillen kleinen Kanal, aber jederzeit konnte ein anderes Boot in die Nähe kommen. Ich weiß nicht, ob sie Notiz von dem genommen hätten, was in unserem Boot vorging, aber ich dachte ›das bin ich ja gar nicht, im Boot am hellichten Tage. Was soll ich dazu nur denken?‹«

Wir hatten mal vom Mile-High-Club gehört, einer Privatorganisation solcher Leute, die Liebe während des Fluges im Flugzeug gemacht hatten. Aber bis dahin hatten wir nie jemanden getroffen, der das wirklich selbst mitgemacht hatte. Drei der von uns interviewten Frauen sagten, sie hätten da mitgemacht. Suzanne, eine alleinlebende Bisexuelle von 37 Jahren:

»Wir wollten es einmal ausprobieren, auf dem Flug im Flugzeug Liebe zu machen, und wir taten es dann auch. Wir haben auf dem Flug nach Las Vegas in dem Waschraum einer Boeing 747 Liebe gemacht. Wir beide kamen nacheinander in den Waschraum. Mein Partner ist 61 Fuß, ich nur 52 groß. Also setzte ich mich auf das Waschbecken. Das war gerade die richtige Höhe, in der sein Penis sein mußte. So drang er in mich ein. Es war wahnsinnig aufregend. Wir wurden gerade so rechtzeitig fertig, daß wir uns zur Landung wieder in unsere Sitze begeben konnten, denn der Flug nach Las Vegas ist sehr kurz.«

Die anderen beiden Frauen berichteten, daß ihr jeweiliger Partner auf dem Sitz der Flugzeugtoilette saß und sie sich dann auf ihn setzten, also die aktive Rolle spielten.

Liebe im Auto, ob während der Fahrt oder beim Parken, war durchaus nicht so ungebräuchlich. Iris, die mit ihrem Liebhaber zusammenlebt und 32 Jahre alt ist, erzählte:

»Irgendwann einmal, während mein Partner den Wagen chauffierte, montierte ich ihm seine Fliege ab und begann, mit seinem Penis zu spielen. Ich kann nur sagen, er hat es sehr genossen. Deshalb änderte ich meine Stellung und begann an ihm zu lutschen. In dem Wagen war reichlich Platz, so daß wir es bequem hatten. Zuerst wollte er mich bremsen. Er fing wirklich an erregt zu werden, aber ich ließ mich nicht abhalten, und er kam auch mehr und mehr in Fahrt. Er hatte nur Angst, er könne einen Unfall verursachen, wenn er zum Orgasmus komme, deshalb bog er auf die Langsamspur ein und kam auch bald, ohne daß wir getötet worden wären oder sonst etwas passierte. Es hat viel mehr Spaß gemacht, als auf die Freifahrtzeichen aufzupassen!

Bei einer anderen Gelegenheit revanchierte er sich und begann, während der Fahrt an mir herumzufingern. Er hat wirklich großes Talent dazu. Mit den Augen auf der Fahrbahn brachte er mich zum Orgasmus. Ich glaube, ich war auch viel erregter als sonst, einmal durch die Vibration des Wagens, zum anderen, weil wir uns auf einer Ferienreise befanden.«

Sogar das völlige Fehlen von Abgeschlossenheit in einem Bus während der Fahrt hat eine Frau nicht gehindert. Die 59 Jahre alte Ann, die 36 Jahre verheiratet war, erinnerte sich an folgende Begebenheit:

»Nach meiner Erinnerung war es etwa zwei Jahre, bevor wir verheiratet waren. Wir saßen in einem Bus und es war Heiliger Abend. Wir breiteten einen Mantel über uns und spielten aneinander herum, bis wir beide einen Orgasmus hatten. Wenn ich heute daran denke, kann ich nur sagen ›Mein Gott!‹, aber damals fühlte ich mich sehr wohl dabei. Wir stammten aus einer Generation, für die Sex etwas Verbotenes war und dieses Verbotene war wichtig – wir wußten, wir wurden damit schuldig. Das war es, was einen so gewaltig erregte.«

Innenräume, aber nicht zu Hause, wurden auch beschrieben. Alexandra sprach von einer ihrer Eskapaden:

»Die meisten meiner Sexvergnügen basierten auf Phantasie und dem Gefühl von Gefahr. Wir hatten Sex in meinem Büro – in einer psychiatrischen Klinik! –, das für mich der gefährlichste Ort ist, um Sex zu haben, zumal mein Partner so hoch und schrill lacht, wenn er kommt. Es war wirklich das gefährlichste Unternehmen, das ich mir einfallen lassen konnte, aber wir taten es während der ganzen Zeit.«

Gail, 35 Jahre alt, Lesbierin und Schriftstellerin, die geschieden ist und jetzt mit ihrer Freundin lebte, kramte aus ihrem Gedächtnis:

»Einmal war ich im Filmtheater und schaute mir den Film ›The last picture show‹ (Der letzte Film) an. Dabei stelle ich mit Erstaunen fest, wie ich sexuell erregt wurde. In dem Film hatten eine ältere Frau und ein junger Mann eine Liebesbeziehung, und sie lagen zusammen im Bett. Es kam mir nicht so vor, als wenn das besonders guter Sex gewesen wäre, aber irgend etwas war dabei, was mich wirklich erregte. Ich merkte, wie mir die Hand langsam zwischen die Beine fuhr und ich hatte nur ein sehr kurzes Gespräch mit mir selbst darüber, ob ich sollte oder nicht. Also schaute ich herum und stellte fest, daß da nur sehr wenige Leute im Kino saßen und daß es sehr dunkel war. Also legte ich mir den Mantel über den Schoß und spielte so langsam mit mir herum, bis ich kam. Ich hatte während meiner fünf Ehejahre gelernt, sehr leise zu masturbieren. Aber so sehr der momentanen Eingebung zu folgen und etwas so Ausgefallenes zu tun, das war schon wirklich mehr als aufregend!«

Motels wurden von einer größeren Zahl von Frauen als Garantiemittel zu sexueller Erregung genannt. Die 35 Jahre alte Allison ist geschieden und lebt mit ihrem Freund:

»Wenn wir in ein hübsches Motel mit knisternden neuen Laken gehen, dann ist das eine neue Umgebung und ein ganz anderes Bettgefühl für mich, und dann will ich immer ficken. Es war ein völlig verpatzter Abend, als wir in einem wirklich reizvollen Motel waren und keinen Sex miteinander hatten.«

Manche Großstädte, wie beispielsweise San Francisco, haben spezielle Bade-Centers mit sogenannten Ruheräumen, die man mieten kann und in denen man dann so sinnlich und sexy sein kann, wie man will – für eine Stunde.

Judith, 40 Jahre alt, bisexuell und seit acht Jahren verheiratet:

»Einer meiner tollen Erregungszustände wächst über alles hinaus und reißt auch den anderen Menschen mit. Ihm fröhne ich in einem Bade-Center, seit ich den Gedanken nicht mehr aushalte, daß ich meine Laken total kaputtmache. Diese Bade-Centers sind wirklich märchenhaft. Sie haben ein Bett mit Laken und versorgen einen auch mit Handtüchern. Man kann seine eigenen Öle und Crèmes mitbringen, in der heiße Wanne baden, kann tun und lassen, was man will, und es ist ultra-sexy. Man ist beiderseitig schlüpfrig bis zum Letzten und das Ganze ist super, unglaublich erotisch.«

Doch im allgemeinen haben die Menschen ihren Sex im eigenen Zuhause und dort im Schlafzimmer. Wie eine der Frauen sagte: »Wir machen immer im Bett Liebe. Die Dinge mögen in einem anderen Raum beginnen, enden tun sie immer im Bett.« Das ist über weite Strecken hin nicht nur das Ergebnis der allgemeinen Gebräuchlichkeiten, sondern auch dessen, was wir und auf welchen Wegen über Sex gelernt haben. Seit der Geschlechtsverkehr zu etwas Persönlichem und Privatem geworden ist, haben die meisten von uns ihre Eltern nie beim ehelichen Verkehr beobachtet. Das war etwas, was nur hinter verschlossenen Türen stattfand. Die Abweichung vom Geschlechtsverkehr im Schlafzimmer bedeutet für viele Leute das Animalische, wenn nicht gar das Pervertierte.

Der Geschlechtsverkehr spät in der Nacht oder am frühen Morgen kann auch für solche Frauen eine Möglichkeit sein, die mit ihrer Sexualität nicht im Einklang leben und der Tatsache nicht ins Auge zu sehen vermögen, daß sie ein geschlechtliches Wesen sind. Sie können Liebesbeziehungen tief in der dunklen Nacht, kurz ehe sie in den Schlaf verfallen oder am frühen Morgen haben, ehe sie vollends wach sind. Es enthebt sie der Notwendigkeit, Sex in irgendeiner Form in der Öffentlichkeit zu initiieren und sie können ihn daher mehr als eheliche Pflicht denn als etwas betrachten, was mit einer puritanischen Herkunft kollidieren könnte.

Wichtiger aber ist noch, daß das Geschlechtsleben im Schlafzimmer allgemein üblich ist. Es erlaubt dem Sex, einen natürlichen Platz in unseren täglichen Lebensfunktionen einzunehmen. Und es versetzt auch denjenigen, der beschäftigt ist, in die Lage, Liebesbeziehungen zu genießen, ohne ihm die Last vorheriger Planung aufzubürden. Routineverkehr kann Fleisch und Kartoffeln einer Liebesbeziehung bedeuten. Oftmals ist es ein anständiger und anstrengungsloser Weg des Austauschens von Zärtlichkeiten und um sich zu sagen »ich liebe Dich«. Immerhin finden einige Frauen, dieses tägliche Fleisch mit Kartoffeln könnte so zur Routine werden, daß es langweilig wird. Viele der von uns interviewten Frauen meinten, daß sowohl eine zeitliche wie auch eine örtliche Abwechslung des Geschlechtslebens die Freude an ihren Liebesbeziehungen erhöhe. Eine Frau meinte, schon das Schlafen in einem anderen Bett sei ein Weg, die Geschlechtsbeziehung mit ihrem Mann mit neuer Würze zu beleben:

»Ich schlafe gern in dem einen und habe Geschlechtsbeziehungen in einem anderen Bett. Das macht den Sex aufregender und anders als sonst.«

Manche Leute machten gern Sex in verschiedenen Räumen oder mal auf dem Fußboden. Heather, die 35jährige Mutter einer zweijährigen Tochter, sagte dazu:

»Ich genieße es, sehr raschen Sex zu haben, auf dem Küchenboden, auf dem Boden im Wohnzimmer oder indem man sich mal rasch vor dem Baby versteckt, indem man die Treppen herunterrennt und die Tür zumacht und dann rasch Sex macht – also gleichsam damit wegzulaufen, etwa so wie man es machte, wenn die Eltern im Raum waren.«

Eine andere Frau – wir nennen sie hier kurz »Mrs. X.«, womit wir Frauen bezeichnen, die uns aus Scheu vor den uns gegenüber gemachten Mitteilungen nicht gestattet haben, auch nur ein Pseudonym zu verwenden – erzählte das Folgende:

»Ich erinnere mich, daß wir mitten beim Liebemachen waren, als er ganz plötzlich sagte: ›Was hältst Du davon, wenn wir zum Waschbecken gehen?‹ Ich sagte: ›Du hast wohl den Verstand verloren. Was ist in Dich gefahren?‹, aber er hob mich bereits auf. Ich wehrte ab, ›das kannst Du doch nicht tun!‹, er aber sagte nur, ›es wird Dir Spaß machen, warte es ab. Wenn nicht, höre ich sofort auf‹. Und er setzte mich im Badezimmer auf den Waschbeckenrand, wohin er mich trug, während sein Penis unverändert in mir steckte. Aber ich glaube nicht, daß das während der ganzen Zeit der Fall war. Aber das ist ja auch gleichgültig. Jedenfalls brachte er mich irgendwie in eine Position, die ihm den richtigen Winkel und nötigen Gegendruck gab, den er haben wollte, und wir machten hier Sex. Ich erinnere mich, daß ich mich dabei wenig selbstbewußt fühlte, gleichzeitig aber auch wirklich geil, wahrscheinlich weil es so anders war als sonst. Ich glaube, das war es, was aus ihm solch einen guten Liebhaber machte – ich wußte nie, was er als nächstes tun würde.«

Samantha, 35jährige Mutter eines acht Jahre alten Sohnes, geschieden und Krankenhausverwalterin, berichtete von folgendem ›Ritual‹, das ihrer Geschlechtsbeziehung Abwechslung bot:

»Als ich noch verheiratet war, pflegten wir jedes neue Stück unserer Einrichtung dadurch einzuweihen, daß wir auf ihm Liebe machten. Das war immer ein großer Spaß. Ich hatte immer ein Laken darüber gezogen, so daß ich mir keine Sorgen machte, wie ich hinterher die Flecken entfernen sollte.«

Die 36jährige Rose verwendete eine ihrer bevorzugten Antiquitäten zur Bereicherung ihres Sex-Lebens:

»Ich besitze einen wunderschönen antiken Schaukelstuhl aus Eiche, der keine Arme hat und in meinem Schlafzimmer steht. Jeder findet ihn sehr süß, worüber ich immer lächeln muß, weiß ich doch, daß er das Vehikel für manche sexy Abende war. Ich sitze buchstäblich auf dem Schoß meines Partners und habe seinen Penis in mir, und dann schaukeln wir bloß hin und her.«

Manche Frauen empfahlen, das Badezimmer nicht nur zu benutzen, um sauber zu werden oder um anfangs aufgegeilt zu werden, sondern als Schauplatz für einen sinnlichen, romantischen Abend: »Zusammen ein Bad nehmen, kann sehr sinnlich wirken. Ich habe einen Liebhaber, der will immer auf dem Badewannenrand sitzen und mit mir Liebe machen, wenn ich bade.«

Eine andere Frau:

»Ich schätze es, mit meinem Liebhaber zusammen ein Bad zu nehmen und mache dann regelmäßig ein sinnliches Erlebnis daraus. Gewöhnlich nehmen wir ein warmes Bad, zuweilen auch Badeöl oder Schaumbad, während Kerzen für die notwendige Atmosphäre sorgen. Manchmal nehmen wir uns auch einen Wein mit ins Wasser, während wir darin vorweichen. Dabei wird dann viel geredet, ehe wir uns küssen und jeder den anderen verwöhnt. Der Trick, in der Badewanne schön warm zu bleiben, hat etwas mit der richtigen Lage zu tun. Entweder er sitzt an der einen, ich an der anderen Seite der Wanne, wobei unsere Beine ineinander verschlungen sind oder manchmal liege ich auf ihm auf dem Rücken zwischen seinen gespreizten Beinen.«

Drogen als sexuelle Stimulanzien

Viele Frauen diskutierten den Gebrauch von sinnensteigernden Substanzen als einen Weg, um alle fünf Sinne anzuregen. Alkohol, Marihuana, Kokain, psychedelische Mittel und Amylnitrate wurden dabei im Zusammenhang mit sexuellen Erlebnissen genannt. Raisin, eine 31 Jahre alte Anwältin, ist Lesbierin und wohnt Tür an Tür mit ihrer Freundin Rosie. Sie machte eine ausgesprochen schlaue Beobachtung:

»Es gibt da eine sehr feine Grenzlinie zwischen dem, was sexuell anregend wirkt, und dem, was den Leuten erlaubt, auszuflippen und ihre Eigenverantwortlichkeit zu verlieren. Ich meine, diese Dinge sind für jeden Menschen sehr schwierig. Mit anderen Worten meine ich, daß gewisse Leute sich dopen, um eine Erfahrung wirklich zu vermeiden, während andere Drogen benutzen, um ihre Erfahrungen zu steigern.«

Es erscheint interessant, daß trotz der großen Zahl von Frauen, die wir interviewten, nur ganz wenige von ihnen Alkohol zur Steigerung ihrer sexuellen Erlebnisfähigkeit benutzten.

Dagegen hatte eine überraschend große Zahl der Befragten zuweilen Sexerlebnisse gehabt, nachdem sie Marihuana geraucht hatte. Die meisten von ihnen nahmen diesen Stoff nicht regelmäßig, fanden aber, daß er sie gelegentlich sexuell stärker errege, während ihre Eltern auf gleiche Weise noch viel stärker zum Alkohol gegriffen hatten – als Mittel zur Entspannung und zum Abbau von Hemmungen. Die getrennt lebende 40 Jahre alte Mikrobiologin Sonya berichtete uns dazu:

»Das Marihuanarauchen ist wirklich eine Luststeigerungsdroge. Ich benutze aber nur gerade soviel davon, daß sie mich in die richtige Stimmung versetzt, während zuviel davon mich zu high macht.«

Die außerordentlich unüblichen sexuellen Erfahrungen der 38jährigen Elaine waren eine Folge des Gebrauchs von psychedelischen Drogen, die sie in der ersten Zeit nahm:

»Ich nahm eine psychedelische Droge, die mir einmal ein Liebhaber verabreicht hatte. Er war Arzt, deshalb hatte ich bei ihm keine Bedenken, obwohl ich nie zuvor irgendwelche Drogen genommen hatte. Aber ich wollte das gern ausprobieren, wovon mir meine Kinder erzählt hatten. Ich fühlte mich um so eher dazu berechtigt, als ich seit der Trennung von meinem Mann noch völlig unberührt war. So nahmen der Arzt und ich zusammen etwas Psilobycin. Es war ein äußerst interessantes Erlebnis, vor allem der geschlechtliche Teil. In der Zeit hatten wir Geschlechtsverkehr, und zwar etwa zwei Stunden, nachdem wir die Drogen genommen hatten. Sein Penis schien mir gigantisch zu sein. Der Sex mit diesem riesigen Penis flößte mir die herrlichsten Gefühle ein, die ich jemals kennengelernt hatte. Wenn er in mich eindrang, fühlte sich das jedes Mal an, als dringe er mir bis in die Kehle. Dazu hatten wir herrliche Musik im Radio. Ich konnte jedes einzelne Instrument klar unterscheiden. Aber der physische Kontakt mit seinen Lippen, seinem warmen Körper und seinem riesengroßen Penis übertraf doch alles.«

Das Schaffen einer sinnlichen Umgebung

Bei solchen Gelegenheiten, bei denen es spontan zum Geschlechtsverkehr kommt, als Folge momentaner Eingebung, wenn zwei Menschen sich plötzlich dazu aufgelegt fühlen, sei es auf einer langen Reise im Auto oder wenn man den Luxus schöner Stunden in einem Motel irgendwo in einer fernen Stadt oder einem anderen Lande genießt, dann schafft sich die momentane Erregung ihr sexy Ambiente von selbst. Für die meisten Frauen mit ihrer Berufstätigkeit von 9 bis 5 Uhr, die statistisch seit zwölf Jahren verheiratet sind und 2,2 Kinder haben, muß den Details schon einige Beachtung geschenkt werden.

Wenn auch Intimität oftmals abhängig ist von der Vertrautheit und den Bequemlichkeiten einer langdauernden monogamen Beziehung zueinander, können die gleiche Vertrautheit und dieselben Bequemlichkeiten doch auch allzu leicht zu reinem Routinesex führen. Frauen in einer monogamen Bindung benötigen oftmals einen Katalysator von außen, um wieder in die gleiche Erregung zu verfallen, wie sie bei einem neuen Liebhaber normal erscheint. Nachdem der Mann dazu ausersehen ist, allein den Sexualakt zu orchestrieren, also harmonisch zu gestalten, kann ein neuer Partner einen ganz neuen Stil, eine andere Art der Annäherung und völlig unbekannte Aktivitäten für die Frau bedeuten. Ohne verschiedene Liebhaber, die neuen Wind in die Dinge bringen, sind Frauen vielfach in Verlegenheit, was sie sich Neues einfallen lassen sollen, um Abwechslung in ihr Eheleben zu bringen. Das Schaffen einer sinnlichen Umgebung, die alle Sinne wirklich anregt, kann Minuten oder Tage in Anspruch nehmen und kann allen Unterschied der Welt bedeuten. Manche der Ideen, die uns von den Frauen mitgeteilt wurden, liefen mit jenen Wegen zusammen, die sie beschritten, um sich selbst in Erregung zu versetzen, um sich auch in Erregung zu halten und ihre Partner ebenfalls hochzureizen.

Besonders schön sagte das Sharon, eine 35jährige solo lebende Alleinstehende:

»Was ich tue, ist ein besonderes, sehr schönes Laken bereitzuhalten, das ich über eine weiche Decke auf dem Fußboden breiten kann, ehe wir Liebe machen. Ich habe Liebe am liebsten auf dem Fußboden, weil ich sehr muskulös bin und der größte Teil meines Körpers am Orgasmus beteiligt ist. Dann dämpfe ich das Licht und stecke eine Kerze an und bringe alle möglichen Sachen, die wir während des Liebesspiels benötigen, neben das Laken. Das Ganze hat irgendwie mit Magie zu tun, denn plötzlich haben wir uns eine ganz besondere, schöne und sinnliche Atmosphäre in diesem Raum geschaffen.«

Visuell

Spezielle Beleuchtung schien für die meisten Frauen eine warme, romantische und sinnliche Atmosphäre zu bedeuten. Kerzen, Öllampen, offene Kamine wurden immer und immer wieder erwähnt. Morgan, die mit 42 Jahren neun Jahre verheiratet ist:

»Wir fühlen uns ganz außerordentlich glücklich, denn wir haben einen offenen Kamin in unserem Schlafzimmer, den wir im Winter mit diesen herrlichen Drei-Stunden-Holzscheiten brennen lassen, die man im Supermarkt kaufen kann. Dann legen wir uns ins Bett und machen Liebe. Wir beide sind der Ansicht, daß wir das herrlichste, phantastischste Bett der Welt besitzen. Und sollte es bei uns jemals zur Scheidung kommen, wird dieses Bett garantiert Gegenstand heftiger Auseinandersetzungen vor Gericht.«

Die 32jährige alleinlebende Iris rät:

»Wenn man in der Stadt lebt und eine Straßenleuchte draußen vor dem Schlafzimmerfenster hat, sollte man alle Lichter im Raum löschen und die Vorhänge vor dem Fenster öffnen, so daß das Licht von der Straße hereinfallen kann. Es gibt dem Raum ein weicheres, wunderbar ruhiges Licht. Um der Abwechslung willen nehmen wir zuweilen auch einmal Petroleumlampen, die ein purpurn dunkles Licht über den Raum streuen.«

Spiegel

Viele Frauen schufen sich eine erregende Atmosphäre für ihre Liebesspiele, indem sie andere Paraphernalien benutzten. Manche bevorzugten Spiegel, die so aufgestellt waren, daß man sich selbst während des Liebesspiels darin beobachten konnte. Manchmal stellten die Frauen solche Spiegel auch selbst auf.

Die 36jährige, geschiedene Rosemary berichtete uns dazu:

»In meiner alten Wohnung hatte ich Spiegelkacheln auf allen Wänden, so daß wir beobachten konnten, wenn er mich kaute und ich Gleiches mit ihm tat. Zuweilen, wenn ich oben lag, konnte ich im Spiegel zuschauen, wenn ich ihn fickte, und das war für mich eine gewaltige Steigerung meiner Erregungskurve.«

Zuweilen stellten auch die Partner die Spiegel auf. So erzählt Judy, die 31 Jahre alt und seit zwei Jahren verheiratet ist:

»Mein Mann hat Spiegel gern, denn er beobachtet dadurch alles. Er arrangiert auch die entsprechenden Szenen und macht so eigentlich alles fertig. Ich lasse ihn das gern tun und freu mich daran. Denn ich liebe es.«

Bekleidung

Gewisse Arten von Bekleidung scheinen das sexuelle Erlebnis für einige Frauen zu steigern. Favorit dabei sind Nachtgewänder, vor allem besonders weich fallende oder auch antike. Eine Mitteilung der 66 Jahre alten Edith, die 42 Jahre verheiratet ist:

»Ein Nachtgewand ist ein viel geeigneterer Anzug, um körperlichen Kontakt auszulösen. Ich habe immer einige besonders reizvolle Nachthemden, sowohl meiner selbst wegen als auch, weil mein Mann sie ebenfalls gern hat.«

Manche Frauen bevorzugten Bekleidung von ausgesprochen erotischer Natur. So sagt Harriet, 34 Jahre alt und seit zehn Jahren verheiratet:

»Als Ausstattung sind mir am liebsten hakenlose Pantys, ein winziges Spitzenhöschen, ein wirklich gekräuselter Strumpfhalter und schwarze Netzstrümpfe.«

Penelope, eine 46jährige Ehefrau, dagegen meint:

»Ich habe einen seidenen ›Teddy‹, der mir nur bis zu den Oberschenkeln reicht und einen Reißverschluß hat. Er hat ganz schmale Strapse und ist oben gekräuselt. Seide so direkt auf der Haut zu haben, ist direkt ein sinnliches Vergnügen. Ich trage auch Seidenstrümpfe und seidene Strumpfhalter.«

Wie eine Frau beteuerte, können auch absolut unerotische Kleider sexuell verführerisch wirken:

»Mein Mann und ich verfolgten ein Ritual, das wir beide genossen, weil es einfach ein wenig verrückt war. Wann immer ich mir ein Paar neue Schuhe gekauft hatte, trug ich sie im Bett, um mich an sie zu gewöhnen. Mein Mann pflegte es sehr gern zu haben, wenn ich die Schuhe anhatte und mich langsam vor ihm auszog, bis ich nur noch die Schuhe als einzige Bekleidung an den Füßen trug. Dann stolzierte ich darin herum. Dabei fühlte ich genau, wie sexy ich ausschaute, wenn ich auf hohen Hacken herumging ohne irgend ein anderes Bekleidungsstück. Dann hatten wir natürlich Verkehr miteinander, und ich behielt die Schuhe während der ganzen Nacht an den Füßen.«

Spitzenunterwäsche und hakenlose Pantys könne man nach Angaben der Frauen in Spezialgeschäften oder im Versandhandel bei Sensory Research, Eve's Garden oder Frederick's in Hollywood beziehen. Schwarze Korsetts und Hüftgürtel gibt es in allen Fünf- und Zehn-Cent-Geschäften. Antike Unterwäsche und interessante Kostüme gibt es dagegen auf dem Flohmarkt, bei frommen Singgruppen und der Heilsarmee.

Gegenwärtig kaufen ja die meisten von uns auch ihre Straßenkleidung nach ihrem Sex-appeal, so zum Beispiel Spitzenblusen, Kleider aus weichem, anschmiegsamem Material oder knappe Jeans. Schon allein das Tragen solcher Kleidung kann in sich ein sinnliches Stimulans sein. Die 36 Jahre alte Rose beschreibt, wie sie bestimmte Dinge für eine sehr persönliche Sex-Show benützt:

»Ich besitze einen wunderschönen Seidenschal, der ziemlich groß ist, mit langen Fransen daran. Trag ich ihn abends, wenn ich ausgehe, so reichen mir die Fransen bis an die Knie. Mein Liebhaber lächelt immer, wenn er mich mit diesem Schal sieht, weil er sich gleichzeitig an die Nächte erinnert, in denen ich ihn auch getragen habe und damit das aufgeführt habe, was wir meinen ›Schleiertanz‹ nennen. Bei solchen Gelegenheiten dämpfe ich das

Licht, lege eine marokkanische Musik auf, die ich cinmal bei einer Reise in dieses Land gekauft habe, und komme ohne andere Bekleidung als diesen Schal heraus. Dann schließe ich halbwegs die Augen und tu so, als wäre ich eine exotische Tänzerin aus Fernost. Ich bewege mich zu der Musik in einem langsamen, sinnenreizenden Tanz, wobei ich den Schal öffne und schließe und zwischen die Beine klemme. Diese Art neckischen Tanzes bringt uns alle beide auf hohe Touren.«

Diese Art der Bekleidung ist nicht für jede Frau so ganz einfach. Christine, mit ihren 41 Jahren seit 19 Jahren verheiratet, erzählte uns von einem köstlichen, aber immerhin ziemlich verwirrenden Erlebnis:

»Sharon und ich sind Lehrerinnen an einer Kinderschule und wir wollten uns gern etwas einfallen lassen, um unseren Männern zum Valentinstag etwas Besonderes zu bieten. Die Kinder machten gerade kleine rote Papierherzen. Wir beschlossen, diese roten Herzen mit nach Hause zu nehmen und sie uns auf die Brustwarzen und ›da unten‹ hinzukleben. Es sollte eine Überraschung sein. Ich tat das auch und wartete unter der Decke, bis mein Mann nach Hause kam, um ihn zu begrüßen. Es war ein Riesenerfolg, aber ich war einigermaßen verwirrt. Er hatte das natürlich sehr gern und sprach noch Stunden danach darüber. Wenn ich nur mehr solche Scherze machen könnte, ohne dabei so verwirrt zu sein . . . es ist wirklich eine harte Sache.«

Für's Gehör

Einige Frauen berichteten zwar, daß Musik sie von dem ablenke, was sie gerade sexuell erleben, aber die meisten der Befragten waren doch der Ansicht, Musik habe eine starke Komponente sexueller Erregung für sie. Die 31jährige Cortney berichtete:

»Ich mag es schrecklich gern, im Schlafzimmer Musik zu haben. Mein Liebhaber hat ein wirklich erotisches Haus. Er hat oben in seinem Schlafzimmer eine Stereo-Anlage mit zwei Boxen, so daß wir die Musik in der unteren Etage abstellen und oben im Schlafzimmer hören können. Das ist wirklich sehr geschickt – und es erzeugt in uns selbst eine gewisse sexuelle Bereitschaft.«

Dabei wies der Geschmack der Frauen bei der Musik eine beachtliche Variationsbreite auf, die von Ballett und klassischer Musik über Country und Western bis hin zum harten Rock reichte. Manche fanden, Musik helfe ihnen, ihre Phantasie zu stimulieren:

»Ich bin ein Rockmusik-Fan, und ich finde, wenn ich während des Geschlechtsverkehrs Rockmusik höre, ist das ein starkes Moment sexueller Erregung für mich. Der streng rhythmische Beat wirkt richtig sinnlich auf mich. Wenn ich mich auf die Musik konzentriere und sich mein Körper nach der Musik bewegt, bin ich sexuell entschieden erregter. Ich lasse also meine Phantasie spielen und stelle mir dabei einige meiner bevorzugten, weiblichen Rockstars vor, die ich dabei als Heroinen sehe, denn die halte ich alle für sexuell aktive Frauen. Im allgemeinen tu ich mich ziemlich schwer damit, mir selbst zu gestatten, sexuell aufgeschlossener zu sein. Aber seit ich diese Rockstars bewundere, die mir sehr im Einklang mit ihrer Sexualität zu leben scheinen, kann ich auch mir erlauben, so zu handeln wie ich mir vorstelle, daß sie es tun. Zuweilen kann ich viel ›zügelloser‹ mit meinem Partner sein, weil ich mich ganz als Janis Joplin fühle.«

Schließlich vertraten auch einige der Frauen die Auffassung, daß Musik ein willkommener Schutzschild gegen die Geräusche sein könne, die beim Geschlechtsakt entstehen, zumal wenn andere Leute in der Nähe sind. Die 34jährige Harriet, die seit zehn Jahren verheiratet ist, sagte dazu:

»Für uns ist es wirklich angenehm, Musik dabei zu haben, zumal wenn andere Leute im Hause sind. Dann hören wir die Musik und machen uns keine Gedanken, um uns auch dann wohlzufühlen dabei, wenn irgend jemand in der Wohnung anwesend ist.«

Raumklimatisches

Es genügt nicht allein, eine sinnliche Atmosphäre um sich zu schaffen, ebenso wichtig erscheint es, für körperliches Wohlbefinden zu sorgen. Wenn das nicht vorhanden ist, vor allem wenn der Raum zu kalt erscheint, ist das ein echtes Hindernis gegen ein gutes sexuelles Erlebnis. Die Frauen fanden folgende Verfahren, um sich eine behagliche Umgebung zu schaffen.

Dic 31jährige Cortney lebt mit ihrem Freund zusammen und meint:

»Ich habe wirklich ein Wasserbett am liebsten. Darin liegt es sich mit jemandem anderen so viel besser. Ich kann meinen Arm unter ihm haben und bin deshalb doch nicht gleich wie festgenagelt. Ich meine, man kann darin auch viel besser schmusen. Außerdem finde ich, daß mein Rücken und meine Knie im Wasserbett nicht so weh tun, wie es sonst manchmal der Fall ist, wenn wir sehr lange Liebe machen, weil mein Partner alles mögliche mit mir ausprobiert – das Wichtigste allerdings ist für mich, daß das Wasserbett warm ist. Habe ich aber kein Wasserbett, so muß ich mir eben die Zeit nehmen, den Thermostat der Heizung hochzudrehen oder im offenen Kamin Feuer zu machen, denn ungenügende Wärme macht alles halb so schön.«

Raisin ist 31 Jahre alt, Lesbierin und lebt Tür an Tür mit ihrer Freundin. Sie meint zu diesem Thema:

»Wir nehmen zuerst ein heißes Bad. Bei einem richtig heißen Bad nimmt der Körper eine Menge Hitze auf. Dann machen wir meistens ein Feuer im offenen Kamin und heizen das Haus sehr stark auf, so daß wir völlig unbekleidet sein können und uns doch dabei wohlfühlen. Auf dem Wege kann man lange nackt bleiben, ohne daß es einen schaudert.«

Bev, 30 Jahre alt, lebt mit ihrem Freund zusammen:

»Wenn es kalt ist, kann man sich so helfen, daß man eine elektrische Decke auf den Fußboden unter das Laken legt oder auch ins Bett. Das hält das Bett warm und macht das Geschlechtsleben in der Kälte angenehmer. Auch eine Heizlampe ist gut gegen die Kälte. Die ist nicht sehr teuer, und wir hängen sie an den Haken über dem Bett. Sie wärmt nicht nur das ganze Bett, sondern verbreitet obendrein auch noch ein wunderschönes, rotes Licht.«

Edith, 66 Jahre alt und seit 37 Jahren verheiratet:

»Mein Mann mochte nie meine kalten Füße, deshalb habe ich immer eine Wärmflasche mit heißem Wasser im Bett gehabt, damit zuerst meine Füße warm wurden. Ich kann mich erinnern, daß er einfach geflüchtet ist, weil sie so eisig waren, da die Blutzirkulation in meinen Füßen schlecht funktionierte. Auch wenn ich vorher ein heißes Bad nehme, ehe ich zu Bett gehe, bin ich warm.«

Verschiedene sinnliche Stoffe wurden im Liebesspiel verwendet, um damit die Gefühle der gegenseitigen Berührung zu steigern. Die 35jährige Sage lebt allein. Sie ist Lesbierin:

»Wenn ich jemanden ausziehe und finde unter ihren Kleidungsstücken etwas, das mir besonders sinnlich erscheint, reibe ich damit erst eine Weile ihre Haut, wobei ich verschieden fest drücke. Ich reibe es rund um ihre Geschlechtsteile und auch zwischen uns als einen Bestandteil unseres sinnlichen Erlebnisses.«

Kathryn beschreibt die Art, wie ein besonders sinnlicher Liebhaber Seidenmaterial in ihre Liebesspiele einführte:

»Der Anfang war der, daß er Satinlaken benutzte und zusätzlich Stoffstücke aus weichem Seidenmaterial nahm. Die breitete er sowohl über sich selbst als auch über mich aus. Dann mußte ich mit der Hand mit seinem Penis spielen. Dieser Stoff über seinem Penis veränderte das Gefühl, das man dabei bekommt, für ihn wie für mich vollständig. Die Stoffstücke waren meiner Schätzung nach etwa zwei Yards lang und von verschiedener Beschaffenheit. Manchmal nahmen wir wirklich dicken Satin und legten ihn auf meinen Körper mit der weichen Seite zu meiner Haut hin, und er spielte dann mit meinen Brustwarzen wirklich sehr hart, aber es tat nicht weh. Ich fühlte mich ganz anders dabei, wirklich erotisch erregt.«

Samantha ist 35 Jahre alt, geschieden, von beruf Spitalverwalterin. Sie fand für ein normales Haushaltsgerät eine aufreizende Verwendungsmöglichkeit heraus:

»Ich kaufte einen handgemachten Staubwedel aus Straußenfedern als Weihnachtsgeschenk, überlegte mir dann aber, daß ich ihn selbst behalten wollte, weil man ihn so vielseitig bei den staubigen Möbel verwenden kann. Es ist ein angenehm weiches und sinnliches Gefühl, wenn ich ihn sanft über meinen Körper streichen lasse. Ich liebe es, ihn dann zu benutzen, wenn ich masturbiere und habe ihn auch bereits beim Geschlechtsverkehr mit meinem Liebhaber benutzt. Ich streiche damit über seinen Penis und wirbel ihn herum, und das macht ihn verrückt!«

Andere Frauen bevorzugen Handschuhe aus Kaninchenfell und Laken aus dem gleichen Material für sanfte, neckische Berührungen.

Öle

Die Frauen beschrieben den Gebrauch von Öl nicht nur, um eine notwendige Hauteinreibung damit vorzunehmen, sondern auch als Steigerungsmittel für die erregende Wirkung der Hautberührung bei Massagen. Dabei wurden alle möglichen Einreibemittel genannt: Babyöle, Niveacreme, Mineralöl, Albolene, Kama-SutraMassageöl und einfach eigener Speichel.

Cortney beschrieb eine ungewöhnliche Sexualerfahrung, bei der Moschusöl einen integralen Bestandteil ausmachte:

»Da gibt es diese Art von Öl, das in unterschiedlichen Duftnoten auf den Markt kommt. Man kann es auf dem ganzen Körper verreiben, und das gerade ist so schön. Zu der Zeit, als wir uns gegenseitig mit Moschusöl massierten, gingen wir mit anderen Leuten, einem anderen Ehepaar, gemeinsam ins Bett. Wir waren alle high und alle ganz mit diesem Moschusöl eingerieben, und jeder von uns war sehr fettig und das war irgendwie schön. Ich hatte nie daran gedacht, so etwas mitzumachen, aber die Leute, mit denen wir zusammen waren, waren meine Freunde, und wir bildeten so etwas wie eine Familie.

Wir massierten uns alle gegenseitig ein und machen dann getrennt Liebe miteinander. Dabei lagen wir alle auf diesem riesigen King-Size-Wasserbett, aber jedes Paar hatte seine kleine private Ecke, in der auch ganz verschiedene Dinge passierten. Und das machte das Ganze zu einem besonderen Erlebnis für mich.«

Geschmack

Der Geruchssinn ist innigst mit dem Geschmackssinn verbunden. Schleckereien und parfümierte Öle wurden als geeignet bezeichnet, drei der fünf Sinne sexuell zu reizen: Tastsinn, Geschmacks- und Geruchssinn. Suzanne, 37 Jahre alt, seit der Scheidung alleinlebende Bisexuelle, sagt dazu:

»Ich nahm parfümiertes Öl, das man dem Mann auf seinen Schwanz und der Frau auf die Vagina schmieren kann. Bei solchen mit Sherry- oder Erdbeergeruch und modernen Geschmacksrichtungen funktioniert das recht gut.«

Auch gewisse Nahrungsmittel belebten die sexuelle Szene. Joan, 31 Jahre alt und seit neun Jahren verheiratet, meint dazu:

»Gewisse Arten von Speisen, Avocados, schwarze Oliven, Erdbeeren, Weintrauben und Weine wirken wirklich erotisch. Wir füttern uns zwar nicht gegenseitig damit, aber auf mich wirkt erotisch, wenn er die Früchte zubereitet. Ich mag es einfach, wenn er das alles für mich gemacht hat. Ißt man das Obst dann zusammen, so hat das wegen der Oberfläche und des Geschmacks der Früchte einen starken, sinnlichen Reiz auf uns.«

Die 46jährige Penelope ist seit zehn Jahren verheiratet:

»Wenn wir auf längere Fahrten gehen, packe ich ein ›Sex-Päckchen‹ und nehme es mit auf die Reise. Ich nehme einen Kühlkoffer, in dem sich Bloody Mary, Bier, Coca Cola, Melonenkugeln, kalte, kernlose Weintrauben, ein ganzes Sammelsurium solcher erfreulichen Kleinigkeiten und dazu ein gutes Anregungsmittel befinden. Manchmal nehme ich auch Nylonschnur mit, mit der man sich gegenseitig fesseln kann, dazu meinen Vibrator und etwas Albolenecreme. Das ist meistens alles. Vielleicht noch ein paar Kleider zum Wechseln.«

Eine andere Frau, die wir mit dem Pseudonym Mrs. X. bezeichnen, erzählte uns, wie sie mit dem Versprechen eines ganz besonderen Mahles für sich und ihren Liebhaber einen ganz besonderen erotischen Abend schuf:

»Eines Abends erwartete ich Besuch zum Abendessen, und ich hatte absolut keine Lust zum Kochen. Also zog ich eines meiner am meisten sexy aussehenden Abendkleider an und deckte mit besonderer Sorgfalt einen Eßplatz ohne Teller auf der Couch. Als er dann kam, hatte ich die Lichter in der Wohnung weitgehend gedämpft und empfing ihn an der Etagentür, wobei ich wohl wirklich verführerisch ausgesehen haben muß. Er fragte ›was gibt es zu essen?‹, und ich nahm ihn statt einer Antwort nur an die Hand und führte ihn vor die Couch, um mich dort zwischen Messer und Gabel zu setzen, ehe ich antwortete ›mich!‹! Das ist nun drei Jahre her, aber erst kürzlich rief er mich von Texas an, wo er heute wohnt, und sagte mir, daß er noch oft an mich denke und daß dieser Abend der sexuell erregendste Abend seines ganzen Lebens gewesen sei.«

Ariels bestes sexuelles Erlebnis bestätigt noch eine andere Art von Liebesspiel, die aus überlegtem Einkauf von Nahrungsmitteln entstehen kann – in diesem Fall wirklich Eßbares, Oliven:

»Meine besten Sexualerlebnisse hatte ich mit einem Burschen mit Namen Drew, so etwa vor acht Jahren. Ich war gerade nach New York gezogen und arbeitete bei Batbizon. Seinen Namen hatte mir mein früherer Freund gegeben. Ich bekam von allen möglichen Leuten Telefonnummern, weil ich in New York keinen Menschen kannte. Und zufällig war Drew die erste Nummer, die ich anläutete. Er holte mich ab und ging mit mir zum Essen aus. Wir plauderten fröhlich miteinander und er nahm mich nach dem Essen mit in seine Wohnung. Das Haus war auf einen Felsen in dem Teil von New Jersey gebaut, dessen Aussicht über den Hudson River auf die New Yorker Skyline geht. Es war herrlich dort. Diese erste Nacht haben wir nicht miteinander geschlafen, weil ich keine Lust dazu hatte. Im Moment lag mir das nicht. Aber als ich dann zurück in mein Hotel gekommen war, verwünschte ich mich doch selbst als verrücktes Stück, das ich war. Überflüssig zu sagen, daß wir das bei den nächsten Malen, wenn wir uns trafen, nachgeholt haben, und die nächsten drei Monate wohnte ich praktisch bei ihm.

In dieser Zeit hatten wir beide sehr flexible Arbeitszeiten. Meistens rief Drew mich an und sagte mir, er sitze unten an der Wallstreet und habe ein furchtbar hartes Ding in der Hose, und ich solle ihn doch an der Busstation der Hafenverwaltung treffen. Dort trafen wir uns auch und fuhren heim zu ihm, wo wir jeden Nachmittag ausgiebig ins Bett gingen. Meine liebste, wirklich liebste und allerbeste Erinnerung – und das war eine Art Gewohnheit bei uns, nichts Einmaliges – war die Art, wie er Oliven aß, und zwar aus mir heraus. Das ist für alle Zeit eine meiner größten Erinnerungen.

Aber das mit den Oliven muß ich erklären. Drew pflegte Oliven zu essen, während wir die Nachrichten im Fernsehen anschauten oder darauf warteten, daß das Essen fertig werde. Er war der erste Mensch, der bei mir in den Keller gegangen war und das fand ich natürlich herrlich. Er steckte die Oliven in meine Vagina und ließ sich dann viel Zeit, sie mit der Zunge wieder herauszufischen. Das war schon alles. Natürlich hab ich dabei gelacht und gekichert und mich furchtbar albern benommen, weil ich Angst hatte, es würde einmal eine in mir bleiben, und ich müßte zum Arzt gehen, um mir die Früchte entfernen zu lassen oder so etwas ähnliches. Aber das ist niemals vorgekommen. Er spuckte die Oliven nur gerade in mich hinein und versuchte dann ebenfalls mit der Zunge, sie wieder herauszubekommen und der große Spaß dabei war eben, daß das ›der einzige Weg ist, um Oliven zu essen‹!«

Guter Sex verlangt wie eine gute Mahlzeit seine Vorbereitungen. Ein schnell zusammengehauenes Mahl kann ernähren und satt machen, entbehrt aber des Speziellen eines Essens, bei dem allen Einzelheiten entsprechende Aufmerksamkeit gewidmet wurde. Die Art, wie der Tisch gedeckt ist und wie ein Essen serviert wird, ist dabei ebenso wichtig wie die Sorgfalt, mit der es zubereitet wurde. Die Vorbereitung schließt das Tischdecken und den Blumenschmuck sowie intime Kerzenbeleuchtung und sanfte Hintergrundmusik ein, die das Mahl von vornherein schon zu einem freudigen Ereignis in einer fast magischen Atmosphäre werden lassen. Nachdem wir nun die Zubereitung und Vorbereitung des Mahles angesprochen haben und dabei einen einfallsreichen und genußvollen Weg kennenlernten, Oliven zu verzehren, wollen wir nach dieser Vorspeise zur Hauptmahlzeit kommen.

Liebesspiel nach Feinschmeckerart

Sex nach Feinschmeckerart ist wie Kochen auf die Weise von Gourmets. Die berühmtesten Spitzenköche sind jene, die das Fingerspitzengefühl haben, alle Nuancen klar herauszuarbeiten, die in eine sublime kulinarische Erfahrung eingehen müssen. Die feinen Nuancen, die Vorausdenken und Planung erfordern, unterscheiden oftmals ein schmackhaftes Essen von einem solchen, das bis in die letzten Dctails einfach exquisit ist. Nicht nur, daß der Tisch untadelig gedeckt ist, sondern daß auch alle Einzelheiten sorgfältig aufeinander abgestimmt sind, wie die Farben, die Muster, der Geschmack der verschiedenen Speisen und dazu natürlich, daß die richtigen Weine zu den richtigen Gängen ausgewählt wurden.

Feinschmeckersex erfordert nicht nur überlegte Vorbereitung, sondern oftmals auch spezielle Zutaten. Für den Spitzenkoch ist es nichts Ungewöhnliches, besondere Kochbücher und Küchenausrüstungsstücke zu sammeln, die man vielleicht nur selten benötigt, die aber etwa für eine wirklich köstliche Sauce unentbehrlich erscheinen. Sind sie nicht in Gebrauch, so werden diese Gegenstände in Schubladen verstaut oder attraktiv an der Wand auf Brettern dekoriert. Zubehör für Feinschmeckersex wie Vibratoren gehören zwar in die Schublade verstaut, dagegen kann man sinnenbetörende Pelze an bevorzugte Stellen der Wände dekorieren. Wie bei den Köchen jeder bestimmte Vorlieben hat, etwa die französische, italienische oder chinesische Küche, so empfinden auch bei den Sexfeinschmeckern die einen Ausschweifungen als genußreich, die andere langweilig oder uninteressant finden. Und kein Mensch sollte erwarten, daß jeder Chefkoch, sei er auch der berühmteste, Erfahrung in der Zubereitung jeder nur denkbaren Speise besitzt.

Schließlich würde auch der beste Gourmetkoch es ablehnen, sich jeden Abend der Mühe zur Zubereitung eines ausgedehnten

Mahles zu unterziehen. Das würde auch ihn zu viel Kraft und Zeit kosten. Allnächtliche Gourmetmähler wie allnächtlicher Feinschmeckersex würden sehr rasch langweilig werden und dann eher als Last denn als Freude empfunden werden.

Frauen heimsen oft Beifall ein, wenn sie gute Köchinnen sind. Aber einen wirklichen Feinschmeckersex zu servieren, bringt ihnen nicht das gleiche Echo. Es ist auch sehr schwierig, im Detail den märchenhaften Sex der vergangenen Nacht zu beschreiben und das in der gleichen Weise, wie man einem Freund die Zubereitung eines Lammrückens auseinanderpflücken kann. Lob und Bestätigung können hier nur entweder vom Partner oder von einem selbst kommen. Wir hoffen, dieses Kapitel wird unsere Leserinnen in dem Prozeß der Selbstbestätigung und Ermutigung bei der Zubereitung wirklichen Feinschmeckersexes unterstützen.

Als Teil unseres Interviews fragten wir die Frauen nach speziellen Techniken, Stellungen beim Sexualakt und Hilfsmitteln, die sie verwenden, um den Grad der Erregung in ihrer Partnerschaft zu steigern. Im allgemeinen sagte jede Frau zu Anfang des Interviews, sie habe da wirklich gar nichts Spezielles zu bieten. Sie gingen von der Annahme aus, daß eine »wirklich sexuelle Frau« eine sei, die bizarre und unübliche Sextechniken anwendet, um ihre Sexualität noch zu steigern. In Wirklichkeit fanden wir dagegen heraus, daß schließlich jede Frau irgend einen speziellen Weg hat, um ihre sexuelle Partnerschaft lebendig und interessant zu erhalten. Dagegen waren die Frauen oft so auf das fixiert, was sie nicht tun konnten, daß sie völlig vergaßen, all das zu schätzen, was sie als eigene Erfindung und Neuheit an speziellen Sextechniken bereits ständig verwerteten. Da sich für sie selbst diese Techniken ganz natürlich entwickelt hatten, realisierten sie gar nicht, daß diese für jemand anderes sowohl interessant als auch erfinderisch erscheinen könnten.

Unser größtes Problem mit diesem Kapitel war die Frage, was wir darin aufnehmen, was weglassen sollten. Wir hatten eine solche Überfülle von Ideen, daß es einfach überwältigte. Deshalb muß man sich daran erinnern, wenn man dieses Kapitel liest, daß die darin enthaltenen Ideen eine Zusammenfassung von Aussagen von 120 Frauen sind und nicht etwa die private Rezeptsammlung einer einzigen Frau. Es enthält von jeder der Frauen ihre favorisierten und speziellen Rezepte für genußreichen Sex. Die Anregungen kommen unter verschiedenen Rubriken. Für Fischgerichte und Pasteten haben wir jene speziellen Bereiche aufgeführt, in denen Frauen es gern haben, berührt zu werden, die verschiedenen Sextechniken, die sie verwenden und ihre besonderen Sexstellungen, ebenso auch eine Auswahl an Sexzubehör und Phantasiespielen.

Das Berühren

Berührung ist eine höhere Form des miteinander Sprechens. Eine beruhigende Hand auf der Schulter oder eine Umarmung, wenn man sich schwach fühlt, ist einer der Wege, unsere Gefühle auszudrücken. Unterschiedliche Arten körperlicher Berührung können beim Geschlechtsverkehr ebenso unterschiedliche emotionale und körperliche Reaktionen auslösen. Die verschiedenen Arten der Berührung, wie rauhes Anfassen, sanftes Kitzeln, Kratzen, Zupfen und die Körperzonen, die positiv auf solche Berührungen reagieren, spiegeln auf besondere Weise die Individualität einer Frau wider. Um mehr ins einzelne zu gehen, bestätigten alle von uns interviewten Frauen übereinstimmend, daß für sie – außer unter ganz ungewöhnlichen Umständen – viel Zeit zum Küssen, zum Sichstreicheln und zum Schmusen ein wesentlicher Teil ihrer Sexualerfahrung ist.

Sylvia, eine 20jährige Alleinstehende, beschreibt die sanfte Art der Berührung, die sie zu geben und zu empfangen liebt:

»Sanftheit und ein sehr langes Vorspiel scheinen dasjenige zu sein, auf das ich am meisten reagiere. Ich beginne irgendwo mit meinen Händen, meinen Haaren, meinen Fingerkuppen und streichele ganz sanft über seinen Körper. Das tu ich so lange, wie ich es irgendwie aushalten kann – bis es den Anschein hat, daß einer von uns beiden fast verrückt wird. Ich liebe es, ihn so auf diese Art zu streicheln, weil die Freude, die ich bei ihm damit auslöse, mich selbst aufs Höchste erregt. Tut er bei mir das Gleiche, so kribbelt meine Haut, es ist warm und einlullend. Für mich ist das eine Art von allumfassendem Fühlen. Man löst sich völlig darin auf. Es ist wie Geschlechtsverkehr ohne Geschlechtsverkehr.«

Mit ihren 37 Jahren liebt Suzanne eine kraftvollere Berührung:

»Ich genieße den harten Druck auf meine Handgelenke. Das ist so komisch, denn ich trage weder Armbanduhren noch festanliegende Armbänder, nur beim Liebemachen hab ich es gern, wenn man mir beide Handgelenke oder wenigstens eines drückt. Der davon ausgehende Druck scheint mir durch den ganzen Körper zu gehen bis hinunter zu meinem Unterleib. Ebenso mag ich es gern, wenn man mir beim Küssen auf die Zähne drückt. Es mag befremdend klingen, aber jener männliche Liebhaber, den ich hatte, pflegte seine Finger gegen meine obere Zahnreihe zu drücken und das war eine Sensation, die mir durch den ganzen Körper ging. Auch wenn man meinen Kopf wirklich hart rubbelt oder an meinen Haaren reißt, was natürlich nicht zu wild sein darf, geht davon ein Vibrieren durch meinen ganzen Körper aus.«

Anna ist mit ihrem zweiten Ehemann drei Jahre verheiratet. Sie beschreibt ihre Sexknöpfe und wo sie sie hingedrückt haben will:

»Ich habe so gewisse Berührungspunkte, bei denen ich gern Sexknöpfe aufgedrückt bekomme, wie ich es auch liebe, dort geküßt zu werden, beispielsweise in die Kniekehlen oder ins Genick. Es wirkt auf mich wirklich aufreizend, wenn einer meine Finger leckt – gerade seine Lippen über meine Fingerspitzen gleiten läßt – und wirklich ganz leicht nur überall meinen Körper berührt, vor allem meine Kniekehlen. Das fühlt sich an, wie ein Wasserfall aus Schlagsahne. Schließlich landet man dabei in einem großen Hafen voller Seifenblasen, und man selbst reitet oben auf einer solchen Blase, bis sie explodiert, und man fällt ineinander und explodiert dann selbst und gleichzeitig.«

Alexandra und andere Frauen vertraten die Ansicht, daß vor allem die Schmalseite des Rückens außerordentlich sensitiv sei:

»Von Rick erfuhr ich, daß ich an der unteren Rückenpartie diese sehr feinen Härchen habe, gerade wo die Rückenhöhlung ist – wo also der Rumpf endet und das Gesäß beginnt. Wenn er die ganz leise küßt, rinnen mir Schauer durch den ganzen Körper und das Rückgrat hinunter – ein unglaubliches Gefühl. Ein besonderer Genuß ist es für mich auch, wenn er meinen Po leicht streichelt und ich mag es sehr gern, wenn man an meinen Zehen und Fingern saugt... vor allem zwischen den Fingern. Ich werde wirklich leidenschaftlich, wenn man meine Hände stimuliert.«

Rosemarie, eine 36 Jahre alte Geschiedene, beschreibt, wie gern sie es hat, wenn sie geküßt wird, vor allem auf die Brüste:

»Ich liege dann auf schön sauberen Tüchern oder Laken, und er beginnt damit, daß er mich überall küßt. Zunächst beginnt er bei den Lippen und wandert dann mit den Lippen meinen Körper entlang und küßt meine Brüste. Ich mag es furchtbar gern, wenn er meine Achselhöhlen ganz leicht berührt. Ich bin da sehr empfindsam und liebe es, wenn er meine Achselhöhlen mit den Fingerspitzen streichelt, während er gleichzeitig mit den Lippen mit meinen Brustwarzen spielt. Er zieht mit den Lippen an ihnen, und das macht mich ganz wild. Und dann wandert er weiter nach unten, küßt meinen Bauch und die Innenseiten meiner Schenkel. Ich habe das gern, wenn es ganz langsam geht, darin liegt eine schöne Ungewißheit, weil ich nie genau weiß, wann er nun mit dieser Herumküsserei aufhört und zum eigentlichen Geschäft übergeht. Er berührt auch für längere Zeit auf keinen Fall meinen Genitalbereich, während er mich sonst überall küßt. Es kann sein, daß er an meinen Zehen saugen will oder meine Beine entlangfährt und mich dabei mit seiner Zunge ableckt. Seine Zunge verwöhnt mich an meinem ganzen Körper. Dann, vielleicht nach einer Stunde, beginnt er mich rund um die Vagina zu küssen, berührt mich dabei sehr sanft, küßt meine Schamlippen und meine Clitoris und steckt seine Zunge soweit in mich hinein, wie es nur irgend geht. Anschließend mag er dann wiederum meine Brüste küssen, und ich werde sehr, sehr leidenschaftlich davon.«

Andere Frauen bezeichneten ihre Brüste als die wichtigste erogene Zone für sie. Allerdings reagierten die Brüste mancher Frauen nur auf sehr zarte Berührung, während bei anderen eine kraftvollere Behandlung erwünscht war. Die 33 Jahre alte Aruna sagte zum Beispiel:

»Wenn ich sehr leidenschaftlich erregt bin, habe ich es gern, wenn meine Brüste hart gezogen werden. Aber ich kann es nicht ausstehen, wenn meine Brustwarzen zuviel gestreichelt werden.«

Freilich wirkte bei vielen Frauen die Stimulierung anderer Zonen des Körpers sowohl erregend als auch direkt sexuell stimulierend, vor allem im Anfang. Immerhin darf aber diese Art von Streicheln nicht immer als Vorspiel und Auftakt zu einem Geschlechtsverkehr gesehen werden. Monique, 32 Jahre alt und seit neun Jahren verheiratet, hat da einen sehr einleuchtenden Standpunkt:

»Eine neue Sache, die wir begonnen haben, ist das Liebesspiel, ohne sich dabei hochzugeilen. Das gibt uns und vor allem mir ein herrliches Gefühl von Freiheit und erregt mich enorm. Es ist das Bewußtsein, daß ich die freie Wahl habe, zu ihm zärtlich zu sein oder seine Zärtlichkeiten zu genießen, ohne unbedingt anschließend Geschlechtsverkehr haben zu müssen und ohne Verpflichtung zu einem Orgasmus. Die ganze Idee des Vorspieles ist etwas für mich allezeit Verwirrendes. Ich mag das Wort Vorspiel nicht, denn es klingt nach etwas Bestimmtem, weil man sich dadurch auf etwas vorbereitet, was dann zu geschehen hat. Wenn Brent meine Brüste streichelt, ist mir die Idee unerträglich, daß, nur weil meine Brüste gestreichelt werden, daraus gefolgert werden muß, ich habe jetzt gefälligst demnächst einen Orgasmus zu produzieren. Mir ist der Gedanke viel lieber, daß er nun meine Brüste berührt oder ich seinen Penis streichle, daß wir saugen und küssen und plaudern für eine Zeitlang. Und dann können wir meinetwegen eine halbe Stunde später entscheiden, ob wir Geschlechtsverkehr haben wollen oder auch nicht. Was für mich dabei sowohl erotisch als auch angenehm ist, bleibt die Feststellung, daß sich lieben auch eine gegenseitige Verwöhnung sein kann und nicht unbedingt ins Geschlechtliche gehen muß.«

Wichtig bleibt die Klarstellung, daß auch eine anfangs unglaublich aufreizende, spezielle Art von Berührung oder Anfassen an bestimmten Stellen nach einer gewissen Zeit irritierend wirken oder zu einer Art von Betäubung führen kann in diesen Körperzonen. Darüber müssen sich Frauen im klaren sein, weil sie oft eine bestimmte Art von Zärtlichkeiten erwarten, die sie anfangs auch als durchaus aufreizend empfinden, und später dann unglücklich sind und meinen, irgendetwas sei nicht in Ordnung bei ihnen, weil sie diese Art der Berührung nicht mehr als so reizvoll empfinden. Zuweilen bringt sie das dazu, daß sie zaudern, gewisse Arten von Zärtlichkeiten an bestimmten Körperstellen nicht ausdrücklich zu fordern aus Furcht, die dabei entstehenden Gefühle könnten ganz verschwinden. Es ist sehr wichtig zu wissen, daß das eine ganz normale Reaktion auf jede ständige, ungewechselte Form von Stimulierung ist. Die Nervenenden in dieser Körperzone, die ständig stimuliert wird, gewöhnen sich an dieses Gefühl, wie sich jemand an einem lebhaft befahrenen Boulevard, an dem er wohnt, nicht mehr für jeden vorbeifahrenden Lastwagen oder Bus interessiert. Physische sexuelle Stimulierung wirkt genau auf die gleiche Weise. Folglich wird ein Bruch in der Routine die Sensoren in dieser Körperzone wieder auffrischen und die Reaktion auf solche Behandlung wieder steigern. Im Moment einmal diese Art der Stimulierung lassen, das Tempo der Berührungen durch Verlangsamen oder Beschleunigen ändern, wenn die früher einmal aufreizenden Gefühle abgeschlafft sind, all das hilft, die Reaktion und Steigerung solcher Berührungen wieder zu erhöhen.

Oralsex (Mundverkehr)

Eine große Mehrheit der von uns interviewten Frauen hatte Erfahrungen mit Oralsex, also Mundverkehr, und zwar sowohl aktiv als auch passiv (Fellatio und Cunnilingus). Die meisten von ihnen betrachteten den Mundverkehr, vor allem den passiven, als eine ihrer bevorzugten und genußreichsten Sexaktivitäten. Heather, mit 35 Jahren seit drei Jahren verheiratet, dazu:

»Ich denke, Oralsex ist deshalb so wunderschön, weil mein Mann ihn wirklich beherrscht. Er weiß, wie er seine Zunge zu gebrauchen hat. Er verwöhnt mich mit ihr an allen richtigen Stellen, an der Clitoris und an meinen Schamlippen. Besonders gern habe ich es, wenn er ein bißchen an meiner Clitoris saugt, aber nicht zu hart, denn es tut weh, wenn er es zu fest macht. Er steckt mir auch den Finger in den Anus, wenn seine Zunge in mir drin ist und das ist herrlich.«

Therese, eine dreißigjährige Lesbierin sagt dazu:

»Den Mundverkehr mag ich wirklich mehr als alles andere, mit Zunge oder Lippen oder auch, wenn mit den Zähnen gezupft wird. Am liebsten ist er mir aber mit Zunge und Lippen, mit Küssen und Saugen an meiner Clitoris oder meiner Vagina. Während meine Partnerin mit dem Mund nach unten wandert, genieße ich es, mit meinen Brüsten und vor allem den Brustwarzen zu spielen. Ich finde, daß es den Genuß und die Sensationen des Oralsex steigert, wenn ich gleichzeitig meine Brustwarzen quetsche.«

Wie den Cunnilingus genossen die meisten Frauen auch die Fellatio. Es war für sie großartig zu erfahren, wie sie ihren Partner auf den Rücken drehten, um die Sinnlichkeit von Struktur und Geschmack seines Penis im Munde zu haben. Viele gewannen dabei auch ein Gefühl von Macht und Kontrolle über ihn, das sie ebenfalls gewaltig erregte. Rosemary lebt allein, sie ist 36 Jahre alt, von Beruf Leiterin einer Stelle für Hilfe in Fällen geistiger Krankheit und geschieden. Sie beschrieb in ausgezeichneter Weise die Technik in allen Details:

»Für meinen Freund ist es eine Steigerung zu höchster Leidenschaft, wenn ich ihn am ganzen Körper ablecke. Er steht darauf, wenn ich seine Hoden und seine Analgegend lecke und küsse und meine Zunge in seinen Anus stecke. Er mag es, wenn ich das sehr leidenschaftlich tue und er sieht, daß ich selbst es auch genieße. Er ist besonders empfindlich auf der Unterseite seines Penis bis hin zu den Hoden und rund um den Anus. Er mag es auch gern, wenn ich einen Finger in seinen Anus stecke. Ich nehme dann Vaseline auf meinen Mittelfinger und lasse ihn die ganze Zeit in ihm stecken, während ich seine Hoden lecke. Dann wechsle ich zu seinem Penis über, während mein Finger immer in seinem Anus bleibt, und sauge und ziehe dabei seinen Penis in meinem Mund. Dabei kommt er ziemlich schnell auf den höchsten Punkt, so daß es für ihn wirklich eine außerordentliche Steigerung ist, und mir geht es dabei ebenso.

Dabei benutze ich den ›Butterfly-Stil‹, wenn ich meine Zunge der Länge nach an seinem Penis entlangschnellen lasse oder auch rund um das Gebiet unterhalb der Eichel. Dabei tu ich ihm alle Qualen an, ehe ich den Penis überhaupt berühre, verwöhne zum Beispiel erst die empfindliche Gegend am Oberschenkel, direkt unterhalb der Falte. Ich gehe immer um diese Zone herum, sei es mit meinen Fingern oder mit meiner Zunge. Das alles mache ich mit ständigem Streicheln und treibe es solange, bis er wirklich darum bettelt, daß ich nun seinen Penis liebkose. Ähnlich verhielt ich mich auch als Lehrerin – ich erzählte ihnen nie etwas, ehe sie es nicht ganz dringend wünschten.«

Es gab auch einige Frauen, die entweder Fellatio oder Cunnilingus oder auch beides ablehnten. Bei Cunnilingus entstand ihre Abneigung im allgemeinen aus Furcht, die mit Sauberkeit zu tun hattc, Ängsten, daß sie nicht gut schmecken oder riechen könnten und damit ihren Partner beleidigen würden. Frauen, die den Mundverkehr mochten, hatten in aller Regel eine klare Vorstellung darüber, was sie dabei gern hatten. Die meisten von ihnen tendierten dazu, sofort abzufallen, wenn ihr Partner sie zu rauh behandelte, indem er zu hart saugte oder sie biß. Viele genossen es, wenn er direkt an ihrer Clitoris saugte, während andere das als unangenehm und störend empfanden und lieber hatten, wenn er die umgebende Zone mit seiner Zunge oder seinen Lippen massierte, von Vagina und Clitoris aber fernblieb. Diejenigen, die die Fellatio ablehnten, hatten im allgemeinen eine Aversion dagegen, die Ejakulation ihres Partners in den Mund zu bekommen. Deshalb wollten einige Frauen auch mit der Fellatio aufhören und zum Geschlechtsverkehr oder einer anderen Form von Zärtlichkeit übergehen, wenn die Gefahr der Ejakulation bei ihrem Partner bestand.

Paula, 32 Jahre alt, beschreibt, wie sie ihre Ablehnung von sowohl Fellatio als auch Cunnilingus überwunden hat:

»Nachdem ich mit meinem eigenen Körper vertrauter geworden bin und andere ihn ausgiebig erforscht haben, ist das, was mich meiner Ansicht nach zu einem höheren Level von Erregung bringt, der Cunnilingus. Es ist wirklich genußreich, einen Mann zu haben, der einem die Clitoris mit der Zunge bearbeitet. Das ist viel sanfter als mit dem Finger. Und nachdem ich einmal meine Hemmungen überwunden hatte, den Mund von jemand anderem an meiner unteren Gegend zu haben, sind die Gefühle, die dadurch entstehen, einfach wundervoll. Tatsächlich finde ich, daß mir Cunnilingus eine ganz neue Erfahrung im Sexleben gebracht hat. Heute bin ich auch in der Lage, beim Mann das gleiche Verfahren anzuwenden. Es hat eine Weile gedauert, bis ich meine Abneigung gegen den Geschmack des Samens überwunden hatte. Zunächst hat es mich geschüttelt, etwa so wie Biertrinken, aber bei entsprechender Gelegenheit bin ich damit zurechtgekommen. Der Mundverkehr befreite mich vom simplen ›Nebeneinander-im-Bett-Liegen‹. Er macht mich aktiver und bringt ein kleines bißchen Humor in den Sex, denn manche Stellungen, die wir einzunehmen haben, wenn wir uns gegenseitig zu befriedigen suchen, bringen uns erst mal ganz schön durcheinander. Wenn ich mich dabei entspannen kann und obendrein auch noch freier rund ums Bett bewege als gegenüber dem traditionellen Weg des Geschlechtsverkehrs, dann bringt das ein wenig Frohsinn in das Ganze und macht es auf diesem Wege entschieden genußreicher.«

Alexandra empfiehlt eine hilfreiche Idee zur Lösung eines Problems, das in Verbindung mit Fellatio immer wieder auftritt:

»Mein Kopfhaar ist dick und lang und kommt mir immer in den Weg, wenn ich an seinem Penis sauge. Das wird mir dadurch schier unmöglich gemacht. Nun habe ich immer ein Gummiband neben dem Bett, so daß ich meine Haare hinten zu einem Mozartzopf zufassenfassen kann.«

Gleichermaßen wurden Fellatio und Cunnilingus wie auch »69« von den einen geschätzt und von den anderen abgelehnt, wie es bei allen Dingen im Leben der Fall ist. Ruby, 39 Jahre alt und seit 18 Jahren verheiratet, bemerkte dazu:

»Für mich ist schon allein die Tatsache, daß wir zu dem Punkt gelangt sind, miteinander Mundverkehr zu betreiben, der Beweis, daß da zwischen uns etwas Besonderes vorgeht. Da ist ganz einfach ein echtes Stück Vertrauen in die Position ›69‹ eingeschlossen und dieses Gefühl von Vertrauen steigert die Liebe. Es steigert meine Reaktion auf meinen Partner, und ob ich nun zum Höhepunkt komme oder nicht in dieser Position oder ob ich zu irgend etwas anderem übergehe, bin ich doch der festen Überzeugung, daß dieses Erlebnis für jeden von uns größer war.«

Sally ist 35 Jahre alt und seit 17 Jahren verheiratet:

»Ich liebe Oralsex wirklich und auf beide Arten, ob nun mein Partner zu mir heruntergeht oder ich zu ihm. Manchmal gehen wir beide gleichzeitig bei dem anderen hinunter, gewöhnlich habe ich es aber lieber, wenn immer nur einer zur gleichen Zeit geht. Sonst geht da einfach zu viel vor sich. Ich habe dann das Gefühl, daß ich da irgend etwas verpasse, zumal wenn ich der nehmende Teil bin. Ich liebe die entstehenden Gefühle. Und ich fühle dann wirklich das Kribbeln und die Erregung, so als wenn ich in der nächsten Minute auseinanderbersten müsse. Ich versuche dann, mich an der Grenze festzuhalten. Dabei möchte ich dann möglichst lange keinen Orgasmus haben, denn wenn er da ist, geschieht er sehr stark.

Wenn ich an der Reihe bin, nach unten zu gehen, nehme ich

gern den Penis meines Partners in den Mund, massiere ihn und ziehe ihn dann heraus, um zu sehen, wie er reagiert. Ich kann es fühlen, wenn er kurz vor dem Kommen ist. Dann stoppe ich und beginne alles wieder von neuem. Ich liebe es, seine Erregung zu sehen. Das ist irrsinnig aufregend für mich. Schon allein dabei kann es bei mir zum Orgasmus kommen.«

Stellungen

Es gab da eine unbegrenzte Zahl von Stellungen beim Geschlechtsverkehr, die uns von den Frauen genannt wurden, mit denen wir sprachen. Manche von ihnen waren der Ansicht, daß das Wechseln der Positionen ein besonders guter Weg sei, um ihr Sexleben mit mehr Genuß zu erfüllen. Andere dagegen bevorzugten nur eine oder zwei Stellungen, die sie während der meisten Zeit ausübten, während sie andere Aktivitäten bevorzugten, um die Abwechslung zu bekommen, die sie wünschten.

Monique, 32 Jahre alt und seit neun Jahren verheiratet, dazu:

»Wenn wir mit dem Liebemachen beginnen, fangen wir das gewöhnlich auf einem konventionellen Wege an. Ich will damit sagen, daß wir uns zunächst in einer gegenseitig verständlichen Häufigkeit streicheln, bei der wir alle beide genau wissen, was jetzt als nächstes kommt. Ich glaube, es ist für uns beide wichtig, zu versuchen, etwas Neues dazu einzubringen und jegliche Routine zu vermeiden und daher auch den Modus, das Tempo und die Stellungen zu ändern. Manchmal wollen wir verschiedene Stellungen durchspielen, das heißt, daß ich mal oben liege oder wir beide nebeneinander liegen, oder ich lasse meine Beine über den Bettrand hängen, oder wir liegen auch überhaupt auf dem Fußboden. Da gibt es eine ganze Menge Stellungen, die wir dazu benutzen, unsere Leidenschaftlichkeit auf der Höhe zu halten.«

Die sogenannte Missionarsstellung, bei der die Frauen auf dem Rücken und die Männer Gesicht zu Gesicht auf ihnen liegen, wurde nicht nur von den meisten interviewten Frauen benutzt, eine breite Mehrheit von ihnen bevorzugte diese Stellung auch. Harriet mit ihren 34 Jahren bevorzugt sie immer noch nach zehn Ehejahren mit Tom, der auch ihr Partner als Therapeut ist:

»Die Missionarsstellung ist deshalb für mich so erregend, weil ich wirklich gern sein Körpergewicht auf mir fühle. Selbst wenn sein Gewicht nicht auf mir ruht, kann ich meine Beine so auseinanderstellen, daß er sehr tief in mich eindringen kann. Manchmal liegen meine Beine hoch, zu anderen Gelegenheiten habe ich auch nur eines hoch und das andere unten liegen. Damit erleichtere ich das Stimulieren einer ganz bestimmten Stelle in meiner Vagina. Ich habe genau umrissene Stellen in meiner Vagina, deren Berührung echt erregend für mich ist und die mich zum Orgasmus bringen. Wenn es unten in meinem Perineum ›6 Uhr‹ ist und bei meiner Clitoris bereits ›12 Uhr‹, dann steht die Uhr bei meinen empfindsamsten Stellen in der Vagina auf ›6 Uhr‹ und ›4 Uhr‹. ›10 Uhr‹ und ›12 Uhr‹ sind auch gut, aber sie sind nicht so zuverlässig wie 6 und 4 Uhr.«

Claudia ist 32 Jahre alt, Lesbierin und lebt allein. Sie meint:

»Ich liebe diese Stellung, bei der wir uns gegenseitig stimulieren, indem wir jeder des anderen Clitoris aneinanderreiben. Ich habe immer dieses Gesicht zu Gesicht praktiziert, und wir haben dann auch gleichzeitig unseren Höhepunkt. Das ist wirklich ganz wunderbar.«

Tara ist 63 Jahre alt und seit 42 Jahren verheiratet:

»Die Missionarsstellung ist die schönste. Da steckt ein Stück Gemütlichkeit, eine Art von Zärtlichkeit drin.«

Rose ist 36 Jahre alt und steht allein. Sie fand eine Technik heraus, die die gute, alte Missionarsstellung zu einem ganz neuen Ereignis abwandelte:

»Ich werde niemals jene wundervolle Technik vergessen, die ein Liebhaber einmal beim Geschlechtsverkehr mit mir anwandte. Nach einigen liebevollen und ausgiebigen Vorspielen nahm er mich zunächst, während ich auf meinem Bett auf dem Rücken lag. Er lag zwischen meinen Beinen und stützte seine Hände beiderseits auf mich, wobei er sie als Hebel benutzte, um seinen Körper höher zu stemmen oder herunterzulassen. Dabei küßte und leckte er abwechselnd und nagte auch an verschiedenen Stellen meines Gesichtes, meines Nackens und meiner Brüste, bis ich ganz wild wurde. Dann stemmte er sich plötzlich höher und drang rasch in mich ein. Der Schock und die Plötzlichkeit wirkten wie ein Schwert, das in meine Vagina eindrang. Er verharrte aber nur ein paar Sekunden in mir und zog dann langsam zurück. Gleichzeitig begann er wieder mich zu liebkosen, bis ich in einem solchen Fieberzustand zuckte, daß ich ihn bat, in mich erneut einzudringen. Wiederum ohne jegliche Ankündigung stieß er wieder plötzlich in mich hinein und wiederholte dieses Verfahren für längere Zeit, bis wir so erregt waren, daß wir alle beide in einer Reihe von Stößen zum Höhepunkt kamen.«

Aber es gab auch Frauen mit anderen Vorlieben in Bezug auf die Positionen. Die 36jährige verheiratete Mary sagte:

»Es gibt einige Stellungen, die ich einleite. Ich bin gern auf ihm. Dadurch erhalte ich mehr Bewegungsfreiheit. Gern mag ich es auch, wenn die Haare an seiner Brust auf meinem Busen zu fühlen sind. So sorge ich immer dafür, daß wir beim Geschlechtsverkehr einmal diese und einmal eine andere Stellung einnehmen.«

Mary Lou, 31 Jahre alt und seit zehn Jahren verheiratet, bevorzugt die Seitenstellung:

»Ich fühle mich gern umarmt, und wenn wir beide auf der Seite liegen, kann jeder den anderen umarmen.«

Der Verkehr von hinten lag in der Popularität hinter der Missionarsstellung auf dem zweiten Platz. Er kann auf verschiedene Weise ausgeführt werden. Harriet, 34 Jahre alt, verheiratet:

»Ich werde gerne von hinten gefickt. Ich stütze mich dann auf meine Knie und Hände, und er kniet hinter mir. Außerdem streichelt er gleichzeitig meine Clitoris, oder aber er umfaßt meine Brust und drückt sie, so daß ich auf diese Weise zusätzlich stimuliert werde, während wir Verkehr haben, und das finde ich wirklich ganz großartig. In dieser Stellung bearbeitet sein Penis ganz bestimmte Partien meiner Vagina viel stärker und gleichmäßiger. Wir haben so alle beide mehr Bewegungsfreiheit, und das ist genau das, was ich daran schätze.«

Claudia, 32 Jahre alt, Lesbierin, die allein lebt, meinte:

»Ich liege gern auf dem Bauch und habe jemand anderes auf mir liegen, während ihre Hand meine Clitoris verwöhnt, während ich nach hinten lange und alles tue, um sie zu gleicher Zeit zu stimulieren. Sie kommt dabei ebenso in Fahrt wie ich, wenn sie sich an meinem Hinterende reibt.«

Billy ist 43 Jahre und verheiratet. Sie erzählte:

»Ich ziehe die Verkehrsstellung vor, bei der er mich, während ich auf der Seite liege, von hinten nimmt. Wenn er von hinten in mich eindringt, scheint sein Penis einen Bereich meiner Vagina zu erreichen, zu dem er normalerweise nicht gelangt, wenn ich auf dem Rücken liege. Zuweilen stimuliere ich auch meine Clitoris zusätzlich mit der Hand, wenn es notwendig erscheint.«

Rosemary ist 36 Jahre alt und seit vier Jahren geschieden:

»Ich liebe besonders die Stellung, bei der ich mich über das Bett lehne, und er ist hinter mir und zieht mich an sich heran. Ich bin dann also in der Hüfte abgeknickt und liege mit dem Gesicht auf dem Bett, während meine Füße auf dem Boden stehen, so daß ich mich fest ans Bett drücken kann. Er dringt dann von hinten in mich ein. Seine Hände umschlingen meine Hüften, und mein Kopf ruht auf dem Bett. So kann er mich rückwärts und vorwärts zu sich heranziehen.«

Anna, eine 28jährige Lehrersfrau, beschreibt einige andere mögliche Stellungen:

Er liegt auf mir, während ich auf dem Rücken liege und meine Beine um seinen Nacken schlinge. Ich habe diese Stellung besonders gern, weil er dabei wirklich tief in mich eindringen kann und dazu jegliche Bewegungsfreiheit hat. Ich kann dabei die verschiedensten Druckpunkte in meinem Inneren genau fühlen, die ja in ganz verschiedenen Bereichen liegen, wenn er sich nach rechts oder nach links bewegt. Eine andere gute Stellung ist auch die, bei der er auf mir sitzt und sich dabei ständig herumdreht, bis sein Kopf zwischen meinen Beinen liegt. Dann kann er meine Fußgelenke lecken und sich auch entsprechend um meine Kniekehlen kümmern.«

Die Frauen bevorzugten gewisse Verkehrsstellungen, weil ihnen diese mehr Stimulierung der Clitoris versprachen als andere. Der Umfang der Clitorisstimulierung schien bestimmt zu werden von der anatomischen Eignung der Frau wie auch ihres Partners. Solche Positionen, die das Stimulieren der Clitoris direkt durch das männliche Glied ihres Partners ermöglichten oder Bewegungsfreiheit genug ließen, um diese mit der Hand vorzunehmen, wurden offensichtlich bevorzugt.

Alexandra ist 32 Jahre alt, geschieden und lebt allein:

»Ich brauche Stellungen, in denen ich sehr viel Bewegungsfreiheit habe und bei denen zudem meine Clitoris für den Mann immer leicht erreichbar ist. Ich liege auch am liebsten auf der Seite, denn dann ist es sehr leicht für mich zu kommen, wenn jemand mit der Hand meine Clitoris stimuliert.«

Die 35jährige Allison, die nicht ganz so gewandt war, fand heraus, daß ein Kissen dazu verhelfen könne, daß ihr Partner ihre Clitoris erreichen könne:

»Ich hab es wirklich sehr gerne, wenn er ganz tief in mich eindringt. Dazu ist es schön, wenn meine Clitoris berührt wird, wenn ich Geschlechtsverkehr habe, denn dann kann ich gut kommen. Auf diesem Wege gelange ich zum Höhepunkt. Und um meine Clitoris für ihn leichter zugänglich zu machen und das tiefe Eindringen zu erleichtern, lege ich mir immer ein Kissen unter den Po, während wir Geschlechtsverkehr haben, wobei er dann meine Schenkel herunterdrückt.«

Das Zusammenpressen der Vaginamuskulatur während des Geschlechtsaktes war eine Technik, die von einer Reihe von Frauen geübt wurde, um dadurch ihre sexuelle Freude zu erhöhen.

Ariel war 33 Jahre alt und lebte getrennt. Sie benutzte diese Technik sowohl zur Steigerung der eigenen Lust als auch, um ihren Partner dadurch zum Orgasmus zu bringen:

»Etwas was ich gelernt habe, ist die Muskeln meiner Vagina dazu zu gebrauchen, daß ich den Penis meines Partners abwechselnd festhalte und freigebe und so meinen eigenen Rhythmus für uns durchsetze. Das tu ich, wenn ich merke, daß ich ihm dadurch einen Schauer einjagen kann, denn diese Art der Behandlung bringt die Männer in Fahrt, wenn sie damit nicht rechnen. Ich benutze diese Technik aber auch, wenn ich müde bin und deshalb den Partner hochtreiben will, damit er schnell kommt.«

Einige Frauen boten wertvolle Hinweise, zeigten Wege auf, die sie herausgefunden hatten, um solche Unannehmlichkeiten beim Geschlechtsverkehr zu beseitigen, die durch fehlende Feuchtigkeit verursacht werden. Gelees, Nivea, Kokosnußöl oder Albolene wurden für solche Fälle empfohlen, wo die Vaginaausscheidung ungenügend ist. Solch ein Salbmittel an der Clitoris zu verwenden, wurde ebenfalls von einer Reihe von Frauen empfohlen. Aus welchen Gründen auch immer, sei es unterschiedliche Empfindsamkeit der Nerven, persönliche Vorliebe oder eine unterschiedliche Höhe der Reizschwellen. Die Frauen variierten völlig in ihren

Notwendigkeiten oder Toleranzfähigkeiten in Bezug auf Intensität und Preßvorstellungen für ihre Clitoris, um sie als Stimulierung zu empfinden. Sehr sensitive Frauen fanden oft, daß ein zusätzliches Salben sie völlig unfähig mache, direkten Druck auf ihre Clitoris zu ertragen.

Salbmittel wurden auch empfohlen bei der Stimulierung des Partners mit der Hand. Eine Frau traf die folgende Feststellung: »Wenn einer von uns nicht in der richtigen Stimmung ist, stimulieren wir uns gegenseitig unter Verwendung von Albolene, denn das ist weniger zäh als Vaseline, während wir K-Y-Gelee nicht schätzen, weil er zu rasch einzieht.«

Analsex

Wir waren überrascht von der Zahl der Frauen, die zu diesen oder anderen Zeiten einmal Analsex ausprobiert hatten. In den Kinsey-Studien aus den vierziger Jahren konnte man die Zahl der Frauen, die einmal analen Geschlechtsverkehr versucht hatten, getrost vernachlässigen. Hunt's Studie aus den siebziger Jahren ergab, daß ein Sechstel der Frauen unter 25 Jahren analen Verkehr erprobt hatten und daß 6% ihn gelegentlich im letzten Jahr praktiziert hatten. (Morton Hunt, ›Sexuelles Verhalten in den siebziger Jahren‹, New York: Playboy Press, 1974, Seite 167.) Wir stellten dagegen fest, daß 10% der Frauen, mit denen wir sprachen, spontan den Analsex nannten, wenn wir um Auskunft baten, welche Sexpositionen sie gewöhnlich bevorzugen oder, falls sie damit eigene Erfahrungen hätten, welche Stellungen sie als ungewöhnlich bezeichnen würden. Eine Frau antwortete so: »Wir haben soeben ein wenig mit Analsex begonnen, und ich habe nie, wirklich niemals gedacht, daß ich das tun würde.«

Die Frauen sprachen auch von einigen Bedingungen, die den Analverkehr sowohl möglich als auch genußreich gestalten würden. So müsse man vor allem sehr locker oder entspannt sein, müsse sich besonders erotisch aufgelegt fühlen und dabei sehr langsam und vorsichtig vorgehen. Eine Frau kam zum Analverkehr, weil häufige Vagina-Entzündungen ihre Vagina zu empfindlich für Geschlechtsverkehr machten. In solchen Zeiten bildete der Analverkehr für sie einen normalen sexuellen Ausweg. Alexandra, 32 Jahre alt und seit zwei Jahren geschieden, berichtete:

»Craig und ich fühlten uns abnormal wegen des Analverkehrs, obwohl wir ihn reichlich praktizierten. Wir bildeten uns ein, wir seien heimlich pervers, und das machte uns absolut leidenschaftlich. In dem Buch ›Freude am Sex‹ von Alex Comfort steht, die meisten Menschen würden einmal in ihrem Leben Analsex probieren, nur um ihn einmal versucht zu haben, und dann sei das vorbei. Wir aber mochten ihn und liebten ihn sogar, so daß wir uns wirklich als etwas ganz Besonderes fühlten.«

Ausreichendes Salben vorausgesetzt, wurde das Analspiel oftmals als sehr wichtig bezeichnet. Contraceptive Gelees, Babyöl, Vaseline und Albolenecreme wurden als geeignete Mittel zur Vorbereitung des Analspieles oder des analen Geschlechtsverkehrs genannt. Allison ist 35 Jahre alt, Verwalterin, seit zwei Jahren geschieden und lebt heute mit ihrem Freund. Sie gab uns gute Instruktionen für die Vorbereitung von analem Verkehr:

»Analer Geschlechtsverkehr ist ein wichtiger und genußreicher Teil meines Geschlechtslebens. Ich weiß, daß viele Frauen ihn für zu schmerzvoll halten, um ihn in Betracht zu ziehen. Aber ich war so glücklich, daß mein Partner mir half, mich darauf vorzubereiten, was er so gut machte, daß es für beide keine traumatische oder gar schmerzliche Erfahrung wurde. Ich möchte hier gern mitteilen, was ich von ihm lernte und welches Erlebnis ich dadurch gewann. Zwei Schlüsselfaktoren dabei sind, daß die Frau völlig entspannt ist und ihr Partner anfangs ganz langsam eindringt, wobei er sich ständig nach den Weisungen der Frau richten muß, ob er anhalten oder weiter eindringen darf. Der Penis muß natürlich sehr gut eingesalbt sein. Manche Leute benutzen K-Y-Gelee, ich ziehe aber die Ausscheidung meiner Vagina vor. Für mich war es eine Hilfe, daß mein Partner zuvor meine Vagina stimulierte, so daß er mir damit die Ängstlichkeit nahm. Freundinnen von mir sagen, sie hätten gern schon beim Vorspiel einen Orgasmus, damit sie schon vor dem Eindringen in den Anus völlig entspannt seien. Wenn der Partner mit dem Eindringen beginnt, muß er sich in jedem Fall ganz nach den Weisungen der Frau richten. Ein anderer, sehr wichtiger Punkt ist der, daß man nie nach dem Analverkehr Vaginalverkehr haben darf. Fäkalspuren vom Anus könnten sonst in der Vagina eine Infektion auslösen. Deshalb lasse ich meinen Partner immer erst seinen Penis waschen, wenn wir nach dem Analverkehr auch noch Vaginalverkehr miteinander haben. Wenn aber der Partner so hingerissen ist, daß er nach dem Analverkehr einfach in die Vagina eindringt, sollte die Frau gleich danach aufstehen und entweder mit den Fingern unter Benutzung von Wasser und Seife ihre Vagina auswaschen oder aber eine Dusche nehmen.«

Eine Frau fand, daß die geistige Vorbereitung ihr geholfen habe, den Analverkehr zu genießen:

»Analsex beginnt im allgemeinen in einer hundeähnlichen Stellung, wobei er zwischen meinen Beinen ist und ich mit dem Bauch auf dem Boden ruhe. Wenn er in mich eindringt, versuche ich, im Gleichklang mit seinen Stößen zu atmen. Und geistig versuche ich mir selbst zu suggerieren, daß die dabei ausgelösten Gefühle für mich schön seien. Und dann schaffe ich es plötzlich, eine Barriere zu überwinden, die keinesfalls eine körperliche, sondern eine geistige Barriere ist. Dann öffne ich mich diesem Erlebnis und genieße es wirklich. Allerdings müssen für mich ein paar Voraussetzungen stimmen, ehe ich mich auf Analverkehr einlasse. Ich muß das Gefühl haben, daß meine Vagina ausreichend stimuliert ist und ich darf absolut nichts im unteren Mastdarm haben.«

Auch andere Stellungen können beim Analsex eingenommen werden. Eine Frau meinte, die Missionarsstellung sei sehr günstig, wenn sie dabei die Knie abgewinkelt habe. Auch die seitliche Löffelstellung wurde erwähnt. Eine andere Frau dagegen fand: »Ich knie auf dem Bett, wobei sich meine Knie gegen den Brustkorb drücken.« Wieder eine andere Frau benutzte gleichzeitig mit dem Analverkehr ihren Vibrator.

Die 48jährige Sara, eine Lehrerin und Autorin, benutzte in ihrer 26jährigen Ehe mit Sam, einem College-Professor, eine einmalige Stellung für den Analverkehr:

»Meine bevorzugte Stellung beim Analverkehr ist die, bei der ich mit gespreizten Beinen auf meinem Partner sitze, der natürlich auf dem Rücken liegt. Mein Gewicht ruht dann auf meinen Händen, die entweder neben seinen Armen oder Schultern aufgestützt sind. Sein Penis ist gut mit Salbe oder Vaginalsekret eingeschmiert. Dann bewege ich meine Hüften in Richtung auf seine

Schultern hin, so daß der Winkel seines Penis zu seinem Körper ungefähr 45 Grad beträgt und somit leicht in meinen Anus eingeführt werden kann. Ich lasse mich dabei langsam auf seinen Penis herunter, bis er so tief eingedrungen ist, wie es angenehm ist. Dann kann ich meinen Unterkörper auf seinem Penis gerade so hin- und zurückbewegen, wie es mir Spaß macht, so daß ich mich dabei ganz dem eigenen Vergnügen hingeben kann. Gern habe ich es auch, wenn gleichzeitig meine Brüste liebkost und an meinen Brustwarzen gesaugt wird. Was bei dieser Stellung für mich besonders schön ist, ist die Kontrolle, die ich über alles Geschehen ausübe und die Tatsache, daß ich dabei ständig meinen Partner sehen kann und daher in der Lage bin, im ständigen Kontakt mit ihm zu sein.«

Selbststimulierung mit einem Partner

Einige Frauen erklärten uns, ihr machtvollstes Sexualerlebnis hätten sie dann gehabt, wenn sie angesichts ihres Partners masturbierten. Auch als Sexualtherapeuten haben wir die Erfahrung gemacht, daß das stimmt und bei vielen Frauen Gültigkeit hat. Selbstbefriedigung wurde bei vielen von uns mit Worten wie trocken, schamhaft oder, in letzter Linie auch mit privat verbunden. So kann das Masturbieren im Beisein einer anderen Person ein Schritt zur eigenen Selbstüberwindung sein. Es kann immerhin auch ein sehr positives Erlebnis sein. Es kann eine Lernerfahrung für den Partner bedeuten, was seine Geschlechtspartnerin benötigt, was sie gern hat, um zum Orgasmus zu gelangen, und es kann gleichzeitig auch die andere Person zur Lust anstacheln. In der Lage zu sein, sich selbst eine Freude angesichts des Partners zu bereiten, kann so viel Vertrauen, Verständnis und Hilfe einschließen, daß es damit zu einer sehr intimen Erfahrung zweier Menschen wird. Beverly, 36 Jahre alt und seit neun Jahren verheiratet, erzählte uns, wie schwierig das zunächst für sie war, wie ungeheuer stark sie sich aber nachher gefühlt habe:

»Für mich ist dies eine große Sache, die ich erst in den letzten Jahren fertiggebracht habe, daß ich nun in der Lage bin, mich im Angesicht meines Partners selbst zu befriedigen. Das habe ich früher nicht geschafft. Das war ein weiterer Schritt, meine eigene Sexualität zu bejahen, mich in meinem Körper wohlzufühlen, sowohl in Sachen Orgasmus als auch Sex und, daß ich den mit meinem Partner teile. Vor ihm zu masturbieren, das ist so intim, ein solch völliges Sichgehenlassen, ein wirkliches Freiheitsgefühl und gerade das macht es so außerordentlich erregend.

Zunächst sprach ich mit Mark, meinem Mann, darüber. Ich erzählte ihm, wie peinlich es mir war, vor ihm zu masturbieren, obwohl er wußte, daß ich masturbiere und er seinerseits daraus kein Geheimnis machte, daß er es auch tat. Das war etwas, was wir nie miteinander geteilt hatten. Wir sprachen über meine Ängste. Außerdem gab es andere Spuren von all den negativen Aussagen, die es über Selbstbefriedigung gab, wie pervers das sei, zudem war ich ängstlich, ich könne dabei schrecklich aussehen. Ich hatte ja nie gesehen, wie ich beim Masturbieren aussehe. Dann, eines Nachts, nachdem wir Sex miteinander gehabt hatten, sagte ich ihm, daß ich unbedingt einen weiteren Orgasmus nötig hätte. Ich fühlte mich so, als könnte ich eine unbeschränkte Zahl von Orgasmen haben. In der Vergangenheit hatten wir uns immer auf den Geschlechtsverkehr verlassen oder uns auch einmal gegenseitig masturbiert. Diesmal aber dachte ich: ›Jetzt versuchst du es, jetzt versuche ich mich selbst zu befriedigen und vor meinem Partner bis zum Orgasmus zu treiben.‹ Natürlich habe ich das nicht in Worten ausgedrückt. Ich habe einfach damit angefangen. Und er legte seine Hand auf meine Hand, während ich mich selbst befriedigte und ich kam auch zum Orgasmus. Es war so aufregend und jagte das Lustgefühl auf solche Höhen, daß wir uns gleich danach in den Armen lagen. Es war gerade so, als wären wir zum ersten Mal miteinander im Bett gewesen. Es war so befreiend und erlösend, daß wir gleich noch einmal zusammen Geschlechtsverkehr hatten. In jener Nacht hatte ich fünf Orgasmen! Und das war das erste Mal, daß ich so viele in einer Nacht hatte. Ich dachte geradezu, mein Körper sei ein Superding und bildete mir ein, ich könne mit ihm machen, was immer ich wolle. Ich ging damit ganz neue Wege. Über die Ansicht, ein Orgasmus sei genug, hinwegzukommen, das war für mich ein gewaltiger Schritt. Zuvor hatte ich ja immer die fixe Idee gehabt, daß das genug des Vergnügens sei, man nicht mehr davon haben sollte und vor allem sich nicht mehr davon zugestehen dürfe. Daß ich darüber nun hinweg war, bedeutete für mich eine ganz großartige Weiterentwicklung.«

Iris, eine 32 Jahre alte Autorin, beschrieb, wie sie zum ersten Mal mit dem Mann zusammen masturbierte, mit dem sie zusammenlebte:

»Ich las über Selbstbefriedigung im Beisein des Partners und sprach mit Jack darüber. Seine Antwort überraschte mich, denn ich steckte voller Vorurteile dagegen, während er nur sagte: ›Das ist eine großartige Idee, wenn du es gern tun möchtest!‹ ›Später einmal‹ war meine kurzangebundene Antwort, denn das Thema machte mich nervös. Aber eines Tages fühlte ich mich zu Abenteuern aufgelegt und nahm mir vor, daß wir es an diesem Abend probieren sollten. Es war wirklich ein großes Vergnügen. Ich ließ etwas Musik spielen und begann mit einem vollendeten Striptease. Er saß da und schaute mir zu und ich entkleidete mich zu der Musik, bis ich gar nichts mehr anhatte. Mir wurde es langsam peinlich, aber ich glaube, daß dieses Gefühl die sexuelle Erregung nur noch steigerte, die ich bereits spürte. Ich legte mich dann hin und begann zu masturbieren. Dabei war ich sehr stark erregt. Ansonsten kam ich mir ein wenig wie auf der Bühne vor, während er mir so zuschaute. Aber dann tat er etwas ganz Wundervolles. Er ging ins Badezimmer und kam mit ein wenig Toilettenpapier zurück. Zunächst hatte ich keinerlei Idee, was er damit tun wollte, aber dann dämmerte es mir so langsam. Er begann nun auch zu masturbieren. Ich hatte vorher noch niemals einen Mann sich selbst befriedigen gesehen, und es interessierte mich so, daß ich mich selbst darüber völlig vergaß. Er hatte einen Orgasmus und das war faszinierend. Dann schaute er mir wiederum zu, bis ich auch kam.

Nebenbei bemerkt, seit er mir dieses eine Mal beim Masturbieren zugeschaut hat, ist seine Technik, meine Clitoris zu stimulieren, um tausend Prozent besser geworden!«

Eine Anzahl Frauen sprachen auch vom Masturbieren nicht nur als Weg, um genügend Stimulierung für ihre Clitoris zu erhalten, wobei sie entweder vor den Augen ihrer Partner agierten oder es mit ihnen gleichzeitig taten, sondern als Mittel sich zu erregen um der Erregung willen. Sie waren der Ansicht, daß das Masturbieren eine Neckerei sei, die bei ihnen selbst wie bei ihren Partnern den Lustpegel steigerte.

Penelope, eine 36jährige, die seit zehn Jahren verheiratet war, machte dazu folgende Ausführungen:

»Ich masturbiere oft vor den Augen meines Mannes. Er heißt Harold. Es quält ihn, wenn ich ihn nicht daran teilnehmen lasse und ich komme deswegen richtig in Fahrt.«

Monique dazu:

»Wenn wir abends ausgehen, will ich manchmal keine Unterwäsche anziehen und nur diesen schwarzen Hüfthalter aus Spitzen tragen. Auf dem Wege zu einer Party, im Auto, beginne ich dann, mich selbst zu masturbieren, während mein Mann das Auto chauffieren muß. Ich habe die Rollen eben so verteilt, daß er Auto fahren muß und mich nicht anfassen kann. Das setzt mich in Erregung und ihn macht das schier verrückt.«

Reden beim Sex

Zusätzlich zu den verschiedenen Sexpositionen und zusätzlich auch zur gegenseitigen körperlichen Stimulation fanden manche Frauen, daß das Reden beim Geschlechtsverkehr eine wirkliche Bereicherung ihres Liebesspieles sein könne. Die Art dieser Gespräche, wie sie von den Frauen bevorzugt wurden, überdeckte eine weite Skala von Möglichkeiten. Am einen Ende des Spektrums befand sich zweifellos Iris:

»Ich bin wirklich romantisch veranlagt. Ich liebe es, wenn man mir süße Nichtigkeiten ins Ohr flüstert, während wir Liebe machen. Keine Schmutzigkeiten oder so etwas Ähnliches. Aber ich mag es gern, wenn er mir sagt, wie wohl er sich in mir fühlt oder wie hübsch ich aussehe und solches Zeug. Das Beste von allem aber ist es, und das hat Jake ganz allein herausgefunden, wenn er mir genau in dem Moment, wo bei mir der Climax einsetzt, ins Ohr flüstert, er liebe mich. Das gibt mir dann ein so wunderbares Gefühl und verbindet mich so stark mit ihm. Es intensiviert entschieden für mich das ganze Erlebnis.«

Rosemary, mit ihren 36 Jahren geschieden, bevorzugt das genaue Gegenteil dieser romantischen Flüsterei:

»Ich mag es, wenn er zu mir in einem harten rein körperlichen Jargon richtig loslegt. Sie wissen schon, wenn er etwa sagt ›ich will dich ficken‹ oder ›jetzt steck ich dir gleich den Schwanz rein‹. Das bringt mich auf ungeahnte Höhen.«

Erotika

Gemeinsames Reden nahm zuweilen die Form erotischer Geschichten an, um sich gegenseitig auf Touren zu bringen. Manchmal wollten die Frauen auch erotische Geschichten allein oder gemeinsam mit ihrem Partner lesen, um sich damit in die nötige Stimmung zu versetzen. Man kann die 34 Jahre alte Harriet als Beispiel dafür nehmen, die seit zehn Jahren verheiratet ist:

»Meistens lasen wir irgend etwas aus dem Magazin ›Penthouse‹. Sie veröffentlichen Briefe, die ihnen von Lesern eingesandt werden und von denen ich das meiste nicht glaube, aber einige von ihnen sind ein wirkliches Anregungsmittel. Außerdem haben wir einigen alten, unglaublichen Lesestoff, den wir vor Jahren einmal in einer Buchhandlung erstanden. Es handelt sich dabei um Pornobücher, die angeblich von einem Arzt geschrieben wurden. Das sind sie mit Sicherheit nicht, aber wen stört das schon? Jedenfalls bringen sie uns auf Touren.«

Zusätzlich zu erotischer Literatur hatten viele der von uns interviewten Frauen auch erotische Filme angeschaut, und zwar wenigstens einmal in ihrem Leben. Als Therapeutinnen wissen wir sehr wohl, daß das Anschauen des richtigen erotischen Filmes zuweilen einem Ehepaar durchaus helfen kann, das sexuell das Interesse verloren hatte oder sich sexuell gelangweilt fühlte, um durch einen solchen Film wieder zur Leidenschaft fähig zu werden.

Manche Frauen mochten in kein sogenanntes Erwachsenenkino gehen, obwohl sie die Filme selbst durchaus genossen. Einige von ihnen halfen sich so, daß sie sich eigene Projektoren und Filme besorgten.

Eine Frau, die ihren eigenen Erotik-Film besaß, fand einen einfallsreichen Weg, ihn mit ihren Liebhabern gemeinsam zu sehen:

»So verlief bei mir der Abend gewöhnlich! Zunächst stelle ich den 16-mm-Projektor in meinem gemütlichen Schlafzimmer auf einen Nachttisch neben das Bett. Die Vorhänge sind zugezogen, und eine Anzahl Kerzen brennen hier und da im Raum. Mein Schatz und ich duschen zusammen und rauchen ein wenig Stoff. Wir küssen und liebkosen uns, während wir uns gegenseitig ausziehen, um dann in das Bett zu fliegen. Dann lasse ich den Film laufen.

Zunächst wird seine ganze Aufmerksamkeit von dem Film in Anspruch genommen, vor allem, weil die Handlung in einem französischen Bordell spielt. Ich brauche wohl kaum zu sagen, daß die ›jungen Mädchen‹ in diesem Film alle absolute Schönheiten sind und alle Arten von Sex perfekt beherrschen, wie lecken, saugen und an ihrem Partner oder ihren Partnern zu knabbern. Und während er sich ganz dem Film zuwendet, beginne ich ihn langsam auf Touren zu bringen, indem ich mit dem Mund und der Zunge an seinen Zehen beginne, an ihm zu saugen und ihn zu streicheln, wobei ich mich sehr gemütlich hocharbeite bis zu seinen Hoden und seinem Penis. Armer Kerl! Er quält sich selbst, denn einerseits möchte er sich ganz auf den Film konzentrieren, andererseits möchte er mich auch nicht stoppen. An diesem Punkt bin ich dann auch fürchterlich geil, so daß wir die restliche Zeit, die der Film läuft, damit verbringen, Liebe zu machen.«

Andere, wie Bev, eine 30 Jahre alte Therapeutin, die mit ihrem Freund zusammenlebt, nutzte nahegelegene Motels:

»Ich mag Pornofilme, zumindest einige von ihnen. Wir sind zweimal in Pornomotels gewesen, in denen sie geschlossene TV-Vorstellungen mit Pornofilmen der Stufe Z hatten. Einige dieser Motels haben Stundenpreise, Nachmittagspreise oder Nachtpreise. Die meisten dieser Filme sind schrecklich. Aber darum dreht es sich hier nicht. Die Filme laufen so lange, wie man sie anschauen mag und einige davon erregen einen schon. Die Motels haben auch vibrierende Betten und alles andere. Alles ist dort schrecklich pornographisch, aber gerade die Summe von diesem ganzen Trubel ergibt doch einen starken Erregungseffekt. Selbst für uns beide, die wir alle beide große Voyeure sind, ist das alles nur einmal im Jahr zu verkraften, mehr keinesfalls, sonst würde man verrückt davon.«

Obwohl viele der von uns interviewten Frauen erotische Bücher und Filme genossen, sie auch durchaus erregend fanden, wurden einige von ihnen doch davon von ihrer Orientierung auf den Mann abgelenkt.

Penelope, die mit ihren 46 Jahren mit ihrem dritten Mann, Harold, seit zehn Jahren verheiratet war, der Arzt ist, löste das Problem so, daß sie ihr eigenes Heimkino mit eigenen Filmen machte:

»Wir nehmen uns selbst manchmal auf Tonband auf und machen so Tonbänder von unseren eigenen Spielen. Wir haben auch einen Videorecorder und haben uns selbst gefilmt mit der Kamera, um das Band dann auf unserem Fernseher abspielen zu können. Dann schauen wir uns das zuweilen an und machen Liebe im Takt damit, also mit uns selbst.«

Speisen

Wir haben bereits davon gesprochen, daß Frauen gewisse Speisen benutzen, um die sexuelle Atmosphäre damit aufzuheizen. Aber Speisen werden auch als integraler Bestandteil des Liebemachens eingesetzt. Immerhin wurden die folgenden Arten von Erlebnissen nur selten angeführt und dann als eine spezielle Art von Einfällen um der Abwechslung willen. Billy, eine 43jährige Kunsthandwerkerin, die 26 Jahre verheiratet ist und drei Kinder hat, fand eine einmalige Art heraus, Wein zu schlürfen:

»Ich genieße es außerordentlich, etwas Wein zu nehmen und mir auf den Körper zu gießen. Mein Mann möchte den Wein auf meine Brustwarzen gießen und dann ganz sanft auflecken, das wollte ich aber nicht jede Nacht haben.«

Schlagsahne, Marmelade, Honig und Schokoladensyrup wurden auf die Genitalien gegeben und dann aufgeleckt. Suzanne, 37 Jahre alt, geschieden, bisexuell, fand einen Weg, um die fettmachende Wirkung solcher Näschereien zu umgehen:

»Ich lebe diät, deshalb nehme ich Diät-Schlagsahne und streiche sie auf das männliche Glied, von wo ich sie ablecke. Manchmal nehme ich Diätgelee oder Diätmarmelade, denn beides ist auch sehr schmackhaft und hat den gleichen Erfolg.«

Alexandra:

»Ein Mann bedeckte mich mal am St. Valentinstag mit solchen kleinen, herzförmigen Gebäckstücken und aß sie dann von meinem Körper.«

Und natürlich Eiswürfel. Die einunddreißigjährige Cortney, eine geschiedene Sekretärin, Mutter eines Sohnes von sechs Jahren, beschrieb die Zeit, in der sie und ihr Freund Chuck Eiswürfel verwendeten:

»Oh, eine gewisse Zeit verwendeten wir Eiswürfel. Diese kleinen Cocktail-Eiswürfel. Wir steckten sie in mich hinein und hatten dann Geschlechtsverkehr. Das war gar nicht so einfach, denn die Wärme des Körpers brachte die Eiswürfel zum schmelzen, und es gehörte einiges dazu, sie dorthin zu bekommen, ehe sie geschmolzen waren. Es war sehr spaßig und wir lachten die meiste Zeit dabei, aber daneben war es auch ein ganz besonders hübsches Gefühl.«

Vibratoren

Vibratoren waren das am meisten von den von uns interviewten Frauen genannte Hilfsmittel. Viele Frauen hatten einen Vibrator an diesem oder jenem Punkt versucht. Manche hatten Freude am Vibrator und benutzten ihn von da ab häufig, während andere ihn nur gelegentlich einmal genossen. Viele Frauen nahmen ihn auch nur ein- oder zweimal und ließen dann davon ab, weil sie sich genierten dabei, weil sie es peinlich fanden oder weil er ihnen zu intensiv wirkte oder auch zu unnatürlich:

»Ich besitze einen Vibrator, den ich für mich selbst oder auch zusammen mit meinem Mann benutze. Zuweilen hab ich es ganz gern, aber es darf nicht zu oft sein, weil er zu stark wirkt. Ich würde gern mit einigen anderen experimentieren, aber mit diesem werde ich leicht verrückt, doch gut fühlt sich das nicht an. Es kommt mir künstlich vor und zu fest.«

»Ich habe einen Vibrator versucht, und ich mag das gern. Es fühlt sich gut an, aber irgendwie komme ich nicht ganz damit zurecht. Vielleicht weil es sich irgendwie künstlich auswirkt und das erscheint mir einfach nicht richtig.«

Einige Frauen lernten es, durch ständiges Experimentieren den

Vibrator doch zu genießen, obwohl sie anfangs keinen Genuß davon verspürten. Ann, mit 59 Jahren seit 36 Jahren verheiratet, rief sich ihre ersten Erfahrungen mit dem Vibrator ins Gedächtnis:

»Steve brauchte den Vibrator zuerst. In der ersten Zeit, in der er ihn gebrauchte, brachte er mich damit zum Orgasmus in ungefähr drei Sekunden, und ich war darüber verschreckt wie ein Vogel. Ich wollte ihn einfach nicht für längere Zeit benutzen. Und ich sagte ihm auch, daß ich das nicht wollte. Das war nicht ich selbst. Ich kam mir dabei vor, wie eine mechanische Reflexreaktion. Aber er brachte das Ding immer wieder an, und wir benutzten es auf andere Weise – langsamer und nicht direkt an meiner Clitoris. Damit wurde es für mich eine bessere Stimulierung und auch leichter. Manchmal benutzten wir es nur bis unmittelbar vor dem Orgasmus und zu anderen Gelegenheiten wurde ich auch damit fertig. Ich benutze ihn, um meinem Mann damit rund um den Anus und um seine Hoden zu fahren, denn das hat er gern. Ich weiß nicht genau, wie oft wir den Vibrator gebrauchen, aber es ist oft genug, und gewöhnlich denken wir beide gleichzeitig daran, es zu tun.«

Es gibt sehr viele unterschiedliche Arten von Vibratoren und ebensoviele verschiedene Arten, sie zu benutzen. (Siehe Kapitel 4, wo die verschiedenen Sorten von Vibratoren beschrieben sind.)

Suzanne zeigte uns enthusiastisch ihre Sammlung von Vibratoren:

Ich habe eine sehr große Auswahl von Vibratoren. Besonders gern habe ich einen, der penisförmig ausgebildet ist. Er rotiert rascher rund als auf und ab. Er sieht aus wie ein Nikolaus mit einem kleinen Polarbären darauf. Der Polarbär bearbeitet die Clitoris, während der Nikolaus gleichzeitig in einem steckt. Daneben habe ich auch die eiförmigen Vibratorkugeln, die man in sich hineinstecken kann. Man führt sie in sich ein und stellt sie dann an, so daß sie innen vibrieren. Ich benutze sie entweder, wenn ich allein bin oder auch wenn ich mit jemandem Liebe mache.«

Samantha ist 35 Jahre alt und geschieden. Sie berichtet:

»Ich habe einen Vibrator bei mir selbst benutzt. Kürzlich habe ich aber ein Handmassagegerät mit meinem gegenwärtigen Liebhaber gebraucht. Man zieht es mit Riemen über die eigene Hand, mit der man dann die andere Person massiert und streichelt. Er benutzt das Gerät, um meinen ganzen Körper zu massieren, wenn er aber damit an meine Clitoris kommt, treibt mich das zum Wahnsinn. Ich liebe das. Es gibt einfach nichts Besseres, soweit ich das beurteilen kann.«

Heather ist 35 Jahre alt und seit drei Jahren verheiratet:

»Mein Vibrator ist wie ein Penis geformt. Wir benutzen ihn als Teil des Vorspiels oder auch beim Geschlechtsverkehr – vor allem, wenn er mich von hinten nimmt. Dann kann er damit um meine Clitoris streichen, und das ist dort besonders genußreich. Beim Vorspiel gebrauchen wir den Vibrator mit Babyöl an meiner Clitoris oder er führt ihn ebenfalls damit in meine Vagina ein. Während er den Vibrator benutzt, kann er gleichzeitig mit meinen Brüsten spielen oder mich an anderen Stellen streicheln. Lange Zeit möchte er immer den Vibrator in meine Vagina stecken und gleichzeitig davon seinen Penis streicheln lassen.«

Manche Frauen scheuen sich, den Vibrator in den Geschlechtsverkehr mit ihrem Partner einzuführen, weil sie befürchten, dieser könnte dann beleidigt sein. Solange wir noch keine Männer interviewt haben, können wir auch nicht wissen, wie diese auf Vibratoren reagieren. Aber wir nehmen an, daß Theresa ähnliche Gefühle beschreibt, mit denen sie auf den Vorschlag ihrer weiblichen Partnerin reagierte, doch einen Vibrator zu gebrauchen:

»Beide, sowohl der Vibrator wie auch der Dildo, waren für mich völlig neue Dinge. Meine Partnerin sprach davon, daß der Vibrator ihr bester Freund sei. Zuerst war ich wirklich unglücklich darüber. Das war gerade so, als ›ich kann dir keinen Orgasmus verschaffen, wie er das kann‹. Wir sprachen immer wieder darüber, wendeten die Sache hin und her, ich versuchte darüber zu lachen oder Witze zu machen, aber irgend etwas stand bei mir dagegen. Wir sprachen viel davon, und ich sagte: ›Ich weiß ja, daß es unvernünftig ist, das Gefühl zu haben, ich sei nicht besser als dein Vibrator.‹ Es ist komisch, aber die ersten paar Monate konnte ich mich nicht damit befreunden, wollte es nicht einmal probieren und dann versuchte ich den Vibrator doch einmal, und es war großartig. Heute bin ich sehr froh, daß sie mir davon erzählt hat. Aber seit einiger Zeit geht es nun umgekehrt bei uns. Betty sagt nun: ›Oh, du würdest jetzt lieber mit ihm als mit mir Liebe machen!.‹«

Manche Frauen haben Wege gefunden, auf denen ihr Partner durch den Vibrator ebenso stimuliert wird wie sie selbst. Diese Frauen berichteten uns, daß ihre Partner den Vibrator ebenso genossen, wie sie selbst es ja auch tun. Wieder einmal Rosemary, die 36 Jahre alt und geschieden ist:

»Wir benutzen einen hellen, penisförmigen Vibrator. In der meisten Zeit wende ich ihn bei meinem Partner an. Ich setze ihn unter seinem Penis an, genau an dem Punkt zwischen Penis und Hoden, manchmal auch unterhalb der Hoden. Daneben haben wir noch einen schmaleren. Den stecke ich ihm manchmal in den Anus.«

Sarah, 29 Jahre alt und seit zwei Jahren verheiratet:

»Das letzte, was wir uns angeschafft haben, ist ein Vibrator. Wir finden, wenn man ihn nicht zu oft gebraucht, wirkt er viel stärker. Manchmal streicheln wir uns gegenseitig damit und probieren am ganzen Körper seine Wirkung miteinander aus. Das ist sinnlich sehr erregend. Dann gehe ich zum ›Freudenknopf‹ über. Der Freudenknopf ist das Gerät an ihm, das man zur Stimulierung der Clitoris verwendet. Er ist aber ein genau so starker Stimulierer für den Penis. Und tatsächlich habe ich meinen Mann verschiedene Male zum Ejakulieren gebracht, nur indem ich diesen Freudenknopf auf seinen Penis tupfte, wobei ich die Stelle direkt unter der Eichel nahm. Ich streiche damit ein wenig um den Penis herum und konzentriere dann den Knopf auf die Drüsen direkt unter dem Eichelrand. Da wir in unserer Ehe nie andere Geräte oder Hilfsmittel für den Geschlechtsverkehr benutzt haben, finden wir den Vibrator außerordentlich erregend.«

Ein lesbisches Paar benutzte ihn so: »Wir liegen beide auf je einer Seite des Vibrators und drücken ihn gegen uns. So erreichen wir, daß wir beide gleichzeitig einige Vibration abbekommen.« Einige Frauen betonten, daß sie den Vibrator immer neben dem Bett aufbewahren, so daß sie ihn immer verfügbar hätten, wenn sie der Wunsch ankomme, ihn zu benutzen. Eine Frau gestand großzügig, daß sie zwei Vibratoren habe, einen für sich und den anderen im Gästezimmer im Nachttisch neben dem Bett. Eine reizende Art von Gastfreundschaft.

Dildos (männliche Kunstglieder)

Ein Dildo ist ein phallusförmiges Kunstglied, das vorsichtig in die Vagina oder den Anus eingeführt werden kann. Nur eine sehr geringe Anzahl der Frauen, die wir interviewten, hatte jemals einen solchen Dildo verwendet. Diese wenigen aber sprachen von großem Vergnügen, das er ihnen verschafft habe. Als Dildos sind gewisse Gemüse auch sehr populär.

Heather, 34 Jahre alt und seit drei Jahren verheiratet:

»Eine Gurke als Dildo zu benutzen, hatten wir aus einem unserer erotischen Filme gelernt und das funktionierte wirklich sehr gut. Man wäscht ihn zunächst und reibt ihn mit Babyöl ein, und dann steckt man ihn sich einfach in die Vagina und bewegt ihn dort so, wie es einem am meisten Spaß macht. Wir benutzen ihn als Teil unserer Vorspiele. Es scheint zwar irgendwie spaßig zu sein, funktioniert aber ganz ausgezeichnet.«

Die Frauen nahmen ebenso Zucchinis oder Karotten. Andere Frauen machten ihre Dildos selbst oder liehen, beziehungsweise kauften sie von Bekannten. Theresa liebte ihren Dildo, reagierte aber auf interessante Weise gegen den Gedanken, daß darüber etwas gedruckt werden sollte:

»Hier kommt meine Einstellung als Feministin zu Tage – ich wünsche nicht, daß in diesem Buch überhaupt etwas über Dildos geschrieben wird. Natürlich kann ich es nicht verbieten, aber ich bin ganz schlicht dagegen – denn ich bin sicher, daß nur eines geschehen wird: alle Heterosexuellen, die das Buch lesen, werden sofort sagen, Lesbierinnen benötigen Dildos, und das nur aus dem einfachen Grunde, weil sie damit doch den normalen Geschlechtsverkehr nachahmen wollen, wie er unter Heterosexuellen üblich ist. Und das ist absolut nicht wahr. Ich jedenfalls nehme ihn ganz einfach, weil ich mich damit gut fühle. Es ist angenehm, etwas in seiner Vagina zu fühlen, das heraus- und hineinfährt und die Schleimhäute dabei reizt.«

Körpermalereien

Sich gegenseitig den Körper anzumalen, erwähnten ein paar Frauen als ganz besonders lustig dann, wenn in einer Nacht einmal die Leidenschaft keine besonders hohen Wellen schlägt, der Wunsch nach Freude und Intimität aber dennoch vorhanden ist.

Iris, 32 Jahre alt, geschieden, lebt mit ihrem Freund Jake:

»Eines Abends entschieden Jake und ich uns, allein bleiben zu wollen und ein wenig ›Intimität‹ zu genießen. Vor allem nahmen wir uns vor, uns keine Grenzen aufzuerlegen und uns auch nichts zu verbieten, wobei wir uns ausgesprochen darüber einig waren, daß wir damit natürlich den Geschlechtsverkehr meinten. Wie sich dann herausstellte, waren wir an diesem Abend nicht besonders leidenschaftlich erregt. So begannen wir damit, daß wir uns erst einmal gegenseitig vor dem brennenden Kaminfeuer eine Massage machten. Danach fühlten wir uns angenehm warm und entspannt und waren irgendwie spielerisch aufgelegt. Jake griff sich von seinem Tisch einen Leuchtfarbstift und begann mir Muster rund um meinen Unterleib zu malen. Er war noch nicht fertig damit, als ich mir auch einige solche Stifte griff und seinen Penis mit einer wunderschönen, hängenden roten Blüte einfaßte. Wir konnten nicht mehr aufhören zu lachen und bemalten schließlich jeder des anderen Körper von oben bis unten. Aber seither haben wir bei solchen Gelegenheiten die Leuchtfarbstifte durch Badeschaum unter der Dusche ersetzt.«

Phantasie

Nicht alle Frauen haben Phantasie, aber viele halten die Phantasie doch für einen gewichtigen Bestandteil ihrer sexuellen Begegnungen. Die Wege, auf denen diese Frauen ihre Phantasie nutzten, waren sehr unterschiedlich. Die große Mehrheit der Frauen teilte ihre phantastischen Vorstellungen niemals mit ihrem Partner, sondern behielt sie für sich, als ihr persönliches und geheimes Mittel, sich in die richtige Stimmung zu versetzen. Rosemary, 36 Jahre alt und geschieden, meint dazu:

»Manchmal, wenn ich Geschlechtsverkehr habe, lasse ich meine Phantasie spielen. Zum Beispiel träume ich, wenn ich jemanden getroffen habe, der mich ganz besonders angezogen hat, nur von ihm und stelle mir vor, ich hätte ihn jetzt bei mir im Bett, während ich in Wirklichkeit mit ganz jemand anderem Geschlechtsverkehr habe.«

Manche Frauen sprachen absichtlich nicht von ihren Phantasien, weil sie sie entweder zu persönlich oder auch peinlich fanden, oder weil sie dieser Phantasien wegen Schuldgefühle hatten. Diana, eine 32jährige Lesbierin, berichtete dazu:

»Es fällt mir wirklich sehr schwer, über meine Phantasien zu sprechen, vor allem, weil ich gerade dann Phantasien entwickele, wenn ich Geschlechtsverkehr habe, und deshalb fühle ich mich schuldig gegenüber meiner Partnerin.«

Manche Frauen teilten zwar ihren Partnern mündlich ihre Phantasien mit, hatten aber kein Bedürfnis, diese dann auch auszuleben. Monique ist 32 Jahre und seit neun Jahren verheiratet:

»Wir scherzen oftmals über unsere Phantasien, denn die meinen sind von den seinen grundverschieden. Ihm fällt eigentlich immer dasselbe ein. Seine Phantasien bestehen zu 90 Prozent darin, daß er sich einbildet, er habe ein anderes weibliches Wesen im Zimmer. Meine Phantasien können darin bestehen, daß ich mir einbilde, ich hätte ein Team von Männern oder eine andere Frau oder ich läge an einem Strand. Ich finde, ich kann meine Phantasien durchaus mit ihm teilen, vorausgesetzt natürlich, daß sie ihn nicht kränken oder an seine Männlichkeit rühren. Schwierig ist es, über Phantasien in Verbindung mit anderen Männern zu reden, ohne daß er dadurch beleidigt wird, solche aber über andere Frauen kann ich ihm ruhig mitteilen, seit er mir von seiner Einbildung gesprochen hat, es gleichzeitig mit zwei Frauen zu machen. Die einzige Frage dabei ist – und die geht mir oftmals durch den Kopf: heißt über die Phantasien zu sprechen auch, daß man sie ausführen sollte? Dann fühle ich mich bedrückt, und wir haben lange darüber zu sprechen, bis ich mir sicher bin, daß das nicht der Fall zu sein braucht.«

Die ganze Idee, Phantasien zu entwickeln wie Spiele, die man dann auch zusammen spielt, war für die meisten Frauen neu, die wir interviewt haben. Immerhin, die Frauen, die solche Phantasien entwickelten und dann auch mit ihren Partnern ausspielten, fanden heraus, daß das ihre sexuelle Erregung großartig in die Höhe treibe und ihre Geschlechtserfahrungen stark bereichere. Die 35jährige Allison berichtete dazu im Interview:

»Einmal reisten wir außerhalb des Landes und entschieden, eine von meinen Phantasievorstellungen durchzuführen. Ich ging hinunter in den Buchladen im Hotel, und Murray kam nach. Wir taten aber so, als seien wir uns fremd, und er sprach mich an. Wir kamen ins Gespräch, wobei jeder den anderen erst einmal nach seinem Namen fragen mußte und wo er herkäme. Dann lud er mich in unser Zimmer ein, und es war wirklich so, als hätten wir uns gerade erst kennengelernt und gingen zum ersten Mal miteinander ins Bett.«

Die 34 Jahre alte Florence, eine Geschäftsfrau, die die letzten zwei Jahre mit ihrer Freundin Kate, einer Anwältin, zusammenlebte, erzählte von dem folgenden phantastischen Spiel, bei dem jede Person eine andere Figur als sich selbst darstellte: »Kate und ich wollten in ein Porno-Autokino fahren, kamen aber zu spät und wurden infolgedessen nicht mehr eingelassen. Auf dem Heimweg beschlossen wir, unsere eigene Phantasie spielen zu lassen, sozusagen also unseren eigenen Film zu drehen. Dabei entschieden wir uns für folgendes Drehbuch: wir spielten zwei Geschäftsfrauen, die an einer Besprechung teilnahmen und die sich, je länger die Konferenz dauerte, immer stärker ineinander verliebten. Infolge verschiedener Umstände mußten wir schließlich gemeinsam in einem Zimmer übernachten. So kamen wir als diese fremden Frauen nach dem mißlungenen Versuch, ins Autokino zu kommen, in das Zimmer – unser eigenes Schlafzimmer – zurück, wo die eine einen Joint rauchte und die andere etwas zu trinken nahm.

Es war merkwürdig, aber als wir zur Tür hereinkamen, fühlten wir uns beide wie diese anderen Leute. Wir setzten uns auf die Couch und plauderten miteinander, aber ich kann mich nicht mehr daran erinnern, ob es ein sehr ausführliches Gespräch wurde. Ich glaube es aber nicht. Ich glaube, wir hatten eher Impressionen, verschlangen uns mit den Augen und hielten Augenkontakt, daneben das übliche sich Annähern. Und wir gingen zu Bett und zogen die Pyjamas an, die wir auch sonst gewöhnlich trugen. So krabbelten wir ins Bett und lagen lange Zeit, ohne daß ein Wort gefallen wäre. Dabei spürten wir, wie wir uns näher und näher kamen und schließlich zu streicheln begannen. Ich schlang meinen Arm um sie und wir fühlten uns, lange Zeit so daliegend, einander sehr nahe. Dann wurde uns beiden klar, daß wir aneinander Interesse hatten und den Wunsch hegten, über diesen Punkt hinauszugelangen. Wir zogen uns gegenseitig aus und erforschten jede der anderen Körper. In der ganzen Zeit wurde nicht gesprochen, fiel kein Wort. Wir schenkten uns gegenseitig Liebe. Die einzelnen Phasen habe ich vergessen, aber wir küßten uns und hielten uns gegenseitig. Dann begannen wir Oral-Genitalsex und umklammerten uns dabei von hinten. Danach sind wir eingeschlafen. Am nächsten Morgen waren wir dann wieder wir selbst.«

Bev, 30 Jahre alt, lebt mit einem Liebhaber, einem Mann:

»Wir waren einmal in Chicago zum Dinner und stellten fest, daß das Restaurant offenbar voll mit Callgirls war. Das war die bunt gemischteste Menschenansammlung, die ich je erlebt hatte, und es schien sich hier um ein reichlich eigenartiges Restaurant zu handeln. Ohne daß er je zuvor irgend eine Andeutung gemacht hätte, fragte mich Jim plötzlich, wie hoch mein Preis sei. Für eine Sekunde wußte ich gar nicht, was er eigentlich meinte, aber dann kapierte ich. Nun spielte ich das Callgirl und er meinen Freier für die nächsten drei oder vier Stunden während der Mahlzeit. Ich zog eine ganze Nummer ab darüber, wieviel ich verlangte und was ich für gewisse Aufgelder alles zu tun bereit sei. Wir spielten unsere Rollen bis mitten in der Nacht, bis der Sex vorbei war, lustig weiter. Aber sobald wir zum Orgasmus kamen, fielen wir doch wieder in die eigenen Rollen zurück.«

Nicht jedermann wird von dem Bild eines Callgirls erregt.

Rosemary, mit 36 Jahren seit vier Jahren geschieden, spielte eine ein wenig harmlosere Phantasie durch:

»Wir spielten uns vor, ich sei ein Pfadfindermädchen, das an die Tür kommt, um Kuchen zu verkaufen. Ich sah furchtbar unschuldig aus mit meinen langen Strümpfen, dem kurzen Röckchen und einer wirklich süß aussehenden Bluse. Er machte mir die Tür auf. Da er ein sehr freundlicher Mann ist, lud er mich ein, hereinzukommen, und erklärte sich auch bereit, mir einige Kuchen abzukaufen. Dann setzte er sich neben mich und legte seinen Arm um mich. Er war furchtbar nett, und wir plauderten miteinander. Schließlich landeten wir miteinander im Bett.«

Eine Phantasieszene kann leichter mit Worten ausgesponnen werden, als man sie in die Tat umsetzt. Connie, mit ihren 26 Jahren schon Witwe, schaffte eine ganz neue Umgebung, ohne dabei auch nur einmal das Haus zu verlassen:

»Ich sagte zu einem Mann, den ich gerade erst kennengelernt hatte: ›Warum sollen wir nicht solch ein Phantasiespiel durchspielen? Wir tun so, als würden wir eine kleine Reise machen. Wo würdest du gerne hinfahren?‹ Er antwortete: ›Okay, laß uns nach Italien fahren. Wir wollen einen Porsche haben mit einer wunderschönen Kaschmirdecke auf dem Rücksitz.‹ Nun beschrieben wir beide abwechselnd die Straßen, die wir fuhren, die Berge, an denen wir vorbeikamen, wo wir anhielten, um etwas zu essen, das Brot, das wir gern mochten und den Wein, den wir tranken. Er begann dann damit, zu erzählen, wie wir in dieses kleine Rasthaus kamen, in dem wir die einzigen beiden Gäste waren. Wir hatten den offenen Kamin ganz für uns allein und nahmen unsere Kaschmirdecke und setzten uns darauf gegenüber von dem prasselnden Holzfeuer. Wir kamen schließlich darauf, daß wir hier für ein ganzes Wochenende eingeschneit seien. Und dann gab er mir eine so detaillierte Schilderung von allem, was da geschah, einschließlich einer wundervollen Sexszene, daß ich es wirklich zu erleben glaubte. Und hinterher gingen wir zum ersten Mal zusammen ins Bett und machten Liebe miteinander.«

Die Phantasien, die überwogen, waren meistens Variationen zu den Themen, beherrschend oder völlig unterlegen zu sein. Formen von Knechtschaft oder absoluter Übermacht waren darin oftmals eingeschlossen. Dabei wurden häufig Kostüme oder Paraphernalia verwendet, um das ganze in Szene zu setzen oder die Phantasiegespinste realistischer erscheinen zu lassen.

Viele der Frauen wurden erregt bei dem Gedanken, daß entweder ihr Partner sie zu sexuellem Gehorsam zwinge oder aber beim Gegenteil, daß sie allein alle Macht hätten. Folgende Gesprächsaufzeichnungen sind repräsentativ für diese Art von Phantasien: Anna, 28 Jahre alt und seit drei Jahren verheiratet, berichtete:

»Bei der folgenden sexuellen Phantasievorstellung werde ich wirklich sehr stark erregt: Irgend ein Mann will mich gerade haben, und er bekommt mich auch, denn er reißt mir einfach die Kleider vom Leib. So ziehe ich manchmal irgend ein altes T-Shirt an und laß meinen Mann es einfach herunterreißen oder so ähnlich, und manchmal spielen wir das auch umgekehrt. Wenn wir so etwas spielen, habe ich immer das Gefühl, daß wir von unseren Wünschen geradezu verzehrt werden.«

Ariel ist 34 Jahre alt und lebt getrennt. Sie erzählt:

»Meine liebste Phantasievorstellung ist die, daß ein Mann völlig hilflos sei. Damit ich diese Phantasie in die Praxis umsetzen kann, bedarf es einiger äußerer Gegebenheiten wie etwa der Situation, daß mein Partner am Telefon spricht. Bei dieser Gelegenheit macht es mir dann Freude ihn zu verführen. Ich beginne also etwa damit, daß ich mit der Hand mit seinem Penis spiele oder ihn auch in den Mund nehme. Dann setze ich mich auf seinen Schoß, wobei ich seinen Penis in meine Vagina einführe. Das ist für mich herrlich erregend, aber es funktioniert bei mir nur richtig, wenn er die ganze Zeit weitertelephoniert und ich auf diese Weise die vollständige Kontrolle über ihn habe.«

Gegenwärtige und totale Unterwerfung war bei weitem die gebräuchlichste Art, Phantasien zu Wirklichkeit werden zu lassen. Diese Art der Knechtschaft reichte vom leichten »Fesseln und Necken«, wie es die folgende Frau beschreibt:

»In gewissen Abständen genieße ich es, mit ihm ›fesseln und necken‹ zu spielen. Es ist sicherlich irgend so etwas wie die alten Sadomasochismen, aber mir scheint es ausgesprochen gut zu tun. Eine Person will sich mit gewöhnlichem Faden fesseln lassen, gerade soviel, daß man ihn jederzeit wieder zerreißen kann, wenn man genug hat. Wenn die Hände und Füße der Person gebunden sind, wird ihr ein Tuch um die Augen gebunden. Dann neckt die andere Person die erstere mit allen möglichen Gegenständen oder auch mit ihrem eigenen Körper, etwa ihren Brüsten oder ihrem Mund, ebenso aber auch mit Eßsachen, Parfüms oder Federn.«

Das reicht bis zu leichtem Sadomasochismus, wie ihn Allison beschreibt: »Eine meiner sexuellen Phantasien, die ich immer gern einmal auch ausgelebt hätte, wären sadomasochistische Sexualerfahrungen. Wenn ich auch nicht dauernd ausgepeitscht oder verletzt werden möchte, wollte ich doch gern einmal das Gefühl haben, daß mein Partner den Geschlechtsverkehr total kontrolliert und diese Beherrschung auch in Form von Schlägen und Gefesseltwerden oder Handschellen oder in Form von milden

Bissen fühlbar wird. Mein Liebhaber hatte damals gleiche Interessen, deshalb wurde es ein riesiges Erlebnis! Unsere Geschlechtsbeziehung wurde dadurch ungeheuer intensiv und leidenschaftlich. Vielleicht ist meine Phantasie da mit mir durchgegangen, aber als wir sie verwirklichten, habe ich das echt genossen.«

Schmerz ist zuweilen ein integraler Bestandteil einer masochistischen Phantasie. Suzanne ist 37 Jahre alt, bisexuell veranlagt und lebt allein. Sie berichtete dazu:

»Ich habe eine lederne Fliegenklatsche, die ich einmal geschenkt bekommen habe und nun benutze, wenn wir Liebe machen. Ich habe Spaß daran gefunden, wenn ich damit geschlagen werde. Das darf aber weder zu hart noch zu sanft sein. Wenn das mit der richtigen Stärke geschieht, so als ob mir jemand auf den Po haut, dann kann ich davon einen Orgasmus bekommen. Zur Zeit bin ich etwas weniger daran interessiert, aber es gibt Zeiten, in denen ich das sehr genußvoll finde.«

Die heutigen Frauen sind sehr aktiv dabei, ihr Selbstbewußtsein zu stärken. Sie brechen mit alten Verhaltensmustern, nach denen sie sich zu verhalten hätten und entwickeln stärker ihre sogenannte männliche Seite, die mehr vom Verstand geleitet, sachbezogen und bestimmt ist, und das gilt sowohl im Bett als auch außerhalb desselben. Infolgedessen sind Frauen oftmals entsetzt, wenn masochistische Phantasien des Gezwungenwerdens zu sexueller Unterwerfung auf sie oder andere Frauen leidenschaftsteigernd wirken. Eine Gruppe feministischer Therapeutinnen, mit denen wir eine Zeitlang zusammen gearbeitet haben, hatte den Eindruck, Phantasievorstellungen von Vergewaltigtwerden seien immer ein Zeichen sexueller Unterwürfigkeit und keine Feministin, die ihr Salz wert sei, dürfe bei solchen Phantasievorstellungen sexuell erregt werden.

In jedem sind die Dinge, die Frauen in ihrer Phantasie genießen, und die, die sie in der Realität aktuell erregend finden, zwei sehr unterschiedliche Komplexe. Viele Frauen genießen es in der Phantasie, einmal vergewaltigt zu werden, wären aber völlig zerstört, wenn sich ein solches Ereignis in ihrem realen Leben ereignen sollte. Die Phantasievorstellungen, die wir erregend finden, haben sehr viel mit unserer Kultur und den sexuellen Bildern zu tun, die wir uns in unseren Entwicklungsjahren gemacht haben.

Physiologisch gesehen, ist die Entwicklungszeit eine Zeit sexueller Überfrachtung, in unserer Zeit aber gleichzeitig eine Periode, in der es noch kulturell, sozial und moralisch ›schlecht‹ war, so zu fühlen. Der einzige Weg, auf dem wir uns sexuell wirklich erregt fühlen durften, war die totale sexuelle Unterwerfung, zu der wir gezwungen wurden. Andernfalls hatten wir unsere sexuellen Gefühle zu unterdrücken, um damit der Gefahr vorzubeugen, daß sie uns außer Kontrolle gerieten. Daher wechseln, wie bei Allison, die Arten sexueller Phantasie, die uns erregen, häufig im Verlauf des Lebens. Ein Thema mag uns während einer bestimmten Periode unseres Lebens außerordentlich stark in unserer sexuellen Phantasie erregen, um dann an Interesse und Intensität zu verlieren, weil andere Themen und Bilder unsere Aufmerksamkeit gefangennehmen.

Entgegen den Theorien der Psychoanalytiker muß unsere sexuelle Phantasie nicht notwendig etwas über unsere inneren Wünsche aussagen. Genußreiche Phantasien von sexueller Unterwerfung müssen nicht zwangsläufig eine masochistische Persönlichkeit bezeichnen. Wir stellen immer wieder als Tatsache fest, daß Frauen, die in der Phantasie solche Vorstellungen durchaus genießen können, in der Realität ein absolut stabiles Gefühlsleben haben und keinen Moment in dem Wissen schwankend werden, daß sie im realen Leben keinerlei masochistische Ambitionen haben. Alexandra, 32 Jahre alt und geschieden, zu diesem Thema:

»Barry und ich hatten einige sadomasochistische Phantasievorstellungen, die aber niemals ausgespielt wurden und uns in keiner Weise im wirklichen Leben beeinflußten. Sie waren zwar gefährlich, aber auch spaßig. Sie lagen wirklich auf einer phantastischen Ebene. Im Bett machten solche Vorstellungen Spaß, außerhalb des Bettes aber nicht. Ich mag keine masochistische Rolle spielen, auch kann ich absolut keinen Mann vertragen, der in allen Aspekten des Lebens dominieren will. Im Bett war das gerade schön, denn da war es ein ganz offensichtliches Spiel.

Im Bett spielten wir das so aus, daß er meine Arme herunterdrückte, während ich versuchte, mich gegen ihn zu wehren, denn ich wollte meine Arme um ihn schlingen und das ließ er nicht zu. Ich kam mir wie angebunden vor. Dazu gab es ein langes erotisches Gespräch darüber, was er mir eines Tages alles antun würde, etwa mich festbinden und all solch ein Zeug mit mir machen und ich geriet in höchste Leidenschaft davon. Das alles geschah, während er in mir war und das hat die Dinge enorm gesteigert. Er wollte mich unbedingt fesseln und mir Nüsse hineinstecken, anstatt sie mir direkt zu geben und ich mußte um sie bitten und betteln. Dieses Betteln brachte uns auf höchste Touren, denn das ist sonst so absolut nicht meine Art.«

Das Fesseln kann mit normalem Faden, Seidenfesseln, Handschellen, Stricken, Strümpfen, Bekleidungsstücken oder Bettzeug geschehen. Dazu berichtete Mrs. X.:

»Der Mann, mit dem ich damals zusammenlebte, führte mich in eine sehr rücksichtsvolle, spaßige Art von S-M ein. Ich hatte ein großes Messingbett, und zuweilen wollten wir uns in Erregung versetzen, indem wir uns wechselseitig an dem Bett festbanden. Wir benutzten meine Strümpfe, in denen Laufmaschen waren, um uns gegenseitig anzubinden. Dabei hatten wir ganz klare Grundsätze. Wenn die Person, die gerade angebunden wurde, den Wunsch hatte, daß die andere aufhöre, brauchte sie nur ›stop‹ zu sagen, und sofort war Schluß mit dem Spiel, egal aus welchem Grunde man ›stop‹ gesagt hatte. Und wir haben uns gegenseitig nie verletzt. Das Spiel bestand darin, daß einer den anderen festband, man sich gegenseitig stimulierte, und zwar so lange, bis der andere darum bat, daß man zu ihm komme. Die Basisverabredung war eben, daß einer von beiden jeweils um den Geschlechtsverkehr *bitten* mußte. Eines Abends war er an der Reihe, gefesselt zu werden. Aus mancherlei Gründen beschloß ich, das an diesem Abend mit etwas anderem zu verbinden, was er ebenfalls gern hatte, ich zog mich als Hure an. Ich hatte Schuhe mit solch übertrieben hohen Absätzen, Seidenstrümpfe und einen schwarzen Strumpfhalter. Dazu trug ich noch einen schwarzen Büstenhalter, der die Brüste in der Mitte zusammendrückte. Aus verschiedenen Gründen gab ich mich auch völlig zügellos. Man muß sich diese Szene bildlich vorstellen, um sie ganz zu begreifen. Ich fühlte mich ganz so, als ob ich diese unglaubliche Hure wäre. Und ich habe diesen Kerl angebunden und auf ihm Rad geschlagen wie ein Pfau und konnte nun machen mit ihm, was immer ich wollte. So ging das eine ganze Weile, während ich meistens herumstolzierte und zwischendurch immer mal wieder zum Bett kam, mich auf ihn stürzte, um ihn zu streicheln oder zu küssen. Dann machte ich an ihm ungeheuerlichen Oralsex und immer, wenn ich ihn zu dem Punkt gebracht hatte, an dem er gleich kommen würde, stoppte ich. Dabei wußte er doch genau, daß unsere Grundverabredung lautete, er könne jederzeit ›stop‹ sagen und ich würde ihn sofort losbinden. Aber es war, als habe sich bei ihm etwas verhakt. Als wenn er nicht hätte warten können, was denn nun als Nächstes käme. Er schien auch nicht wirklich kommen zu wollen, konnte es aber auch nicht durchhalten.

Und schließlich – ich weiß nicht, was in mich gefahren war, aber ich hatte mich so in die Rolle eingefügt, daß ich nicht länger ich selbst war, sondern nur noch diese Person spielte. Ich war einfach völlig ›außer mir‹. Also stieg ich auf das Bett und setzte mich auf das Kopfkissen direkt neben seinem Lager und begann, mich selbst zu streicheln und an mir herumzuspielen. Ich dachte, er werde verrückt dabei! Doch aus diversen Gründen beschloß ich, ›das ist noch nicht genug. Ich will ihn wirklich völlig verrückt machen‹. So kletterte ich wieder herunter und setzte mich jetzt direkt auf seine Brust, um dort mit dem Masturbieren fortzufahren. Sein Gesicht war nahe genug bei mir, daß er alles sehen, alles riechen konnte. Er konnte sich auch ein wenig aufrichten, aber nicht weit genug. Und dann hatte ich einen Orgasmus – auf seiner Brust, fast in seinem Gesicht. Und da endlich schrie er ›stop‹!«

Einige Frauen stellten auch fest, daß das ›Knechtsspiel‹ das Vertrauen in ihrer Ehe entwickelte, andere hielten es auch für wichtig, in Bezug auf die Zeit feste Regeln zu vereinbaren, um sich so selbst zu schützen. Judith, 40 Jahre alt, bisexuell und seit acht Jahren verheiratet, diskutierte beide Fragen:

»Ich fand beim ›Knechtsspiel‹ eine Menge Selbstvertrauen und ebenso Zutrauen zu Nathan. Es machte ihm gar nicht soviel aus, gefesselt zu werden, wie ich vorgab. Ich hatte wirkliche Hemmungen und war auch ängstlich. Ich erkannte bald, daß er nicht mehr tun wollte, als was ich wünschte, aber trotzdem war es für mich wichtig, feste Regeln einzuführen. Wenn ich gefesselt war und die Lust dazu verlor, dann mußte ein Teil unserer Vereinbarung sein, daß ich ›nein, nein‹ sagen konnte, meinetwegen auch ›stop‹, auch wenn ich das nicht unbedingt so meinte. Es war notwendig, einen Sicherheitsfaktor einzubauen, denn nur ›nein‹ zu sagen, ist nicht unbedingt sicher. Deshalb suchten wir uns ein Wort aus, das man gewöhnlich nicht braucht, das Wort ›Chrysantheme‹. Wir haben es die ganze Zeit beibehalten, und dieses Wort bedeutete ›jetzt ist es mir ernst – bitte stop, ich will keinen Schritt weiter gehen‹. Aber wir haben es nicht oft gebraucht.«

Diese Art des Rollenspiels mit einer neuen Partnerin zu beginnen, ist für manche Frauen sehr schwierig. Suzanne beschreibt einen subtilen Weg, um das ›Knechtsspiel‹ einzuführen:

»Ich mochte es nicht mit jedem spielen – ich dachte, es würde viele Frauen aus der Fassung bringen. In der letzten Zeit tat ich es aber, brachte einfach einen Faden heraus und legte ihn neben mich. Wir schauten ins Feuer im offenen Kamin, und ich fragte, ›hat dich jemals jemand gefesselt?‹ und sie sagte nein, aber auch, daß sie es gern einmal probieren würde. Ich sagte, ich hätte keinen Strick, aber wir könnten genausogut meinen Nähfaden nehmen. Zuweilen möchte ich ganz einfach fragen, ob sie jemals zuvor das ›Knechtsspiel‹ gespielt hat und dann je nach ihrer Reaktion weitermachen.«

Phantasie kann auch als Ersatz für die Realität dienen, vor allen Dingen in Fällen, in denen die gewünschten Aktivitäten in der Praxis nicht durchführbar sind.

Samantha, 35 Jahre alt, geschieden, beschreibt, wie sie und ihr Liebhaber die Phantasie zu Hilfe nehmen, wenn sie Liebe machen wollen, aber nicht beieinander sind:

»Da wir im Moment nicht zusammenleben können und oft getrennt sind, masturbieren wir miteinander am Telefon, wobei man sich ja nicht sieht. Weil wir beide tagsüber sehr stark beschäftigt sind, sprechen wir fast jeden Abend solange miteinander, bis wir uns gegenseitig zum Höhepunkt gebracht haben. Wir erzählen davon, was wir sexuell miteinander gemacht haben und wie herrlich wir uns dabei fühlten. Wir reden auch davon, was wir mit anderen Leuten gemacht haben, die wir gern hatten. Er erzählt mir von allen möglichen Dingen, die Frauen ihm getan haben und das macht mich wirklich erregt, wenn ich mir das vorstelle, während ich dabei masturbiere. Ich kann mehrere Orgasmen bei einem Gespräch haben, er hat normalerweise nur einen, aber dann fühlen wir uns intimer und enger beieinander. Es ist ganz anders, als wenn man allein masturbiert, eine bestimmte Art, mit demjenigen sehr intim Zärtlichkeiten auszutauschen, für den man da ist. Natürlich ist es nicht so gut, als wenn man ihn im Bett hätte, aber es ist eine verdammt gute und hübsche Sache.«

Orgasmus

All diese vorhergehenden Spiele, Hilfsmittel und Techniken können allgemeine Routine durchbrechen und Freude und Leidenschaftlichkeit in einer sexuellen Partnerschaft steigern. Sie steigern aber nicht notwendigerweise die Ansprechbarkeit der Frau. Viele Frauen haben Kummer mit dem Orgasmus. Die Mehrzahl der Frauen, mit denen wir gesprochen haben, hielten den Orgasmus für sehr wichtig und suchten alles zu tun, um möglichst oft zum Orgasmus zu kommen. Dabei entdeckten sie im Laufe der Zeit manche wertvollen Techniken.

Allison, 35 Jahre alt und seit zwei Jahren geschieden, erfand Mittel und Wege, um ihre Clitoris in fast jeder Lage zu stimulieren:

»Der wichtigste Durchbruch in meinem Sexualleben war der, als ich lernte, meine Clitoris während des Geschlechtsverkehrs zu stimulieren. Seit ich damit begonnen habe, hab ich fast immer einen Orgasmus. Und ich bin langsam zu der Auffassung gelangt, daß das eben meine Art des Lebens ist und daß daran auch absolut nichts falsch ist. Und weil ich davon überzeugt bin, haben es meine Partner auch ohne jegliche Schwierigkeit akzeptiert. Manchmal benötige ich während des Geschlechtsverkehres mehr Salbe auf meiner Clitoris. Ohne die hätte ich durch die Selbststimulierung Schmerzen. Dann gebe ich eben etwas Speichel von meinem Mund auf die Hand und damit ist das Problem gelöst. Jetzt habe ich ein ganz anderes Selbstgefühl. Nun weiß ich, daß ich eine Frau mit großer Bereitschaft zum Orgasmus bin, dazu sehr gefühlvoll und eine große Liebhaberin obendrein. Und ich kann in fast jeder Stellung einen Orgasmus bekommen.«

Wir entdeckten, daß es sogar für unfähige Frauen oder solche mit sehr geringen Genitalempfindungen möglich ist, einen Orgasmus kennenzulernen.

Lydia, eine 21jährige Querschnittgelähmte, informierte uns:

»Ganz gleich, welche Art Orgasmus ich habe, bemerke ich normalerweise eine Temperaturerhöhung, und mein ganzer Körper wird wirklich schön warm. Aber beim Genitalorgasmus habe ich ein Kribbeln im ganzen Bauch. Nichtgenitale Orgasmen sind nicht so unbedingt in meinen Genitalien lokalisiert. Ich bin auch schärfer auf die Empfindungen, die meinen ganzen Körper erfassen und bin nicht mehr so stark auf die Genitalien zentriert seit meinem Unfall. Heute reagiere ich stärker auf das Streicheln des ganzen Körpers oder auf meine Phantasiebilder.«

Manche Frauen betrachteten den Orgasmus als zweitrangig und hielten das enge Beieinandersein, die Zärtlichkeit und die gegenseitige Fürsorge beim Geschlechtsverkehr für wichtiger. Dazu führte die 54jährige verheiratete Billie aus:

»Manchmal ist das Eng-Zusammensein und das Geliebt-Werden alles, was ich brauche. Es ist ein so schönes Gefühl, gehätschelt zu werden, und ich fühle mich allemal geliebt, wenn wir sexuell zusammen sind.«

Gerade so, wie Frauen Unterschiedliches benötigen, um zum Orgasmus zu kommen, haben sie auch unterschiedliche Orgasmuserfahrungen. Manche kamen schnell, andere benötigten mehr Zeit. Manche hatten eine Serie von Orgasmen, die dann in einem alles überwältigenden Ausbruch ihren Höhepunkt fanden, andere wiederum hatten nur einen Orgasmus und fühlten auch nicht den Wunsch, einen weiteren zu haben. Einige meinten, ein gleichzeitiger Orgasmus der Geschlechtspartner sei nur ein Mythos oder völlig unwichtig, wieder andere hatten ihn erfahren und das sogar häufiger. Die folgende Frau bot eine detaillierte Schilderung, wie sie und ihr Partner es anstellten, gemeinsam zum Orgasmus zu kommen. Bev ist dreißig Jahre alt und lebt mit einem Mann zusammen:

»Wir lassen und sehr viel Zeit, um immer ganz gemeinsam zu dem Punkt unmittelbar vor dem Orgasmus zu kommen und bleiben an ihm möglichst lange stehen. Es ist gerade so, als bestünde zwischen uns eine Art Abmachung, daß wir für eine Weile einfach nicht kommen wollen. Je stärker man zum gemeinsamen Orgasmus hinstrebt, um so langsamer muß man sich bewegen und das Gefühl wird schwächer und schwächer. Ich denke, daß das, was da bei mir passiert, fast wie ein Riß in meiner Wahrnehmung ist. Ich tue etwas mit meinem Körper, weil ich mich insgesamt auf diesem Stand von Spannung halten will. Es darf auf gar keinen Fall zu einer weiteren Steigerung der Spannung kommen, dann gehe ich hinüber. Aber ich muß dabei sehr genau aufpassen. Und wenn ich endlich hinübergehen will, ist es vielleicht schon zu spät. Es gibt da eine Art der Verständigung mit meinem Partner, wenn ich zu erregt werde, so daß wir ein wenig abkühlen, oder etwas anderes tun; oder für ein paar Minuten aussetzen können. Während dieser Zeit achte ich nicht darauf, was mit ihm geschieht, denn dann bin ich völlig auf mich konzentriert, aber wir ziehen uns gegenseitig auf den Erregungspegel des anderen hinauf. Wenn die Erregung dann auf diesem hohen Pegel eine Weile anhält, ist es ganz einfach, zu gleicher Zeit mit dem Partner zum Orgasmus zu kommen. Beide waren lange genug bereit dazu, daß es keiner besonderen Anstrengung mehr bedarf, um gemeinsam das Wehr springen zu lassen. Und wenn der eine mit dem Kommen beginnt, reißt er den anderen ganz einfach mit.«

Eine andere Frau berichtete von einer Vorliebe, die ihr den Orgasmus bringt. Mary ist 48 Jahre alt und kürzlich geschieden:

»Gewöhnlich erfahre ich nur einen Orgasmus. Aber, ich weiß nicht, ob das eine Idiosynkrasie ist, aber wenn ich zum Orgasmus bereit bin und in meiner Vagina steckt weder ein Finger noch ein Penis, dann verletzt mich das, denn dann ist nichts zum Greifen da. Deshalb bitte ich ihn immer, wenn ich merke, daß ich zum Orgasmus komme und er ist gerade damit beschäftigt, an mir zu saugen oder mich mit der Zunge zu verwöhnen, daß er doch seine Finger auch noch in meine Vagina steckt.«

Hinterher

Es war klar, daß für die meisten Frauen der Geschlechtsverkehr nach dem Orgasmus nicht zu Ende ist. Sie fanden Wege heraus, um die Zeit danach zu einem integralen Bestandteil des Liebemachens zu gestalten. Fran, 32 Jahre alt, Flugverwalterin, alleinstehend, die mit einer Stubengenossin das Zimmer teilt, berichtete uns das Folgende:

»Zuweilen fühle ich mich nach dem Sexakt besonders energiegeladen und sehr stark zu meinem Partner hingezogen. Er mag bereit sein, einzuschlafen, aber ich bin nach wie vor daran interessiert, ihm ein wenig Freude zu bereiten. In solchen Augenblicken stehe ich auf und gehe ins Badezimmer, um einen schönen, warmen Waschlappen zu holen und damit den Penis meines Partners abzuwaschen. Anschließend massiere ich ihn mit einem Tuch oder mit Talkumpuder. Manchmal ist er dann so entspannt, daß er dabei einschläft. Aber das plagt mich nicht. Ich genieße nur die innige Nähe und genieße es, etwas für ihn zu tun.«

Eine Frau, die keine regelmäßige Sexpartnerschaft hatte, fand einen Weg, um die Gefühle des Geschlechtsverkehrs tagelang danach zu erhalten. Sage, 35 Jahre alt, ist Lesbierin und lebt solo:

»Wenn ich eine wirklich schöne Liebeserfahrung in meinem Bett gemacht habe, wechsle ich die Laken für einige Zeit, eine Woche oder so, nicht aus. Ich arbeite für meine Schreiberei viel im Bett und der wunderbare Duft erlaubt mir, das schöne Erlebnis erneut zu genießen. Das ist eine herrliche Hilfe für mich, denn ich bewahre mir mit diesen Düften Erinnerungsmomente des Erlebten. Ich wechsle die Bettlaken, ehe jemand anders kommt, aber ich will eine Zeitlang in den alten liegen. Ich denke, das ist ein wirklich guter Tip für Alleinstehende, die nicht regelmäßig eine Partnerschaft haben.«

Eine Anzahl Frauen gab uns wertvolle Hinweise, wie sie es geschafft hatten, alle Spuren und Eile aus ihrem Liebesleben zu verbannen. Taschentücher oder Wischlappen auf dem Nachttisch bildeten hier generell die Lösung. Elaine, 38 Jahre alt und seit zwei Jahren verheiratet, pflegt ein sauber gefaltetes Taschentuch unter ihrem Kopfkissen zu haben. Sie empfahl auch Servietten für Frauen, die Babies haben und vorsichtig sein wollen:

»Die Sachen, die wir über die Jahre brauchten, waren Handtücher oder Servietten. Sie sind am leichtesten zu haben und, gleichgültig wo immer man ist, es kann dann nichts passieren, wenn man ein Baby dabei hat. Auf dem Wege haben wir eine Menge Verwandte besucht, auf ihren Couches geschlafen und ihre Bettwäsche benutzt. Das war der übliche Platz zum Schlafen für uns, wenn wir in Urlaub waren. Und kein Mensch hat sich etwas dabei gedacht, daß man solche Tücher im Koffer hatte, wenn man mit kleinen Kindern reiste.«

Eine Frau legte einen Waschlappen oder ein Handtuch während der Nacht zwischen ihre Beine, um damit den Liebessaft aufzufangen und führte am Morgen noch für ein paar Stunden einen Tampon ein, falls immer noch etwas nachlief. Eine andere Frau schlug ein Kleinkissen für den gleichen Zweck vor. Zwei weitere nützliche Anregungen wurden von Frauen gegeben, die das Pech hatten, während ihrer Periode Geschlechtsverkehr zu haben, und für solche Frauen, die einen täglichen Fluß haben:

»Wenn ich während meiner Periode Geschlechtsverkehr habe, trage ich meine Trennscheibe. Das Blut staut sich dann hinter der Scheibe und macht keinen Schmutz. Die andere Möglichkeit, während meines Unwohlseins Geschlechtsverkehr zu haben ist die, daß ich ein Tuch unter mir liegen habe und so sicherstelle, daß nicht alle Laken blutig werden. Dadurch kann ich mich viel besser entspannen, wenn ich Sex habe, denn ich muß nicht befürchten, daß ich alles blutig mache.«

Die allerunüblichsten Sexualerfahrungen

Wir warteten grundsätzlich bis zum Ende des Interviews, ehe wir die Frauen nach ihren allerunüblichsten Sexualerlebnissen fragten. Im Verlauf der Interviews kamen die Frauen langsam dazu, mit uns gemeinsam einen Bericht zusammenzubauen, wobei sie jeweils kleine Stücke von Informationen gaben. Das generelle Resultat war eigentlich, daß das Interview immer persönlicher und intimer wurde, je länger es andauerte.

Auf diesem Wege konnten die Frauen erst ausprobieren, wie wir reagierten und ein Gefühl der Sicherheit entwickeln, ehe sie weitere Intimitäten von sich gaben.

Wenn Frauen ihre allerunüblichsten Sexualerlebnisse in den Einzelheiten ausbreiteten, wurde das zur weiblichen Ausgabe einer gewissen Art von Stammtischgesprächen. Manchmal waren wir gemeinsam schockiert oder wir lachten zusammen, aber sehr oft gab es Gelegenheiten für einige lüsterne Gespräche, etwas, zu dem wir als Frauen selten eine Gelegenheit fanden.

Es gibt nur sehr selten einmal eine Möglichkeit, daß eine Frau ihre sexuellen Heldentaten vor anderen ausbreitet. Während für

Männer das Weitererzählen ihrer sexuellen Abenteuer ihr Prestige hebt und ihnen Ansehen verschafft, würden Frauen in ähnlicher Situation unbedingt als Schlampe, Hure oder Flittchen betrachtet. Frauen in dieser Gesellschaft haben nicht die Aufgabe, mit ihrer Sexualität zu protzen. Sie haben zimperlich und diskret zu sein. Irgendwie erwartet man einfach von den Frauen nicht, daß sie das gleiche sexuelle Interesse, die gleichen Wünsche, den gleichen Kitzel der Erregung hätten wie die Männer. Solche Gefühle und Aktivitäten sind ihnen verboten, und wenn sie sie vielleicht auch erlebt haben, dürfen sie doch keinesfalls mit anderen darüber reden.

Man stelle sich vor, man höre einem Mann zu, wenn er seinem Freund erzählt, wie er gestern abend aus der Bar kam und diese attraktive Frau sah; wie er es schließlich fertigbrachte, sie zu treffen, ihr ein paar Gläser zu trinken anbot, sich mit ihr an einen Tisch setzte und mit ihr plauderte. Wie er danach mit ihr das Lokal verließ, ihr in seinen Wagen half und mit ihr nach Hause kam in seine Wohnung und dort dann mit ihr ins Bett ging. Man würde das als eine veritable Eroberung betrachten. In Übereinstimmung mit unserer Zivilisation hätte dieser Mann alles durchaus richtig gemacht. Und dann stelle man sich diese ganze Geschichte noch einmal vor, nur mit dem Unterschied, daß eine Frau in dieser Weise den Ablauf der Ereignisse schildern würde. Sie würde in ein Lokal gehen, um sich nach einem interessanten Mann umzuschauen. Sie sähe solch einen attraktiven Mann und würde dafür sorgen, daß sie ihn kennenlernt. Und sie sitzen zusammen und unterhalten sich und trinken dabei irgend etwas und anschließend lädt sie ihn zu sich nach Hause ein und verführt ihn dort.

Die genau gleiche Geschichte löst Beifall aus, wenn sie von einem Mann erzählt wird, verursacht aber genau so rasch Mißfallen, wenn sie eine Frau berichtet. Selbst wenn sie ihn so geschickt verführen würde, daß er meint, sie verführt zu haben, kann er zwar bei seinen Freunden mit diesem Erlebnis prahlen, während sie keineswegs darüber zu sprechen hat. Sie könnte wirklich nicht sagen, »Du wirst nicht glauben, was ich letzte Nacht erlebt habe. Ich traf diesen herrlichen Mann, und er war im Bett phantastisch!« Der Verführer ist immer der Mann und die Frau stets diejenige, die verführt wird. Der ganze Vorgang ist nur dann akzeptabel, wenn er sie verführt und sie sich verführen läßt. Es ist ein neuer Trend in der Erlebniswelt der Frau, wenn sie sexuelle Erlebnisse wünscht und daher herbeiführt, wenn sie dabei völlig und mit Freude beteiligt ist, und zwar nicht, weil ihr Partner dafür gesorgt hat, daß es zu diesem Erlebnis kam, sondern sie selbst allein, um ihres sexuellen Genusses willen.

Obwohl sich viele Frauen aktiver und einfallsreicher am Geschlechtsleben beteiligen, ist das die unwidersprochene Norm. Es ist der Anfang zu einem freieren Denken der Frauen, wenn sie sich auf einen Boden wagen, der bislang ausschließlich männliche Domäne war. Folglich waren einige der Frauen, mit denen wir sprachen, der Ansicht, sie hätten nie im Leben etwas erlebt, das man unter dem Titel ›unübliche sexuelle Erlebnisse‹ einordnen könne. Sie waren der Überzeugung, sie hätten immer nur an konventionellem Sex teilgenommen, und keines ihrer sexuellen Erlebnisse hätte jemals den Anstrich des Außerordentlichen gehabt. Immerhin gab es aber auch andere, die durchaus in der Lage waren, von außergewöhnlichen sexuellen Erlebnissen zu berichten, und die dabei die Gewißheit hatten, daß sie eine gleichberechtigte Partnerin gewesen seien.

Außergewöhnliche Sexualerlebnisse bilden eine ganze Tonleiter verschiedenster Ereignisse. Was für die eine Frau normal schien, war für die nächste absolut ungewöhnlich und umgekehrt. Vieles von dem, was manchen Frauen unüblich schien, wurde in anderen Abteilungen dieses Buches bereits besprochen. Als Beispiel möge folgendes dienen: verschiedene sexuelle Phantasien in die Wirklichkeit zu übertragen, wurde von einigen als exotisch betrachtet, andere sahen Sex außerhalb des eigenen Hauses, oder in einem Kino oder an der Arbeitsstelle als außerordentlich kühn an. Die in diesem Kapitel niedergelegten Erlebnisse dagegen wurden nach dem Gesichtspunkt ausgewählt, was allgemein als unüblich oder außergewöhnlich angesehen wird. Daher mögen unsere Leserinnen manche der nachfolgenden Berichte als schokkierend oder unglaubwürdig empfinden. Trotzdem sind sie alle wahr und wurden von den Frauen, die diese Berichte gaben, als genußreich bezeichnet.

Ein Thema, was von mehreren Frauen wiederholt wurde, war die ›Schon-erlebt‹-Erfahrung. Dabei handelte es sich um sexuelle

Erlebnisse mit jemandem, den man von früher kannte. In einigen Fällen hatten die beiden schon früher einmal in Intimbeziehung gestanden, in anderen hatten sie sich nur gekannt und waren eng befreundet gewesen.

Sage, eine 32 Jahre alte Therapeutin, die allein lebt, beschreibt ihre Gefühle, als sie mal einen Mann im Bett hatte, nachdem sie zehn Jahre nur mit Frauen geschlafen hatte. Danach erzählt sie ein Erlebnis mit jemandem, mit dem sie lange Jahre keinen Geschlechtsverkehr gehabt hatte:

»Mein ungewöhnlichstes Erlebnis war, als ich nach zehn Jahren zum ersten Mal wieder mit einem Mann ins Bett ging. Seitdem ich Lesbierin war, kam es mir sehr befremdend vor, mal wieder mit einem Mann intim zu sein. Aber ich wollte einmal wissen, wie das jetzt für mich wäre. Ich hatte seit meinem 22. oder 24. Lebensjahr nie mehr mit einem Mann geschlafen. Was mich dabei reizte, war nicht vor allem sein Penis, denn auch mit Frauen liebte ich es, tief in die andere einzudringen und sie in mich eindringen zu lassen. Was für mich fremd war, waren die verschiedenen Erscheinungsbilder – das Haar, die Rauheit der Haut, das Fehlen jeglicher Weichheit. Es kam mir so bizarr vor, wenn es rein mechanisch auch Genuß bereitete. Aber es war mir sehr, sehr unvertraut.

Der andere Zeitpunkt, an dem ich sehr fremdartige Eindrücke hatte, war der, zu dem ein alter Liebhaber von mir, den ich jahrelang nicht gesehen hatte, wieder auftauchte und ich mit ihm ins Bett ging. Das war solch eine Art ›Schon-erlebt‹-Erfahrung. Aber außerdem war es auch irgendwie neu. Ich fühlte, wie sich die Zeit gewandelt hatte, fühlte alt und neu zu gleicher Zeit. Wirklich eine ganz seltsame Angelegenheit. Die Gerüche, all diese Dinge aus der Vergangenheit, waren gleichgeblieben. Ich hatte sie in fünf Jahren nie erlebt, und jetzt waren sie wieder gegenwärtig wie damals.«

Einige der besten ›Schon-erlebt‹-Erfahrungen schlossen das Verbotene ein. Veronika, eine 31 Jahre alte Geschäftsführerin, rief nach der Trennung von ihrem Mann aus einem Impuls heraus einen alten Verehrer an, mit dem sie zwölf Jahre lang keinerlei Kontakt gehabt hatte:

»Nachdem ich einen Film angeschaut hatte, der mich stark an die 60er Jahre erinnerte, entschloß ich mich ganz spontan, mit meinem ersten Liebhaber, William, Kontakt aufzunehmen. Wir waren Neulinge am College und hatten uns zwölf Jahre lang weder gesehen noch gesprochen. Damals hatten wir vom Heiraten gesprochen, aber dem stand entgegen, daß ich noch in einen anderen verliebt war und mich zwischen den beiden nicht entscheiden konnte. Schließlich entschied ich mich für den anderen Jungen aus Gründen, die mir damals als ausschlaggebend erschienen. Das war ein Mißverständnis, und unsere Ehe endete mit der Scheidung, doch lag darin nicht der eigentliche Grund, weshalb ich William anrufen wollte. In diesem Punkt lag alles völlig außerhalb irgendeiner Kuriosität.

In der damaligen Zeit war ich noch Jungfrau und hatte sehr strenge Ansichten darüber, daß ich mir die Jungfernschaft für meinen späteren Ehemann zu bewahren habe. Deshalb hatten William und ich diese unendlich langen Abende mit Schmusen und Küssen, an denen wir fast gestorben wären vor Sehnsucht danach, wirklich miteinander Liebe zu machen. Natürlich haben wir immer wieder darüber gesprochen und uns dann doch entschieden zu warten.

Ich wußte, wo Williams Familie lebte, und suchte mir daher die Nummer im Telefonbuch heraus. Sein Vater war am Apparat und erzählte mir, William sei zur Zeit zu Besuch bei seinen Eltern, aber im Moment sei er ausgegangen. Ich hinterließ meinen Namen und bat, ihm auszurichten, eine alte Freundin hätte versucht, ihn zu erreichen. William rief mich noch am gleichen Abend zurück und fragte, ob er in etwa 20 Minuten herüberkommen dürfe, was ich natürlich bejahte. Ich war wirklich etwas ängstlich, weil ich mir gar nicht vorstellen konnte, was das für ein Wiedersehen werden solle, aber ich machte mich daran, das Haus mit Feuereifer sauber zu machen. Und während ich wie wild putzte, dachte ich, ›er wird mit Sicherheit kahl sein und an die 300 Pfund wiegen‹. Ich hatte absolut keine Vorstellung, wie er wohl aussehen würde, wenn ich ihm die Tür öffne. Und wie ich überrascht war! Er sah phantastisch aus, einfach glänzend!

Anfangs lag eine gewisse Spannung über dem Ganzen, aber dann setzten wir uns und erzählten, sprachen von unseren alten Collegeverbindungen und was sie für jeden von uns bedeutet hätten. Er erklärte mir, er habe das Gefühl gehabt, daß ich mit ihm mein Spiel getrieben habe, und wir besprachen diese Sache. Am Ende fühlten wir uns wirklich gut miteinander und beschlossen, nun gemeinsam ins Bett zu gehen. Das war nun der schwierigste Schritt. Es war, als ob wir in der Zeit rückwärts gingen und jetzt schließlich doch noch unsere alte Freundschaft vollziehen wollten. Ich fühlte mich wieder wie siebzehn Jahre alt. Blitzartig tauchten Erinnerungen auf an damals, wo ich immer im Zweifel war, ob ich den Weg zu Ende gehen sollte oder nicht. Und gerade unser erotisches Spiel, das dann im Geschlechtsverkehr endete, war der richtige Weg, um sich an all das zu erinnern. Und schließlich kamen wir zum Geschlechtsakt, und der war für mich außerordentlich schön, geradezu herrlich. Ich konnte mir gar nicht vorstellen, daß es so wohltuend sein konnte, denn es hätte auch peinlich und erschreckend sein können. Es war ein fremdartiges, wundervolles Erlebnis, das mit der Zukunft absolut nichts zu tun hatte. Ich wußte nicht, ob wir uns noch einmal wiedersehen würden, machte mir auch keine Sorgen darüber. Ich hatte nur das Gefühl, daß irgendetwas nun zwischen uns beendet, abgeschlossen sei.«

Eine Anzahl Frauen hatte Sexualerfahrungen einer voyeuristischen oder exhibitionistischen Art. In unserem Kulturkreis sind wir nicht darauf eingestellt, anderen beim Geschlechtsverkehr zuzuschauen oder selbst dabei beobachtet zu werden. Nachdem aber leidenschaftliche Sexualität oftmals davon herrührt, daß man glaubt, Verbotenes zu tun, so ist man meistens befangen, wenn andere zugesehen haben, wie wir Sex hatten oder stark erregt waren, was sie selbst auch erregte. Es erschien uns keineswegs verwunderlich, wenn Frauen derartige Erlebnisse in ihrem Bericht besonders hoch einschätzten. Suzanne, 37 Jahre alt, bisexuell, geschieden, bekannte:

»Wir kamen hinunter zu dem Heilbad, wo man die Sauna benutzt, besondere Diät verabreicht bekommt und in der Sonne liegt. Dort gab es ein Blockhaus, das ich nie vergessen werde. Wir kletterten auf diese Holzhütte, die sehr zerbrechlich wirkte, und hatten oben auf ihr Geschlechtsverkehr. Unten, unter uns, gingen Leute vorbei, wußten aber natürlich nicht, daß wir da oben waren. Die Sonne schien wunderbar klar und es war wunderschön oben auf dem Dach. Sicherlich war es riskant, wenn jemand hochgeschaut hätte, hätte er uns sehen müssen. Aber gerade das machte dieses Erlebnis zu einem unvergeßlichen Geschehen, das sich tief ins Gedächtnis eingrub.«

Eine Anzahl Frauen berichtete von Erlebnissen mehr voyeuristischer Natur. Anderen bei einem Sexerlebnis zuzuschauen, gilt in der Regel als pervers; so wie man beispielsweise Spanner einschätzt. Wie dem auch sei, für einige der von uns interviewten Frauen war das Beobachten oder Lauschen bei anderer Leute Geschlechtsakt Auslöser und Motor einer eigenen Sexualerfahrung, die sie niemals vergessen konnten. Dazu berichtet Iris:

»Ich war mit meiner Freundin Paula einmal oben in Big Sur. Wir hatten beide unsere Schlafsäcke bei uns und schliefen in der Hütte einer Freundin auf dem Fußboden. Die war sehr klein und hatte nur einen einzigen Raum. Die Partnerin unserer Freundin war gerade von einer Reise zurückgekehrt. Wir fühlten uns etwas merkwürdig, hatten aber keine andere Wahl, als hierzubleiben. Paula und ich gingen in unseren Schlafsäcken auf dem Boden schlafen, und die beiden anderen gingen in ihr Bett. Mir fiel es reichlich schwer, einzuschlafen und nach einer Weile bemerkte ich, daß das Paar dabei war, Liebe zu machen. Der Mond schien gerade hell genug, daß ich alles sehen konnte. Ich hatte noch nie zugeschaut, wenn andere Geschlechtsverkehr hatten, und deshalb wurde ich sehr stark erregt davon. Gerade dieses Zuschauen war eine der aufreizendsten Erfahrungen, die ich je in meinem Leben gemacht habe. Ich war so erregt, daß ich begann, zu masturbieren. Und ich war so völlig in das einbezogen, was sie taten, daß ich genau dann kam, als sie ihren Höhepunkt hatten. Anschließend kam die Partnerin unserer Freundin zu mir und fragte, ob ich nicht zu ihnen kommen wolle. Wenn ich das auch liebend gern getan hätte, so hatte ich Angst davor, was Paula wohl denken würde, wenn sie aufwachte und gesehen hätte, wie wir zu dritt Liebe machten.«

In der nachfolgenden Schilderung war das Ereignis vor allem deshalb ungewöhnlich, weil es nicht nur einmal geschah, sondern sich mehrmals wiederholte. Mrs. X.:

»Ich hatte ein sehr bizarres Erlebnis, dem ich mich für längere Zeit hingab. Ich rief einmal eine Freundin an und erwischte die falsche Nummer. Am anderen Ende der Leitung meldete sich ein Mann, der zu masturbieren begann. Es war völlig klar, daß er masturbierte und das erregte mich derart, daß ich weiter lauschte und auch zu masturbieren anfing. Er hat nie meine Telefonnummer erfahren; er wußte auch nie, wer ich war. Das Ganze war irgendwie jenseits der Wirklichkeit. Die Beziehung zu diesem Mann hielt ungefähr zwei Jahre an. Wenn ich dazu in der Stimmung war, rief ich ihn einfach an. Er pflegte mich über das Telefon so zu erregen, daß ich hätte schwören können, ihn nie mehr anzurufen. Aber ich rief ihn trotzdem immer wieder an und sagte ›hi‹ und dann nahmen die Dinge wiederum ihren üblichen Verlauf. Er gab mir einen Namen, er nannte mich Candy. Er wollte mir weismachen, daß alles, was ich zu tun hätte, nur ein Telefongespräch wäre, und gleich würde sein Glied stocksteif. Er erzählte mir auch jedes Mal haarklein, was er beim Masturbieren gerade tue. Es war einfach unglaublich. Als ich dann heiratete, habe ich ihn nicht mehr angerufen. Ich habe ihm nie gesagt, warum ich ihn nicht mehr anläute, ich habe es einfach nicht mehr getan.«

Ohne Zweifel war die ungebräuchlichste oder verbotenste Form von Sex-Erfahrung der Sex mit mehr als einem Partner beziehungsweise einer Partnerin. Wenn diese Erlebnisse auch nicht allgemein verbreitet waren, so hatte doch eine ganze Reihe von Frauen Erlebnisse über Sexbeziehungen zu zwei Männern, einem Mann und einer Frau oder einer Gruppe von Leuten. Und es gab absolut keine Möglichkeit, vom Auftreten oder der Persönlichkeit einer Frau her vorherzusagen, ob sie diese Art sexueller Erlebnisse jemals gehabt habe oder nicht. Gruppensex oder ›ménage à trois‹ (Sex zu dritt) waren nicht etwas, an dem irgend eine der Frauen häufig teilgenommen hätte. Generell hatten sie sich dieser Art von Aktivitäten einmal oder höchstens einige Male hingegeben. Aber diese Erlebnisse blieben ihnen im Gedächtnis haften. Gruppensex schuf eine Situation, in der man die Möglichkeit hatte, zu beobachten oder auch beobachtet zu werden und sich dabei völlig sicher zu fühlen. Er kombinierte die Möglichkeiten der verbotenen Eigenschaften des Voyeurismus und des Exhibitionismus mit einem sehr hohen Erregungsgrad, ausgelöst durch zwei oder mehr Münder, vier oder mehr Hände und womöglich auch noch einen Extra-Penis. Roberta, 35 Jahre alt, geschieden, mit einer zehn Jahre alten Tochter, berichtete dazu:

»Es ist nun zwei Sommer her, als ich mit zwei Männern in einem

King-Size-Bett Geschlechtsverkehr hatte, und das war ein phantastisches Erlebnis. Ich wurde – wie soll ich das ausdrücken – von zwei Seiten belagert. Ich lag auf der Seite und einer der Männer lag hinter mir, der andere wandte mir das Gesicht zu. Die beiden beteiligten Männer sagten mir nachher, es wäre eine tolle Sache gewesen, ihre beiden Penisse aneinanderstoßen zu fühlen, als sie beide in mich eindrangen. Der eine war in meinem Anus, der andere in meiner Vagina. Und beide meinten, es sei für sie ein unheimliches Erlebnis gewesen. Aber für mich war es ein absolut exstatisches Erlebnis. Es bildete einen der Höhepunkte meines Sexlebens überhaupt.

Der Weg, wie es dazu kam, war der, daß wir gemeinsam an den Strand gingen. Ich war mit meinem Freund zusammen, und zu uns gesellte sich ein Freund von uns, der keine Verabredung hatte. Von da an haben wir scherzhaft über Gruppensex geschwätzt. Am Abend rauchten wir dann zusammen etwas Kiff und waren alle drei entspannt. Als dann mein Freund und ich in das andere Zimmer kamen, war er derjenige, der wollte, daß der andere auch komme. So haben wir gerade herumgeblödelt, und es wurde ein ganz reizendes Erlebnis.«

Einige dieser Gruppensex-Erlebnisse ereigneten sich, als die Frauen in Urlaub waren. Iris, 32 Jahre alt, lebt mit einem Mann zusammen und erzählte uns folgendes:

»Einmal war ich mit diesen beiden Männern auf Reisen und wohnte mit ihnen in ihrem Pariser Haus. Es war an einem frühen Abend und wir lagen, eingewickelt in eine Wolldecke, auf dem Fußboden und hörten Musik und plauderten miteinander. Bald merkte ich, daß einer der Männer meinen Körper unter der Decke streichelte. Ich ließ mir das gern gefallen, erinnere mich aber, daß ich etwas verstört war, weil ich Bedenken hatte, welchen Eindruck das wohl bei dem anderen Knaben hinterlassen würde. Dann begann der andere mein Bein zu streicheln. Und ich dachte: ›Was fange ich da an? Wo führt das hin? Beide kommen auf mich zu und keiner merkt von ihnen, was der ander tut!‹ Ich fragte mich vergeblich, wie ich da wieder herauskommen würde, entschied mich aber, mich einfach gehenzulassen und abzuwarten, wo das Ganze hinführe. Offensichtlich hatten sie sich früher schon einmal eine Frau geteilt, denn keiner von beiden schien überrascht zu sein, als ihre Hände sich trafen, während sie mich streichelten. Und als mir selbst bewußt wurde, daß die beiden genau wußten, was sie taten, fühlte ich mich entschieden wohler. Sie hatten aneinander keinerlei sexuelles Interesse, so daß ich ihre ungeteilte Aufmerksamkeit genoß. Langsam glitt die Decke von mir ab, während die beiden aktiver wurden. Jean-Paul entkleidete mich, Frederick küßte mich inzwischen überall da, wo meine Hüllen gefallen waren. Ich erinnere mich noch, daß einer begann, an mir zu nagen, derweil der andere mit meinen Brüsten spielte. Nach einer sehr langen Zeit des Küssens und Streichelns hatte Jean-Paul dann mit mir Geschlechtsverkehr, während Frederick sich damit begnügte, daß ich ihn mit Lutschen auf den Punkt brachte. Wir hatten alle drei einen Orgasmus. Nachdem wir noch eine Weile miteinander geschmust hatten, ging Frederick in sein Schlafzimmer, während Jean-Paul bei mir blieb und mit mir schlief. Es war eines der zartesten, sinnlichsten und schönsten sexuellen Erlebnisse, die ich je gehabt habe.«

Zuweilen war der Gruppensex auch mehr, als ein zufälliges Sichaustoben mit einer unbekannten Person. Die folgenden zwei Frauen hatten tiefe emotionale Beziehungen mit beiden Personen, mit denen sie auch sexuell verkehrten.

Judith, eine vierzigjährige Bisexuelle, die verheiratet ist und ihre Kinder auf einem Internat hat, berichtete:

»Mein Mann und ich haben am Anfang unserer Verbindung sexuell sehr viel herumexperimentiert. Bis dahin hatte keiner von uns den Wunsch gehabt, eine dritte Person zu unseren sexuellen Beziehungen hinzuzunehmen. Als die Umstände es gerade so wollten und alles stimmte, kam eine dritte Person hinzu. Das ist erst vor einigen Monaten geschehen. Ein alter Freund von uns, Mel, den ich schon seit ungefähr fünfzehn Jahren kenne und der im Fernen Osten lebt, kam zu Besuch hierher. Er war für lange Zeit für mich ein sehr guter Freund. Kürzlich passierte es, daß sein ältester Sohn bei einem Unfall ums Leben kam. Er war völlig verstört davon. Zunächst war er absolut unfähig, mit irgend jemandem darüber zu sprechen. Dann kam er im Januar für etwa vier Monate hierher zu uns, weil er mit uns aus verschiedenen Gründen über seinen Jungen sprechen wollte. So verbrachten wir einen ganzen Abend damit, alles das durchzusprechen, was sich ereignet hatte und versuchten ihm zu helfen, mit seinen Gefühlen wieder ins Reine zu kommen. Mein Sohn hat auch eine Menge Probleme gehabt, so war ich in dieser Unterhaltung sehr stark engagiert. Wir versuchten alle drei, über unsere Beziehungen zu unseren Kindern ins Klare zu kommen, überlegten, inwieweit wir für das verantwortlich sind, was ihnen zustößt, und all solche Dinge. So wurde es eine sehr intensive Vier-Stunden-Diskussion, an deren Ende wir uns so innig miteinander verbunden fühlten, daß es sehr künstlich gewirkt hätte, wenn man keinen physischen Kontakt miteinander gehabt hätte. An einem Punkt der Diskussion hatte ich die Schulter meines Freundes gestreichelt, aber das hatte mit sexuellem Erleben absolut nichts zu tun. So langsam kamen wir zum Ende des Gespräches, denn es war inzwischen Mitternacht, und ich fühlte mich erschöpft. Daher machten wir Schluß. Nathan und ich gingen in unser Schlafzimmer, Mel ins Gästezimmer. Nathan und ich schauten uns gegenseitig an und er sagte: ›Meinst Du, daß Mel gekränkt wäre, wenn wir ihn einladen, mit uns zu schlafen?‹ Es war ganz offensichtlich, daß Mel von all dem, was geschehen war, sehr zerbrochen war. Deshalb forderten wir ihn auf, sagten aber gleich dazu, dies sei keine sexuelle Aufforderung. Natürlich konnte es diesen Weg nehmen, aber es klang doch entschieden anders, als wenn ich gesagt hätte: ›Willst Du mich ficken?‹ Wir sagten lediglich, wir seien der Ansicht, er brauche jetzt ein wenig physisches Wohlbefinden und körperliche Nähe. Er ist ein sehr gerader Mann, deshalb dachten wir, es sei richtig, ihm die Wahl zu lassen, ob er statt Nathan neben mir liegen wollte. Er aber entschloß sich, in der Mitte zu liegen, was ich für reichlich ungewöhnlich hielt. Er ist ein Mann von 55 Jahren und hat nach meiner Kenntnis niemals geschlechtliche Erfahrungen mit anderen Männern gehabt. Immerhin, alles was in dieser Nacht sich an sexuellem Erleben entwickelte, geschah auf Mels Initiative hin. Jedenfalls hatten wir drei in dieser Nacht Sex zusammen. Und es war ein phantastischer Sex. Es war nicht so, daß wir während der ganzen Nacht pausenlos kamen oder als ob ich zwanzigmal einen Orgasmus gehabt hätte. Nichts dergleichen war das. Was geschah, war, daß der Sex denselben Ausdruck von Liebe und Fürsorge annahm, den wir schon den ganzen Abend miteinander geteilt hatten. Dieses ganze Erlebnis stand weit außerhalb von dem, was ich in einer langen, langen Zeit sexuell erlebt hatte. Es war einmalig und wunderschön. Ich weiß auch nicht, ob man so etwas jemals wiederholen könnte.«

Im folgenden Bericht war Suzanne fähig, ein sexuelles Erlebnis gleichzeitig mit ihrem männlichen Liebhaber und ihrer weiblichen Liebhaberin zu genießen. Sie ist 37 Jahre alt, bisexuell und geschieden. Die Intensität dieses Erlebnisses dürfte bedingt sein durch die Notwendigkeit, auf eines der beiden zu verzichten. Hier ihr Bericht:

»Nach ungefähr einem Monat machten wir es zu dritt. Hier war der Mann, den ich über alles in der Welt liebte und dort war die Frau, die ich ebenfalls über alles in der Welt liebte. Und deshalb machten wir alle gemeinsam Liebe. Ich war gleichzeitig verwundert und sehr erregt. Zuerst trafen wir uns zum Dinner, um zu sehen, wie jeder mit dem anderen zurechtkomme, denn bis dahin hatten die beiden sich nicht gekannt. Wir trafen uns in einem Restaurant, und die Dinge standen günstig. Jeder sagte: ›Okay, lassen wir es uns versuchen!‹ Wir kamen also hierher und machten Liebe, und es war mein erstes Liebeserlebnis zu dritt. Ich war sexuell und gefühlsmäßig auf sehr reale und sehr tiefe Weise an beide sehr stark gebunden. Immerhin war es nicht für uns alle das gleiche Erlebnis. Für mich war es wunderbar, für Carol war es ganz gut, aber Franklin wurde von einer gewaltigen Eifersucht geplagt, als er Carol und mich beim Geschlechtsverkehr sah. Er war ganz einfach eifersüchtig auf unser Verhältnis zueinander, und das färbte auf unsere Beziehung in den nächsten Monaten so stark ab, daß er mir schließlich ein Ultimatum stellte. Er sagte mir, er wünsche sich, mit mir zu leben, womöglich mich zu heiraten, aber ausschließlich mit mir zu leben, und zwar in einer monogamen Beziehung mit mir. Ich dachte, das gehe nach einer gewissen Zeit vorüber, und sagte daher: ›Dieses Ultimatum kann ich nicht annehmen. Ich bin für Frauen ebenso offen. Ich kann mir ganz einfach mein Leben nicht monogam vorstellen, und obwohl ich dich sehr stark liebe, kann ich dem nicht zustimmen, was du mir da anbietest‹. Er antwortete nur: ›Okay, dann will ich dich nie wiedersehen.‹ Und er verließ die Stadt, und ich habe nie mehr von ihm irgend etwas gehört oder gesehen.«

Die letztendlich liebste Phantasievorstellung vieler Leute ist nicht, ein Sexerlebnis mit zwei anderen zu haben, sondern an einer richtigen Orgie teilzunehmen, bei der sie mit so vielen anderen Geschlechtsverkehr haben können, wie sie sich an diesem Abend wünschen. Diejenigen, die über solche Erlebnisse zu berichten wußten, hatten natürlich erwartet, daß ein Ereignis speziell dafür organisiert wurde, um die Gelegenheit für Gruppensex zu schaffen. Das war nichts, was aus der Eingebung des Augenblicks entstanden wäre. Judith, 40 Jahre alt und bisexuell, genoß ihre Erfahrung mit Gruppensex, obwohl sie fühlte, daß es keine großartige Sache war:

»Als ich zum ersten Mal an einem Gruppensex teilnahm, hatte ich schließlich mit neun Leuten in dieser Nacht Geschlechtsverkehr. Ich habe es weder vorher noch hinterher je wieder versucht. In mancher Beziehung würde ich mir wünschen, ich könnte es immer tun, wenn ich Lust dazu hätte.«

Louise, mit 36 Jahren Witwe, fand dagegen, daß es ein weitaus erregenderes Erlebnis für sie gewesen sei:

»Ich kam in diese Gruppe von Polygamen mit einem befreundeten Herrn, mit dem ich aber keine sexuellen Beziehungen hatte. Aber man muß dort immer als Paar erscheinen. Ich hatte ihm erzählt, daß ich das Gefühl hätte, jetzt einmal etwas anderes zu machen, denn vor meiner Ehe hatte ich keine sexuellen Erfahrungen gesammelt. Ich dachte, jetzt könne ich tun, was immer ich wolle, und er unterstützte mich darin.

Der Club, in den wir kamen, ist nur für Paare eröffnet worden. Die meisten von ihnen schienen mir verheiratet zu sein. Alle paar Wochen traf man sich in einem Motel und mietete dort einen großen Raum, in dem man tanzen oder sitzen, trinken und miteinander reden konnte. Daneben hatten sie einige andere Räume, in die Paare oder Gruppen gehen konnten. Zusätzlich hatten sie noch einen weiteren Raum, in den alle gleichzeitig gehen konnten, den man aber nur paarweise betreten durfte.

Tom hatte festgestellt, wenn ich wirklich einmal etwas ganz anderes erleben wolle, dann seien wir hier genau richtig. Ich war natürlich sehr nervös, denn für mich war das hier eine tollkühne Unternehmung. Gleichzeitig erregte mich aber auch der Gedanke, daß ich etwas absolut Verrücktes tue, das jedermann schockieren müsse, der mich kennt. So kamen wir dorthin. Als wir dort waren, hatte ich zunächst wirklich Angst, irgendjemand könne sich an mich heranmachen, und ich wüßte dann nicht, was ich tun sollte. Aber als wir dann ein paar Stunden dort waren, mit anderen Leuten geredet hatten, begann ich unruhig zu werden, daß niemand sich mir nähern würde und deshalb gar nichts geschähe. Aber schließlich forderten uns zwei andere Paare auf, Tom und ich sollten doch mit ihnen kommen. Wir kamen also in der oberen Etage in einen Raum, und sobald alle da waren, zog sich jeder die Kleider vom Leib. Ich hatte mich noch nie zuvor vor einer Gruppe von Leuten nackt ausgezogen, aber ich hätte mich unwohler gefühlt, wenn ich die einzige Person mit Kleidern gewesen wäre, also zog ich mich auch aus.

In dem Raum standen zwei Betten. Der Mann, mit dem ich gekommen war und die anderen beiden Frauen belegten das eine Bett mit Beschlag, während die anderen beiden Kerle mit mir in das andere gingen. Meine einzigen wirklich großen sexuellen Phantasievorstellungen hatten sich immer nur damit beschäftigt, daß ich einmal mit zwei Männern gleichzeitig Sex haben würde und hier sollte sich das nun realisieren, so daß ich die Möglichkeit erhielt, zu kontrollieren, ob das wirklich ein so großartiges Erlebnis sei. Die beiden begannen, mich zu streicheln, und der eine sagte: ›Ich will die eine Hälfte nehmen, und du nimmst die andere.‹ Sie machten alles Mögliche gleichzeitig mit mir, und so viele Hände und Münder zu fühlen, war einfach umwerfend. Immer wieder hatte ich Riesenorgasmen, denn ich war wahrscheinlich nicht genügend entspannt für diese Situation. Auch hatte ich einige Hemmungen, weil diese Leute so etwas oft taten und ich mir nicht sicher war, was sie von mir erwarten würden. Die beiden Männer waren wirklich großartig. Sie forderten mich auf, ihnen genau zu sagen, was ich gern hätte. So erzählte ich ihnen meine Wünsche und sie erfüllten sie mir. Dann hatte ich mit dem ersten einen Geschlechtsakt, und der andere küßte und streichelte mich dabei, und nachher drang auch der andere in mich ein. Es war ganz einfach super. Eine totale Orgie.

Ich kannte die Namen dieser Leute nicht, und sie wußten den meinen auch nicht. Es gab nichts anderes als nur Sex. Dieses ganze Erlebnis war eine rein sexuelle Angelegenheit. Für mich aber brachte dieses Erlebnis Klarheit darüber, was ich an Sex gern habe: Die größten körperlichen Sexerfahrungen sind nicht das Höchste, wenn sie nicht im Kontext zu einer seelischen Verbindung stehen.«

Zu diesem Zeitpunkt der Lektüre, nachdem Exhibitionismus, Voyeurismus und Gruppensex abgehandelt wurden, mag sich unsere Leserschaft überfordert fühlen, mögen die Köpfe rauchen von all den Möglichkeiten, das eigene Sexrepertoire zu steigern oder zu erweitern. Vielleicht haben unsere Leserinnen festgestellt, daß sie nicht in der Lage sind, dieses Kapitel anders als in kleinen Abschnitten zu lesen, um immer wieder anzuhalten und den Kopf erst klar werden zu lassen. Oder man hat vielleicht auch das ganze Kapitel in einem Zuge verschlungen, ohne das Buch auch nur ein einziges Mal aus der Hand zu legen und immer in erregter Spannung, was da wohl als nächster Einfall kommen werde.

In beiden Fällen dürften unsere Leserinnen mit einem Schrittwechsel einverstanden sein. Die folgenden Kapitel sind weniger ein Potpourri von sexuellen Ideen, als vielmehr eine Betrachtung getrennter Gebiete sexuellen Funktionierens oder der Sexualität überhaupt, die das Leben der meisten Menschen berühren. Das erste dieser Gebiete und Gegenstand des nächsten Kapitels ist das Masturbieren.

Wenn es auch sehr wichtig ist zu erkennen, welche Bedingungen und Vorbereitungen für einen genußreichen Sex erforderlich sind, wären doch die meisten von uns verloren, wenn wir nicht das notwendige Wissen über die Sexualität unseres eigenen Körpers hätten und nicht mit ihr im Einklang lebten. Jeder Mensch ist sexuell einmalig. Wir haben jeder unterschiedliche sexuelle Körperzonen, die verschiedene Arten der Berührung erfordern, wenn diese zu sexueller Befriedigung führen soll. Das meiste davon ist körperlich bedingt. Daher erscheint es als unabdingbare Forderung, daß wir eine intime Kenntnis, die Fähigkeit zum ›Ja‹ zu uns selbst und unserem Körper und eine völlige Beherrschung dieses Körpers besitzen, damit wir ihn mit unserem Partner gemeinsam zum Klingen bringen können. Wenn auch unsere sexuelle Einmaligkeit in einer partnerschaftlichen Beziehung erfahren werden kann, ist für die meisten von uns doch die Masturbation der direkteste, unkomplizierteste und am meisten Freude spendende Weg zu dieser Erfahrung.

Erotik allein

Masturbation ist immer noch eines der schwierigsten sexuellen Themen, über das Frauen reden. Auch wenn die Mehrzahl der von uns interviewten Frauen geistig geschult waren und über eine gute Bildung verfügten sowie vorwiegend berufstätig waren, mußten wir feststellen, daß wir zu diesem Gegenstand weniger Auskünfte erhielten als zu jedem anderen. Entweder war das Masturbieren ein unwesentlicher Bestandteil ihrer Lebensgewohnheiten, oder es war schwierig, darüber zu reden, weil es zu viele unangenehmen Gefühle aufrührte. Die antiquierten Zivilisationsnormen, wie Masturbieren ist eine Schande oder schmutzig, und anständige Mädchen berühren sich nicht selbst, bleiben tief im Bewußtsein der amerikanischen Frauen verankert, wie sich auch aus dem Auszug der Aussagen von Dolly, einer 64jährigen Frau, ergibt:

»Ich habe bis zu meinem 55. Lebensjahr niemals masturbiert, vielleicht war ich aber auch schon älter. Obwohl ich mich nicht erinnern kann, daß man mir als Kind gesagt hätte, ich solle mich ›da unten‹ nicht berühren, hatte ich doch das Gefühl, daß es Unrecht von mir gewesen wäre, meinen eigenen Körper zu berühren. Dieses eine Masturbieren war gerade eine Protesthandlung, und ich habe mich furchtbar dabei vor mir selbst geschämt. Ich habe mein ganzes Leben lang immer geglaubt, es sei eine Schande für mich, meinen eigenen Körper anzufassen, den nur ein Mann berühren dürfe.«

Viele Ansichten, die von Frauen zum Thema Masturbation vertreten werden, sind das Ergebnis veralteter Vorstellungen.

Es gibt zwar auch noch Leute, die glauben, daß Masturbieren Warzen oder Haare auf den Handflächen zur Folge hat, die meisten sind aber nach wie vor der Überzeugung, es führe zu Krankheiten, körperlichen oder geistigen. Noch mehr Menschen dagegen sind der festen Ansicht, daß das Masturbieren ihre sexuelle Reaktionsfähigkeit auf den Mann beeinträchtige. Das geht so weit, daß Frauen, die zwar beim Masturbieren zum Orgasmus kommen, diesen beim Geschlechtsverkehr mit ihrem Mann nicht erleben und so im Stillen ihr jahrelanges Masturbieren vor der Ehe für diesen fehlenden Orgasmus verantwortlich machen, unter dem sie beim ehelichen Verkehr zu leiden haben.

Lang anhaltende Schuldgefühle wegen des Masturbierens können entstehen, wenn Frauen nach strengen religiösen und puritanischen Maßstäben erzogen wurden, nach denen das Masturbieren eine Sünde ist, oder wenn sie über das Masturbieren überhaupt nicht aufgeklärt wurden. Dazu Theresa, 30 Jahre alt:

»Ich wurde katholisch erzogen und habe das Wort ›Masturbieren‹ überhaupt niemals gehört, während ich heranwuchs. Masturbiert habe ich ab etwa 25 Jahren. Und was eine Clitoris ist, habe ich erst mit Anfang zwanzig Jahren erfahren.«

Ein anderer Mythos, dem sowohl Frauen als auch Männer anhängen, besteht in dem Aberglauben, daß ständige sexuelle Selbstbefriedigung zu einem extensiven Narzismus führe. Die Furcht geht dahin, daß Frauen davon so eingesponnen würden in ihre eigene Sexualität, daß sie keinen Geschlechtsverkehr mit anderen Menschen mehr haben wollten. Es erscheint interessant, daß die meisten Männer bereits seit ihrer Kindheit masturbiert haben, aber nur selten dazu neigen, das Masturbieren über den Sexualverkehr mit einer Partnerin zu stellen, wenn sie eine haben. Obwohl das Masturbieren genußreich und befriedigend sowohl für den Mann als für die Frau sein kann, obwohl es auch einige Vorzüge für sie hat, kann es doch manche Dimensionen des Sexualverkehrs mit einem Partner nicht bieten, eben solche wie die körperliche Wärme und den Hautkontakt wie auch das Gefühl seelischer Verbundenheit.

Eine weitere Befürchtung besteht in der Annahme, daß eine Frau, wenn sie masturbiert, sich zu anderen Frauen hinwenden würde anstatt zu Männern, wenn sie sexuelle Befriedigung suche. Dieser Aberglaube entstand aus der Tatsache, daß der Orgasmus beim Masturbieren oft intensiver ist als bei anderen Formen der Stimulierung. Deshalb vermuten auch manche Leute, daß das Liebemachen mit anderen Frauen ähnliche Resultate erbringe wie das Masturbieren, weil sie von der Erwartung ausgehen, daß Frauen eben über sich selbst genau Bescheid wüßten. Wie dem auch sei, beim Masturbieren kann die Intensität ganz einfach deshalb ständig erhalten werden, weil die Frau dauernd die Kontrolle selbst ausübt und von daher die Stimulierung in jedem Augenblick verändern kann, um ständig ihren Bedürfnissen gemäß zu handeln. Und diese Kontrolle ist nicht an einen anderen Menschen, ob Mann oder Frau, zu übertragen. Aus dem gleichen Grunde kann auch der Mann beim Masturbieren einen stärkeren Orgasmus erfahren, aber deshalb neigen noch lange nicht die Männer im allgemeinen zu anderen Männern, um von ihnen ihre sexuelle Befriedigung zu erhalten.

Die negativen Wirkungen unserer Gesellschaftsnormen, nach denen Männer stereotyp als die sexuellen Wesen, Frauen aber als die reinen, keuschen und asexuellen Wesen zu gelten haben, treffen sowohl die Frauen als die Männer. Wir sind der Überzeugung, daß diese zivilisatorische Definition bei den Frauen beachtliche Angstvorstellungen in Bezug auf die Masturbation auslöst. In anderen, partnerbezogenen Formen der Sexualität kann eine Frau schließlich fühlen, daß sie vorwiegend auf die Initiativen ihres Partners eingeht. Beim Masturbieren dagegen muß sie für die Befriedigung ihres sexuellen Appetits selbst die Verantwortung übernehmen. Da veranlaßt sie niemand, etwas zu tun oder tut es an ihr. Wenn sie masturbiert, muß sie dieses Tun mit ihrem von der Zivilisation vorgegebenen Bild als reines, keusches und sexfeindliches Wesen in Einklang bringen. Weil das aber schier unmöglich erscheint, haben viele Frauen Angst, daß Freude am Masturbieren sie zu einem übersexuellen Wesen machen könne. Diese oftmals völlig unbewußten Angstvorstellungen existieren auf einer tief emotionalen Ebene unabhängig vom sozialen Status einer Frau. Konsequenterweise führt dieser Konflikt zwischen dem sexuellen Empfinden und dem Keuschheitswahn oft dazu, daß Frauen mit allen Mitteln gegen ihren Geschlechtstrieb ankämpfen. Aber die Unterdrückung dieser Gefühle hat nur zur Folge, daß eine Frau sich ihrer selbst stärker bewußt wird.

Manche Frauen, die während ihrer Jugend, in der Zeit des Heranwachsens, in der Lage waren, ihren natürlichen Geschlechtstrieb zu unterdrücken, müssen später oftmals feststellen, daß sie ihre sexuellen Gefühle bis zu einem solchen Übermaß abgewehrt haben, daß sie hinterher beachtliche Schwierigkeiten haben, wieder zu lernen, wie sie sich in Erregung bringen können. Es kann passieren, daß sie dann merken, wie schlecht sie auf einen Partner und seine Wünsche eingehen können, ohne dabei zu wissen, warum das so ist.

Trotzdem wollen wir hier nicht behaupten, daß Masturbation eine zwingende Notwendigkeit sei, daß alle Frauen masturbieren sollten, um ein erfülltes Sexualleben kennenzulernen. Wir müssen aber mit allem Nachdruck betonen, daß es eine durchaus genußreiche und positive Erfahrung sein kann.

Tatsächlich stellten wir bei unseren Interviews fest, daß alle Frauen, die masturbierten und die auch in einer ernsthaften Partnerschaft lebten, die Masturbation als eine nützliche, aber relativ unwichtige Seite ihres Geschlechtslebens betrachteten. Ihre sexuelle Haupttriebrichtung zielte mehr auf ihre Partnerschaft als auf sich selbst hin.

Andere wiederum, vor allem solche, die keinen ständigen Sexualpartner hatten, tendierten stärker zur Selbstbefriedigung. Das Masturbieren gab diesen Frauen die Freiheit zu verschiedenen Möglichkeiten. Wenn eine Sexualpartnerschaft nicht gutging, weil man sich enttäuscht fühlte oder feststellen mußte, daß der Partner sich außerhalb dieser Verbindung bewegte, konnten diese Frauen die entstandene Leere mit Masturbation überbrücken. Für Frauen aber, die keine sexuelle Partnerschaft hatten, gewährte das Masturbieren sexuelle Erleichterung ohne die Schwierigkeiten, einen Partner nur deshalb zu suchen, weil man ihn zu sexueller Befriedigung gerade nötig hat. Aus diesem Grunde besuchen alleinstehende Frauen, die beim Geschlechtsverkehr zum Orgasmus kommen, ›vororgastische Frauengruppen‹ (das sind therapeutische Lehrgruppen, die Frauen zu helfen bestimmt sind, die mit dem Orgasmus Schwierigkeiten haben), um dort zu lernen, wie man so masturbiert, daß man zum Orgasmus kommt.

Masturbation und Orgasmus

Masturbation ist auch ein guter Weg für die Frauen, um jene Formen der Stimulierung herauszufinden, die für sie zufriedenstellend sind und am leichtesten bei ihnen zum Orgasmus führen.

Dieses Eigenwissen ist vor allem deswegen ungeheuer wichtig, weil das Orgasmus-Muster jeder Frau absolut einmalig ist. Orgasmen bilden für Frauen häufig ein Problem, weil sie entweder keine haben oder sie nicht oft genug haben oder auch weil sie unsicher sind, ob das, was sie erlebt haben, wirklich ein Orgasmus war. Zuweilen ist es schwierig, einen schwachen Orgasmus als solchen zu erkennen, weil hier die Erfahrung nicht mit den Erwartungen übereinstimmt, die man sich über das macht, was bei einem Orgasmus zu fühlen sei.

Orgasmen wechseln in der Häufigkeit in ihrer Qualität und ihrer Intensität. Sie können bezüglich ihrer Intensität von einer ganz schwachen Erlösung bis zu einem sehr starken Gefühl reichen, das begleitet wird von deutlichen Zuckungen der Vagina, wenn diese geöffnet ist, Krämpfen in Händen und Füßen und/oder Stichen im Rücken. Manche Frauen haben einen leichten Orgasmus, andere mehrere hintereinander, wieder andere haben einen starken Orgasmus, und noch andere haben mehrere schwache, die von einem starken gefolgt werden oder auch andere Kombinationen. Außerdem kann die Qualität der Orgasmen in Bezug auf ihre Anzahl, ihre Güte und Intensität von Zeit zu Zeit wechseln. Es ist einer Frau möglich, die Intensität ihrer orgastischen Reaktion bewußt zu steigern. Dazu sind zwei Techniken nützlich. Eine davon ist die, den Schließmuskel, der die Vaginaöffnung umgibt, zu trainieren, der sich häufig beim Orgasmus zusammenzieht. Dr. Kegel hat eine Reihe von Übungen entwickelt, die diesen Schließmuskel kräftigen, was für viele Frauen die Empfindsamkeit dieses Bereiches für Stimulierung als auch die Intensität der Zuckungen am Punkt des Orgasmus steigert. (A. H. Kegel »Sexual Functions of the Pubococcygens Muscle« – das ist ›Sexuelle Funktionen des Vagina-Schließmuskels‹ –, Western Journal of Surgery, 60, 10 [1952]: 521–24.).

Diese Übungen sind einfach und können fast mühelos durchgeführt werden. Dieser Schließmuskel ist der Muskel, den man beim Wasserlassen zusammendrückt, wenn man den Urinfluß stoppen will. Ihn zusammendrücken und für drei Sekunden zusammengedrückt halten, ehe man ihn wieder losläßt, ist die eine der Übungen. Die zweite Übung besteht darin, diesen Schließmuskel in möglichst rascher Folge zusammenzudrücken und wieder zu lösen und das zehn bis fünfzehn Mal hintereinander, wie auch die erste Übung stets gleich häufig wiederholt werden muß, wenn sie den gewünschten Erfolg bringen soll. Beide Übungen sollten dreimal oder öfter am Tag wiederholt werden.

Eine andere Technik zur Intensivierung des Orgasmus ist die, die wir die Reiztechnik nennen. Sie besteht darin, daß die Frau jeweils bis zu dem Punkt unmittelbar vor dem Orgasmus masturbiert, dann die Stimulierung abbricht oder ihre Intensität so reduziert, daß es nicht zum Ausbruch des Orgasmus kommen kann. Dann steigert sie die Intensität wieder und läßt ebenso wiederum nach, ehe der Orgasmus wirklich ausbricht. Diese Steigerung und Verminderung der Stimulierung drei- oder viermal hintereinander, ehe man es zum Orgasmus kommen läßt, intensiviert oftmals die Reizempfänglichkeit.

Frauen sind häufig verwirrt, wenn die Begriffe Clitoral- oder Vaginalorgasmus durch den Raum schwirren. In der Wirklichkeit ist ein Orgasmus eine Reaktion der ganzen Beckengegend und oftmals sogar des ganzen Körpers. Wenn es zum Orgasmus nur durch Phantasievorstellungen ohne irgendwelche Genitalreize kommt, ist deshalb dieser Orgasmus nicht phantasiert. Ebensowenig kann man einen Orgasmus, der durch Stimulierung der Brustwarzen ausgelöst wird, als Brustorgasmus bezeichnen. Deshalb ist auch ein Clitorialorgasmus nicht das Resultat der Stimulierung der Clitoris, wie ein Vaginalorgasmus nicht vom Stimulieren der Vagina herrührt. Ein Orgasmus ist ein Orgasmus. Die Art der Stimulierung, die am leichtesten zum Orgasmus führen kann, hängt von der einmaligen Reizempfindlichkeit des einzelnen Individuums ab und von nichts anderem.

Für die meisten Frauen ist der Bereich, der am stärksten für die Stimulierung empfänglich erscheint und damit am leichtesten einen Orgasmus auslöst, die Clitoris. Nach den Forschungsergebnissen von Shere Hite verlangen 70 Prozent der Frauen irgend eine Form von Clitoris-Stimulierung, um zum Orgasmus zu gelangen. (The Hite-Report, New York: Macmillian, 1976).

Die einen Frauen reagieren auf harte und direkte Stimulierung der Clitoris, während andere in der gleichen Körpergegend eine sanfte und indirekte Stimulierung vorziehen. Häufig wird beim Geschlechtsverkehr die Clitoris indirekt durch das männliche

Glied des Partners stimuliert, direkt oder indirekt durch das Hineinstoßen und Herausfahren des Penis aus der Scheide. Da liegt der Grund, warum manche Frauen finden, daß sie einen Orgasmus nur in einigen Sexpositionen haben können, in anderen aber nicht oder auch nur mit bestimmten Partnern. In einigen Stellungen erhalten sie ausreichende Stimulierung für ihre Clitoris entweder durch das männliche Glied ihres Partners oder auch durch die Peniswurzel, was in anderen Stellungen aber nicht der Fall ist. Oder die einmalige Anatomie einer Frau und eines bestimmten Partners fügen sich besser zusammen in einer Form, durch die sie ausreichende Stimulierung für ihre Clitoris erhält, als mit der eines anderen Partners, bei dem das nicht in gleicher Weise möglich ist.

In Bezug auf die Masturbation bevorzugen manche Frauen, zunächst mit sanftem Streicheln der Clitoris oder der inneren Schamlippen zu beginnen oder auch der ganzen Gegend um den Venusberg. Die Clitoris soll dann direkter behandelt werden und mit gesteigerter Intensität, wenn sich das Genitalgebiet stärker mit Blut gefüllt hat und sie mehr erregt sind. Andere Frauen dagegen ziehen es vor, mit harter und direkter Stimulierung ihrer Clitoris anzufangen und aufzuhören. Noch andere finden eine direkte Stimulierung der Clitoris in dem ganzen Erregungsprozeß unangenehm. Der Gebrauch von Öl – Olivenöl, Babyöl, Albolene – kann sehr nützlich sein beim Stimulieren, das dadurch weniger unangenehm wird und mehr Genuß bereitet bei Frauen, deren Genitalien besonders reizempfänglich sind.

Falls sich Leserinnen beim Lesen dieses Kapitels zum ersten Mal überhaupt mit dem Thema Masturbation befassen, mögen sie der Ansicht sein, daß diese Lektüre sie sehr unangenehm berührt. Sie meinen vielleicht, es sei schwer zu begreifen, daß manche Frauen gelernt haben, das Masturbieren zu genießen und es als einen wichtigen Teil ihres Sexuallebens betrachten.

Viele Leserinnen werden beim Lesen dieses Kapitels voyeuristische Empfindungen hegen. Sie mögen ähnliche Gefühle haben wie jene Frau sie ausdrückte, die einen Lehrfilm über weibliches Masturbieren angeschaut hatte:

»Irgendwie ist es für mich in Ordnung, das gleiche auch zu tun, aber dabei zuzuschauen? – ich meine, wenn sie es hinter verschlossenen Türen tun will, ohne daß ich sie dabei beobachte, dann ist das gut und schön, aber sie dabei beobachten und zuhören, wie sie auch noch alles erklärt ... ich hasse das Wort, aber das ist schlicht dreckig.«

Eine andere Frau weinte, nachdem sie den gleichen Film gesehen hatte. Als wir sie fragten, warum sie denn weine, antwortete sie, sie sei so traurig, denn sie stehe nun in ihren Fünfzigern und hätte erst in einen präorgastischen Lehrgang gehen müssen um herauszufinden, wie eine Frau masturbieren könne. Sie fand es einfach scheußlich, in einer Gesellschaft zu leben, die Masturbation als etwas Schmutziges betrachte. Ihre Reaktion auf den Film war, da sei überhaupt nichts Schmutziges dabei, alles sei herrlich. Die Frauen, mit denen wir sprachen, soweit sie masturbierten, hatten das an völlig unterschiedlichen Lebensstationen gelernt und wurden dazu durch die mannigfaltigsten Anlässe angeregt. Wenn auch einige von ihnen damit als Ergebnis des Besuches einer Arbeitsgemeinschaft, durch die Lektüre von Büchern oder den Besuch einer Therapeutin für Sexualfragen begannen, entdeckte die überwiegende Mehrheit der von uns interviewten Frauen die Masturbation doch bei sich selbst. Viele lernten es auch schon in sehr jungen Jahren, wie es die folgende Frau anschaulich beschreibt:

»Als ich in meiner Kindheit masturbierte, dachte ich, das hätte ich selbst erfunden. Ich dachte, das sei etwas, von dem nur Kinder wissen, Erwachsene aber keine Ahnung haben.«

Andere, wie Lorraine, die 27 Jahre alt ist, entdeckten es in ihrer Reifeperiode oder auch später erst:

»Ich dachte bei mir selbst, als ich ein Teenager war, wie ich wohl masturbieren könnte, und es gelang fast ganz natürlich. Eines Nachts, als meine Eltern schon schliefen, war ich einfach neugierig und begann meinen Körper zu streicheln, und zwar den ganzen Körper, und das ausgiebig. Das fühlte sich so angenehm an, daß ich einfach damit weitermachte. Noch ehe ich es wußte, begann ich meine Clitoris und meine Schamlippen zu streicheln und masturbierte so bis zum Orgasmus. Auf diese Weise habe ich zu masturbieren begonnen und es fortgesetzt. Eine Nachts habe ich auch einen Spiegel herausgeholt und mir dabei zugeschaut. Mit der Zeit fand ich heraus, daß ich mehrere Orgasmen nacheinander haben könne. Heute verwende ich wohl sehr viel weniger Zeit darauf, als in den ersten Jahren, nachdem ich das Masturbieren für mich entdeckt hatte. Als ich im College war, fand ich heraus, daß es sinnlos sei, wenn ich mich mit einem Buch zum Lesen ins Bett legte. Das konnte ich ruhig lassen, denn spätestens nach einer halben Stunde war ich dann beim Masturbieren.«

Einige Frauen lernten das Masturbieren auch von ihrem Partner: Joan, 31 Jahre alt und neun Jahre verheiratet, berichtet:

»Ich habe nie gewußt, daß auch Frauen masturbieren, bis ich so in den Zwanzigern stand. Ich entsinne mich noch, daß es einen Schock bedeutete herauszufinden, daß Frauen das tun. Ich hatte damals einen Liebhaber, der mir von Masturbation erzählte. Er sagte mir auch, daß er das durchaus täte und war erstaunt, warum ich nicht. Für mich war diese ganze Idee wirklich überraschend. Zu jener Zeit konnte ich mir absolut nicht vorstellen, daß ich selbst das je täte oder auch nur daran interessiert wäre, es zu tun. Aber je mehr ich darüber nachdachte, desto stärker wurde der Wunsch danach. Vielleicht habe ich es zum ersten Mal getan, während ich vom Masturbieren träumte und hatte einen Orgasmus, eben weil ich davon träumte. Schließlich entschloß ich mich, es zu probieren. Beim ersten Mal war ich mir selbst unschlüssig darüber, aber später, als ich einige Übung hatte, begann ich es wirklich zu genießen. In mancher Beziehung habe ich ausgeprägtere sexuelle Gefühle beim Masturbieren als bei anderen Gelegenheiten, vielleicht, weil es sich so sicher abspielt und ich jede Kontrolle darüber selbst habe.«

Absichten beim Masturbieren

Für die Frauen, die wir interviewt haben und die masturbierten, hatte das Masturbieren verschiedene Zwecke, und sie verfolgten damit eine Vielzahl von Absichten. Für manche war es ganz einfach eine physische Entspannung. Ihr Körper verlangte diktatorisch nach sexueller Entspannung und das Masturbieren löste das Dilemma. Dazu Billy, 43 Jahre alt und seit 27 Jahren verheiratet:

»Ich reagiere einfach auf die körperlichen Gefühle, die ich

habe. Ich glaube wirklich, daß das mehr eine rein physische Sache ist, die da mit meinem Körper vorgeht, als irgend etwas, was mit Geist zu tun hätte. Ich kann mich erinnern, daß ich eines Morgens aufwachte und Sex wünschte oder brauchte. Das war kurz vor meiner Periode und alles, was ich tat war, daß ich aufwachte und erregt war und schon hatte ich auch einen Climax. Deshalb glaube ich auch nicht, daß das irgend etwas mit meinem Geistig-Seelischen zu tun hatte, sondern nur mit dem Körperlichen.«

Viele Frauen vertraten die Ansicht, Masturbation sei gut, um körperliche Spannungen zu lösen. Wenn sie gespannt waren infolge irgend eines Problemes, mit einer anderen Person oder einem Familienmitglied Ärger hatten oder an einem gegenwärtigen Projekt kauten, schuf ihnen die Masturbation augenblickliche Entspannung. Wie eine Frau sagte: »Manchmal masturbiere ich, um irgend eine Spannung zu lösen. Danach bin ich, wenn ich mit irgendeiner Sache einfach nicht zu Rande komme, wieder in der Lage, an die Arbeit zu gehen.«

Viele Frauen empfahlen das Masturbieren auch zur Lösung von Menstruationskrämpfen, kleineren Beschwerden und Schmerzen. Elaine, eine 38jährige staatlich geprüfte Krankenschwester und Mutter von drei Teenagern, die mit ihrem zweiten Mann Phil jetzt zwei Jahre verheiratet ist, der als Baumeister tätig ist, dazu:

»Ich habe keine Lust, Aspirin oder andere Medikamente zu nehmen, wenn ich mir anders helfen kann. So benutze ich normalerweise den Sex, um Spannungen auszugleichen, die irgendwelche Beschwerden oder Schmerzen verursachen. Was soll's, wenn ich in Zeiten lebte, in denen ich keinen Geschlechtsverkehr haben konnte, habe ich halt auf Masturbation zurückgegriffen, um meine Beschwerden und Schmerzen loszuwerden.«

Die meisten der von uns interviewten Frauen fanden heraus, daß ihr Wunsch nach Masturbation sichtlich anwuchs, wenn sie in eine sexuelle Beziehung gerieten. Generell griffen diese Frauen zum Masturbieren, um sich damit, wenn sie keinen Partner hatten, über die mageren Zeiten hinwegzubringen. Immerhin fanden einige von ihnen diese Art der Selbsterlösung nicht befriedigend in Bezug auf ihren sexuellen Gesamtbedarf. So findet zum Beispiel die 34 Jahre alte Ariel, die seit einem Jahr geschieden ist und mit ihrer vierjährigen Tochter allein lebt:

»Masturbation ist großartig, wenn ich mich in einer Phase sexueller Frustration befinde, wie es gegenwärtig der Fall ist, da ich schon lange keinen Liebhaber mehr gehabt habe. Immerhin ist da zwar ein Punkt, an dem ich frustriert bin, aber doch nicht so sehr, daß das Masturbieren mich völlig befriedigen könnte. Außerdem ist da eine innere Opposition in mir, die in den letzten Jahren gewachsen ist. Denn das, was ich wirklich wünsche, ist ein Arm, der sich um mich legt oder das Gewicht eines Mannes auf mir. Da ist das Masturbieren doch nicht das gleiche. Ich komme zwar noch zum Orgasmus, wenn ich masturbiere, aber das ist eben nicht das gleiche und es ist nicht so befriedigend. Daher entscheide ich mich meistens für das Warten, bis irgend jemand kommt, mit dem ich richtigen Geschlechtsverkehr haben mag. Ich denke, was ich damit in Wirklichkeit sagen will, ist, daß ich manchmal das Masturbieren genieße und zu anderen Zeiten eben nicht.«

Eine schmalere Gruppe von Frauen wird von Alexandra repräsentiert, die geschieden ist. Diese Gruppe meint, daß sie um so mehr masturbiere, wenn sie eine Periode häufigen Geschlechtsverkehrs mit einem Partner habe: »Es gibt Zeiten, da bin ich sexuell nicht erregt und habe auch keinen Sexverkehr, und ich denke in dieser Zeit auch gar nicht daran. Habe ich aber mit irgend jemandem eine gute Sexverbindung und auch ständigen Sexverkehr, dann scheine ich ständig sexuell so erregt zu sein, daß es keine Ruhezeit gibt. Ist mein Körper einmal sexuell geweckt, dauert es lange, ehe er wieder einschlafen mag. Habe ich daher in der Nacht zuvor ein wirklich wundervolles Sexualerlebnis gehabt, bin ich am nächsten Tag immer noch so erregt, daß ich dann auch noch masturbiere.«

Manche Frauen hatten das Gefühl, ihre Fähigkeit zur Selbstbefriedigung ohne einen Partner habe eine Reihe anderer Vorzüge. Roberta, eine Therapeutin für physikalische Therapie, stellte fest:

»Das Masturbieren kräftigt den Körper für den Geschlechtsverkehr mit einem Partner. Vor allem kräftigt es alle Muskeln, die die Organe im Bauch an ihrem Platz halten. Ich kann den Unterschied genau feststellen, wenn ich einen Orgasmus entweder durch Masturbieren oder beim Geschlechtsverkehr gehabt habe. Meine Bauchmuskeln fühlen sich dann straff an, als wenn ich bei der Gymnastik gewesen und mich dabei richtig ausgearbeitet hätte.«

Gewissen Frauen vermittelte das Masturbieren ein Freiheitsgefühl, das sie beim Sexualverkehr mit einem Partner nicht hatten. Sie hatten nicht die Empfindung von Zwang, jemandem anders zu gefallen, sondern nur sich selbst. Die beiden folgenden Frauen teilen ihre Sicht der Vorteile der Masturbation. Cortney, 31 Jahre alt, lebt mit einem Freund zusammen:

»Einer der Gründe, warum ich das Masturbieren immer besonders genossen habe, ist der, daß man damit nur allein beschäftigt ist. Ich brauche mich nicht zu bemühen, irgend jemandem zu gefallen. Mein Hauptproblem ist immer gewesen, für jemand anderen sexuell aufgeschlossen zu sein, mich in der Lage zu fühlen, ihm aufrichtig entgegenzukommen und nicht unsicher zu sein. Bin ich aber mit mir allein, dann habe ich es nicht nötig, einen anderen nach irgend etwas zu fragen oder mit jemand zu reden. Ich kann mich in meinen eigenen kleinen Kreis zurückziehen und an alles denken, an das ich gerade denken mag. Genauso kann ich mich auch in sexuelle Phantasien verlieren, wenn ich dazu aufgelegt bin.«

Alice, die mit 38 Jahren noch allein lebt, bemerkt dazu:

»Wenn ich masturbiere, kenne ich genau die einzelnen Reizpunkte an meinem Körper. Ich weiß ganz genau, wieviel Druck ich hier oder da brauche und wohin ich in jedem Moment gehe. Die Frage, ob ich zu einem Orgasmus fähig sein würde, stellt sich da überhaupt nicht. Es ist nur abhängig davon, wie lange ich das Spiel fortsetzen möchte und ob ich gleich kommen will oder zwischendurch für einige Zeit unterbreche. Will ich zwischendurch unterbrechen, mache ich eine Zeitlang irgend etwas anderes, schau in ein Buch oder sonst irgend etwas und komme dann später zum Masturbieren zurück und habe dann auch meinen Orgasmus. Ich habe die völlige Kontrolle über mich, weil ich meinen Körper ganz genau kenne.

Eine andere gute Seite des Masturbierens ist die, daß ich mich freier fühle und weniger gehemmt, wildere Dinge und Kühnheiten zu versuchen, als wenn ich mit einem Partner zusammen bin.«

Als Sexualtherapeutinnen haben wir für die Masturbation als Methode plädiert, Frauen die Kenntnis ihrer eigenen sexuellen Reizempfänglichkeit zu vermitteln und ihnen einen Weg aufzuzeigen, ihren ersten Orgasmus zu erleben. Beim Masturbieren braucht sich keine Frau Sorgen darüber zu machen, ob sie vielleicht unattraktiv aussehe, eine Angst, die viele Frauen hegen, wenn sie ihren ersten Orgasmus haben. Es besteht dabei auch keine Notwendigkeit, sich mit der Befriedigung des Partners zu befassen oder mit seiner Meinung über ihre Fähigkeiten als Geliebte. Sie kann auch die Stimulierung genauso steuern, wie sie es gern hat, kann sie härter, sanfter gestalten oder örtlich um ein wenig nach links oder rechts verlagern, denn ihr Körper reagiert unmittelbar darauf. Sie muß auch solche Verbesserungen nicht ständig einem Partner erklären, damit er sie entsprechend ihren Bedürfnissen stimulieren kann.

Jacqueline, eine Dreiunddreißigjährige, lernte erst nach ihrer Scheidung, wie sie durch Masturbieren zum Orgasmus kommen kann:

»Ich war bereits zehn Jahre verheiratet und fühlte mich immer noch als Jungfrau. Wahrscheinlich lag das daran, daß ich nie einen Orgasmus gehabt hatte. Ich wußte gar nicht, was ein Orgasmus ist. Jedenfalls, eines Tages lernte ich jemanden kennen, wir freundeten uns gut an, wobei wir auch sexuell miteinander verkehrten. Er sprach mich darauf an, daß ich niemals zum Höhepunkt kam. Eines Tages entschied er dann, daß ich irgend etwas dagegen unternehmen müsse, und er kaufte mir einen batterie-betriebenen Vibrator. In der damaligen Zeit lebte ich in einer Wohngemeinschaft. Und wenn ich dort auch mein eigenes Zimmer hatte, kamen die anderen doch ständig zu mir herein, beziehungsweise gingen durch mein Zimmer, denn man mußte es passieren, wenn man in den Waschraum wollte. Immerhin war wenigstens samstags niemand da. Und das Spiel mit dem Vibrator begann mir Spaß zu machen! Meistens begann ich damit am Morgen. Ich spielte erst mit dem Vibrator, hatte einen Orgasmus, zog mich dann an und ging an meine Arbeit. Und nach etwa einer Stunde begann ich wieder, mit dem Vibrator zu spielen und hatte auch wieder einen Orgasmus. Das konnte ich den ganzen Tag so treiben, solange niemand zu Hause war. Ständig wurden mir die Batterien leer. Schließlich kaufte mir mein Freund einen Vibrator mit Netzanschluß, damit ich mich um die Batterien nicht mehr zu kümmern brauchte.«

Jacquelines Reaktion auf die Fähigkeit, sich durch Masturbation einen Orgasmus zu verschaffen, ist keine einmalige Angelegenheit. Viele Frauen masturbieren recht häufig, wenn sie dadurch einmal zum Orgasmus gekommen sind. Wenn sie dieses brandneue Gefühl für sich entdeckt haben, masturbieren sie zunächst sehr viel. Sie tun das nicht nur wegen des Genusses und der Entspannung, die sie dabei finden, sondern auch um gewiß zu sein, daß sie diese neugewonnene Fähigkeit nicht verlieren. Außerdem besteht auch, wie bei jeder neugewonnenen Fähigkeit, der Wunsch, damit zu experimentieren und sie noch besser beherrschen zu lernen.

Immerhin liegt für viele Frauen die größte Anziehungskraft der Masturbation in der Tatsache, daß sie sich damit befähigt fühlen, ihrer Eigenliebe Ausdruck zu verleihen. Das ist beim männlichen Grundmuster für das Masturbieren nicht unbedingt der Fall, wie sich schon aus den Ausdrücken erkennen läßt, mit denen Männer dieses Tun belegen, wie ›sich einen abprügeln‹, ›sein Fleisch klopfen‹ oder ›sich einen abzucken‹. Dieses Konzept der Eigenliebe ist auch für die meisten Frauen etwas Neues: es führt zu pejorativen Gedankenverbindungen mit Narzismus und Egozentrik. In unserer Zivilisation heißt gutes Eingeordnetsein als ›gute‹ Frau meistens, sie sei eine gute Pflegerin. Wir sind viel besser dazu erzogen, anderen zu dienen und sie zu lieben, als wir uns selbst pflegen und lieben. Sich selbst zu lieben beginnt bei uns erst, als wertvolle Tugend betrachtet oder gar akzeptiert zu werden.

Eines der interessantesten Ergebnisse der präorgastischen Gruppenveranstaltungen war, nachdem die Frauen gelernt hatten, Zeit zum Masturbieren zu finden, daß diese Frauen aus den Gruppen mit dem Gefühl weggingen, ein Recht auf mehr Forderungen für sich selbst zu besitzen, auf mehr Vergnügen vor allen Dingen – sexuell aber auch in mancher anderen Beziehung. Sie meinten, daß die Zeit, die sie sich für die eigene Sexualität nehmen müßten, für sie sehr wertvoll sei, um ein Gefühl für ihren Selbstwert zu entwickeln. Wenn sie es anfangs auch schwierig fanden, sich die Zeit zu nehmen, vielleicht weil sie zu ängstlich dazu waren, fanden sie doch rasch heraus, daß sie die Masturbation um so mehr genossen, je mehr sie sich in Ruhe damit befaßten. Das galt vor allem, wenn sie dabei den Orgasmus erlebt hatten. Auch wenn die Gruppentreffen beendet waren, wollten viele Frauen sich auch weiterhin Zeit für sich allein reservieren, in der sie vielleicht masturbieren wollten oder auch nicht. Sie hatten zu erkennen gelernt, daß es einfach wichtig ist, sich jede notwendige Zeit zu nehmen, die man braucht, um sich physisch, emotional und sexuell auf der Höhe zu erhalten, denn dies ist eng miteinander verflochten. Die folgenden Frauen erzählen davon, wie wichtig ihnen ist, daß sie Freude in sexueller Hinsicht an ihrem Körper erfahren und welche Rolle dabei das Masturbieren spielt. April, 42 Jahre alt, eine geschiedene Lehrerin meint dazu:

»Mein Sexualleben vor meiner Ehe war ziemlich eng begrenzt. Ich habe erst mit 25 Jahren geheiratet und vorher als Heranwachsende und Teenager habe ich mit meinen Freunden nur geschmust. Das blieb auch so, als ich erwachsen war. Wir sind nie den Weg zu Ende gegangen, und masturbiert habe ich ganz bestimmt nicht. Erst viele Jahre später, ich war inzwischen verheiratet und wieder geschieden, entschied ich mich, daß es für mich wichtig sei, meinen Körper lieben zu lernen. Vorher hatte mir mein Körper Freude gemacht, wenn ich tanzte oder schwamm oder auch Tennis spielte. Aber ich war mir nie bewußt, wie wirklich gut es wäre, meinen eigenen Körper auch sexuell zu genießen. Deshalb begann ich, mich selbst zu befriedigen. In den ersten paar Jahren nach meiner Scheidung waren die Zeiten, in denen ich masturbierte, reine Jubelgesänge auf meinen Körper. In jener Zeit hatte ich keinerlei Geschlechtserfahrungen mit anderen Männern, denn ich benötigte erst einmal Zeit, mich selbst lieben zu lernen und beim Masturbieren auf mich selbst fürsorglich zu achten. Das war ein wichtiger Teil des Ganzen.«

Roberta ist 35 Jahre alt und geschieden. Sie berichtete:

»Ich begann zu masturbieren, als ich ungefähr sechs Jahre alt war, und meine eigene Tochter masturbiert, seit sie so etwa achtzehn Monate alt war. Als meine Mutter mich das erste Mal dabei erwischte, wußte ich gar nicht, was ich eigentlich tat. Sie sagte natürlich: ›Laß das‹. Sie sagte nicht, warum oder irgend etwas sonst, und ich hatte dauernd das Gefühl, das sei solch ein sinnloses Verbot, wie es für Kinder viele gibt. Heute als Erwachsene weiß ich, daß Masturbation einer der Wege ist, zu sich selbst gut zu sein, ein Weg der Liebe zu sich selbst wie auch des Gefühles, daß man eine ordentliche Person, daß man okay sei. Solch ein

Gefühl, wie es die Entspannung mit sich bringt, ist wie eine Meditation, denn es führt einen dorthin, wo man ganz allein ist. Deshalb ist das auch ein wesentlicher Teil meines Lebens. Ich kann wirklich sagen, wo immer ich auch bin, ob ich deprimiert oder fröhlich bin, wie oft ich in der Woche masturbiert habe. Manchmal vergehen Wochen oder sogar Monate, in denen ich das Masturbieren einfach vergesse. Aber wenn mir das dann auffällt, dann spüre ich auch, daß ich mich derzeit gar nicht so wohl in meiner Haut fühle, und ich beginne wieder damit. Dann mache ich es vielleicht drei Nächte hintereinander oder auch erst nachmittags und abends wieder, weil es so schön ist und mir soviel Spaß macht. Ich glaube auch nicht, daß Geschlechtsverkehr das Masturbieren ersetzen kann, denn die Masturbation dient nur einem selbst, während man sich sonst um den Partner zu kümmern hat.«

Es mag zunächst einmal überraschend erscheinen, daß eine Frau genausoviel Energie aufwendet, um die Vorbereitungen für einen Akt der Selbstliebe zu treffen wie für ein Liebeserlebnis mit einem Partner. Immerhin nahmen sich viele der von uns interviewten Frauen, soweit sie Masturbation als Ausdruck der Eigenliebe erlebten, genausoviel Zeit, machten genausoviele Umstände zur Vorbereitung eines Masturbationserlebnisses wie vor dem Treffen mit einem sehr wichtigen anderen Menschen. Jesse, eine 60jährige Künstlerin, die sich nach 30jähriger Ehe scheiden ließ, erläutert ihre Philosophie, warum sie es für wichtig hält, Selbststimulierung genau so sorgfältig vorzubereiten wie eine Begegnung:

»Wenn man wirklich erfreulich masturbieren will, und nicht nur, um sich zu erlösen oder als Ersatzhandlung für das ›Richtige‹, muß man lernen, sich selbst genauso interessant zu erscheinen, wie man es von einem Partner erwartet. Man muß einfach die gleichen Dinge vorbereiten, als wenn man für einen Partner eine einladende Atmosphäre schaffen wollte, als da sind leise Musik, sich Zeit lassen, schließlich auch neue und unterschiedliche Wege der Selbststimulierung zu gehen. Man muß lernen, sich dabei völlig zu entspannen, auch wenn es letztlich ein komplexbeladener und ein wenig verzweifelter Weg ist, sexuelle Befriedigung zu finden. Dann kann es großartig, ein herrliches Vergnügen werden.«

Die Vorbereitung

Die folgenden Frauen gaben uns detaillierte Informationen, wie sie den Genuß der Masturbation für sich steigerten, indem sie sich mit der Gestaltung ihrer Umgebung dabei mehr Mühe gaben, als wenn sie einen Partner zum Geschlechtsverkehr erwartet hätten.

Joan ist 31 Jahre alt und seit neun Jahren verheiratet:

»Schon die Vorbereitung als solche ist wichtig. Ich liebe es, an verschiedenen Orten zu masturbieren. In jüngerer Zeit habe ich es nicht mehr oft getan. Aber es gab da eine Phase in meinem Leben, in der ich an den verschiedensten Orten masturbierte, wie zum Beispiel im Wald. Da war irgend etwas an der Umgebung, die Sonne, die Bäume, das Wasser, das alles berührte mich wie etwas sehr Schönes. Ich war gewandert und befand mich fern aller Wege, weit genug vom Wanderweg entfernt, konnte den Weg aber noch sehen. Ich dachte, hier könne mich niemand genau erkennen, und wenn man mich sähe, könne man mit Sicherheit nicht erkennen, was ich da tat. Aber ich war auch bereit, diese Risiken in Kauf zu nehmen, denn alles da war so spaßig. Ein anderes Mal, an das ich mich entsinnen kann, spielte sich im erst teilweise fertigen Haus von Freunden ab, das in einem nahegelegenen Erholungsgebiet gebaut wurde. Ich stieg nach oben in das Schlafzimmer hinauf, als niemand in der Nähe war, und masturbierte dort. Es war herrlich erregend.«

Die beachtliche Reihe von Wegen, die Frauen beim Masturbieren gehen, wurde sehr gut von Morgan dargestellt, einer 42jährigen Frau, die seit langer Zeit verheiratet war:

»Masturbation ist etwas, was man wirklich nicht so auf die Schnelle erledigen kann. Deshalb muß man wissen, daß man ausreichend Zeit zur Verfügung haben sollte und sie nicht mit anderen Dingen zusätzlich nutzen kann. Ich habe einmal eine Beschreibung gelesen, in der stand, daß Masturbation alles vom schnellen Fick bis zum richtigen Liebemachen mit sich selbst umfasse. Und genau das meine ich auch. Ich genieße es am meisten, wenn ich mit mir selbst Liebe mache. Ich muß ausreichend Zeit dazu haben, und alles, was ich dazu benötige, muß greifbar in der Nähe stehen: Öl, mein Vibrator, ein Überzug für meinen Vibrator, der wie ein Penis geformt ist, dazu manchmal

Kerzen und Musik. Ich nehme mir gern die Zeit, mich erst überall zu streicheln, so daß sich mein ganzer Körper wohlfühlt. Später gehe ich dann zum Genitalbereich über und beschäftige mich mit diesem. Dann entsteht daraus sowohl ein sinnliches wie ein sexuelles Erlebnis. Ich schätze auch einen raschen Selbstfick, wenn ich gerade durch irgend etwas sehr stark erregt bin, wie etwa durch Lektüre oder ein Ereignis, das ich gerade erlebte. Das geht rasch, ist kurz, macht Spaß, ist aber etwas völlig anderes.«

Positionen

Manche Frauen lernten das Masturbieren bereits als Kinder und blieben dann ihr Leben lang bei der Stellung, in der sie es als Kind getan hatten. Zum Beispiel lagen sie in ihrem Kinderbettchen und rieben sich an ihrem Bettlaken und entdeckten dabei, daß das ein schönes Gefühl erzeugt. Eine Frau sprach darüber, wie das Klettern am Kletterseil ihr gewisse Körperspannungen und angenehme Gefühle bescherte, weshalb das Turnen ihr bevorzugtes Fach in der Schule wurde. Andere erinnerten sich, wie ihnen das Hin- und Herrutschen auf Stühlen zu angenehmen Gefühlen verholfen habe, so daß sie dabei geblieben sind. Es war natürlich nicht so, daß derartige Gefühlserlebnisse etwas mit Sex zu tun gehabt hätten, oder daß sie zum Orgasmus erforderlich gewesen wären. Aber sie genossen diese erfreulichen Gefühlsaufwallungen. Zuweilen waren jene Stellungen, die in der Kindheit für die Masturbation entdeckt wurden, absolut unterschiedlich zu denen, die beim Partnerverkehr verwendet wurden. Obwohl Frauen in der Lage sein können, einen Orgasmus in Stellungen, die sie seit der Kindheit benutzten, innerhalb von Minuten zu bekommen, haben sie oftmals Schwierigkeiten oder benötigen wesentlich mehr Zeit, in anderen Stellungen mit einem Partner auch einen Orgasmus zu erzielen. In gewisser Beziehung haben solche Frauen sich selbst dazu erzogen, nur auf eine Art des Reizes zu reagieren. Mit einem Orgasmus in verschiedenen Stellungen zu reagieren, erfordert häufig ausreichende Praxis. Wiederum andere Frauen ziehen es vor, beim Masturbieren zu experimentieren. Sie verwenden dabei so viele Stellungen wie möglich, gerade so, wie sie auch beim

Geschlechtsverkehr mit einem Partner die verschiedensten Verkehrspositionen durchprobieren. Dabei fanden sie heraus, daß einige Stellungen sich besser eignen als andere, weil sie ausreichender Stimulanz der Clitoris und der Vagina und entsprechender Muskelspannung dienlicher sind oder ein Gefühl der Sicherheit und Abgeschlossenheit gewähren, jeweils nach der Empfindungsstruktur der Frau, die ja bei jeder anders ist. Im Nachstehenden werden einige dieser Stellungen während des Masturbierens dargestellt.

Morgan, 42 Jahre alt und verheiratet, berichtete uns:

»Ich bevorzuge zu verschiedenen Zeiten auch unterschiedliche Stellungen. Das ist genau so wie beim Geschlechtsverkehr. Deswegen habe ich auch keine bevorzugte Position, bei der es am leichtesten ginge. Zuweilen hab ich das Empfinden gern, wenn ich mit gespreizten Beinen auf dem Bauch liege, weil man sich dabei so hilflos fühlt. Bei anderen Gelegenheiten liege ich lieber auf dem Rücken und habe die Beine angewinkelt und gespreizt. Und wieder zu anderen Zeiten bevorzuge ich die gleiche Stellung, aber mit einigen Kissen unter mir. Das wechselt nach Lust und Laune.«

Eine Frau aus einer unserer präorgastischen Gruppen entdeckte:

»Ich habe herausgefunden, daß ich sowohl beim Masturbieren als auch beim Geschlechtsverkehr leichter einen Orgasmus bekomme, wenn ich meine Füße gegen die Wand stütze und sie fest dagegen presse. Ich nehme an, das hat damit zu tun, daß sich dann meine Muskeln besser spannen. Und das brauche ich, wenn ich zum Orgasmus kommen will.«

Einige Frauen empfahlen spezielle Stellungen, in denen sich das Orgasmuserlebnis intensivieren würde. Rose zum Beispiel:

»Ich lehre Yoga und weiß daher, daß das Kreisen von Energie im Körper wichtig ist. Infolgedessen habe ich ein wenig experimentiert und herausgefunden, daß ich im Sitzen am Boden, wobei ich die Fußsohlen flach gegeneinander presse, einen geschlossenen Energiekreis bilde, so daß beim Masturbieren die Energie von meinen Genitalien durch das eine Bein in das andere und von dort zurück kreisen kann. Diese Stellung intensiviert für mich die Gefühle sexueller Erregung beim Orgasmus.«

Dildos (männnliche Kunstglieder)

Viele Frauen stimulieren sich beim Masturbieren lediglich die Clitoris. Andere stellten fest, daß ihnen das Gefühl fehle, es sei etwas in ihrer Vagina oder sie benötigten eine Stimulierung der Vagina, um zum Orgasmus zu gelangen. In solchen Fällen benutzten die Frauen phallusförmige Gegenstände oder Dildos, um in ihrer Vagina die entsprechenden Sensationen hervorzurufen. Die verwendeten Objekte reichten von extra für sexuelle Zwecke hergestellten Kunstgliedern bis zu Flaschen, Tampons, Kerzen und bestimmten Gemüsesorten. Die Wahl hing dabei bei den Befragten teilweise von ihrer Einstellung zum Gebrauch künstlicher oder organischer Gegenstände ab. So war es beispielsweise einigen Frauen unangenehm, Zahnbürsten- oder Haarbürstenstiele zu verwenden und sie griffen deshalb zu verschiedenen Gemüsesorten. Eine unserer Gruppen für Sexualtherapie lachte schallend, als eine Frau berichtete, wie sie eine Viertelstunde benötigt habe, um eine Zucchini genau der richtigen Form und Größe für sich zu finden. Sie schloß ihren Bericht mit der Anmerkung, es käme nicht oft vor, daß jemand eine solche Auswahl habe. Die folgenden Frauen berichteten über den Gebrauch von Dildos zur Steigerung ihres Gefühlserlebens beim Masturbieren. Iris, 22 Jahre alt, lebt mit einem Freund zusammen und erzählte:

»In den fünfzehn Jahren, in denen ich jetzt masturbiere, habe ich immer einen besonders großen Tampon benutzt und mir ein Kissen zwischen die Beine gelegt, um etwas zu haben, gegen das ich mich bewegen kann. Den Tampon nehme ich, weil ich ihn in der ganzen Länge an meiner Clitoris reiben kann, wobei er teilweise in und teilweise außerhalb meiner Vagina steckt. Beim Geschlechtsverkehr habe ich die Beine gespreizt, damit die Schenkel etwas haben, was sie umschlingen und drücken können, weil mich das sehr stark erregt. Deshalb lege ich mir beim Masturbieren das Kissen zwischen die Oberschenkel, weil mich das dann stärker auf Touren bringt.«

Elaine ist 38 Jahre alt und verheiratet. Sie berichtete:

»Ich gebrauche beim Masturbieren meinen Vibrator, weil er einem Penis in der Wirkung am ähnlichsten kommt von allem, was ich bislang gefunden habe. Zunächst stimuliere ich mich selbst mit den Händen, dann schiebe ich den Vibrator hinein und heraus. Der Reizkopf des Vibrators gibt mir dann ein Gefühl von Fülle in meiner Öffnung, das ich sehr gern habe.«

Sherry ist eine 28jährige Büroleiterin und lebt seit neun Jahren mit ihrer Freundin zusammen, da sie lesbisch ist:

»Ich drücke meinen Dildo fest zwischen meine Schamlippen und bewege ihn so hin und her, daß er in erster Linie meine Clitoris massiert, bis ich komme. Dabei stelle ich mir in meiner Phantasie vor, es wäre jemand anderes, der das bei mir machte.«

Allison, 35 Jahre alt und geschieden, teilte uns mit:

»Ich wollte, ich hätte einen Dildo, aber ich kann mich selbst nicht dazu überwinden, in solch ein Porno-Geschäft zu gehen, um dort einen zu kaufen. Deshalb nehme ich einen Spatel. Der Handgriff wird vor jedem Gebrauch sehr sorgfältig gewaschen. Manchmal creme ich ihn auch leicht ein, damit er bestimmt nicht rauh ist. Und nach dem Gebrauch wird er wiederum gründlich mit Wasser und Seife gereinigt.«

Spiegel

Eine Anzahl von Frauen gaben uns zu Protokoll, daß der Gebrauch eines Spiegels beim Masturbieren nicht nur außerordentlich aufreizend wirke, sondern auch sehr lehrreich sei.

Suzanne ist 37 Jahre alt, bisexuell und geschieden. Sie erzählte:

»Ich habe einen Spiegel mit Vergrößerungseffekt verwendet, um meine Genitalien ganz genau anschauen zu können, und das hat mich gewaltig aufgereizt. Ich genieße es ausgesprochen, mich selbst vergrößert zu betrachten und meine verschiedenen Partien genau zu erforschen, ebenso zuzuschauen, wie sich die Farbe verändert, wenn ich erregt werde.«

Alice, 38 Jahre alt und alleinstehend, berichtete:

»Eines Tages beschloß ich, beim Masturbieren in den Spiegel zu schauen, und dabei stellte ich fest, daß es auf mich einen sehr erregenden Eindruck macht, wenn ich meine geöffneten Genitalien beobachte. Während ich da nahe dem Orgasmus lag, gaukelte mir meine Phantasie vor, daß sich meine Genitalien immer weiter öffnen würden und dabei größer und größer würden. Ich hatte mir immer vorgestellt, daß meine Genitalien recht klein seien und daher nicht allzuviel Stimulierung vertragen könnten. Nun schaute ich in den Spiegel und fand, daß sie weit geöffnet seien. Dieses Bild blieb mir im Gedächtnis haften. Mein Orgasmus war großartig, vielleicht wegen meiner Phantasie. Rein theoretisch stelle ich mir vor, daß, je größer mein Genitalgebiet sich öffnete, um so mehr Stellen von der Stimulierung erfaßt wurden, womit sich zwangsläufig mein sexueller Genuß steigerte.«

Körperliche Stimulierung

Die Frauen zeigten sich sehr erfinderisch in der Wahl von Gegenständen, mit denen sie sich körperlich stimulieren konnten. Manche Frauen brauchten zunächst ihre Hände – entweder Finger oder Handflächen oder ihre Handkanten, um damit die äußeren Geschlechtsteile und die Clitoris zu bearbeiten. Die folgenden Berichte von interviewten Frauen beschreiben, wie sie sich die körperliche Stimulierung verschafften, die sie benötigten, um zum Orgasmus zu gelangen.

Morgan, 42 Jahre alt und verheiratet, berichtete:

»Ich brauche eine sehr direkte Stimulierung meiner Clitoris, wenn ich zum Orgasmus kommen will. Wenn ich zuerst mit dem Masturbieren beginne, ist ein gewisses Maß indirekter Stimulierung rund um die Clitoris erforderlich. Was mich aber wirklich auf Touren bringt, das ist der Gebrauch von Öl oder irgendeines Salbmittels auf dem Finger oder dem Vibrator, womit ich dann meine Clitoris direkt in kreisförmigen Bewegungen reibe.«

Gaye, 33 Jahre alt und verheiratet, sagte aus:

»Ich habe schon sehr lange masturbiert, so etwa ab meinem dreizehnten oder vierzehnten Lebensjahr. Ich masturbiere auf dem Bauch liegend, wobei ich beide Hände zwischen meinen Beinen habe, die eine auf die andere gelegt und auf meiner Clitoris. Ich bewege meine Hände kreisförmig und das ist so effektiv bei mir, daß ich bald zum Orgasmus komme. Das hat mit meiner Vagina absolut nichts zu tun. Wenn ich wirklich müde oder verärgert bin und es so nicht klappt, gebrauche ich meine Phantasie, aber sonst habe ich dazu keine Phantasie nötig.«

Andere Frauen benutzten Tücher oder Kissen, um sich die notwendige Stimulierung zu verschaffen. Heather, 35 Jahre alt und verheiratet, verriet folgendes Rezept an uns:

»Was ich gewöhnlich nehme, ist ein Tuch oder etwas Ähnliches und lege mich auf den Bauch auf meinem Bett. Das Tuch lege ich unter meine Clitoris. Dabei habe ich die Beine gespreizt und stütze mich mit den Knien leicht auf das Bett. So rutsche ich vor und zurück. Das habe ich schon so gemacht, seitdem ich dreizehn Jahre alt war und masturbiere heute auch noch auf die gleiche Art und Weise.«

Manche Frauen benötigen auch gar nichts, um sich direkt zu stimulieren, brauchen statt dessen aber Muskeldruck, den sie dadurch erzeugen, daß sie ihre Beine, vor allem ihre Oberschenkel zusammenpressen. Dic 32jährige Monique, graduierte Studentin, seit neun Jahren verheiratet und Mutter eines fünfjährigen Sohnes und einer vier Monate alten Tochter, lernte in einer Teilnahme an einer weiblichen sexualtherapeutischen Gruppe einen neuen Weg der Masturbation kennen, den sie hier beschrieb:

»Da gab es eine Teilnehmerin in unserer Gruppe, die war ausgesprochen enttäuscht, denn sie berichtete uns, sie hätte es nie zu einem Orgasmus gebracht, wenn sie sich mit der Hand stimuliert habe. Aber sie masturbierte auf einem anderen Wege. Die ganze Gruppe fragte natürlich: ›Ja, wie haben Sie es denn gemacht?‹ Sie legte sich auf den Boden, obwohl sie wirklich sehr verärgert und enttäuscht war, und führte uns vor, wie sie masturbierte. Sie begab sich in eine hundeähnliche Stellung und kreuzte dabei ihre Beine. Dabei rieb sie ihre Oberschenkel aneinander. Jede von uns war so erschüttert davon, daß wir die Sitzung für diesmal aufhoben und nach Hause gingen, damit jede daheim diese neue Technik ausprobieren könne. Ich fand sie außerordentlich aufreizend. Es ist ein ganz neues Verfahren, um zum Orgasmus zu kommen, denn man braucht dazu nicht seine Hände sondern nur die Oberschenkel.

Vibratoren

Manche Frauen genießen es, beim Masturbieren einen Vibrator zu benutzen. Einige von ihnen schätzen es auch, ihren Vibrator in das Liebesspiel mit ihrem Partner einzuführen. (Siehe dazu Seiten 123–126). Andere wiederum lehnen den Gebrauch des Vibrators ab, weil sie fürchten, von ihm abhängig zu werden. Diese Besorgnis basiert auf der Tatsache, daß ein Vibrator intensivere Stimulation erzeugen kann, als jede menschliche Hand, jeder Mund oder jeder Penis. Frauen, die sich einmal an die anstrengungsfreie Erregung gewöhnt haben, die ihnen der Vibrator garantiert, werden oftmals entmutigt, wenn sie mit der Hand versuchen zu masturbieren. Die Stimulierung mit der Hand benötigt entschieden mehr Zeit und erfordert wesentlich mehr Anstrengung sowohl in bezug auf die zarte körperliche Stimulierung als auch auf die sie begleitende Phantasie. Frauen, die sich damit abfinden, daß die nichtmechanische Stimulierung mehr Zeitaufwand benötigt, ehe man zum Orgasmus gelangen kann, erfahren, wenn dieser Umstand entsprechend in Rechnung gestellt wird, eigentlich niemals irgendwelche Schwierigkeiten wegen des Umgangs mit einem Vibrator.

In der Hauptsache existieren zwei verschiedene Arten von Vibratoren. Die eine ist batteriebetrieben, während die andere über einen Netzanschluß verfügt. Batteriebetriebene Vibratoren werden hauptsächlich aus Kunststoffmaterial angefertigt und dem Phallus nachgebildet. Man findet sie in drei Größen, die von sehr klein, etwa der Größe eines Zigarrenstumpen, bis zu sehr lang, etwa der Form einer Stablampe, reichen. Diese Vibratoren werden generell äußerlich verwendet, um damit die Clitoris und die Gegend um die Clitoris zu stimulieren, aber man kann sie auch als Dildo in der Vagina oder im Anus einsetzen, um so eine zusätzliche Stimulierung zu erreichen.

Elektrische Vibratoren wirken im allgemeinen stärker als die batteriegetriebenen Ausführungen. Sie sind in vielfältigen Größen und Formen auf dem Markt, wobei ihre Wirkung von sehr milder bis zu ganz intensiver Stimulierung reicht. Einige Varianten elektrischer Vibratoren, wie der Vorspiel-Vibrator, werden speziell für das Stimulieren der Clitoris hergestellt und haben eine hohe und eine niedrige Geschwindigkeitsstufe. Elektrische Vibratoren werden gebraucht, um damit die Clitoris und das umliegende Körpergebiet zu stimulieren, oder auch nur für eines von beiden. Ein anderer Typ elektrischer Vibratoren ist das schwedische Handmassagegerät, das man über die Hand zieht, so daß es auf dem Handrücken ruht. Dieses Massagegerät bringt die Hand und die Finger zum Vibrieren, wenn sie den Körper direkt massieren. Sowohl Vibratoren wie auch diese Massagegeräte kann man in den meisten Kleingeräte-Abteilungen der Kaufhäuser oder im Versandhandel beziehen. (Sensory Research Corporation, 2424, Moris Av. Union, New Jersey 07083 und Eve's Garden, 119 West Difty-Seventh-Street, New York, New York 10019). Die 33jährige Theresa, eine Psychologin und Lesbierin, die allein lebt, findet den Gebrauch eines Vibrators erregend und eine völlig andere körperliche Erfahrung als das Masturbieren mit der Hand. Sie erzählte:

»Ein Vibrator ist etwas Neues in meinem Leben. Und er hat das Masturbieren für mich viel erregender und auch lebendiger gemacht. Mit dem Vibrator empfinde ich die sexuelle Erregung als der Sinnlichkeit entgegengesetzt. Ich habe einen ausgezeichneten Vibrator mit der Bezeichnung Prelude 2. Dieser Vibrator hat für mich die Masturbation revolutioniert. Meine Hand wird nicht mehr müde dabei, und die sinnlichen Sensationen fühlen sich nun an, als ob sie in mir geschähen. Ich weiß das nicht anders zu erklären. Es ist ein von jeglichem anderen Sex völlig unterschiedliches Erlebnis.«

Einige Frauen benutzten zwei Vibratoren gleichzeitig nebeneinander. Dazu berichtete Roberta, mit 35 Jahren geschieden:

»Das beste Erlebnis auf dem Gebiet der Masturbation hatte ich beim Gebrauch von zwei Vibratoren gleichzeitig. Mit dem Prelude 3 stimulierte ich meine Clitoris, während ein batteriebetriebener wie ein Penis geformter Vibrator in meiner Vagina steckte. Dabei träumte ich, ich sei den Maschinen auf Gedeih und Verderb ausgeliefert und diese Hilflosigkeit steigerte noch meine Erregung. Auch hielt ich den Orgasmus lange zurück, was seine Intensität nur noch steigerte. Als ich dann schließlich kam, war es wie eine Eruption.«

Wasser

Ein anderer volkstümlicher Weg des Masturbierens ist der mit Wasser. Frauen, die eine Vorliebe für das Medium Wasser entwikkelten, fanden, daß der heiße Strahl aus der Badewanne oder der Badewannen-Verschlußzapfen oder eine Massage-Duschdüse ebensogut für die Genitalien zu gebrauchen seien wie für den übrigen Körper. Cortney, 31 Jahre alt und geschieden, berichtete darüber:

»Ich habe sehr viel Spaß daran, meine Massage-Duschdüse zum Masturbieren zu verwenden. Sie hat verschiedene Einstellungen für verschiedenen Wasserdruck, und die kann ich so regulieren, daß es mich an der Clitoris erhitzt. Das ist herrlich! Ich gehe oft unter die Dusche und bleibe dort für eine halbe Stunde. Zuweilen, wenn ich mit meinem Freund Geschlechtsverkehr hatte, geht er weg und will sich Fußball anschauen. Und ich liege da und werde schier verrückt. Dann stehe ich einfach auf und nehme eine Dusche und genieße dort die Zeit mit mir allein, um mich hinterher wieder ins Bett zu flüchten und dort in einer Illustrierten zu lesen.«

Jackie, eine 41 Jahre alte Geschäftsfrau, die mit ihrem Freund und ihrem einjährigen Kind zusammenlebt, benutzt das Wasser aus dem Hahn in ihrer Badewanne zum Masturbieren:

»Meine Badewanne ist schlicht perfekt, um darin zu masturbieren. Der Wasserhahn ist am einen Ende der Wanne angebracht und ich drehe meinen Unterleib nur so hin, daß der laufende Strahl aus dem Hahn direkt meine Clitoris trifft. In dieser Stellung lege ich mich im Winkel zurück und stütze mich auf die Ellbogen, wobei die Beine erhoben sind und sich an die Wände drücken. Das Wasser muß für mich angenehm warm sein. Der Strom des Wassers direkt auf meiner Clitoris ist ein so herrliches Gefühl, wie es eine Million winziger Finger an mir täten, die mich gleichzeitig massierten. Auf diesem Wege hatte ich noch niemals Schwierigkeiten, einen Orgasmus zu bekommen.«

Geistiges Aufreizen

Das Sichaneignen der körperlichen Stimulation war aber nur eine der wichtigen Komponenten zu einem guten Masturbationserlebnis. Die andere war das Sich-Selbst-Aufreizen vom Geist her. Bei der Masturbation haben Frauen keinerlei Anregungs- oder Reizmomente, die von einem Partner ausgehen, sondern müssen alles aus sich selbst schöpfen. Deshalb erschien es allen Frauen ungeheuer wichtig, sich auf sexuelle Gedanken und Gefühle konzentrieren zu können und alle anderen Gedanken auszuschalten. Manche Frauen sahen darin eine schwierige Angelegenheit, hatten aber Mittel und Wege herausgefunden, um sich ganz konzentrieren zu können. Manche wollten erotische Bücher lesen oder Bilder anschauen oder phantasieren. Andere fanden für sich heraus, daß bestimmte Arten von Musik ihnen helfen, sachfremde Stimmungen und Gedanken auszuschalten. Sogar ein konstanter Ton, wie etwa von einem Ventilator oder einem Haarfön, erwies sich als Hilfsmittel, um seine Aufmerksamkeit besser auf die Gefühle konzentrieren zu können, die sie in ihrem Körper fühlten, wenn sie alles andere ausschlossen.

Viele Frauen kennen keine Schwierigkeiten, zum Orgasmus zu kommen, wenn sie sich auf die Vorgänge in ihrem Körper konzentrieren oder sich die Gefühlserlebnisse ins Gedächtnis zurückrufen, die sie beim Geschlechtsverkehr mit einem Partner hatten. Manche haben auch visuelle Phantasien. Phantasien fanden in den letzten fünf Jahren sehr viel Aufmerksamkeit, vor allem durch Bücher wie die von Nancy Friday. In der Vergangenheit hätten Frauen wohl kaum zugegeben, daß sie sexuelle Phantasien haben. Anständige Mädchen hatten so etwas nicht. Wir haben den gründlichen Forschungen zu danken, die die weite Skala der weiblichen Phantasievorstellungen aufzeigen und beweisen, daß solche Phantasievorstellungen nicht unbedingt auch auf die geistige Stabilität einwirken können.

Inzwischen ist das Pendel so weit zur anderen Seite ausgeschlagen, daß wir oft als Sexualtherapeutinnen Frauen bei uns sehen, die sich darüber Sorgen machen, daß sie eben KEINE Phantasievorstellungen haben. Es scheint, daß die Medien für die Frauen einen anderen Sexualstandard kreiert haben – eine Frau SOLLTE

Sexualphantasie haben, sie müßte ... mit dem Erfolg, daß manche, die solche Vorstellungen nun einmal nicht haben, sich unterlegen fühlen. Grundsätzlich ist keine Methode geistiger Aufreizung besser als die andere, und was bei der einen Frau gut klappt, funktioniert bei der anderen noch lange nicht. Wichtig ist nur, herauszufinden, welche Methode für einen selbst am besten wirkt. Die Phantasievorstellungen der Frauen in unserer Befragung, reichten vom Allzumenschlichen bis zum Außergewöhnlichsten.

Monique, 32 Jahre alt, verheiratet, erzählte uns:

»Ich hatte immer den Eindruck, daß meine Phantasie wesentlich schlechter entwickelt sei als die anderer Frauen, und das hat mich sexuell stark behindert. Ich erinnere mich, als ich das erste Mal Nancy Friday's Buch ›Mein geheimer Garten‹ las, war ich damals ebenso erschrocken wie neidisch gegenüber einer Frau, die sich solchen wilden Phantasievorstellungen hingab. Ich fand immer, meine eigenen Phantasien seien so gewöhnlich, so alltäglich. Es wurde einer der schwersten Kämpfe in meinem Leben mit mir selbst, zu einem guten Gefühl mit mir selbst, einem Ja zu mir zu kommen und einzusehen, daß alles, was mich erregt, auch in Ordnung ist.«

Jane, 45 Jahre alt, Anwältin, geschieden und Mutter zweier Söhne von dreizehn und fünfzehn Jahren, erklärte uns:

»Ich dachte immer, ich sei nicht ganz normal, weil alle meine Zeitgenossinnen, einschließlich meiner besten Freundin, immer Phantasien hatten, wenn sie mit ihren Männern Geschlechtsverkehr hatten. Bei mir kam das nie vor. Aber ich habe nun Phantasievorstellungen zu Hilfe genommen, wenn ich masturbiere und die finde ich sehr hilfreich. Entweder ich stelle mir vor, ich sei mit jemand beisammen, mit dem ich das Zusammensein früher einmal sehr genossen habe, oder ich benutze Phantasievorstellungen, daß ich mich auf etwas einlassen würde, wozu ich in der Wirklichkeit zu ängstlich wäre, etwa über harten Sex oder Sex als rein animalisches Erlebnis.

Die meisten Phantasiebilder der Frauen spiegelten mögliche Situationen oder mögliche Liebhaber wider oder riefen ihnen besonders erinnerungswerte Sexualerlebnisse ihrer eigenen Vergangenheit ins Gedächtnis zurück. Samantha, 35 Jahre alt und geschieden, machte dazu folgende Ausführungen:

»Ich genieße die Masturbation am meisten in einem warmen Schaumbad. Wenn meine Phantasie zu spielen beginnt, fange ich damit an, mich selbst zu streicheln. Meine Phantasievorstellungen gehen immer dahin, mit jemand anderem, existiere er nun wirklich oder bilde ich ihn mir nur ein, Liebe zu machen, wobei ich aber immer die Kontrolle habe. Zuweilen geht es um die Dinge, die man mit mir dabei gemacht hat auf einem Wege, den ich akzeptiere, und das führt mich direkt zum Orgasmus. Meine Bilder sehen fast immer so aus, daß ein anderer mit mir Liebe macht. Ich habe auch eine Reihe wirklicher Erlebnisse, die ich gern in meine Phantasievorstellungen einbringe, so das Erlebnis mit einem Liebhaber, der mich sehr stark hochgereizt hat. Diese Vorstellungen reichen von entspannenden Bildern wie dem, im Wald zu sein, während die Sonne durch die Bäume dringt, und dort ein phantastisches Liebeserlebnis zu genießen, also einem sehr ästhetischen Erlebnis, bis hin zu wollüstigen Ausschweifungen wie der Vorstellung, irgend jemand würde mit mir in meinem Büro Oralsex betreiben.«

Alice, 38 Jahre alt und alleinstehend, bekannte uns:

»Ein Masturbationserlebnis begann bei mir damit, daß ich mir ein Bekleidungsmagazin anschaute, in dem die Modelle wirklich aufreizende Bikinis trugen. Ich begann damit, mir vorzustellen, wie ich einen solchen Bikini trüge und wie ein Mann dazu käme, der mich liebkosen würde. Ich schloß meine Augen und tätschelte die gleiche Stelle an meinen Brüsten. Dann stellte ich mir vor, er tätschele nun einen anderen Körperteil und streichelte den dann auch. Auf diesem Wege wurde ich langsam so erregt, daß ich glaubte, keinesfalls noch erregter werden zu können. Trotzdem stieg der Erregungspegel in mir immer noch weiter an, bis ich schließlich zum Orgasmus kam. Das dürfte mein stärkster Orgasmus für lange Zeit gewesen sein.«

Interessant erschien uns, daß die Phantasievorstellungen mancher Frauen kaum etwas mit dem gegenwärtigen Sexerlebnis zu tun hatten, sondern ihnen viel eher Bilder von sensationellen Verwandlungen vorgaukelten.

Joan, 31 Jahre alt und seit neun Jahren verheiratet, erzählte von ihrer sehr weitschweifigen Phantasie, die teils Sexbilder und teils Verwandlungsbilder hervorbrachte:

»Ich phantasiere gern, wenn ich masturbiere. Dabei geht es zuweilen um Sex, zuweilen haben meine Phantasiebilder aber auch absolut nichts mit Sex zu tun. Manche dieser Phantasievorstellungen sind sehr volkstümlich, wie beispielsweise mit einem Mann oder einer Frau sexuell zu verkehren, oder es sind auch Vorstellungen wie, jemand würde für mich sorgen oder mich halten. Andere Phantasievorstellungen gehören bei mir in den Bereich der Naturphantasie. Zum Beispiel bilde ich mir ein, ich sei ein Wal oder ein Tümmler, der sich im Wasser bewegt. Dieses Bild, daß ich meine Bahn im tiefen, grün-blauen Wasser mit seinen unterschiedlichen Temperaturen ziehe und dabei verschiedene Töne je nach Wassertiefe höre, ergreift mich sehr stark. Ein anderes Wasserbild, das ich mir öfters mache, ist ein Fluß, und ich bin ein Blatt darauf, das sich rasch flußabwärts bewegt. Ich werde vom Fluß auf seinem Rücken getragen und bin doch Teil dieses Flusses, nicht nur auf ihm. Es ist in Worten schwer zu erklären, aber da steckt für mich eine gewaltige Kraft drin, gerade jene Kraft, die ich auch in meinem Körper wachsen fühle. Es ist gerade so, als ob man mit einer Schnur an meiner Clitoris ziehe und mich damit durch das Wasser oder durch die Luft ziehe. Natürlich errege ich diese Kraft, und kein Mensch zieht mich, aber mein ganzer Körper scheint irgendwie von diesem Punkt aus zu fließen und ihm doch zu folgen.«

Zuweilen nahmen die Phantasien auch die Gestalt von Bildvorstellungen vom physiologischen Wechsel der Genitalien während des Verlaufes von Reizung und Orgasmus an. Sharon, 35 Jahre alt und alleinstehend, fand heraus, daß diese Art der Masturbation ihr mehr Kontrolle über ihren Körper verschaffe:

»Ich tue nichts anderes, als mir bildlich vorzustellen, welche physiologischen Veränderungen in meinem Körper vorgehen, wenn ich immer erregter und erregter werde. Ich versuche dabei, das Innere meines Körpers zu beherrschen, soweit es am Orgasmus beteiligt ist, und das scheint mir auch zu gelingen. Während ich zum Beispiel meine äußeren Schamlippen und die Clitoris mit der Hand bearbeite, stelle ich mir alle Veränderungen vor, die sich dabei in meiner Vagina abspielen, wobei mir am wichtigsten die Gegend um Uterus und Muttermund ist. Das beginnt mit der Ausweitung der Vaginawände und der Sekretausscheidung. Meinen Uterus stelle ich mir als Ball oder als kleine Sonne vor, und genau wenn die Zuckungen beginnen, die zum Orgasmus führen, sehe ich meinen Uterus auf- und abwippen, zittern und – wenn der Orgasmus da ist – nach allen Seiten Empfindungen aussenden. Das scheint all die erregenden Gefühle zu steigern, die ich in mir empfinde. Ich bekomme dabei auch eine genauere Kenntnis davon, wo solche Erregungsgefühle sind und wo nicht, und ich kann sie mit meinem Willen noch steigern. Ich bin der Ansicht, daß diese Methode im Laufe der Zeit meine Kenntnisse über meinen Körper so vergrößert hat, daß ich dadurch stärker zum Orgasmus neige, mit mir allein und genauso, wenn ich mit einem Partner zusammen bin.«

Eine andere Frau, Sarah, 29 Jahre alt und verheiratet, benutzt Eigenbilder von Penissen, um ihren Orgasmus zu verstärken:

»Die gewaltigsten Phantasievorstellungen für mich sind solche, bei denen ich mich selbst oder meinen Partner beim Masturbieren beobachte, bis es zum Orgasmus kommt, gleichgültig ob bei ihm oder bei mir. Mit der Vorstellung von der Härte seines Penis, seiner Schlüpfrigkeit nach der vorerregten Entladung und der Vorstellung von dem aktuellen Fortschritt bei ihm, wie der Mann immer erregter und erregter und sein Penis dabei härter und härter wird, bis er schließlich ejakuliert, habe ich genau die Phantasiebilder, deren es bedarf, damit ich auch selbst einen wirklich ganz gewaltigen Orgasmus bekommen kann.«

Erotika

Viele Frauen nehmen lieber Erotika als ihre Phantasie zu Hilfe, um die geistige Komponente der Erregung zu steigern.

So berichtete Samantha, 35 Jahre alt und geschieden:

»Ich benutze erotische Geschichten, die andere Leute vielleicht Schundliteratur nennen, um mich zu erregen. Ich mag Beschreibungen von Techniken und derartige Sachen. Das macht für mich das Masturbieren entschieden genußreicher.«

Die Art der Erotika, die als erregend bezeichnet wurden, wechselte von Frau zu Frau. Manche liebten blumige viktorianische Geschichten, während andere mehr direkte Beschreibungen mit vielen Worten aus vier Buchstaben gern hatten. Judy, 31 Jahre alt und verheiratet, berichtete uns folgendes:

»Als ich noch jünger war, pflegte ich gern richtig dreckige Bücher zu lesen, wenn ich masturbierte, je schlimmer desto besser. Ich hatte eine Freundin, die sie mir lieh. Sie mir selbst zu kaufen, hätte ich mich viel zusehr geniert.«

Viele Frauen fanden Bilder mit nackten Körpern, Männern, Frauen oder beides, ein gewaltiges Anregungsmittel. Joan, 31 Jahre alt und verheiratet, erzählte uns darüber:

»Ein anderes Hilfsmittel für mich bei der Masturbation sind Bilder von nackten Männern und Frauen. Ich liebte die Bildergeschichten, die laufend über Paare in dem Magazin VIVA veröffentlicht wurden. Sie wirkten auf mich sehr erotisch. Ein anderes Erregungsmittel, das wir gelegentlich auch gemeinsam benutzen, sind Filme. Wir sehen sie nicht gerade häufig, aber Filme wie ›Emanuela‹ sind für uns beide wirksame Erregungsmittel.

Die folgende Frau, Louise, mit 39 Jahren zum zweiten Male seit zwei Jahren verheiratet, schuf ganz spontan ihre eigenen Erotika:

»Einmal sprach ich etwas an meinen Liebhaber aufs Band, der in einer anderen Stadt lebte. Ich erzählte ihm über die Erinnerungen, die ich an das letzte Mal hatte, als wir miteinander Liebe gemacht hatten. Je länger ich davon sprach, desto erregter wurde ich selbst dabei. Ich begann zu denken, wie schön es wäre, wenn ich ihn jetzt bei mir hätte. Doch dann dachte ich, daß er nun einmal nicht da sei und ich deshalb wirklich nicht derart auf Touren kommen sollte. Dann passierte es mir, daß ich das, was ich mir in meinem Kopf so bildhaft wieder vorstellte, zum Stimulieren benutzen konnte und mich dabei selbst befriedigte. Ich glühte in dem Bewußtsein, daß er später alles hören würde, und ich konnte mir gut vorstellen, wie es ihn auch erregen würde. Das Masturbieren fiel mir deshalb leichter, weil ich mit dem Kopf ja weit weg war an jenem lieblichen Ort, so gab es bei mir keinerlei Unterbrechungen. Ich begann also, mich selbst zu reiben und erzählte ihm dabei auf dem Tonband, was ich gerade tat, auch was ich dabei erlebte. Ich mußte sogar über das alles kichern, aber das ließ ich nicht in das Geschehen in meinem eigenen Körper eindringen. Ich beschrieb ihm genau, was ich tat. Ich war völlig in meine Gefühle und die ausgelösten Empfindungen versunken, und zwar so sehr, daß ich mich nicht entsinnen kann, was ich ihm gesagt habe, als ich einen Orgasmus bekam. Später habe ich diesen Teil überspielt, denn es war unglaublich, meine Stimme hatte sich verändert, und ich konnte mich nicht entsinnen, jemals solche Dinge gesagt zu haben. Es war ein wunderschönes, herrliches Erlebnis. Es war, als gäbe ich jemandem eine laufende Reportage über all das, was ich erlebte, während ich masturbierte, bis ich einen Orgasmus bekam. Das Ende der Geschichte war, daß er das Tonband wie üblich in sein Büro bekam und es dort gleich abspielen wollte. Er erzählte mir dann, er habe es dort auch gehört, dann aber plötzlich entschieden, es lieber zu stoppen. Er meinte, zum einen sei er erregt worden, und zum anderen habe meine Stimme sich völlig verändert, und da habe er gewußt, daß er jetzt stoppen müsse!«

Ob man nun seine Phantasie oder Erotika einsetzt oder sich nur auf das körperliche Fühlen konzentriert, um die Masturbation genußvoller zu gestalten, die Selbstbefriedigung bleibt ihrem Wesen nach ein einsames Erlebnis mit all den Vorzügen, aber auch den Nachteilen, die darin eingeschlossen sind. Die Masturbation macht uns unfähig, Vertrauen und Behaglichkeit in unserer Sexualität wachsen zu lassen, gewährt uns aber gleichzeitig auch manch gute sexuelle Erlebnisse. In jedem Fall ziehen es die meisten von uns im Laufe ihres Lebens vor, ihre Sexualität mit einem anderen zu teilen und damit auszureichen. Denn ein guter gegenseitiger Austausch gewinnt dann an Wichtigkeit, wenn wir unsere Erlebnisse mit einem Partner teilen möchten, der die sexuellen Erlebnisse, die wir mit uns allein gehabt haben, aufzuwiegen oder sogar zu übertreffen weiß. Nach allem ist das Geschlechtsleben in sich eine sehr grundlegende, aber auch sehr spezielle Form der Kommunikation. Daraus folgt ganz natürlich, daß sich unser nächstes Kapitel mit dem Zusammenhang zwischen sexueller Selbstkenntnis und zufriedenstellendem Geschlechtsverkehr mit dem Partner befaßt.

Den Partner wissen lassen

Ein beherrschender Mythos in unserer Zivilisation besteht in der Behauptung, Sex sollte nur natürlich und spontan passieren, wenn er richtig sein solle. Die Folgerung aus diesem Mythos lautet dann: wenn jemand verliebt ist in einen anderen, braucht er nur mit ihm ins Bett zu hüpfen, und sie werden einen perfekten Sex haben. Aus diesem Grunde glauben die meisten Leute, dann, wenn es wirkliche Liebe sei, brauche man auch nicht über das Geschlechtsleben zu sprechen, denn das regele sich auf magische Weise selbst. Wenn der Geschlechtsverkehr nicht von Anfang an völlig klappt, wenn es damit einige Probleme gibt oder er nicht so zufriedenstellend ist, wie sie es sich wünschen, dann könne es daran liegen, daß die Partner sich nicht wirklich lieben, anstatt einzusehen, daß da vielleicht Kommunikationsprobleme vorliegen. Kelly, eine 36jährige Anwältin mit drei Kindern zwischen zehn und fünfzehn Jahren, die seit fünf Jahren geschieden ist, erläutert, wie dieser Zivilisationsmythos ihr mitgespielt hat:

»Die Sexualität war für mich während meiner Ehe und auch danach noch ein Problem wegen meiner negativen Haltung und meiner negativen Gefühle gegen sie. Ich lebte immer in dem Aberglauben, daß man über das Geschlechtsleben nicht sprechen solle. Wenn es richtig sei, wenn es auf wirkliche Liebe aufbaue, werde es einfach glatt gehen und jedermann wisse, was jeder von beiden gern habe und genieße. Ich brauchte mich nicht allzusehr anzustrengen, um diesen Mythos zu zerstören, denn auf diesem Wege ging es einfach nicht. Ich wußte zwar, welche physischen Dinge für mich sexuell erfreulich waren, aber mein Partner konnte das ja gar nicht genau wissen, auch wenn er sehr sensibel war und sich sehr auf mich einzustellen versuchte. So versuchte ich, meine sprachlichen Hemmungen zu überwinden und zunächst einmal kleinere Feststellungen zu treffen, was mir wohlige Gefühle verschaffe und was mich störe. Ich lernte langsam, dem Partner zu erzählen, daß ich es gern habe, sehr langsam erregt zu werden, daß er große Geduld dazu aufbringen müßte, oder keiner von uns würde an den Punkt gelangen, an dem wir uns selbst rein körperlich genießen können, oder daß er das vielleicht zwar könne, ich aber nicht. Ich begann zu erklären, daß gewisse Arten von Streicheln in der Genitalgegend, an ganz bestimmten Stellen meines Körpers mir wohltaten und andere nicht. Ich entdeckte auch, daß es für mich leichter erschien, hinterher mit ihm über solche Dinge zu reden, denn dann fühlte ich mich wohler und enger mit ihm verbunden. So konnte ich ihm sagen: ›Wenn wir das wieder tun, wäre es schön, wenn du meine Brüste mehr bearbeiten würdest, denn das ist ein herrliches Gefühl für mich und steigert meine Wollust erheblich.‹ Mit zunehmender Praxis wurde es so leichter und leichter für mich, mich mit einem Partner auszusprechen.«

Gedankenlesen ist ein anderes Pendant zu diesem Mythos. Wenn unser Partner uns wirklich liebt, kann er angeblich aufmerksam und feinfühlig genug sein, um unsere Gedanken zu lesen. Als Sexualtherapeutinnen sehen wir Ehepaare genug, die sich wirklich lieben, aber in Schwierigkeiten geraten, weil sie ihre Liebe mit feststehender Befähigung zu Feinfühligkeit und Aufmerksamkeit gegeneinander bis zum Grade des Gedankenlesens gleichsetzen. Sie machen sich nicht klar, daß Gedankenlesen nicht immer so leicht ist, wie es ihnen vorkommt, zumal wenn beide es wechselseitig probieren.

Man nehme als Beispiel das folgende Ehepaar, das sich fürchterliche Mühe gab, seine Ehe richtig zu vollziehen. Bei seinem Versuch, bei der Liebe aufmerksam zueinander zu sein, begab sich folgendes: Glenda wollte einiges, was Dick am Abend tat, dahingehend interpretieren, er sei an Sex interessiert. Auch wenn sie sich gar nicht zu Sex aufgelegt fühlte, wollte sie ihm doch gefallen und versuchte sich selbst in die richtige Stimmung zu bringen, indem sie ein Feuer im Kamin anzündete und ein erotisches Nachtgewand anzog. Dick, der keine Ahnung hatte, wie man Sexsignale aussendet, dachte nun, da er Glendas Aktivitäten bemerkte: ›Oh, Glenda muß wohl Verlangen nach Geschlechtsverkehr haben. Deswegen ist es beser, ich bringe mich in die entsprechende Stimmung.‹ Als es dann zur sexuellen Begegnung kam, wunderte sich jeder von beiden, warum der andere nicht mit mehr Enthusiasmus bei der Sache sei. Nach alldem war er oder sie der oder die einzige, der oder die in erster Linie daran interessiert war. Das ist der beste Weg, damit es infolge mangelnder Kommunikation zu Mißverständnissen, wenn nicht zu Schlimmerem kommt.

Wir stellen nicht die gleichen Erwartungen für andere Gebiete der zwischenmenschlichen Beziehung auf wie für den Sex. Wir wollen nicht das Dekorieren eines Hauses mit der Frage betrachten, ob ein Partner eine bestimmte Schattierung von Blau oder Gelb gern hat. Wir sehen es als völlig natürlich an, wenn man darüber spricht, ob unser Partner zur Spaghettisauce gern etwas mehr Knoblauch hat. Aber wir betrachten es als ebenso natürlich, darüber zu sprechen, wenn es zum Geschlechtsverkehr kommt, da auch da ähnliche Nuancen bestehen. Die Wahrheit ist die, daß die gleiche Rolle, die die Vereinbarung und die Aussprache bei der Kindererziehung, beim Geld, bei der Arbeitsaufteilung spielt, ihr auch bei der Besprechung von Vorlieben, Haltungen und Gefühlen beim Geschlechtsleben zukommt.

Nur allzuoft, vor allem wenn man sich über Gefühle auseinandersetzt, ergehen sich Menschen in dem Versuch zu beweisen, daß sie recht haben und der Partner unrecht hat. Diese Einstellung ist von vornherein zum Scheitern verurteilt, denn selbst wenn ein Partner diese richtige/falsche Schlacht ›gewinnt‹, wird der andere immer versuchen, ihm das heimzuzahlen.

Viele Leute erwarten, daß in guten Verhältnissen oder Ehen niemals Ärger oder Mißverständnisse auftreten. Trotzdem sind Ärger und Mißverständnisse etwas ebenso Normales wie Freude und Übereinstimmung. Es ist grundsätzlich unmöglich, daß zwei Personen, die in zwei getrennten Familien mit unterschiedlichen Wertsystemen aufgewachsen sind, eine identische Sicht aller Dinge und diese zur gleichen Zeit haben.

Und wenn wir schon diese Unterschiede als natürlich annehmen, ist es um so notwendiger, uns über unsere Vorlieben und Wünsche ständig miteinander auszutauschen. In der Praxis entstehen mehr Probleme, weil die eine oder andere Person überzeugt ist, daß er/sie genau weiß, was der Partner/die Partnerin denkt oder fühlt und dann dieser Überzeugung gemäß handelt. Solche Überzeugungen gehen immer von der Voraussetzung aus, ein

Partner, der mich wirklich liebt, würde auch wissen, was ich wünsche und wolle oder meine. Kann man sich von diesem Aberglauben erst einmal lösen, dann wird es möglich, die andere Person direkt zu fragen und dabei Verwirrungen und Mißverständnisse endgültig auszuschließen.

Ein Weg, um das Gespräch zwischen zwei Menschen zu klären, besteht darin, daß man grundsätzlich die Ich-Form benutzt, also bei Feststellungen auf die Du-Form verzichtet. Anstatt zu sagen ›du‹ (du hast mir heute früh keinen Kuß gegeben), sagt man dann ›ich‹ (ich fühlte mich heute morgen ungeliebt oder nicht liebenswert, weil du mir keinen Kuß gegeben hast). Nachdem die Wichtigkeit des Gespräches nach dem Akt darin liegt, das Fühlen nach diesem dem anderen mitzuteilen, hilft es auch dem anderen, unsere Gefühle zu verstehen, wenn wir diese auf diesem Wege klarlegen. Wenn wir eine Sentenz beginnen mit einem ›du‹ wie etwa ›du niemals‹ oder ›du tatest nicht‹, wird sich die andere Person unmittelbar angegriffen fühlen und all ihre Energie anspannen, um sich selbst zu verteidigen, anstatt sich auf den Versuch zu konzentrieren, uns zuzuhören und zu verstehen, wie wir uns in dieser Situation gefühlt haben. Jeder Mensch versucht recht zu haben und den anderen ins Unrecht zu setzen. Im oben angeführten Beispiel hat die angesprochene Person die Möglichkeit, sich ungeliebt zu FÜHLEN, ohne daß die andere die Absicht hatte, ihr so etwas zu sagen. Er oder sie sind dann eben von vornherein voreingenommen. Und häufig kommt dann nichts weiter dabei heraus, als daß diese Gefühle der anderen Person für gültig erklärt werden, anstatt sich um eine Klärung und Lösung zu bemühen.

Auf die sexuelle Kommunikation übertragen, gilt das gleiche Rollenspiel. »Ich habe es gern, wenn du meinen Nacken streichelst« oder »ich fühle mich als Sexobjekt, wenn du mir gleich in den Schoß greifst«, ist als Aussage gegenüber dem anderen besser geeignet, als wenn man ihm sagt »du reibst mich immer zu hart« oder auch »du behandelst mich wie ein Sexobjekt«. Während solche ›Ich‹-Feststellungen dazu tendieren, die gewünschte Antwort vom anderen zu bekommen, neigen ›Du‹-Feststellungen in aller Regel nur dazu, einen Kampf zu eröffnen. Ein anderer wertvoller Hinweis für die positive Führung des Gespräches ist der

Versuch, ganz besonders vorsichtig vorzugehen, wenn ein Kampf beginnt und ganz genau klar zu machen, worüber man sich zu streiten wünscht. Andernfalls ist die Gefahr groß, daß man sich nur in Begriffen und kleinlichen Klagen verliert, deren Mehrzahl dann absolut nichts mehr mit der ursprünglichen Beschwerde zu tun haben. Ein Weg, das zu vermeiden, ist der, daß jede Person die andere erst einmal wiederholen läßt, was er oder sie zuvor gesagt hat und man die Hitze der Auseinandersetzung so ein wenig abkühlt, ehe man sich voll in die eigene Offensive oder Verteidigung hineinschwingt. Auf diesem Wege hat jede Person die Chance, zu kontrollieren, daß ihre Aussage richtig verstanden wurde, und kann dann eventuelle Korrekturen anbringen.

Viele Frauen haben zusätzlich Schwierigkeiten, über sexuelle Dinge zu reden, weil unsere Zivilisation diese Art Gespräch in der Rolle der Frau nicht vorgesehen hat. Die Vorstellung von der Frau als keuschem und reinem Wesen geht Hand in Hand mit dem Verständnis des Mannes als absoluter Autorität in Sachen Sex. Dolly, 34 Jahre alt und geschieden, berichtete uns dazu:

»Eines der Dinge, die ich besonders gern habe, ist das Liebkosen meiner Brust. Das war aber etwas, um das ich meinen Ex-Ehemann immer besonders bitten mußte, und das kam mich doch sehr hart an. Ich meinte ja zu wissen, daß der Mann dazu angelegt ist, selbst alles zu kennen, was wir Frauen zur Befriedigung brauchen, deshalb habe ich ihn nur selten um etwas gebeten. Ich glaube, es war mir peinlich, und ich schämte mich, irgend etwas Bestimmtes zu erbitten.«

Wenn die Frauen schon bestimmt waren, keusch und rein zu sein, also auch unsexy, wie sollten sie dann die Möglichkeit besitzen, irgendwelche Informationen zu diesem Thema einem anderen Menschen mitzuteilen? Wenn wir irgendwelche Vorlieben haben, muß das zwangsläufig heißen, wir hätten sexuelle Erfahrungen mit anderen Partnern gehabt, und das wäre ein wahrhaft schändlicher Kommentar zu unserer Reinheit. Demgemäß muß jedes sexuelle Erlebnis als unser allererstes gelten. Und wenn Frauen solche niedrigen Wünsche nicht haben sollten, besteht natürlich auch keine Notwendigkeit, Informationen über Vorlieben mit dem Partner auszutauschen. Wenn wir aber gern bereit wären, eine solche Sicht der Dinge für überwunden zu halten, haben doch immer noch viele Frauen ein ungutes Gefühl, eine Art Schuldkomplex, weil ihnen der Sex Freude bereitet. Wenn wir auch über diese verhärteten Vorschriften hinausgewachsen sind und uns Partner gesucht haben, die Frauen mit aufgeschlossener Sexualität zu schätzen wissen, liegen doch alte negative Muster für sexuelles Verhalten der Frau nur zu oft noch im Widerstreit mit unserer Freude an der Sexualität.

Sylvia, 20 Jahre alt und alleinstehend, mag als Beispiel dafür gelten, wie sich eine Frau geniert, wenn sie sexuell Freude empfängt: »Ich bin sehr offen und kaum sehr zurückhaltend, wenn es zum Geschlechtsverkehr kommt. Aber ich fühle mich immer noch ein wenig verwirrt, wenn ich dabei auch Freude empfange. Vielleicht liegt das daran, daß ich meine, ich sei all diese Freude gar nicht wert oder auch, dieser prächtige Kerl sei viel zu schade für mich oder sonst irgend etwas dergleichen.«

Alexandra, 32 Jahre alt und geschieden, genoß es zwar durchaus, im Bett die Gebende zu sein, hatte aber Schwierigkeiten, wenn sie sexuelle Freuden auch empfangen sollte:

»Nachdem wir geraume Zeit miteinander geschlafen hatten, stellte er fest, daß ich zwar eine gute ›Gebende‹ sei, als ›Nehmende‹ aber versage. Zum Beispiel ließ ich ihn nicht soviel an mir herumnagen, wie er es gern wollte, weil ich das Gefühl hatte, daß ich ihm in dieser Zeit nicht ebenfalls etwas Gutes tun konnte. Aber das wollte er auch gar nicht so unbedingt, denn er hatte es zuweilen viel lieber, wenn ich ausschließlich passiv blieb, also nur der empfangende Teil war. Er fragte mich, ob mir unbehaglich sei, wenn ich nur der empfangende Teil wäre, und ich habe es zugegeben. Ich wünschte, daß der Sex auf Gegenseitigkeit beruhe, weil ich mich dann weniger ausgeschlossen fühlte. Seine Haltung und seine Persönlichkeit machten es mir, wie sich später herausstellte, wirklich leicht, über all das zu reden. Er weiß eine Menge über Frauen, über Sexualität und über seinen eigenen Körper. Er hat nämlich Sex sehr gern, und ich hatte ihn auch mit ihm gern, so gab es da keine Probleme für mich, und ich konnte alles offen mit ihm besprechen.«

Die Ansicht, daß Frauen ebenso wie Männer das Sexualleben genießen können, mag eine Haltung sein, die sich schließlich allgemein durchsetzen wird. Dagegen scheint die Idee, daß Frauen bestimmt sein und das fordern können, was sie sexuell wünschen, nicht ebenso akzeptabel zu sein. Viele Leute hegen immer noch das alte Vorurteil, es sei nicht fraulich, so direkt aufzutreten. So sagte uns die siebzehn Jahre alte Joey, die noch zur Schule geht und bei ihren Eltern zu Hause lebt:

»Ich fange gerade erst an zu lernen, mit meinem Partner im Bett zu reden. Früher brachte ich nichts anderes heraus als vielleicht ein: ›Ja, das macht mir Freude‹, und wenn mir etwas weh tat, habe ich lieber nichts gesagt. Ich hatte Angst vor einem Streit im Bett.«

Viele von uns haben Hemmungen, das Thema von dem, was wir sexuell gern haben, gegenüber unserem Partner anzuschneiden. Wir fürchten, daß wir damit dem Mann Anlaß bieten, uns als Hausdrachen oder Hündin abzustempeln. Solche Frauen werden häufig als dominierend oder aggressiv betrachtet, Negativeigenschaften für eine Frau, die willens ist, ihre Wünsche dem Partner klar mitzuteilen. Eine ›gute‹ Frau nimmt eben, was ihr angeboten wird. Kommt ihr irgend etwas Besonderes in den Weg, so hat sie das zu schätzen, aber ganz bestimmt nicht zu erwarten.

Zusätzlich haben Frauen Angst, daß Mitteilungen sexueller Informationen an den männlichen Partner über sich selbst bei diesem das Gefühl auslösen könnten, er sei nicht gleichwertig, und sie könnten damit sein Ego beschädigen. Viele Frauen befürchten ganz einfach, ihren Partner sofort zu verlieren, wenn sie ihm zu erzählen beginnen, welche Vorlieben sie selbst in sexueller Hinsicht haben. Sie gehen dabei wohl von der Annahme aus, daß er solche Informationen gar nicht haben wolle, wenn sie nicht schlicht Angst haben, das Boot zum Schaukeln zu bringen. Immerhin zeigt Cortney, 31 Jahre alt, eine abweichende Haltung, die ihr gut zu bekommen scheint:

»Ich bin sehr direkt mit jedem und sage genau, wie ich mich bei dem fühle, was sie gerade tun. Ich sage das kurz und schlicht, denn jede lange Erklärung und alle großartigen Feststellungen bedeuten für mich eine Unterbrechung beim Geschlechtsverkehr. Das erscheint mir nicht als der richtige Zeitpunkt, um sich darüber zu unterhalten, welche Haltungen oder Philosophien ich mit dem Sex verbinde. Ich würde aber immerhin sagen: ›Leg deine Hand hierher‹ oder direkte Anweisungen geben. Ich denke, diese Einstellung ist es, durch die ich mit Männern über Sex reden kann, denn ich habe Sex sehr gern. Ich mag Sex, und ich liebe ihn, und entsprechend meinem allgemeinen Standpunkt ist das in Ordnung, völlig unabhängig von dem, was einige andere Leute darüber vielleicht denken mögen. Für mich ist meine Sexualität ein sehr weiblicher und gesunder Teil meines Lebens. Das ist weder schlampig noch schmutzig, und ich erhalte für diese Ansicht eine Menge Bestärkung von Männern, die eine Frau zu schätzen wissen, die offen und sachbezogen über sexuelle Dinge zu reden weiß, anstatt daß sie sich geniert und um den Brei herumredet und den Mann im unklaren läßt, was sie gern hat oder was sie nicht mag.«

Trotzdem werden manche Leute mit dem Gefühl nicht fertig, daß es nicht so gut ist, wenn sie um irgend etwas zu bitten haben. Sie befürchten, der Partner würde es ihnen dann gewähren, nur weil sie darum gebeten haben, und nicht, weil er das wirklich auch wünsche. Sie möchten, daß ihre Partner von sich aus daran denken sollten. Irgendwie ist die positive Antwort auf eine Bitte keine zufriedenstellende Demonstration der Fürsorglichkeit. Gaye, eine 33 Jahre alte College-Lehrerin, die elf Jahre verheiratet ist und einen Sohn von zwei und ein Mädchen von acht Jahren hat, repräsentiert diesen nur zu weitverbreiteten Standpunkt mit der folgenden Aussage:

»Ich hätte es lieber, wenn mein Mann seine Arme beim Geschlechtsverkehr um mich legen und mich auf diese Weise festhalten würde. Aber ich kann ihn nicht darum bitten. Ich habe einen komischen Knödel im Hals – wenn da irgend etwas ist, was ich wirklich gern hätte. Ich kann nicht darum bitten, denn wenn ich es täte, hätte ich keinerlei Freude mehr daran, es wirklich zu bekommen. Aber so war ich schon mein ganzes Leben lang.«

Was schnürt in dieser Beziehung beiden, unserem Partner und uns nur die Kehle zu? Es ist wie auf Schatzsuche gehen und keinerlei Anhaltspunkte zu haben, wo man suchen soll.

Ein anderer Widerstand gegen das Sprechen über sexuelle Vorlieben ist die Furcht vor Zurückweisung. Viele Frauen fürchten, wenn sie endlich die Lippen aufmachen würden und sagten, was sie gern möchten, würde ihr Partner keine Lust haben, ihren Wünschen zu entsprechen. Wenn der Partner erst einmal nein sagt, ist die Frau betroffen und wird sich schließlich zurückgestoßen fühlen.

Unglücklicherweise ist es nun einmal so, daß manche Leute die Weigerung, an einer bestimmten Aktivität – sexuell oder auf anderen Gebieten – teilzunehmen, mit einer persönlichen Zurückweisung in einen Topf werfen. Suzanne, 37 Jahre alt, bisexuell, geschieden, empfand das genaue Gegenteil und stellte fest, daß ihre Haltung ihr dazu verhilft, mehr Freude am Sex zu haben:

»Je mehr ich erkenne, wie wichtig es ist, desto rascher bin ich dabei zu sagen, was mir Spaß macht und was nicht. Und ich finde, daß ich so viel mehr vom Sex habe. Ich muß mich selbst dazu zwingen, völlig offen zu sein und mir klar zu machen, daß es nichts mit einer Ablehnung zu tun hat, wenn ich jemandem sage, ich hätte seine Zunge nicht gern in meinem Ohr. Das heißt wirklich nicht mehr, als daß das meine Lust nicht steigert. Andere Leute geraten dabei in Ekstase, aber mir gibt das eben nichts. Ich muß nur ganz einfach ehrlich und gerade sein.«

Immer, wenn wir nach etwas fragen, riskieren wir, daß wir es nicht bekommen. Aber je mehr wir um etwas bitten, um so höher ist auch der Prozentsatz der Fälle, in denen es gelungen ist, uns unsere Notwendigkeiten zu erfüllen. Eine Therapeutin aus unserem Bekanntenkreis ist dahin gekommen, zu sagen: »Wenn ich nicht dreimal am Tag eine Absage erhalte, zeigt das nur, daß ich nicht genug gefragt habe.« Sie ist der festen Überzeugung, daß man um so mehr erhält, je mehr man erbittet, auch wenn einem dafür von Zeit zu Zeit mal etwas abgeschlagen wird. Aber das Ganze kann nicht beginnen, ehe wir unsere eigenen Notwendigkeiten und Vorlieben genau feststellen können. Im anderen Falle weiß niemand, wo der andere steht. Nehmen wir als Beispiel ein Ehepaar, das zum Essen ausgehen will. Sagen wir einmal, er fragt sie: ›Wo möchtest du heute hingehen?‹ Obwohl er gern in ein chinesisches Restaurant ginge, sagte er das doch nicht zuerst, weil sie ja vielleicht heute keinen Appetit auf chinesisches Essen hat. Sie aber antwortet: ›Das ist mir egal, laß uns dorthin gehen, wo du hingehen möchtest‹, obwohl sie gern italienisch essen gehen möchte. So kann das eine ganze Zeitlang hin und her gehen, nur weil keiner von beiden zuerst sagen mag, was er gern täte. Daraus können rasch Mißstimmungen und sogar ein Streit entstehen. Die Dinge könnten unendlich einfacher sein, wenn er gleich zu Anfang sagen würde, ›ich würde gern chinesisch essen gehen, wie denkst du darüber?‹ Sie würde vielleicht sagen: ›Schade, ich hätte mehr auf etwas Italienisches Appetit‹. Da haben sie nun einen Ausgangspunkt, von dem aus sie miteinander verhandeln können. Vielleicht würde er dann sagen, ›Italienisches Essen wäre mir an einem anderen Abend hochwillkommen, nur heute habe ich absolut keinen Magen dafür‹, worauf sie dann vielleicht antwortet: ›Okay, chinesisches Essen war ohnehin als Nr. 2 auf meiner Liste.‹ Oder sie entscheiden sich auch, beides fallenzulassen und statt dessen in ein Fischrestaurant zu gehen.

Manche mögen sich beim Lesen dieses Kapitels fragen, warum wir so viel Zeit auf die Besprechung der Schwierigkeiten verwenden, die Frauen beim Gespräch über sexuelle Dinge empfinden. Für sie ist die Fähigkeit, sich mitzuteilen, vielleicht kein Problemgebiet. Auch das Gespräch über sexuelle Dinge und ihre sexuellen Vorlieben kommt ihnen vielleicht einfach vor. Womöglich sind sie aber auch der Ansicht, sie hätten über sexuelle Fragen nicht zu reden, weil für sie der Sex von vornherein gut und in Ordnung gewesen sei, das sei wie durch Zauberhand gegangen. Das galt sicherlich für einige wenige der von uns interviewten Frauen, solche wie Billie, die 54 Jahre alt und verheiratet ist und uns auf unsere Fragen antwortete:

»Für mich war es nie ein Problem, ihm beizubringen, was ich gern hatte. Von Anfang an hat es bei uns gleich richtig geklappt. Auch mit meinem ersten Mann hatte ich da keine Probleme. Nur hatte ich vielleicht angenommen, daß alle Männer das auf diese Weise tun.«

Eine Frau fühlte nur eine geringe Notwendigkeit zum Sichmitteilen, weil sie eigentlich alles sehr gern hatte und, wenn sie etwas nicht mochte, von sich aus die Aktivitäten allein einleitete, die sie bevorzugte. Sage ist 35 Jahre alt, Lesbierin und lebt allein:

»Ich gebe mir wirklich keine große Mühe, eine Partnerin wissen zu lassen, was ich gern habe oder was nicht, denn das führt zu nichts. Und wenn ich auch den Stil, Liebe zu machen, bei den einen Leuten mehr schätze als bei den anderen, kann ich mir doch nicht vorstellen, daß es jemanden gäbe, der nur Dinge tut, die ich nicht mag. Ich will damit sagen, daß ich eigentlich alles gern habe. Ich liebe sanftes Streicheln, ich liebe auch hartes Streicheln, ich liebe auch beides abwechselnd. Wenn aber jemand beim Liebemachen nicht gut ist, dann übernehme ich eben mehr die Initiative und spiele diese Rolle.«

Die meisten Frauen allerdings quälen sich eine Reihe von Jahren damit ab zu lernen, sich einem anderen mitzuteilen. Wir waren tatsächlich überrascht, wie viele der von uns interviewten Frauen doch noch beachtliche Schwierigkeiten hatten, sich über sexuelle Dinge zu unterhalten. Und dabei handelte es sich um Frauen mit sexueller Phantasie und Einfallskraft, die im allgemeinen einen hohen Grad sexuellen Wohlbefindens erreicht hatten. Manche von ihnen meinten, obwohl sie mit ihren Partnern über andere Dinge ausgezeichnet sprechen könnten, falle ihnen die spezifische und direkte Diskussion über sexuelle Fragen mit ihrem Partner doch schwer. Susan, 35 Jahre alt und seit fünfzehn Jahren verheiratet, war ausgesprochen stolz auf den guten Meinungsaustausch, den sie mit ihrem Mann im allgemeinen hatte. Nur wenn sie ihn um Oralsex bitten wollte, merkte sie, daß sie damit Probleme hatte:

»Im allgemeinen bin ich diejenige, die den Oralsex beginnt, indem ich an ihm sauge. Ich habe Oralsex sehr gern und er auch, und wir wissen das beide voneinander. Aber bis heute habe ich noch nicht den richtigen Weg gefunden, ihm zu sagen, er solle doch bei mir in den Keller steigen. Damit muß er anfangen. Tu ich es bei ihm als erste, folgt er zwar manchmal von sich aus nach, aber das ist nicht immer der Fall. So habe ich eben noch keinen guten Weg, ihm zu sagen, ›jetzt bin ich an der Reihe‹.«

Es waren aber nicht nur die Frauen, die Schwierigkeiten mit der Kommunikation hatten, vielen Partnern erging es ebenso. Monique, 32 Jahre alt und verheiratet, gestand uns:

»Die Kommunikation ist wahrscheinlich das zäheste Gebiet für uns alle beide. Wie sollen wir uns gegenseitig fragen, worauf der andere Teil gerade Lust hat, oder uns sagen, wenn einer etwas nicht tun möchte? Der Versuch, meinem Mann zu helfen, daß er mit mir über Sex redet, war wirklich eine qualvolle Strapaze in meiner Ehe. Nach seinem Gefühl ist die Sexualität etwas sehr Persönliches, besser noch bleibt sie im Mysterium. Aber auf der anderen Seite frage ich mich, wie er das bekommen soll, was er sich wünscht, wenn er mir seine Wünsche nicht sagen will? So haben wir in den letzten neun Jahren eine Menge Zeit damit zugebracht, nach Wegen zu suchen, auf denen wir miteinander darüber reden können. Er ist auf diesem Gebiet viel empfindlicher als ich, weshalb ich außerordentlich vorsichtig sein muß. Nach meinem Gefühl ist sein Ego ungeheuer fragil in bezug auf seine sexuelle Identität. Zuweilen, wenn ich etwas schroff oder fordernd bin, kann ich genau sehen, wie sich sein Körper in sich zusammenzieht, und später kommt es dann garantiert zum Streit, wie es in der Vergangenheit oft genug passiert ist. Deshalb versuche ich, das, was ich wünsche, nur zart anzudeuten und auf ein wenig delikatere Weise auszudrücken. So zum Beispiel tut er öfters etwas, was mir weh tut, etwa meine Clitoris in einer Weise stimulieren, die mir Schmerzen bereitet, und ich habe den Eindruck, das tut er absichtlich oder, weil er zu wenig feinfühlig ist. Da kann ich sofort böse werden und empfindlich reagieren und würde ihn am liebsten anschreien: ›Du gefühlloser Bastard, warum kannst du das nicht richtig machen!‹ Natürlich weiß ich genau, wenn ich so reagieren würde, wäre das ganze Erlebnis ruiniert. Deshalb muß ich meinen Ärger unterdrücken und sagen: ›Vorsicht, das tut weh, kannst du es nicht ein wenig sanfter machen, bitte?‹ Oder ich muß seine Hand nehmen und ihm sagen: ›Es ist schön, daß du das tust, aber auf diesem Wege fühlt es sich noch besser an!‹ Ich kann nichts von ihm verlangen, ohne dabei seine Gefühle nicht auch in Betracht zu ziehen. Und das ist eines der schwierigsten Dinge in einer andauernden, sexuellen Partnerschaft.«

Oft sprechen Frauen deshalb nicht über sexuelle Themen, weil wir keinerlei Übung im Gespräch über solche Dinge bekommen haben. Über eine Menge anderer Themen haben wir sprechen gelernt:

Essen, Religion, Kinder, Politik, Mode. Aber wir hatten nie Vorbilder, die uns lehrten, wie man über Sexualität spricht. Und die meisten von uns haben ja nicht nur nie mit ihren Eltern darüber gesprochen, sondern auch die wenigsten hatten Gelegenheit, mit Freunden sexuelle Fragen in allen Details wirklich zu diskutieren. So lernten wir in gewissem Sinne nie eine Sprache für den Sex. Manche von uns haben ja nicht einmal ein Vokabular für sexuelle Dinge. Wir sind aufgewachsen und sind dabei gelehrt worden, bestimmte Worte für ebenso bestimmte Körperteile zu benutzen, wie Schwänzchen, Unterleib, Po oder Hinterteil. Aber für Erwachsene sind solche Worte wohl kaum mehr angebracht. Viele unter uns haben ihr sexuelles Vokabular entwickelt, als sie heranwuchsen und sich dann nie mehr Mühe gegeben, es auf neuen Stand zu bringen oder aufzubessern. Das ist aber deshalb sehr wesentlich, weil wir in Partnerschaften häufig feststellen müssen, daß die gleichen Worte bei verschiedenen Menschen auch unterschiedliche Bedeutungen haben. Gerade bei sexuellen Begriffen ist es aber so, daß sie häufig eine Vielzahl von Bedeutungen und Betrachtungsweisen haben. Während eine Frau sich durchaus dabei wohlfühlen kann, wenn sie das Wort ›Schwanz‹ gebraucht, kann ihr Partner davon unangenehm berührt sein. Wenn er umgekehrt von ihrer ›Pussie‹ redet, kann das für ihn wirklich lusterwekkend sein, während sie unter Umständen ärgerlich wird und das respektlos von ihm findet. Manche Worte oder Ausdrucksformen, die die von uns interviewten Frauen gebrauchten, mögen manchen Leserinnen nicht passend erscheinen. Sie empfinden sie vielleicht als zu gewöhnlich oder unterhalb ihres Sprachniveaus oder auch als zu steif und ziehen andere vor, die ihnen passender erscheinen. Letzten Endes ist es Sache jeder einzelnen Frau und ihres Partners, Worte zu finden, die ihnen beiden angenehm sind. Infolgedessen sollte man sich erst einmal vor den Spiegel stellen und dort einige der Sätze sprechen, ehe man sie gegenüber einem Partner verwendet.

Viele der Frauen, die wir interviewt haben, hatten Hemmungen, uns Sätze wiederzugeben, die sie im Gespräch mit ihren Partnern verwendeten. Immerhin fanden sich die folgenden Frauen dazu bereit, uns diese Information mitzuteilen.

Darielle, 27 Jahre alt und seit drei Jahren verheiratet: »In den allermeisten Fällen spreche ich ziemlich direkt mit ihm, während wir Liebe machen. Ich sage ihm geradezu in halbem Flüsterton oder frage ihn auch, was ich gern möchte oder was er doch tun möge. Und wenn mir irgend etwas unangenehm ist, sage ich ihm sofort, er möge doch vorsichtig sein, weil mir das ein wenig weh tut.«

Roberta, 35 Jahre alt und geschieden, berichtete uns: »Was ich ihm mitteilen möchte, sage ich ihm in der Form, daß ich ihn anspreche, wie: ›Oh, das ist schön‹, oder ›das ist zu hart‹, oder

›nicht da, weiter oben‹, oder ›weiter unten‹.« Samantha, 35 Jahre alt und geschieden, war ausführlicher: »Ich bin sehr geradeaus und offen, wenn ich sagen will, was ich wünsche. So sage ich ihm zum Beispiel: ›Ich möchte an deinem Dicken saugen‹, oder ›jetzt möchte ich gerne, daß du mich saugst‹, ›wie du fickst, ist es schön für mich‹. Ich erzähle auch zuweilen etwas, wie: ›Du fickst genausogut, wie ich es von dir gedacht habe‹, oder ich erzähle ihm, wie gut die Gefühle sind, die ich von ihm bekomme, und sage dann etwa: ›Du läßt mich fühlen, daß ich im Bett okay bin‹. Wir reden eine Menge über Sex, meistens wenn wir Liebe machen und das beruht auf Gegenseitigkeit. Wenn immer er etwas tut, was ich gern habe, sage ich ihm das auch, denn damit kann ich ihn nur weiter anstacheln, damit fortzufahren.

Ich sage ihm auch, wenn etwas mir gut und anderes nicht so gut tut, und frage ihn ebenso, was er gern hat und was nicht. Oder ich mache ihm vor, welche Arten der Berührung mich besonders erregen. Das ist viel besser, als gerade nur darauf zu hoffen, daß er irgend einmal verstehen wird.

Wir benutzen eine ziemlich professionelle Wortwahl bei unseren Gesprächen zu diesem Thema, er nennt seinen Penis seinen ›Pete‹, während ich meine Vagina auch Vagina nenne. Ich spreche von meiner Clitoris, auch über den Kopf seines Penis, und so haben wir sehr genaue Bezeichnungen für alle Teile unserer Körper. Wenn er mich in einer Weise masturbiert, die mir nicht so angenehm ist, dann zeige ich ihm entweder mit meiner Hand, wie es für mich mehr Lust wecken würde, oder ich führe auch seine Hand so, wie es für mich günstiger ist.«

Die meisten Frauen hatten Schwierigkeiten, einen Weg zu finden, um sich so ihrem Partner mitzuteilen, daß dessen Gefühle dabei nicht verletzt würden. Als Sexualtherapeutinnen möchten wir dazu den Vorschlag bringen, die Mitteilung so zu praktizieren, daß man die Situation einfach umdreht. Wenn man befürchtet, man könne dem Partner irgend etwas nicht erzählen, weil es für ihn schmerzlich sein könnte, sollte man sich einfach vorstellen, daß man die gleiche Mitteilung auch von seinem Partner wünschen würde. Gibt es da einen Weg, bei dem man selbst sich gar nicht oder kaum verletzt fühlen würde? Frauen, die wir interviewt haben, teilten uns viele Wege der Kommunikation mit, die überaus geeignet erschienen, gute Resultate zu erbringen. Die meistgebrauchte Methode dabei war die, Positives so viel wie möglich mitzuteilen. Judy, eine 31jährige, die mit einem Rabbiner verheiratet ist, hat diese Philosophie noch um einen Schritt weitergebracht:

»Der beste und hilfreichste Hinweis ist der, selbst positiv zu sein. Das Größte, was man einem Mann überhaupt nur sagen kann, ist das, er sei – selbst wenn es nicht stimmt – der größte, der phantastischste, wunderbarste Liebhaber auf der ganzen Welt. Wenn man ihm das auf diese oder jene Weise immer wieder ins Gedächtnis zurückruft, wird er es auch mit Sicherheit werden. Das stimmt wirklich. Es ist ein Trick, den ich anfangs in unserer Ehe selbst zu nutzen hatte, aber heute ist er wirklich der wundervollste Liebhaber, den man sich denken kann!«

Suzanne, eine 37 Jahre alte Geschäftsfrau, bisexuell, meinte: »Ich fange immer mit den positiven Dingen an, die ich genieße. So sage ich zum Beispiel: ›Die Art, wie du meine Clitoris geleckt hast, tut mir wirklich gut. Auch die Art, wie du dabei deine Zunge gebrauchst, ist vorbildlich. Hoffentlich tun wir so etwas öfter.‹ Ich kann auch mal sagen: ›Es war für mich auch sehr schön, deine Finger in meiner Vagina zu fühlen, und ich weiß, du tust das sehr häufig, aber vielleicht könnten wir es noch öfters machen.‹ Und dann frage ich: ›Was hast du denn wirklich gern? Habe ich irgend etwas gemacht, was dich nicht in Erregung versetzt?‹.«

»Es gibt da eine Frau, mit der ich jetzt zusammenkomme, die liebt eine ganz bestimmte Art des Küssens. Zuerst wußte ich nicht, daß sie erst meine Zunge in ihrem Mund haben und dann die ihre in meinen Mund stecken möchte. Wir brachten das einfach nicht zustande, bis sie mir erzählte, daß das wirklich ihre Lust weckt. Es war gut, darüber zu reden und es dann auch auszuführen.«

Die Notwendigkeit, positive Sexualtechniken neu zu beleben, wurde vor allen Dingen von solchen Frauen festgestellt, die in langdauernden, engen Beziehungen lebten. Wenn immer ihre Partner sie auf eine für sie besonders angenehme Weise berührten, stachelten sie sie zu dieser Art Behandlung weiter an. Judy fährt fort davon zu berichten, wie sie die sexuelle Kommunikation zwischen ihr und ihrem Mann auf eine Weise gepflegt hat, daß er sich immer von neuem ermuntert fühlte und sie von ihm das bekam, was für sie notwendig erschien:

»Ich war schüchtern und zu Beginn unserer Geschlechtsbeziehungen wollte ich nicht zu hart nach dem drängen, was ich brauchte. Aber im Laufe der Zeit hat er gelernt, was mir gut tut. Ich habe entweder seine Hand woanders hingelegt, oder ich habe ihm gesagt, daß ich nach einem bestimmten Tun von ihm befriedigt wäre, und dann hat er es wieder so gemacht. Wenn etwas bei mir zum Orgasmus führte oder es war gut, dann habe ich auf positive Weise darauf geantwortet und beispielsweise gesagt: ›Ach, das war phantastisch‹, oder ich habe andere Redewendungen ähnlicher Art gebraucht oder mich gewunden und gestöhnt, wie es gerade dahin paßte. Es gab auch Zeiten, in denen es nicht gut ging bei uns, da habe ich dann wortlos seine Hand weggenommen oder ihm zuweilen auch gesagt, daß mir etwas unangenehm sei. Beim heutigen Stand unseres Zusammenlebens kommt das nicht mehr vor, denn heute kann ich ihm einfach sagen: ›Laß das bitte‹, oder ›da bin ich jetzt gerade zu empfindlich‹ oder was auch immer. Heute können wir das beide tun, im ersten Jahr jedoch mußte ich letztendlich doch sehr vorsichtig mit ihm umgehen. Ich merkte, daß es sehr wichtig war, daß ich das wirklich sehr gute Bild, das er selbst von seiner Sexualität hatte, nicht durcheinanderbrachte. Das Ergebnis ist, daß ich heute einen Mann habe, der sexuell sehr geschickt und in seiner Sexualität sehr sicher ist. Heute erzähle ich ihm, wie gut er ist, und daß ich das niemand anderem erzählen kann, weil sonst alle anderen Frauen hinter ihm her wären. Und er rennt mit gesträubtem Gefieder umher und denkt, er wäre der Größte in der ganzen Welt. Aber das ist in einer echten Bindung sehr wichtig. Für so manche langen Jahre wußte ich nicht, wie ich sagen wollte: ›Hey, du bist der Größte!‹ Und das bezog sich nicht nur auf das Sexuelle, sondern auch auf andere Gebiete. Läßt man sie aber wissen, daß man sie für großartig hält, werden sie einen selbst erfahren lassen, daß sie uns für ebenso großartig halten. Mein Echo auf ihn war immer positiv und nie negativ. Ich halte von negativen Reaktionen überhaupt nichts, solange nicht irgend etwas wirklich schlecht für mich ist. Wäre ich ein negativer Mensch, hätte unsere Ehe niemals so lange gehalten.«

Nach anfänglichen Schwierigkeiten lernte Harriet, eine 34jährige Frau mit zehn Ehejahren hinter sich, einen besseren Weg zu finden, um ihrem Ehemann mitzuteilen, was sie wünschte, und umgekehrt entwickelte er mehr Fähigkeiten, auf ihre Wünsche zu hören und besser zu reagieren:

»Jetzt erzähle ich ihm alles ganz genau. Ich sage: ›Ich hätte lieber, wenn du dieses oder jenes machen würdest, statt dessen, was du gerade machst‹. ›Ich hätte mehr davon, wenn du das sanfter, viel sanfter tätest, denke doch, du seiest eine Feder‹, oder ›dreh dich bitte ein kleines bißchen mehr nach rechts‹. Wenn er genau die richtige Stelle findet, auf die ich in diesem Augenblick stehe, dann sage ich auch: ›Ja, das ist es genau‹, oder ›das ist herrlich‹, oder irgend etwas Ähnliches. Ich gebe ihm sehr viel Rückhalt. Das ist etwas, das wir besprochen haben, denn im Anfang unserer Ehe hat es ihn gestört, wenn ich ihm etwas so direkt und genau beschrieb. Er wollte lieber, daß ich ihm das auf andere Weise beibringen oder am besten gar nicht davon sprechen sollte. Am liebsten hätte er gehabt, wenn alles, was er tat, für mich perfekt gewesen wäre, aber so war und ist es nicht. Meine Direktheit stört ihn schon seit Jahren nicht mehr, und ich meine, das liege daran, daß ich versucht habe auf das einzugehen, von dem er mir erzählt hat, daß er es an meinen Aufmunterungsversuchen gern hat und was nicht. Er sagte mir, daß er zuweilen, wenn ich ihm Anweisungen gebe, was ich gern hätte und was ich mir wünschte, das Gefühl habe, daß er nur mit mir beschäftigt sei, und daß das seinen Lustpegel nicht gerade in die Höhe treibe. Auch sagte ich früher eher, was ich nicht gern hätte, als daß ich ihm gesagt hätte, was mich wirklich erregt. Ich sagte eher: ›Das ist zu hart‹, als ›kannst du das sanfter tun?‹. Heute sage ich, ehe ich ihm mit einem ›das ist nicht fest genug‹ komme, eher einmal: ›Ich hätte es gern fester.‹ Ich habe mehr Aufmerksamkeit darauf verwandt, es positiv bestätigend zu sagen. Mein Basisstil, nach dem ich völlig klar alles sage, hat sich dabei keineswegs verändert, nur die Art, wie ich das tue.«

Für viele Frauen kann das Reden über Sex in der ersten Zeit sehr unangenehm sein. Vielfach haben die Frauen einfach Angst und Sorge vor der Reaktion ihres männlichen Partners. Unsere vorgeschriebene Rolle als Frau hat uns darauf programmiert, für die Bedürfnisse unseres Partners Sorge zu tragen. Es liegt innerhalb unseres Verantwortungsbereiches, ihm das Leben komfortabel zu machen. Wir haben dafür zu sorgen, daß er gut gefüttert wird und entsprechend gekleidet ist und daß sein Haus gefällt und genügend Komfort bietet. Es ist erstaunlich, wie willig wir doch sind, uns selbst Unbequemlichkeiten zu bereiten, ehe wir unserem Partner solche zumuten. Oftmals sind wir sogar bereit, ständig mit der Unannehmlichkeit eines unbefriedigenden Sexuallebens vorliebzunehmen, anstatt unserem Partner die ersten zehn oder fünfzehn Minuten des Unwohlbefindens zuzumuten, die der Beginn einer Unterhaltung über sexuelle Schwierigkeiten vielleicht in Anspruch nehmen würde.

Die Frage, was wir selbst wollen, ist ein wesentlicher Aspekt der sexuellen Kommunikation, gerät aber natürlich total in Konflikt mit der für uns vorgeschriebenen Rolle. Noch einmal, Frauen haben gut, keusch und rein zu sein, kurzum asexuell und passiv. Manchmal bedarf es mehrerer Jahre, bis eine Frau sich aus dieser alten und verhärteten Rollenvorschrift befreit hat. Ebensooft erfordert es ein hohes Maß an Vertrauen zwischen der Frau und ihrem Partner – Vertrauen, daß er hilfreich, offen und nicht auf Verteidigung eingestellt sein wird. Manche Frauen berichteten, daß es eine gehörige Zeit zur Bildung des notwendigen Selbstvertrauens und Zutrauens gekostet habe, ehe sie mit ihrem Partner beginnen konnten, sich über ihre sexuellen Wünsche zu unterhalten. Mary, 48 Jahre alt und kürzlich geschieden, gab uns die folgende Schilderung:

»Mit neunzehn Jahren war ich völlig unfähig zu sagen, was ich sexuell gern hätte oder mir wünschte. Als ich dann 25 Jahre alt geworden war, gab es auch noch erhebliche Schwierigkeiten damit für mich. Es war erst nach etwa fünfzehn oder sechzehn Ehejahren, daß ich mich in der Lage fühlte, meine Bedürfnisse mitzuteilen. Zuvor, als ich mich scheute, das klar und eindeutig auszusprechen, war ich nie wirklich befriedigt.«

Darielle, 27 Jahre alt und seit drei Jahren verheiratet, dazu: »Als wir uns zuerst gegenseitig kannten, war es für mich ein wenig furchterregend, ihm zu erzählen, welche Sachen ich gern habe und welche nicht. Nachdem wir jetzt verheiratet sind und unsere Beziehung zueinander sich besser stabilisiert hat, habe ich keinerlei Hemmungen und sage ihm, wenn ich etwas nicht mag, was er tut. Heute ist mir klar, daß es stupide wäre, einfach nichts dazu zu sagen. Sagte man nie etwas, dann würde das ja nur immer so weiter gehen. Und das könnte dann nur schieflaufen.«

Eine interessante Entdeckung ergab sich aus unseren Interviews. Keine der Frauen, die einmal von ihren Partnern eine negative Antwort erhalten hatte, brachte es ein weiteres Mal fertig, das Gespräch über Sex zu eröffnen oder sich mit ihm darüber auszutauschen. Louise, eine 36jährige Witwe, fand heraus, daß manche Männer nur sehr geringe Informationen zu schätzen wissen:

»Einige Männer haben mir gesagt, daß sie wirklich möchten, daß die Frauen ihnen sagen, was sie sexuell wünschten. Ein Mann sagte mir wörtlich: ›Frauen sollten mit ihrem eigenen, individuellen Leitfaden kommen. Unterschiedliche Frauen lieben auch verschiedenartige Dinge, wenn sie auch vom Mann immer noch erwarten, daß er es schon richtig machen wird und sie ihm nur selten Hinweise geben.‹ Aus meiner eigenen Erfahrung kann ich sagen, daß die Männer, die ich getroffen habe, schon sagen, daß sie möchten, daß man mit ihnen spricht und diese Hilfe zu schätzen wissen. Ich hatte immer gedacht, das Ego des Mannes wäre von einer solchen Art Zerbrechlichkeit, daß es vielleicht besser wäre, ihnen nicht zu erzählen, was man selbst gern möchte. Es könnte so klingen, als ob man sagte, was er da tue, sei nicht in Ordnung, oder so etwas ähnliches. Ich war immer der Meinung, daß ich vorsichtig zu sein und nur nichts zu sagen hätte, was kritisch klingen könnte, denn das könnte den Mann von mir abwenden. Aber offensichtlich stimmt das gar nicht in der Form.«

Uns scheint, daß das wesentliche Hindernis gegen die sexuelle Kommunikation in den Frauen selbst liegt, nicht aber in irgendwelchen momentanen Negativreaktionen ihrer Partner. Aber gegen diese inneren Widerstände ständig anzugehen, bleibt für manche Frauen auch weiterhin ein Kampf.

Billy, 43 Jahre alt und seit 26 Jahren verheiratet, meint dazu: »Ich glaube, die Fähigkeit zur Kommunikation sollte sich auch auf die Sexualität erstrecken, und man sollte in der Lage sein, Dinge zu sagen wie: ›Hei, den Weg, den du da gegangen bist, mag ich aber nicht.‹ Wenn ich fähig bin, auszusprechen, daß ich einen bestimmten Weg, den die Konversation nimmt, nicht mag, muß ich auch in der Lage sein, zu sagen, wenn irgend etwas, was wir sexuell taten, mir nicht gefiel. Ich weiß genau, wenn ich darüber sprechen kann, kann ich auch darüber hinaus den Weg finden, dieses Problem zu lösen; was daran liegen mag, daß er meine Gefühle nicht sehr genau kennt. Wenn ich bereit bin, mich selbst zu öffnen und die Kommunikation zu riskieren, ist der Geschlechtsverkehr bei uns besser. Aber ich muß den Prozeß in Gang bringen. Er kann das nicht tun, denn vielleicht weiß er ja gar nicht, daß etwas nicht in Ordnung ist. Tu ich es aber, kann er darauf reagieren. Manchmal benötige ich einige Zeit, bis ich mich dazu entschließen kann. Ich kann es nicht immer auf Anhieb tun. Zuweilen bin ich offener, und dann klappt alles, aber zu anderen Zeiten bin ich dann wieder total zugeknöpft.«

Frauen machen sich auch Sorgen über die beste Zeit, zu der sie über Sex reden könnten, und wie sie das Thema auf einem delikaten Wege anschneiden könnten. Immerhin könnte das Warten auf die vollkommene Gelegenheit heißen, für immer zu warten; denn die vollkommene Gelegenheit gibt es nur äußerst selten. Auch unter den günstigsten Umständen ist es immer noch schwer, ein solches Gespräch zu starten, vor allem wenn man noch keinerlei Erfahrung damit hat, so daß die ersten paar Minuten für beide Partner wenig angenehm sind. Man kann es unter Bezugnahme auf ein kürzliches Gespräch mit einer Freundin oder zu einer Zeit beginnen, in der man sich gerade über die letzten gemeinsamen Sexerlebnisse unterhält. Man kann darüber sprechen, wenn man gemeinsam einen Film angeschaut hat, der irgendeinen Bezug darauf hat. Man kann das Gespräch aber auch in bezug auf ein Buch eröffnen, das man gerade liest. Man könnte vielleicht sagen: ›Ich würde gern mit dir über einige Dinge reden, die mir gerade im Kopf herumgehen und die mit Sex zu tun haben. Hast du Lust dazu? Was wäre für dich die beste Zeit für ein solches Gespräch?‹ Man muß nicht alles selbst entscheiden wollen. Man muß nicht allein bestimmen, wo, wann und wie ein solches Gespräch stattfinden muß. Schließlich handelt es sich um ein partnerschaftliches Problem, mit dem auch alle beide Betroffenen gemeinsam zu Rande kommen müssen.

Eine Technik, die einer Frau geholfen hat, das Gespräch über

Sexualität zu eröffnen, bestand darin, zu ihrem Partner zunächst über Ängste und Verwirrungen zu sprechen, ehe sie auf das eigentliche Thema einging. Das empfehlen wir auch häufig unseren Klientinnen, damit ihre Angst von ihrem Partner nicht falsch als Ärger oder Mißbilligung interpretiert werden kann.

Theresa, 30 Jahre alt, Lesbierin und Therapeutin, meint dazu: »Ich habe einfach Angst, das ist es, was ich sagen will. Ich kann vielleicht sagen: ›Ich habe Angst, dich das zu fragen‹, oder ›ich bin so verwirrt‹, oder ›ich fürchte, du wirst nicht wirklich Lust haben, das zu tun‹, oder auch, ›ich habe Angst, du findest mich schrecklich, aber ich möchte dich trotzdem etwas fragen‹.«

Zum Beispiel habe ich vielen meiner Klientinnen und Freundinnen vorgeschlagen, gemeinsam zu masturbieren. Sie haben das als großartig empfunden, aber wenn es dazu käme, daß ich es selbst tun sollte, das wäre dann eine ganz andere Geschichte. Ich war furchtbar durcheinander, als ich meine Liebhaberin das erste Mal danach fragte. Ich glaube, ich sagte ihr: ›Ich bin völlig durcheinander, weil ich dich das fragen möchte, aber...‹, und sie replizierte natürlich: ›was mich fragen?‹. Und eben weil ich so nervös war, sagte ich ihr: ›Ich möchte meinen Vibrator benutzen und masturbieren.‹ Sie ging sofort darauf ein und sagte: ›Oh, das klingt sehr gut. Ich wünschte, ich hätte ausreichende Energie, um mitzumachen, leider habe ich sie nicht.‹ Es war interessant zu sehen, wie all diese Belastungen von Schuldgefühlen und Verwirrung langsam von mir abfielen und ich die Chance ergriff, das Fragen zu lernen.«

Cleo ist eine 32 Jahre alte Zeitungsverlegerin. Sie lebt mit ihrem Freund Peter und ihrer siebenjährigen Tochter zusammen. Sie bediente sich der folgenden Methode, um sich über ihre sexuellen Vorlieben zu unterhalten:

»Peter hatte es nicht gern, wenn man sich über Sex unterhielt. Er meinte, dadurch werde das Mysterium daran zerstört. Mein Problem bestand aber darin, daß ich nicht wußte, wie ich ihn erregen konnte. Wenn ich ihn nur streichelte, hatte ich das Gefühl, ich dringe in sein Innerstes ein. So überwand ich mich schließlich doch und fragte ihn, was er gern habe, wie er es genieße, wenn ich seinen Penis streichele, und was er nicht möge. Auch wenn er davor zurückscheute, ich zwang ihn einfach zu reden. Ich sagte ihm natürlich auch, daß ich Angst hätte, ihn zu berühren, und so blieb ihm nichts anderes mehr übrig, als mir mehr von dem zu erzählen, was er genießen konnte. Er begann auch, mir direkt zu zeigen, wie ich ihn zu behandeln hätte. Ich bin ganz sicher, daß das das erste Mal in seinem Leben war, daß er so etwas tat. Das kam alles aus meinem Bedürfnis, meine eigenen sexuellen Gefühle zu steigern und mich mit ihm gemeinsam wohlzufühlen. Von da an genoß er erst wirklich den Geschlechtsverkehr zwischen uns, und ebenso kann ich ihn jetzt mit ihm gemeinsam genießen. Es ist gerade so, als seien wir nun erst wirklich entspannt miteinander.«

Die von uns interviewten Frauen hatten verschiedene Ansichten über die günstigste Zeit, um über Sexualität zu sprechen. Im allgemeinen stimmten sie aber darin überein, das Thema so bald wie möglich auf den Tisch zu bringen. Manche hatten den Eindruck, zu Beginn einer neuen Verbindung sei es leichter, das Gespräch über sexuelle Dinge zu eröffnen, weil man dann noch sehr große Anziehungskraft aufeinander habe und sozusagen jung verliebt ineinander sei. Sie betrachteten eine derartige Diskussion auch als guten Weg, das ständige Gespräch zwischen den Partnern in Gang zu bringen, das als positive Form der Kommunikation sehr wohl geeignet sei, die Begründung einer immer enger werdenden Beziehung zu unterstützen. In Anbetracht fortdauernder Partnerschaft vertraten die Frauen die Ansicht, das Gespräch über sexuelle Dinge solle in möglichst enger Verbindung mit den entsprechenden Ereignissen geführt werden, damit Ressentiments erst gar nicht entstehen könnten.

Dazu meinte Anna, eine 28jährige Ehefrau:

»Es ist sehr wichtig, darüber zu sprechen, wenn man den Geschlechtsakt gerade miteinander gehabt hat und nicht zu warten, bis die Erinnerung daran verblaßt ist oder man selbst sich so unglücklich fühlt, daß man daran zu sterben meint. Ich glaube aber, daß das Gespräch mehr auf positive Erlebnisse aufbauen sollte. So warte ich nicht, bis ein Problem mir schwere Wunden geschlagen hat, die nur langsam heilen können.«

Manche, zu denen Rosemary, 36 Jahre alt und geschieden, gehörte, zogen es vor, sich auszusprechen oder miteinander zu verhandeln, noch ehe es zum Geschlechtsakt kommt:

»Ich habe seit drei Jahren eine feste Verbindung mit meinem Freund, und da ist es mir einfach angenehmer, wenn ich ihm sagen kann, wenn ich Appetit auf Sex habe. Da kann ich ihm etwa sagen: ›Laß uns heute abend mal richtig wilde, leidenschaftliche Liebe machen!‹ Und er geht sofort darauf ein, denn er hat das gern. Er ermutigt mich dazu, ihm zu sagen, daß ich heute Sex haben möchte und auch, wie ich ihn mir wünsche. Manchmal wird er dann sagen: ›Heute möchte ich die passive Rolle spielen‹, und ich kann dann vielleicht antworten, ›gut, aber ich möchte heute auch passiv sein‹. Und dann müssen wir uns eben einigen, wer von beiden nun heute die aktive und wer die passive Rolle spielt. Manchmal habe ich vielleicht auch Appetit auf irgendwelche sexuellen Spezialitäten, und er will, daß ich ihm das dann offen sage.«

Andere spürten sehr genau, daß das Gespräch über den Sex während des Liebesaktes für sie ein wesentlicher Bestandteil ihrer intimen Beziehung sei. Ohne dieses Gespräch erschien ihnen der Sexualakt zu unpersönlich. So empfand es jedenfalls Gail, eine 35jährige, die mit ihrer Liebhaberin zusammenlebt:

»Das Reden dabei ist für mich sehr wichtig geworden. Ich brauche einfach diese Unterhaltung über Sex mit meiner Partnerin. Ich sage ihr etwa, was ich von ihr gern hätte, wie: ›Leg deine Hand dahin‹ oder ›streichele mich dort‹. Das Reden bringt mir aber nicht nur das Gestreicheltwerden da, wo ich es gern habe, es erregt mich auch ganz selbständig. Ich finde, daß ich einfach reden muß, wenn ich Geschlechtsverkehr habe. Manchmal brauche ich es sogar, daß mitten während des Aktes mit dem Streicheln gestoppt wird und wir uns nur etwas darüber unterhalten. Wahrscheinlich benötige ich wohl diese Art menschlichen Kontakts, um mir selbst zu bestätigen, daß ich dabei ein menschliches Wesen und nicht nur ein Sexobjekt bin.«

Andere wiederum zeigten die genau entgegengesetzte Reaktion und fanden das Reden während des Sexualgeschehens einfach zu unpersönlich. Anna, 28 Jahre alt und verheiratet, äußerte dazu: »Ich sage nicht unbedingt während des Geschehens, was ich mir wünsche. Gewöhnlich warte ich ab. Ich kann ihm das schlecht sagen, wenn wir gerade mitten beim Geschlechtsakt sind, denn das kommt dann gerade so heraus, als würde ich sagen: ›Paragraph 2, Absatz 1‹ – ein Instruktionshandbuch –, und dann wäre natürlich jegliche Stimmung dahin. Aber hinterher sage ich ihm gern alles.«

Die Entscheidung, ob man spezifische Fragen zum Liebemachen entweder während des Geschlechtsverkehrs oder zu einem späteren, neutralen Zeitpunkt – beispielsweise bei Tisch oder während einer längeren Autofahrt – bespricht, hängt von den jeweiligen Gegebenheiten und von der erwarteten Reaktion des Partners ab. Diana, 32 Jahre alt, Lesbierin, erklärt das und gibt uns Beispiele dazu:

»Entweder ich sage ihnen sofort, wenn wir miteinander im Bett sind, ich würde gern hier oder dort gestreichelt werden, oder ich sage es auch zuweilen, wenn wir mit dem Liebesakt fertig sind. Wenn eine Frau wirklich dabei war, mir Liebe zu geben und vielleicht ihre Finger in meiner Vagina hatte, was sie offensichtlich genoß, obwohl ich das selbst nicht so gern habe, scheint es mir besser, bis später zu warten. Vielleicht habe ich aber auch meine Hand auf die ihre gelegt und sie weggezogen, wenn es mir wirklich zuviel wurde.«

Viele Frauen bevorzugten den Weg, die positiven Dinge während des Geschlechtsaktes zu besprechen, die negativen aber für hinterher aufzusparen. Katherine, eine 42jährige Ehefrau, meinte:»Wenn mein Partner irgend etwas tut, was ich besonders genieße, dann sage ich ihm das sofort. Ist es aber etwas, was für mein Gefühl nicht ganz zufriedenstellend ist, dann warte ich gewöhnlich bis zum nächsten Tag, um damit die ja auch vorhandenen erfreulichen Gefühle bei uns beiden nicht zu beeinträchtigen. Wenn es Mißfallen erregt, und ich sage es gleich, dann könnte das einen Dämpfer auf alles setzen, was uns Spaß macht. Das führt oftmals dazu, daß sich der andere in Verteidigungsstellung begibt, dies Risiko ergibt sich nicht, wenn ich damit bis zum kommenden Tage warte.«

Immerhin empfanden manche Frauen auch auf diesem Gebiet gerade das Gegenteil, wie es uns Christine erklärte, eine 41jährige Ehefrau, die der Diskussion negativer Dinge zu dem Zeitpunkt den Vorzug gibt, wenn sie gerade passieren oder passiert sind: »Wenn ich auch glaube, daß es seine Gefühle verletzen könne, ist es mir doch lieber, ich sage ihm alles sofort. Wenn er zum Beispiel irgend etwas tun würde, was mir körperlich weh tut, würde ich ihm das in jedem Fall sofort sagen. Er wird wegen solcher Sachen nicht sauer. Denn er liebt mich wirklich und ist sehr gefühlvoll. Ich habe nicht den Eindruck, daß er dann in die Offensive ginge.«

Einige der Frauen meinten besonders, sie wüßten es sehr zu schätzen, wenn ihre Partner ihnen helfen würden, das Gespräch zu erlernen. Sie spürten, daß es für sie einfach sehr wichtig war, wenn der Partner ihnen erlaubte, offener zu werden und ihnen half, sich sexuell auszudrücken. Lorraine, eine 27jährige Alleinstehende, berichtete uns dazu:

»Doug ist der Mensch, der es mich lehrte, mich wohl dabei zu fühlen, wenn ich Dinge sage wie: ›Wie fühlst du dich?‹, oder ›wie möchtest du gern gestreichelt werden?‹, oder ›was soll ich jetzt tun?‹, oder ›ist dir das angenehm so?‹. Von ihm habe ich gelernt, auf solche Sachen aufzupassen. In der ersten Zeit, als wir Geschlechtsverkehr miteinander hatten, begann er damit, mir etwa zu sagen: ›Würdest du mich hier streicheln?‹, oder ›bitte streichel mal meine Hoden!‹, oder auch ›reibe mal dort!‹ So begann ich nach und nach, ihm die gleichen Dinge zu sagen, und als ich gemerkt hatte, daß ich das ebensogut könne, fühlte ich mich unheimlich wohl. Wenn heute ein sexuelles Erlebnis auch nicht das phantastischste zu werden verspricht, so fühle ich mich doch sehr wohl dabei, daß ich in der Lage bin, mit meinem Partner zu reden und ihm so viel enger verbunden zu sein.«

Heather, 35 Jahre alt und seit drei Jahren mit ihrem zweiten Mann verheiratet, schildert ihre eigene Einstellung dazu:

»Probleme treten bei uns im allgemeinen deshalb auf, weil ich nicht so viel über diese Dinge rede. Deshalb hat er sich dazu durchgerungen, und das geschieht recht häufig, mich zu fragen: ›Ist irgend etwas nicht in Ordnung, ist alles okay?‹ Oftmals muß er solche Fragen dreimal stellen, ehe ich ihm wirklich darauf eine Antwort gebe. Am Anfang unserer Beziehung war das sehr schlecht, aber im Laufe der Zeit sind wir offener gegeneinander geworden. Gewöhnlich diskutieren wir hinterher miteinander, und er versucht dann festzustellen, ob er irgend etwas tun kann, um das Problem aus der Welt zu schaffen, während ich mir auch Mühe gebe, eine Lösung dafür zu finden.«

Wortlose Kommunikation

Wenn wir hier auch die gesprochene Kommunikation sehr ausführlich behandelt haben, kann die wortlose Kommunikation doch nicht minder wichtig sein. Die Menschen verfügen über eine Fülle von Möglichkeiten, ihren Partner wissen zu lassen, was sie wünschen. Zuweilen kann durch ein Lächeln, einen Ton oder eine typische Bewegung des Körpers weitaus mehr ausgedrückt werden als durch Worte. Wir alle stehen durch die Körpersprache in ständiger Kommunikation miteinander. Wenn auch einige Frauen entweder mündliche oder gestische Kommunikation bevorzugten, bediente sich die Mehrzahl der Frauen doch einer Kombination aus beiden.

Die Mehrzahl jener Frauen, die sich auf die Körpersprache verließen, fand es schwierig, den spezifischen Weg ihrer Kommunikation darzustellen, auf dem sie ihrem Partner ihre Wünsche übermittelten, denn sie hatten zuvor niemals Gelegenheit gehabt, ihren persönlichen Stil zu analysieren. Diejenigen, die sich über diesen Prozeß im klaren waren, berichteten uns gern, wie sie das anstellten. Tara, 63 Jahre alt und seit 42 Jahren verheiratet, erklärte das wie folgt:

»Ich teile mich ihm dadurch mit, daß ich helle Töne von mir gebe oder die Körpersprache gebrauche.«

Billy, 43 Jahre alt und seit 26 Jahren verheiratet, führte aus: »Ich lasse es ihn durch die Sprache meines Körpers wissen, wenn ich nicht zu Oralsex aufgelegt bin. Offenbar kann ich ihm das nicht direkt sagen, aber irgendwie teile ich es ihm mit. Denn er versteht es ja offensichtlich. Ich will damit sagen, daß ich eine Art habe, seinen Kopf zu halten, die er versteht. Zudem habe ich irgendwie eine Steifheit in meinem Körper, wenn ich das im Moment nicht haben mag.«

Aruna, 33 Jahre alt und verheiratet, berichtet:

»Wenn er mich an einer falschen Stelle berührt, nehme ich einfach seine Hand und lege sie auf die richtigen Stellen und wenn ich mich selbst streicheln will, tu ich das eben. Zum Beispiel möchte ich manchmal das ganze Programm herumdrehen und beginne damit, daß ich bei ihm Oralsex mache. Dann drehe ich meinen ganzen Körper herum, so daß er auch bei mir in den Keller gehen kann, was ich sehr gern habe, weil es unser ganzes Liebesspiel viel länger und geruhsamer macht.«

Manche Frauen beschränkten sich auf den wortlosen Weg der Verständigung nur deshalb, weil ihre Partner es nicht vertrugen, wenn man mit ihnen über sexuelle Dinge sprach. Brenda, 24 Jahre alt und verheiratet, erzählte uns dazu:

»Mein Mann mag es einfach nicht, wenn man mit ihm über Sex redet. Ich habe es versucht, wenn wir miteinander Sexualverkehr hatten, aber es stößt ihn einfach zu sehr ab. So muß ich eben erheblich mehr meinen Körper gebrauchen, damit ich das bekomme, was ich gern haben möchte. In der Regel warte ich ab, bis wir direkt beim Liebesakt sind, denn dann finde ich es entschieden leichter, genau das körperlich zu erreichen, was ich gerade gern haben will.«

Aber die wortlose Verständigung, wenn sie allein gebraucht wird, hat auch ihre Nachteile. Jesse, 60 Jahre alt und geschieden, fühlte sich von wortloser Verständigung gezwungen, während sie das Gefühl hätte, ihr bliebe eine Wahlmöglichkeit, wenn man sich mündlich verständigte oder gegenseitig Wünsche äußerte: »Ich ziehe es vor, mich mit Worten zu verständigen. Wenn ich es auch nur selten nötig gehabt habe, zu sagen: ›Meine Brüste sind besonders empfänglich‹, wenn das einmal ignoriert wurde, habe ich es eben doch von mir gegeben. Ich mag es nicht, wenn ich manipuliert werde, wie es mir zuweilen vorkommt, wenn ein Partner meine Hand nimmt und sie geradewegs auf seinen Penis legt. Mich stößt das ab, denn ich täte es vielleicht von mir aus, aber so fühle ich mich dazu gezwungen. Deshalb ziehe ich Worte vor, und ich fordere auch ihn auf, mir zu sagen, was er gern von mir hätte.«

Eine Frau hatte es gern, wenn man ihre Ohren küßte. Deshalb küßte sie ihrerseits die Ohren ihres Partners in der Hoffnung, er werde dann dasselbe bei ihr tun. Doch wie dem auch sei, er hat das offenbar nie richtig verstanden, denn jedenfalls schien es so, daß er immer weniger daran dachte, ihr das gleiche zu tun, je mehr sie seine Ohren küßte. Schließlich sprach dieses Paar dann eines Tages doch darüber – nur damit sie erfuhr, daß er es haßte, auf die Ohren geküßt zu werden. Er hatte gehofft, sie käme von sich aus dahinter, wenn er sich weigerte, die ihren zu küssen. Nachdem sie darüber gesprochen hatten und nun ihre beiderseitigen Vorlieben kannten, begann er ihre und hörte sie auf, seine Ohren zu küssen.

In einer lang andauernden Partnerschaft beobachteten viele Frauen, daß nach einer Zeit gesprochener und wortloser Kommunikation sowohl sie wie auch ihr Partner ihre gegenseitigen Vorlieben und Abneigungen so genau kannten, daß immer weniger Kommunikation erforderlich wurde.

Natürlich gibt es auch viele Zeiten, in denen sich sexuelle Wünsche verändern, in denen die eine Person ganz allgemein sexuell stärker interessiert ist als die andere, weshalb sich da nicht immer gleich einfache Lösungen bieten. In Fällen, in denen ein Kompromiß nur schwer zu erzielen ist, ist es oftmals leichter, den anderen bloßzustellen, als sich an die eigene Nase zu fassen. Raisin, eine 31jährige Lesbierin, die allein lebt, hatte eine einleuchtende Perspektive, wie man sich selbst dazu verhelfen könne, zerstörerische Tadelei auf ein Minimum zu reduzieren:

»Ich finde, es ist sehr leicht, sei es auf sexuellem oder auch anderen Gebieten, zu tadeln und einen Schuldvorwurf zu konstruieren. Was meine Freundin und ich immer tun, wenn wir Differenzen haben, ist, daß wir uns viel Zeit nehmen, die eigene Rolle bei einem solchen Problem herauszuarbeiten und zu besprechen. Zum Beispiel ist mein Problem in unserer Partnerschaft, daß ich in gewissen Dingen gefühlsmäßig zurückhaltend bin. Seitdem ich weiß, daß ich durchaus die Möglichkeit habe, Dinge zu ändern, wenn Rosie und ich irgendeinen Streit haben, muß ich eben danach schauen, warum ich mich immer noch zurückhalte und nicht gleich zu ihr sage: ›Das ist alles dein Fehler, denn du hast das und das gemacht ...‹ Ich versuche, genau zu erkennen, welches mein Anteil an der Differenz ist. Die Dinge lassen sich viel rascher lösen, wenn wir jeder für sich die Verantwortung für den eigenen Anteil an der entstandenen Schwierigkeit oder der Auseinandersetzung übernehmen. Wir verlieren nicht mehr viel Zeit damit, dem anderen klarzumachen, was er wieder mal falsch gemacht hat, sondern wir haben Respekt vor der Entwicklung der Persönlichkeit des anderen. Wenn der andere Mensch sich nur in einem gewissen Tempo entwickelt, kann ich das nicht ändern. Das einzige, was ich dabei vermag, ist ihn vor Schuldgefühlen zu bewahren, indem ich ihn nicht verletze. Wenn jemand nicht bereit ist, etwas zu hören, wird er es sich in keinem Fall anhören. Ist er aber dazu bereit, dann wird er es schon für sich allein entdecken.«

Immerhin können am Ende die Differenzen zu groß werden, so daß es unmöglich werden kann, es mit einem bestimmten Partner auszuhalten. In solchen Fällen entschieden sich manche Frauen zur Beendigung der Partnerschaft und hielten Ausschau nach einem neuen, ihnen mehr zusagenden Partner.

Judith, 40 Jahre alt, verheiratet, bisexuell, erklärte uns: »Ich kann keinen sexuellen Verkehr mit Männern gebrauchen, die mit meiner Bestimmtheit nicht fertig werden. Und ich habe die Erfahrung mit dieser Art Männer hinter mir. Ein derartiges Erlebnis hatte ich bei einem Treffen vor vielen Jahren. In mir gingen alle Warnlampen gegen diesen Mann an, aber ich ignorierte sie, denn ich befand mich gerade in dem Stadium, in dem ich eine neue Beziehung ausprobierte und war daher ausgesprochen erregt. Das Endergebnis war, daß ich mit ihm ins Bett ging. Ich weiß nicht mehr, was er da gerade tat, jedenfalls begann ich, meine Clitoris mit meiner eigenen Hand zu bearbeiten. Er nahm meine Hand weg und sagte: ›Das tun wir nicht!‹ und ich dachte: ›Ohwei!‹ und entschloß mich, daß ich mit diesem Herrn auf keinen Fall mehr Sex haben wollte. Wir beendeten das Spiel sehr rasch, und ich ging weg. Später rief er mich an und sagte, er wolle mich gern wiedersehen. Aber er lag mit seiner Einstellung, sich verletzt zu fühlen, wenn ich meine eigene Hand gebrauche, so meilenweit entfernt von der Art Mann, mit der ich Sex zu haben wünschte.«

In einer langanhaltenden Beziehung mag es weniger sinnvoll erscheinen, so rasch aufzugeben. Der Meinungsaustausch, der von beiden Seiten viel Zeit und guten Willen erfordert, ist gleichzeitig auch ein Gütezeichen der Intimität. Beverly, 36 Jahre alt und seit neun Jahren verheiratet, gab uns ihre höchst persönliche Sicht zu einer Partnerschaft, die auch in Betracht zog, daß es in ihr Zeiten geben kann, in denen Abstand nicht nur nützlich, sondern schlicht notwendig ist:

»Im selben Augenblick, in dem die Dinge in Erscheinung getreten sind, auch wenn ich im einzelnen noch gar nicht weiß, was nicht in Ordnung ist, sage ich, was ich empfinde, und wir sprechen darüber. Mag sein, daß ich, während wir darüber reden, nun genau identifizieren kann, was eigentlich in Unordnung geriet.

Aber selbst wenn das nicht gelingt, wenn ich am Ende des Gespräches noch keine Antwort habe, bringt es mich doch enger mit Mark zusammen. Nachher habe ich mehr körperliche Sehnsucht nach ihm und kann dann stärkere Lustgefühle haben. Aber es gibt auch Zeiten, in denen ich mich Mark weniger eng verbunden fühle, oder ich mich auch nicht eng mit ihm verbunden fühlen will, aber auch darüber wird zwischen uns gesprochen. Er läßt mir meinen privaten Bereich, und ich lasse ihm den seinen. Da fühlen wir uns gegenseitig keineswegs zurückgestoßen, sondern nur jeder für sich.

In jeder lang anhaltenden Partnerschaft schwingen die Pendel zueinander und wieder voneinander und wieder zueinander und wieder voneinander, und ich halte das für einen sehr natürlichen Ablauf des Geschehens. Wenn man darüber miteinander spricht, liegt darin weder etwas Bedrohliches noch eine Abkühlung, es ist einfach nur gesund. Tut man das allerdings nicht, so kommt man immer weniger zusammen und entfernt sich immer weiter voneinander. Wenn ich das Gefühl habe, daß zwischen uns eine Distanz bis zu dem Punkt entstanden ist, an dem sie unangenehm wird, dann habe ich in keiner Weise mehr sexuellle Ambitionen an Mark. Wenn wir über die Distanz und das Getrenntsein nicht miteinander sprechen, dann haben wir auch keinen Sex miteinander. Aber ich halte es ohne Sex nicht länger als eine Woche aus. Daher muß ich mit ihm darüber sprechen. Und wenn wir darüber gesprochen haben, auch wenn sich das Problem nicht gelöst hat, fühle ich mich noch viel enger an Mark gebunden und kann auch wieder Sex mit ihm haben. Und dann kann man auch dies Getrenntsein überstehen.«

Schöpferische Kommunikation

Eine Reihe von Leuten warteten uns mit wirklich erfindungsreichen Wegen auf, wie man über Sex miteinander sprechen könne, Wegen, die die Beziehung stärkten und obendrein sexuell stark erregend wirkten. Aber wiederum gilt die Erfahrung, daß den einen gefällt, was anderen mißfällt. Und manch einem mögen diese Methoden zu anrüchig oder zu glatt vorkommen, oder auch sie finden es einfach nicht richtig, sie anzuwenden. Aber wenn sie auch nicht für jedermann bestimmt sind, stellen diese Methoden doch eine breite Skala von Wegen dar, auf denen Menschen sexuelle Gespräche pflegen, und erscheint vielleicht für unsere Leserinnen geeignet, als Initialzündung für andere Ideen und Methoden zu dienen. Penelope, 46 Jahre alt und Ehefrau, gibt ihre eigene Version von Wortgefechten, die das Gespräch mit ihrem Mann und ihre Partnerschaft auf sexueller Ebene angeheizt haben:

»In den ersten Zeiten unserer Beziehung taten wir verschiedene Dinge, um uns sexuell zu erregen. Jeder kennt vom Fernsehen die Fußballspiele, die sofort nach der Livesendung noch einmal als Aufzeichnung gebracht werden. Gut, wenn wir Geschlechtsverkehr hatten, verwendeten wir schließlich nach einiger Zeit für das Gespräch darüber ebensoviel Zeit wie auf den Koitus. ›Erinnerst du dich, wie du mich auf den Mund geküßt hast? Das kam mir vor, als wenn mein Mund meine Scheide wäre. Hattest du dir eingebildet, du hättest meine Scheide geküßt?‹ ›Nein, aber ich sehe ja, daß es sich fast ebenso angefühlt hat.‹«

Dieses ganze Verfahren hat jede unserer Sexaktivitäten enorm aufgewertet. Wir hatten das Empfinden, jeder würde den anderen zu seinem Vergnügen streicheln, wenn man sagte: ›Oh, das war gut. Da hast du mir so viel Spaß bereitet!‹ Auch unsere unausgesprochenen Hinweise wurden dabei so klar, daß man nun ganz genau wußte, was sie signalisieren sollten. Zum Beispiel gibt es Zeiten, da wünsche ich einfach, daß Harold nun zu mir kommt. Ich bin müde und möchte, daß dieses ganze Erlebnis von Liebemachen auf dem Höhepunkt zu Ende geht. Ich will nicht, daß es nach meiner höchsten Erregung noch fortgesetzt wird und wünsche deshalb, daß er nun zum Höhepunkt kommt. Also schiebe ich meine Hand nach unten und beginne seine Hoden zu kraulen, oder ich lege meine Hand auf sein Perineum und streichle es, damit es hochgeht. In unseren Rückblenden haben wir genau ausgecheckt, was ich tun oder nicht tun mußte, damit er zum Orgasmus kam, denn es war genau das, worüber er dann zu sprechen pflegte und umgekehrt, was mir besonders angenehm war und was mich auf Hochtouren brachte. So sind wir langsam an den Punkt gelangt, an dem wir all diese Dinge einwandfrei abklären können. Manchmal berühre ich ihn auch an Stellen, an denen ich gern von ihm berührt würde, oft aber berühre ich ihn nur, um ihn den Grad meiner Erregung wissen zu lassen. Wir müssen eben Klarheit darüber schaffen, ob ich ihm mit einer Berührung sagen will, da möchte ich auch gestreichelt werden oder nicht, oder ob ich ihn nur deshalb anfasse, weil ich im hocherregten Zustand bin.

Manchmal muß ich mit ihm sprechen. Wenn ich mich selbst wundere, wird er bei dieser Art meiner Behandlung wild? Ich vermeide gern diese Art Überraschungen, indem ich ihm sage: ›Mach genauso weiter, wie du es jetzt gerade tust, ganz egal, was ich dabei auch anstelle.‹ Denn aus unseren Rückblende-Gesprächen weiß er, daß ich von ihm da gestreichelt werden möchte, wo ich ihn berühre, außer wenn ich ihm etwas anderes sage.«

Allison, 35 Jahre alt und geschieden, vertritt die Ansicht, daß ihre Lenkung des Geschehens mit ihrem Liebhaber nicht nur dazu dient, ihm ihre Vorlieben verständlich zu machen, sondern darüber hinaus auch noch Abwechslung in den gewöhnlichen Geschlechtsverkehr bringt:

»Das Ganze begann in jener einen Nacht, als Greg mir sagte, heute wolle er sexuell das tun, was ich von ihm wünschte. Also sagte ich ihm Schritt für Schritt, was ich mir im Verlauf des Ganzen wünschte, vom Küssen bis zum Schmusen, vom Ficken bis zum Kauen, einfach alles. Es war, als wenn ich im gleichen Augenblick, in dem ich etwas wünschte, es auch schon bekam. Es war unglaublich aufpeitschend für mich, Anweisungen zu geben und genau zu erhalten, was ich gefordert hatte. Und das Beste von allem war die unmittelbare Befriedigung. Es war, als wenn man wieder ein Kind wäre und alles bekäme, dessen man bedarf, und das auch noch sofort. Und es hatte keinen Augenblick den Anstrich einer Kontrolle. Ich gab ihm nie das Empfinden, er wisse ja nicht, was ich gern hätte. Es war eher wie eine Art Knechtsspiel – eine spielerische Sklavenphantasie. Natürlich hat es auch ganz einfach Spaß gemacht und war doch gleichzeitig ein Weg für mich, ihn wissen zu lassen, wer ich sexuell bin.«

Die beiden folgenden Frauen fanden schöpferische Wege, ihre Männer über ihre Körper zu informieren und die Kommunikation zu verbessern, was in der Auswirkung die Liebesbeziehung zu ihren Partnern verbesserte. Rose, 36 Jahre alt und alleinstehend, berichtete uns dazu:

»Eines Abends lagen mein Liebhaber und ich nackt im Bett und spielten aneinander herum. Dabei begann er, mich nach meinen Erfahrungen mit anderen Liebhabern zu fragen. Zunächst war ich mir nicht ganz sicher, was er mich da eigentlich fragte, dann aber kam ich dahinter, daß er neugierig war über das Verhalten anderer Männer, was sie gern hatten als Liebhaber, vor allem aber, wie groß ihr Penis gewesen sei. Ich kam dahinter, daß ein Teil seiner Unsicherheit darauf beruhte, daß er höchst selten seinen ganzen, erigierten Penis sehen konnte und deshalb immer an sich herunterschaute. Also langte ich hinüber und griff nach einem Spiegel, den ich auf dem Tisch liegen hatte. Ich hielt ihn unter seinen Penis und seinen Hodensack, so daß er seinen ganzen erigierten Penis nun sehen konnte. Für ihn war das ein ausgesprochen gutes Erlebnis, als er sah, wie weit sein ausgefahrener Penis vom Dreieck abstand. Dann zeigte ich ihm mit Hilfe des Spiegels genau, wo meine Clitoris ist. Ich war zwar meiner Sache sicher, daß er generell wußte, wo sie liegt, denn er ist ein sehr effektiver Liebhaber mit seinen Händen und seinem Mund, aber wenn er nun die Haube wegzog und die inneren Schamlippen spannte, konnte er genau ihre Lage erkennen und feststellen, wie sie aussah. Wir machten dann Liebe und an einem bestimmten Punkt stimulierte er meine Clitoris. Wenn unser Sex auch immer gut gewesen war, von dieser Zeit an wurde seine Technik ganz besonders exquisit, und unser Geschlechtsverkehr schien mir von diesem Zeitpunkt an noch viel besser zu werden. Ich kann mir nicht helfen, aber ich denke, das lag an dem guten Gefühl, etwas miteinander geteilt und miteinander angeschaut zu haben.«

Renée, 32 Jahre alt, seit sieben Jahren geschieden, von Beruf Erziehungsberaterin, machte uns folgende Ausführungen:

»Die Intensität meines Orgasmus ist sehr viel stärker, wenn ich masturbiere, als wenn ich Geschlechtsverkehr habe. Das liegt daran, daß ich meinen Körper ebenso wie mein sexuelles Erregungsmuster ganz genau kenne. Als Ergebnis richte ich jetzt eine richtige ›Anatomie-Klasse‹ mit einem Liebhaber ein, an dem ich ernsthaft interessiert bin. Ich sage dann zu ihm: ›Laß uns eine anatomische Grundschulstunde miteinander halten. Wir ziehen unsere Kleider aus und berühren uns erst, um festzustellen, auf welche Zonen unsere Körper am meisten reagieren.‹ Wenn wir das Sichberühren und Streicheln hinter uns haben, gehen wir auf die primär erogenen Zonen, die Genitalien, über und probieren aus, ob jeder von uns starke Drücke oder leichtes Streicheln lieber hat, ob wir Fingernägel gern haben oder nicht und all diese Dinge, Mund, Zunge, alles. Das Ergebnis ist, daß meine sexuellen Erlebnisse mit Männern wirklich mit diesen gemeinsam erlebt wurden.

Der Weg, auf dem ich diese Anatomiestunden in eine Beziehung einführe, ist einfach. Ich warte, bis wir eine Anzahl sehr positiver Erlebnisse beim Geschlechtsverkehr gehabt haben, so daß ich die Stunde als anreizende Neuheit bringen kann, anstatt zu sagen: ›Laß dir zeigen, was ich von dir gern haben möchte, denn du erregst mich nicht genug.‹ Zum Beispiel habe ich nach einem wirklich großartigen Sexualakt, nachdem ich ihm gesagt habe, was er für ein großartiger Liebhaber sei, so nebenbei bemerkt: ›Warum sollen wir in nächster Zeit nicht mal eine grundlegende Anatomiestunde einlegen? Du weißt doch, wenn es jetzt so gut bei uns klappt, obwohl ich dich nicht so gut kenne, so könnte es mit ein klein bißchen Arbeit noch viel phantastischer werden.‹ Im allgemeinen sagen sie dann: ›Kalt!‹ Aber für die nächste Zeit hat man dann bereits den Grundstock gelegt, und so kommt diese Veranstaltung nicht als Schock auf ihn zu. Solche detaillierten Informationen mit ihm zu tauschen, gibt mir auch die Chance, beim Geschlechtsverkehr einen genauso intensiven Orgasmus zu haben wie beim Masturbieren.«

Wie den Sex einleiten

Wenn wir die Frauen fragten, wie sie den Sex einleiten, so mußten die meisten von ihnen erst einmal nachdenken, ehe sie antworten konnten. Einige, wie Marie, 33 Jahre alt, seit zehn Jahren verheiratet, stellten dann fest, daß sie noch nie einen Geschlechtsverkehr eingeleitet hätten:

»Damit habe ich ein Problem. Es mag befremdend klingen, aber ich habe noch nie in meinem Leben einen Sexualakt eingeleitet. In der Regel besorgt das mein Partner. Wenn ich wirklich irgendwelche Wünsche anmelde, dann höchstens durch die Sprache meines Körpers. Gesagt habe ich so etwas bestimmt niemals.«

Andere vertraten zuerst die Ansicht, daß Sex immer spontan entstehen müsse, daß sie nichts täten oder sagten in dieser Richtung. Aber nach eingehenderen Befragungen wurde ihnen dann doch bewußt, daß sie spezifische Formen der Kommunikation entwickelt hatten, durch die sie den Wunsch nach Geschlechtsverkehr an ihren Partner herantrugen.

Viele Frauen hatten entsetzliche Schwierigkeiten, ganz offen den Sex einzuleiten, wieder einmal, weil unsere Zivilisation lehrt, daß Frauen eigentlich nicht dazu bestimmt seien, sexuelle Wesen zu sein. In Übereinstimmung zu dieser festgeschriebenen Rolle sollten Frauen lediglich in der Lage sein, auf den männlichen Geschlechtstrieb zu reagieren, sollten selbst aber keinen derartigen Trieb besitzen. Frauen, die selbst sexuell aktiv waren, wurden als mannstoll, als Huren oder Nymphomaninnen eingestuft. Es gab einfach keinen Negativmaßstab, den man nicht an Frauen legte, die sexuell zu interessiert seien.

Aber Frauen befürchten auch, zu aggressiv zu erscheinen und damit unweiblich. Infolgedessen geschah es vielfach in verkleideter Form, wenn Frauen sich dazu entschlossen, den Sex ihrerseits öfter einzuleiten. Sie legten sich vielleicht einfach nackt ins Bett, um auf diesem Wege verstohlen verführerisch zu wirken. Oder sie bedienten sich einer subtileren Form der Annäherung, die zuweilen zum Erfolg führte, manchmal aber auch nicht, so wie es Connie tat, die mit ihren 27 Jahren schon Witwe ist und uns dazu berichtete: »Ich versuche mich an die Situationen zu erinnern, in denen ich den Sex eingeleitet habe... Und der einzige Weg, auf dem ich das vielleicht versucht habe – und das ist eine sehr vorsichtige Annäherung –, war der, daß ich der Konversation erlaubte, eine mehr persönliche und intime Richtung zu nehmen. Darüber hinaus habe ich wohl mehr oder weniger gewartet, bis mein Mann den ersten Schritt tat.«

Eine große Mehrheit der Frauen in unserer Befragung leiteten den Sexualverkehr sehr wohl von sich aus ein, und viele von ihnen waren auf diese Tatsache recht stolz. Es war ihnen bewußt, daß sie einen weiten Weg zurückgelegt hatten, ehe sie endlich an den Punkt gelangt waren, an dem sie sich selbst okay fühlten, wenn sie den Sex einleiteten. Für viele der Frauen nahm dieser Prozeß Jahre in Anspruch und erstreckte sich zuweilen über mehrere Ehen, ging aber davon aus, daß sie sich mit ihrer Sexualität durchaus im Einklang fühlten und deshalb auch im Einklang mit ihr leben wollten. Die Fähigkeit, selbst den Sex einzuleiten, gab ihnen ein neues Gleichheitsgefühl gegenüber ihren Partnern, sie fühlten sich stärker als sexuelle Eigenpersönlichkeiten.

Die Frauen schienen im wesentlichen zwei Wege zu benutzen, um den Sex einzuleiten: entweder sie sprachen darüber, oder sie taten körperlich irgend etwas, das dem Partner ihr Interesse übermittelte. Wie im gesamten Bereich sexueller Kommunikation zogen es auch hier einige Frauen vor, dem Partner in Worten ihre Wünsche nahezubringen, während andere sich lieber der Körpersprache bedienten. Zuweilen wurde auch eine Kombination von beidem gebraucht, um das Ziel zu erreichen.

Frauen, die Schwierigkeiten hatten, über Sexuelles überhaupt zu reden, benutzten natürlich wortlose Wege der Verständigung. Sie fanden auch, es sei oftmals leichter, ihren Partner auf dem Wege über Berührungen oder Blicke wissen zu lassen, daß sie sich einen Geschlechtsverkehr wünschten. Die einen waren direkt, die anderen mehr indirekt bei ihren sexuellen Ouvertüren. Viele Frauen meinten auch, daß diese Form sexueller Einleitung sich ganz von selbst entwickele. Dazu meinte Mary, 48 Jahre alt und geschieden:

»Es sieht immer so aus, als wenn es gerade von selbst käme, aber das ist vielleicht gar nicht wahr. Mir kam es manchmal so vor, als wenn das Gespräch sich mehr dem Gefühl und intimen Dingen zuwende. Dann kam es zum Händchenhalten oder anderen körperlichen Berührungen, und dann küßte man sich. Und das übrige ging ganz von allein.«

Natürlich ist es wichtig, da wir unsere Liebhaber ja auch zu Zeiten berühren, in denen wir zunächst nicht an Sex denken, daß man unterscheiden kann zwischen einer liebevollen Umarmung und dem anderen, das klar meint: ›Laß uns ins Bett gehen.‹ Die meisten Frauen, mit denen wir sprachen, wußten nicht, ob ihre Partner zwischen einer liebevollen Umarmung, einem Kuß oder einem Händedruck ohne sexuelle Absichten und einer sexuellen Ouvertüre unterscheiden konnten. Diejenigen aber, die zwischen beidem zu unterscheiden wußten, sprachen von subtilen Unterschieden. Wenn sie an Sex interessiert waren, wurden ihre Küsse länger, lagen näher beim Ohr als auf der Wange, oder der Augenkontakt wurde intensiver. Zuweilen entwickelten Ehepaare nach einer gewissen Zeit des Beisammenseins spezielle Signale. Tara, 63 Jahre alt und verheiratet: »Ich schätze, daß ich es ihn gerade durch eine Berührung wissen lasse. Im Bett ist es gerade ein Streicheln oder nach ihm Hinlangen. Wenn ich sexbedürftig bin, streichle ich ihn auf mehr sinnliche Weise.«

Beverly, 37 Jahre alt und seit neun Jahren verheiratet, meint: »Zuweilen zu Hause, wenn mein Mann Zeitung oder sonst irgend etwas liest, stelle ich mir Musik an und tanze dazu in eindeutiger Manier. Auf dem Wege lenke ich seine Aufmerksamkeit auf mich. Manchmal gehe ich auch hinauf und umarme und küsse ihn, wenn ich keine Unterwäsche anhabe. Normalerweise trage ich einen Büstenhalter und Schlüpfer. Tu ich das einmal nicht, ist er wirklich überrascht und rasch erregt, und das ist dann ein guter Auftakt zum Geschlechtsverkehr. Ich habe keine Lust, immer nur ein und denselben Weg zu gehen, um den Sex einzuleiten. Es ist so langweilig und wird zur Gewohnheit. Das dämpft dann bei mir sehr rasch den Lustpegel.«

Allison, 35 Jahre alt, geschieden, lebt mit ihrem Freund zusammen. Sie weiß zu unserem Thema beizutragen:

»Manchmal gehen wir durch Zeiten, in denen wir nicht viel Sex miteinander haben, vor allem im Winter. Das liegt daran, daß wir unser Haus sehr kalt halten und deshalb in aller Regel mit Laken und Schlafanzügen eingemummelt sind. Außerdem gibt es Perioden, in denen er in seine Gedanken versunken und müde ist. Und dann möchte er auch für einige Tage keinen Sex haben. Dann kann es passieren, daß ich ihm Teile meines Körpers zur Schau stelle, gerade um ihn daran zu erinnern, daß da alles noch auf ihn wartet. Wenn er dann so urplötzlich meinen nackten Po oder meinen Bauch sieht, fällt ihm alles wieder ein, und er denkt vielleicht: ›Hm, das ist eigentlich gar keine schlechte Idee.‹ Er beginnt dann wieder daran zu denken, wie hübsch der Sexualverkehr bei uns beiden immer gewesen ist. Ich muß also nur ab und zu die passende Gelegenheit finden, um ihm gewisse Körperteile vor die Nase zu halten, damit er sich daran erinnert, daß Sex doch etwas sehr

Hübsches sei, und daß er den eigentlich ganz gern wieder einmal hätte.«

Susan, 36 Jahre alt und verheiratet, meinte dazu:

»Ich sorge dafür, daß ich gleichzeitig mit ihm ins Bett gehe. Normalerweise sind wir beide abends so hundemüde, daß wir sofort einschlafen, wenn wir das Kissen unter uns fühlen. Wenn ich aber auf Sex eingestellt bin, dann lasse ich ihn nicht einschlafen. Sehr zartfühlend bin ich dabei gerade nicht. Ich muß dann mit ihm sprechen, um sicherzugehen, daß er lange genug wach bleibt, um meine Wünsche zur Kenntnis zu nehmen. Dabei berühre ich ihn und schmuse mit ihm. Für mich ist es heute keine Schwierigkeit mehr, so zu handeln. Aber ich weiß, daß es viele Frauen gibt, die das niemals fertigbringen. Ich habe auch eine gewisse Zeit gebraucht, bis ich soweit war. Vor allem dauerte es seine Zeit, bis ich soviel Vertrauen entwickelt hatte, daß ich keine Angst vor einer Zurückweisung mehr in mir spürte.«

Angst vor Zurückweisung schien ein weitverbreiteter Grund dafür zu sein, daß Frauen nur zögernd von sich aus einen Sexualakt einleiteten. Wie bei der Verständigung über sexuelle Vorlieben setzten auch hier viele Frauen voraus, daß fehlende Lust bei ihrem Partner das gleiche sei wie eine persönliche Zurückweisung.

Die Wahrheit ist aber, daß es eine echte Befreiung bedeuten kann, wenn ein Partner eine sexuelle Einladung mit ›nein‹ beantwortet. Das gibt nämlich auch der Frau das Recht, nicht immer auf seine sexuellen Ouvertüren einzugehen. Viele Frauen, die wir interviewt haben, sind während ihres ganzen Ehelebens niemals in der Lage gewesen, direkt zum Sex ›nein‹ zu sagen. Sie konnten sich verweigern, wenn sie Kopfschmerzen hatten oder vielleicht gerade ihre Periode, oder die Kinder hatten sie während der ganzen, letzten Nacht wachgehalten, aber sie konnten nie einfach ›nein‹ sagen, nur weil ihnen nicht danach zumute war. Sie hatten einfach das Empfinden, dieses Recht stünde ihnen nicht zu. Sie lebten in der Vorstellung, alles Geschlechtliche sei Privileg ihres Ehemannes. Infolgedessen haben sie, wenn auch widerstrebend, nachgegeben und sich dabei häufig absolut unwohl gefühlt. Dazu Louise, 39 Jahre alt und seit zwei Jahren mit ihrem zweiten Mann verheiratet:

»In meiner ersten Ehe war mein niederdrückendster Glaube

der, daß eine Frau nie ›nein‹ zu sagen habe. Daß man nur dann eine gute Ehefrau sei, wenn man in den ehelichen Verkehr immer einwillige, wenn der Ehemann diesen wünsche. Deshalb habe ich auch niemals etwas eingeleitet. Nur mein Mann war der Initiator und der Lehrer. Von meiner Familie wurde mir klargemacht, ich habe glücklich zu sein, daß ich einen Mann mit Grundsätzen bekommen habe und solle gefälligst gut für ihn sorgen. Und andere Freunde glaubten mir beibringen zu müssen, ich könne doch nicht wünschen, daß mein Mann draußen herumschweife und sich das suche, was er daheim nicht bekomme. So habe ich eben immer nur nachgegeben und Sex auch mitgemacht, wenn ich gar eine Lust dazu hatte, immer in der Hoffnung, es würde ja nicht lange andauern.

So wurde ich über Jahre hinaus ein völlig passiver Empfänger, ohne jegliche Beteiligung beim Sex. Ich habe heute noch ausgesprochene Hemmungen, wenn ich ›nein‹ sagen muß. Aber in meiner jetzigen Verbindung ist es sehr wichtig, auch einmal ›nein‹ zu sagen. Zudem ist es sehr wichtig, mit den eigenen Gefühlen im Einklang zu leben, entweder ja, wenn ich mag, oder nein, wenn ich keine Meinung dafür habe. Aber bis jetzt habe ich noch nie ja gesagt, wenn ich nicht wollte, und auf den Rekord bin ich sehr stolz.«

Wenn jemand niemals ›nein‹ sagt, kann sich ein solcher Groll aufstauen, er fließt über und verdirbt alles, was sonst eine positive Erfahrung sein könnte. Es ist nur konsequent, wenn Frauen, die beim Sex niemals ›nein‹ gesagt haben, sich dafür auf anderen Gebieten entschädigen wollten. Es ist offensichtlich, daß da, wo beide Partner zur Ouvertüre des anderen ›nein‹ sagen können, die sexuelle Bindung zwischen beiden augenblicklich sehr viel reizvoller wird. Sie sind dann frei und können dann Geschlechtsverkehr miteinander betreiben, wenn sie wirklich in der richtigen Stimmung sind, woraus natürlich auch ein vollkommenes Erlebnis resultiert.

Ferner, ›nein‹ sagen zum Sex muß nichts mit einer Zurückweisung zu tun haben. Es gibt viele Gründe, warum ein Mensch einmal nicht zum Sex disponiert sein kann. Und es gibt viele Wege, so ›nein‹ zu sagen, daß man dabei dem Partner die positiven Gefühle für ihn zusätzlich bestätigt. Es ist möglich zu sagen,

›nein‹, ich mag jetzt keinen Sex haben, denn ich bin einfach zu müde dazu, oder weil ich heute zu hart gearbeitet habe, aber ich mag noch ein wenig mit dir schmusen oder auch nur still bei dir sitzen und deine Hand halten, und morgen fühl ich mich vielleicht besser dazu aufgelegt‹. Es ist auch absolut möglich, wenn der Partner einem ›nein‹ sagt, ihn wissen zu lassen, daß man wenigstens gern noch ein wenig Hautkontakt haben möchte. Zum Beispiel kann man ihm sagen: ›Ich verstehe, daß du jetzt nicht in der Stimmung bist, um sexuelle Beziehungen mit mir zu haben, das ist ganz in Ordnung. Aber ich hätte gern, daß du mich ein bißchen halten würdest. Ich brauche diese Art der Berührung im Augenblick.‹

Nell, 36 Jahre alt und seit acht Monaten verheiratet, beschreibt, wie sie den Weg, Scx nach ihren Wünschen einzuleiten, so ausrichtet, daß ihr Partner nach ihrer Einschätzung der Dinge in gewünschter Weise darauf reagieren wird:

»Ich frage ihn gerade heraus, ob er vorhat, mit mir Liebe zu machen, und sage ihm auch gleich dazu, daß ich Lust dazu hätte. Schließlich habe ich gelernt, seine Antworten auf meine Initiativen so zu nehmen, wie er sie mir gibt, nämlich als bare Münze. Es kam vor, daß ich furchtbar aufgepeitscht war, und er dann ›nein‹ sagte. Ich zog daraus den Schluß, daß er so gemein sei und alles Interesse am Geschlechtsverkehr mit mir ein für alle Male verloren hätte. Heute weiß ich, daß es in 99 Prozent aller Fälle, in denen er sich verweigert, eine ganz schrecklich einfache Sache ist. Wenn er sagt, er sei müde oder geistesabwesend, dann ist er wirklich müde oder geistesabwesend.

Sind wir in einer Situation, in der es möglich wäre, sexuell miteinander zu verkehren, so gehe ich einfach auf ihn los und massiere seinen Nacken oder beginne, ihm die Kleider vom Leib zu ziehen oder entkleide mich selber. Aber solche Dinge tue ich nur dann, wenn ich ziemlich sicher bin, daß er positiv reagieren wird, denn solche Art von Aktionen bringen ihn eher dazu, ›ja‹ zu sagen, womit ich ihm ja die Möglichkeit eines ›Nein‹ offenlasse. Ich weiß aber ziemlich genau, welche Form der Annäherung ich wann einzusetzen habe.«

Andere Frauen waren ziemlich kühn in ihrer Art, den Sex einzuleiten, zumal wenn sie sich völlig sicher in ihrer Verbindung fühlten. Darielle, 27 Jahre alt, verheiratet, verriet uns dazu: »Wenn eine Verbindung wirklich gut ist, tu ich so einiges, Sex zu haben. Ich gehe dann vielleicht nach oben zu ihm, küsse und liebkose ihn auf eine ihm angenehme oder auch verführerische Weise. Ich kann auch Dinge sagen, wie: ›Ich habe eine Überraschung für dich‹, oder auf eine etwas geheimnisvolle Weise: ›Komm zu mir, ich möchte mit dir sprechen.‹ Aber er weiß genau, was ich meine. Ich beginne auch mal damit, ihn zu entkleiden. Vielleicht spiele ich auch mit seinem Penis. Vielleicht gehe ich auch nach oben, umarme ihn und presse mein Becken gegen ihn. Wenn wir aber schon im Bett sind, setze ich mich einfach auf ihn und beginne ihn zu stimulieren und mit seinem Körper zu spielen. Zuweilen, wenn wir im Auto sitzen, lege ich meine Hand auf seinen Penis und reibe ihn ein kleines bißchen. Dann weiß er genau, daß ich gern mit ihm ins Bett ginge, wenn wir nach Hause kommen.«

Ehepaare benötigen natürlich eine gewisse Zeit, um den notwendigen Grad der Vertraulichkeit zu entwickeln, der sie des Partners wortlose Signale verstehen läßt. Aber auch dann werden nicht alle Signale empfangen. Deshalb ziehen es manche Frauen vor, sich mit einer klaren Sprache mitzuteilen, anstatt sich auf die Körpersprache zu verlassen. Eine Anzahl von Sätzen, wie sie von Frauen benutzt werden, kehrten ständig wieder. Hier sind noch einige andere: ›Bist du zur Liebe aufgelegt?‹ ›Magst du ein wenig herumtändeln?‹ ›Laß uns doch heute früh zu Bett gehen!‹ ›Magst du etwas Eckiges?‹ ›Möchtest du gern ficken?‹ ›Ich möchte gern Liebe machen, du auch?‹«

Sex mit einem neuen Partner einzuleiten, hat seine eigenen Tücken. Die meisten Frauen, die wir interviewten, hatten keinerlei Schwierigkeiten, warm und anschmiegsam zu sein, wenn sie an einer neuen Begegnung sexuell interessiert waren, aber nur wenige der von uns Befragten wagten es, das erste sexuelle Erlebnis offen einzuleiten. Jane, 42 Jahre alt, Lehrerin und geschieden, berichtete uns dazu:

»Nur selten leite ich zu Beginn einer neuen Verbindung den Sexualverkehr ein. Aber es kommt schon einmal vor. Ich denke, daß ein typischer Ablauf so aussehen könnte: Wir lachen und reden und haben eine gute Zeit miteinander, und der Herr fragt mich ziemlich häufig, ob ich nicht mit in seine Wohnung kommen wolle oder ihn auf einen Drink mit zu mir nehmen wolle oder so etwas Ähnliches, und ich tu es schließlich, und dabei landen wir miteinander im Bett. Ich glaube, wenn ich mich mit jemandem gut verstehe und an ihm interessiert bin, bin ich auch besonders liebevoll, sehr warmherzig und feinfühlig ihm gegenüber und sende so die Nachricht aus, daß ich gern bereit bin, mit ihm zu schlafen.«

Alexandra, 32 Jahre alt, geschieden, erklärte uns, wie sie indirekt ihren Kavalier wissen ließ, daß sie interessiert sei: »Wenn ich mit jemandem zusammen bin, den ich noch nicht gut kenne, aber genauer kennenlernen möchte, bin ich auch sexuell interessiert und gebe ihm das durch einen subtilen Flirt zu erkennen: Dinge, wie über seinen Körper streichen, ihn etwas länger anschauen, als unbedingt notwendig, einen Händedruck ein wenig länger ausdehnen, als erwartet wird, eine kleine Modulation der Stimme oder vielleicht ein paar Aussprüche, die vielseitig gedeutet werden können.«

Aufgrund der herkömmlichen Rollenverteilung zwischen Mann und Frau sind viele Lesbierinnen in der Einleitung von Sex, auch bei einer neuen Partnerschaft, erfahrener, als die meisten heterosexuellen Frauen. Theresa, 30 Jahre alt, alleinlebende Lesbierin, beschreibt hier eine noch nicht lange zurückliegende Erfahrung dieser Art: »Ich saß sehr nahe bei dieser Frau, von der ich mich wirklich angezogen fühlte. Ich hatte die ganze Sache auf die Beine gebracht, daß wir alle miteinander zum Essen gehen wollten. Wir waren sechs Leute, und ich hatte natürlich dafür gesorgt, daß sie neben mir saß. Und immer mal wieder stieß ich sie spielerisch unter dem Tisch mit dem Fuß an. Dabei sprach ich sehr intensiv auf sie ein und tat alles, daß sie keinen Zweifel mehr haben könne, daß ich an ihr interessiert sei. Später legte ich dann meinen Arm um sie und fragte sie, wo sie lebe und ob sie nicht vielleicht Lust hätte, mit mir nach Hause zu kommen und bei mir eine Tasse Tee zu trinken. Sie griff nach mir und küßte mich. Wir brannten lichterloh und gingen rasch heim. So ist es geschehen.

Ich meine, wenn man sich zuerst als Lesbierin ausgibt, ist es wirklich sehr schwer, Sex einzuleiten, weil man ja noch nie offen sexuell mit einer Frau verkehrt hat.«

Immer wieder hemmen Ängste vor einer Zurückweisung die sexuelle Bestimmtheit der Frauen gegenüber einem neuen oder potentiellen Partner. Suzanne, 37 Jahre alt und geschieden, fand einen ungewöhnlichen Weg, sich um Sicherheit beim Einleiten neuer Beziehungen zu bemühen, wobei sie auch klar erkennt, warum sie die Möglichkeit zur Entwicklung neuer Beziehungen nicht maximieren kann:

»Im allgemeinen bin ich in meinem Leben ziemlich selbstsicher. Wenn es etwas gibt, was ich gern täte oder einen Menschen, mit dem ich gern einige Zeit verbringen möchte, dann ist es für mich sehr einfach, offen zu sein und diesem Menschen zu sagen, was ich gern hätte. Wenn da ein Mann ist, zu dem ich mich hingezogen fühle, zögere ich keinen Augenblick, ihn anzurufen oder ihm zu sagen, daß ich gern mit ihm etwas mehr Zeit verbringen würde. Ist da aber jemand, zu dem ich mich als möglichem Freund oder Liebhaber hingezogen fühle, dann werde ich das auch sofort dort sagen. Sie können dann positiv oder auch negativ reagieren. Ich habe in meinem Leben gelernt, wenn jemand nicht interessiert ist, dann habe ich absolut keinen Grund, mich persönlich schlecht zu fühlen und zu meinen, irgend etwas sei mit mir nicht in Ordnung. Es gibt so viele Menschen auf dieser Welt, und einige von ihnen erwidern meine Gefühle, und andere tun es nicht. Wenn ich nicht einige Selbstsicherheit zur Schau tragen würde, wären da vielleicht furchtbar viele Beziehungen und schließlich auch ein paar wundervolle Erlebnisse dazu.«

Ariel, die sich kürzlich getrennt hat, hat mit einigen Neuerwerbungen folgendes praktiziert. Sie findet es sicherer, dies nur mit Männern auszuüben, die nicht als zukünftige Partner in Frage kommen. Damit vermeidet sie den Schmerz einer negativen Antwort:

»Ich habe an dem Willen, mehr Risiko auf mich zu nehmen, um Männer zu treffen, hart gearbeitet. Ich bin nicht der allerrisikofreudigste Mensch, obwohl ich heute etwas unternehme, um das zu erhalten, was ich haben möchte. In den meisten Fällen war meine Annäherung nicht sehr romantisch. Im Gegenteil geschah sie ziemlich direkt. Im letzten Sommer sagte ich einer Freundin, ich fühle mich wie ein fünfzehn Jahre alter Junge, der gerade den Stimmbruch überwunden hat. Das kam daher, daß ich es gelernt hatte, wie man jemanden ausfragt, wie man es ihm klarmacht, mit ihm ins Bett zu gehen und wie ich mich darauf vorbereite, falls er ›nein‹ sagt. Ich habe das erfolgreich durchgespielt mit einem jungen Mann, den ich im letzten Sommer bei meiner Arbeit traf. Es war wundervoll. Ich plante die ganze Geschichte. Ich lud ihn in einem Park zu einem Picknick ein, mit all diesen herrlichen Eßsachen und allem Drum und Dran. Er stammte aus Afrika und war nur zu Besuch hier, deshalb hatte er kein Auto und nichts anderes. Das klappte alles ganz ausgezeichnet. Und als er seit ungefähr drei Wochen wieder abgereist war, traf ich einen anderen jungen Mann und wiederholte exakt genau das gleiche Spiel noch einmal, spielte das ganze Szenarium auf genau gleiche Weise durch. Aber dann sagte ich zu mir selbst: ›Ich bin wirklich wie ein fünfzehn Jahre alter amerikanischer Junge, der einen Weg entdeckt hat, ihn mit Erfolg geht und dann diesen Weg wieder und wieder bis zum Überdruß verfolgt.‹ In keinem Fall machte ich mir wirkliche Sorgen um den anderen, so war es für mich sicherer als andere Situationen. Wenn ich auf diesem Wege mal eine Abfuhr kassiert hätte, wäre das für mich keine weltbewegende Angelegenheit gewesen. Alle beide Jungens verließen die Stadt wieder. Man verstehe richtig, wenn ich gehe und eine Chance auszunutzen versuche, dann müssen da schon einige Sicherheitsventile eingebaut sein.«

So schwierig es für Frauen ist, von sich aus Sexualkontakte anzuknüpfen, so schwierig ist es für sie andererseits auch, selbstsicher genug zu sein, um sich jemandem verweigern zu können, der von sich aus einen solchen Kontakt eingeleitet hat, an dem sie aber nicht interessiert sind. Viele ungebundene Frauen finden sich mit Partnern im Bett wieder, mit denen sie in Wirklichkeit gar keinen Geschlechtsverkehr haben wollen, nur weil es leichter ist, seinen Wünschen nachzugeben, als sich auf die eigenen Beine zu stellen und dabei vielleicht seine Gefühle zu verletzen oder aber mit ihm Ärger zu bekommen. Connie, eine 26jährige Witwe und Geschäftsfrau, die mit einer anderen ihre Wohnung teilt, gibt uns hier ein Beispiel, wie sie einmal eine ungemütlich werdende Situation von vornherein so klärte, indem sie die Sache frühzeitig und direkt ansprach:

»Ich möchte erklären, wie ich ›nein‹ gesagt habe. Es ist ein aktuelles Beispiel, das erst letzte Nacht passierte, und ich weiß sehr genau, daß der Junge nicht glauben wollte, was er hörte. Er ist schon etwas älter, und wir waren seit langer Zeit Freunde, und Geschäftsbeziehungen hatten wir auch schon ewig miteinander. Deshalb sagte ich auch als er mich anrief: ›Okay, es ist nur zum Vergnügen, laß uns gemeinsam zum Dinner gehen, aber damit das absolut klar ist, das hat mit Geschäft diesmal nichts zu tun!‹ Nach den Champagnercocktails und den Schnecken wurde mir klar, daß der Gute es sich genau in den Kopf gesetzt hatte, hinterher mit mir nach Hause zu gehen, am offenen Kamin zu sitzen usw. Als dann das Dessert anrollte, sagte ich ihm: ›Du weißt, ich muß dir das jetzt sagen, denn der Ober wird bald kommen und uns den Kaffee bringen, und dann werden wir hier weggehen. Und du wirst mir dann sagen: Wo gehen wir denn jetzt hin? und ich würde antworten: Nicht zu mir nach Hause, und dann bist du beleidigt. Deshalb laß mich dir ganz offen sagen, ehe wir an diesen Punkt gelangen, daß ich mit dir auf keinen Fall sexuelle Beziehungen haben möchte.‹

Ich erklärte ihm, daß die Unterschiede zwischen uns in einer Freundschaft und einer Geschäftsbeziehung durchaus anziehend wirken könnten, dies in einer intimen Geschlechtsbeziehung aber wahrscheinlich nicht täten. Und er verstand das.«

Das Neinsagen ist für Ehefrauen oder Frauen in einer langdauernden Partnerschaft ebenso schwierig. Die Angst, die Gefühle ihres Partners zu verletzen, läßt Frauen im Namen der Zuneigung zu ihrem Partner auch dann dem Geschlechtsverkehr zustimmen, wenn sie selbst absolut keine Lust dazu haben. Die folgende Frau hat dieses heikle Problem im Laufe der Zeit für sich gelöst. Billy, 43 Jahre alt, verheiratet, dazu: »Mit Fred ist es völlig problemlos, sich über den Geschlechtsverkehr zu einigen, wenn ich ihn haben möchte. Da brauch ich nur ein wenig mit ihm zu schmusen. Aber ich bin der Meinung, daß ich auch das Recht habe, einmal zu sagen, ich wolle keinen Sex, und das habe gar nichts mit ihm zu tun. Heute versteht er das, während es früher wirklich seine Gefühle verletzt hat. Es ist viel besser, daß ich das heute geradeheraus sagen kann und mich hinterher doch noch ein bißchen an ihn anschmiegen darf.« Sarah, 29 Jahre alt und verheiratet, berichtete zum gleichen Thema: »Ich neige dazu, mit ihm sehr direkt zu sein und frage auch einfach, ob er Lust hat, mit mir Sex zu machen. Ich habe festgestellt, daß indirekte Anspielungen nicht sehr praktisch sind, weil dann oft der eine von uns dieses und der andere jenes im Sinn hat. Wenn ich klar und deutlich in meinen Wünschen bin, dann kann ich ihm das auch von Anfang an genau sagen. Dagegen habe ich einige Zeit gebraucht, bis ich einen Weg gefunden hatte, um ihm beizubringen, wenn ich keinen Geschlechtsverkehr mit ihm haben wollte. Ich habe es gelernt, ihm zu sagen, daß ich zwar keinen Sex mit ihm haben wollte, aber ihm körperlich sehr nahe sein möchte, ihn im Arm halten oder seinen Kopf oder seinen Rücken massieren möchte, vielleicht auch seinen ganzen Körper, aber nicht auf eine erotische Art. Das schützt davor, daß er sich in seinen Gefühlen zurückgewiesen fühlt und er genau weiß, daß es damit gar nichts zu tun hat. Das geht viel besser, als wenn wir beide zwar innig miteinander verbunden und aufeinander eingestellt sind, dann aber herausfinden, daß er wirklich gern Geschlechtsverkehr haben möchte und ich nicht. Es ist für uns beide sehr viel besser, das ganz direkt vor der ersten Annäherung klarzustellen. Wenn im Verlauf des Beieinanderliegens dann bei mir der Wunsch nach Sex doch erwacht, können wir immer noch weitermachen und ihn vollziehen. Sehr oft, wenn ich in seinen Armen liege, kommt mir der Wunsch nach einem Geschlechtsverkehr mit ihm, und er ist zu jeder Zeit bereit, dann in dieser Richtung fortzufahren.«

Erfindungsreiche Einleitung

Wenn man lange Zeit in einer Partnerschaft oder Ehe lebt und sich ständig in alteingefahrenen sexuellen Verhaltensmustern bewegt, kann es interessant und luststeigernd wirken, neue Wege zu finden, auf denen man den Geschlechtsverkehr einleitet – irgend etwas, das Abwechslung bringt und dazu verhilft, die Beziehung vital und lebendig zu erhalten.

Einige der Frauen beschrieben bis in die Einzelheiten einmalige Methoden, den Geschlechtsakt einzuleiten. Sie hatten mit ihren Partnern feststehende Signale erfunden, womit sie die Einleitung von Geschlechtsbeziehungen zu einem Spiel machten. Iris, 32 Jahre alt, die mit ihrem Freund zusammenlebt, berichtete: »Eines Tages, als ich in Antiquitätenläden herumstöberte, geriet ich an einen Korb mit Messingprägungen von ›Spielmarken‹, wie sie in den Saloons und Warenhäusern von San Francisco während der Zeit des Goldrausches benutzt wurden. Das war also ein Zahlungsmittel, das nur in diesen Geschäften galt und gegen Goldstaub verkauft wurde, wenn die Goldsucher in die Stadt kamen. Auf der einen Seite stand ›All Nite Love Check‹ (Zahlungsmittel für eine Nacht Liebe), auf der anderen ›Red Door Saloon, 3 $ a Nite‹ (Rote-Tür-Saloon, 3 $ eine Nacht). Ich kaufte mir eine dieser Ersatz-Münzen, und an Tagen, an denen ich mich in romantischer Stimmung befinde, stecke ich sie meinem Freund zu. So kann er dann darauf eingerichtet sein, am Abend mit mir Liebe zu machen, manchmal machen wir sie aber auch sofort dann, wenn ich ihm diese Münze zustecke. Er fand diese Idee so großartig, daß er unbedingt auch einige Münzen dieser Art haben wollte, damit er nicht immer warten müsse, bis ich sie ihm zustecke. Mit zwei dieser Spielmünzen können wir sie uns jederzeit nach eigenem Belieben hin- und herschieben. Manchmal gibt auch einer von uns dem anderen zwei Münzen für eine ›spezielle 6-$-Nacht‹. Und wenn einer von uns einmal müde und nicht so richtig bei der Sache ist, dann amüsieren wir uns darüber und kreditieren dem anderen 1,50 $ fürs nächste Mal.«

Morgan, 42 Jahre alt und seit neun Jahren verheiratet, ist Klinikverwalterin, und ihr Mann benutzt zuweilen eine alte, japanische Puppe, mit der sich die beiden ihr sexuelles Interesse bekunden:

»Wir haben eine kleine Noh-Puppe aus Elfenbein, deren Kopf auf der einen Seite ein lächelndes menschliches Gesicht und auf der anderen Seite einen ärgerlichen Löwenkopf zeigt. (Noh ist eine Form traditionellen, japanischen Theaters, bei dem die Schauspieler Masken tragen, die sie je nach darzustellenden Charakteren wechseln.) Das Löwengesicht ist verkniffen und finster, das menschliche Antlitz dagegen liebevoll und freundlich. Wenn wir brummig sind und kein Interesse haben, erscheint das Löwengesicht, haben wir aber Lust, das Menschenantlitz.«

Das Spiel, das Harriet, 34 Jahre alt, verheiratet, benutzt, gehört zu denen, die wir unseren Klienten für Sexualtherapie empfohlen haben. Sie sollen ihnen helfen, sich über die Stärke ihres Interesses am Sex klarzuwerden und diese Information entsprechend an ihren Partner weiterzugeben:

»Wir benutzen das Zahlensystem, das von null bis zehn reicht. Wir nennen das unsere ›Skala sexueller Bereitschaft‹. Wenn ich daran interessiert bin, mit ihm Liebe zu machen, sage ich etwa: ›Ich bin auf Nummer acht‹ oder auch sechs oder gar zehn oder was immer ich in diesem Moment zu sein glaube. Null heißt immer, ich bin nicht an Sex interessiert. Bei zehn ist es soweit, daß ich wirklich ganz furchtbar stark interessiert bin, mit ihm ins Bett zu gehen. Fünf heißt, ja, es wäre ganz schön, muß aber nicht sein. Anfangen tu ich gewöhnlich, wenn ich mich so bei sieben oder acht fühle. Dann sage ich vielleicht: ›Ich bin bei sieben – welche Nummer hast du?‹ Wenn er dann eine drei hat und ich meine sieben, dann weiß ich, daß ich ihn kriegen kann. Wir haben immer den Spaß damit, daß, wenn man sich steigern kann und den anderen hochbringt, man ihn dann haben kann. So kann ich schon zu ihm sagen: ›Okay, wenn ich es hinaufbringe, kann ich es dann haben?‹ Wenn er nur eine eins hatte, muß ich dann vielleicht doch masturbieren. Aber im allgemeinen verpflichten wir uns gegenseitig zur Rücksicht. Wenn ich also nur eine drei habe, er aber eine sieben, bin ich wohl schon bereit, mit ihm mitzuziehen und Liebe zu machen, so lange jedenfalls, wie er Verständnis zeigt und nicht erwartet, daß ich heute besonders leidenschaftlich bin. Ich mache einen Unterschied zwischen Leidenschaft und irgend etwas anderem – ich weiß nicht genau, wie ich es benennen soll. Es gibt bei mir Zeiten, in denen ich für Sex ziemlich aufgeschlossen bin, in denen ich auf diesem Wege eng mit ihm verbunden sein möchte, wenn ich ihm gefallen und haben möchte, daß er sich wohlfühlt, aber ich habe keine Meinung dafür, eine Menge Energie zu investieren, damit ich selbst überaus stark erregt dabei werde. Ich fühle mich dann einfach nicht dementsprechend. Wenn ich aber wirklich hochgradig erregt bin und Liebe machen will, das verstehe ich unter Leidenschaft, das andere aber nicht. Deshalb war meine Vorbemerkung weiter oben, ›erwarte keine Leidenschaft von mir, wenn ich nur eine drei habe‹. Das soll heißen, geh nur deinen Weg, mache dir eine erfreuliche Stunde, denk nicht an mich, stelle an mich keine Erwartungen, die ich heute nicht erfüllen kann. Es ist für mich wesentlich, mir selbst zu erlauben, heute nicht besonders erregt zu werden und keinerlei Druck auf mich selbst auszuüben. Wenn ich mir das vorbehalte, werde ich häufig erst recht richtig geil. Aber ich muß einfach die Freiheit haben, zwar Liebe zu machen, dabei aber nicht besonders leidenschaftlich zu sein. Wir haben einmal vereinbart, daß wir immer, wenn wir beide bei zehn gelandet sind, oder gar mehr, unbedingt auch Sex haben wollten. Hat einer die zehn, der andere aber nur eine eins, werden wir in gegenseitigem Vertrauen auch Liebe machen. Wir benutzen diese Skala ständig. Wenn ich nach oben komme und ihn auf eine bestimmte Art küsse, kann er sagen: ›Hmm, was ist deine Nummer?‹ und ich sage dann vielleicht: ›Ich seh dich im Schlafzimmer wieder‹ oder vielleicht auch: ›Nein, das war ein unschuldiger Kuß. Das war nur eine drei.‹ Diese Skala kann für die unterschiedlichsten Dinge benutzt werden. Wenn wir beispielsweise über ein Restaurant reden, heißt es bei uns auch, ›wie gut beurteilst du dieses Restaurant?‹, worauf der andere vielleicht sagt: ›Das ist bei mir eine zehn, da muß ich unbedingt hin!‹ Die Skala ersetzt viele Umwege, sie kommt immer genau auf den entscheidenden Punkt.«

Eine gute Kommunikation in einer Verbindung ist einem guten Fundament bei einem Hause ähnlich. Ist ein Haus auf einem guten Fundament errichtet, so ist es auch in der Lage, selbst Naturkatastrophen wie Hurrikans und Tornados zu widerstehen. Selbst wenn der Rest des Hauses beschädigt oder gar zerstört ist, kann auf einem soliden Fundament rasch wiederaufgebaut werden.

Streß kann aus einer Fülle ganz natürlicher Ereignisse entstehen, wie sie in allen Lebensgemeinschaften auftreten kann. Dabei kann es sich um die Entscheidung handeln, Kinder bekommen zu wollen, es kann ein Hauskauf, ein Stellenwechsel oder der Umzug in eine andere Stadt sein. In jedem Fall hat eine Lebensgemeinschaft, die auf offene und positive Kommunikation aufgebaut ist, mehr Chancen, solche von außen an sie herantretenden Streßsituationen schadlos zu überstehen.

Diejenigen unserer Leserinnen, die das Empfinden haben, daß das Fundament ihrer Lebensgemeinschaft oder Ehe wackelig sei, oder die lange Zeit miteinander gelebt haben ohne diese Art der Kommunikation, mögen sich um die Zukunft ihrer Partnerschaft

Sorgen machen. Obwohl Kommunikation ein wesentlicher Bestandteil einer Partnerschaft ist, wenn diese flexibel genug sein soll, von außen an sie herantretenden Belastungen gewachsen zu sein, entbehren doch die meisten, wenn nicht alle neuen Partnerschaften und Lebensgemeinschaften dieses hohe Maß an Kommunikation. Für die meisten wurde dieses Fundament erst wirklich von den Folgen jener Probleme errichtet und gefestigt. Sie sind von den Paaren in den ersten Tagen oder Jahren ihrer Lebensgemeinschaft miteinander bewältigt worden. Die Probleme selbst vermitteln die Notwendigkeit der Kommunikation und entwickeln diese weiter zu einer Fertigkeit, die die beiden Menschen einfach brauchen, um gemeinsam den Weg durch das Leben zu finden. In einem Problem liegen oftmals die Samen für größere Vertraulichkeit. Das nachstehende Kapitel ist einer weiten Skala von Problemen gewidmet, die von der Sexualität hervorgerufen werden können. Aus unseren Interviews haben wir die Wege herausgearbeitet, auf denen Frauen mit ihren speziellen Problemen so fertig geworden sind, daß sie auch hinterher noch in der Lage waren, für sich ein aktives und befriedigendes Geschlechtsleben aufrechtzu erhalten, das in eine Partnerschaft eingebettet blieb.

Was tun, wenn man in Schwierigkeiten gerät?

Wenn auch Probleme immer unwillkommen sind, können die Bemühungen um ihre Lösung uns doch dazu verhelfen, einige sehr wichtige Fertigkeiten zu entwickeln. In diesem Sinne kann man Probleme auch als Herausforderung ansehen, die sich an unseren Erfindungsgeist wie an unsere Anpassungsfähigkeit richtet. Wenn wir Probleme meistern wollen, sind wir gezwungen, unsere Beweglichkeit, unsere Aufnahmebereitschaft und unsere Kommunikationsfähigkeit zu entwickeln. Alle drei sind gefordert, die leidige Situation zu überwinden. In der Tat geben uns die Erfahrungen mit den vielfältigen Dilemmas in unserem Leben und das Bewußtsein, sie in den Griff bekommen zu haben, eine innere Sicherheit, neue Maßstäbe des gegenseitigen Verständnisses, und sie bereichern uns dazu als menschliche Wesen als solche. Es muß dabei aber klar sein, daß wir nicht von uns erwarten dürfen, jedes auftretende Problem zu jeder Zeit allein meistern zu können. Falls es notwendig ist, können wir immer zu unserem Ehepartner, dem Liebhaber, zur Freundin, zu Verwandten oder zu berufsmäßigen Helfern gehen und ihre Hilfe erbitten. Das gilt allerdings häufig nicht für sexuelle Probleme.

Vielleicht infolge zivilisatorischer Verhaltensmaßstäbe erwarten wir, daß wir und unser Partner in sexuellen Dingen allwissend seien. Wir erwarten, daß wir ohne jegliche Informationen und Erfahrungen alles notwendige Wissen besitzen, um mit den mannigfaltigen Facetten des Geschlechtslebens fertigzuwerden. Das erscheint gerade so, als wolle man ein College-Diplom erwerben, ohne jemals am College einen Kurs besucht zu haben. Manche der dazu erforderlichen Kenntnisse mag uns das tägliche Leben vermitteln, während wir andere, ebenso notwendige dort nie erhalten. In ähnlicher Weise werden uns Versuche und Erfahrungen mit verschiedenen Partnern manches lehren, dessen wir bedürfen, während uns Hilfen verborgen bleiben, die wir in weniger häufigen oder individuell bedingten Problemen zur Lösung derselben benötigen.

Das Vorhandensein eines Problems, das die Sexualität berührt, sagt noch in keiner Weise etwas darüber aus, ob einer der beiden Partner gesundheitlich, in seiner Weiblichkeit oder Männlichkeit dem anderen unterlegen sei. Es bedeutet nicht, daß sich dahinter ein tieferes, ernsthafteres Problem in der Beziehung zwischen den Partnern verberge. Es kann genausogut heißen, daß lediglich in diesem Augenblick der oder die Betroffene nicht in der Lage ist, mit einem solchen Problem fertigzuwerden.

Dieses Kapitel ist eine Zusammenfassung all jener Probleme sexueller Art, die von den von uns interviewten Frauen erlebt wurden und für die sie schließlich Lösungen gefunden haben. Interessant dabei ist, daß eigentlich keine der Frauen davon verschont blieb, zu irgendwelchen Zeiten mit Problemen konfrontiert zu werden, die ihre Sexualität berührten. Das erscheint vor allem deshalb bemerkenswert, weil die von uns interviewten Frauen fast durchweg eine sehr positive Einstellung zu ihrer eigenen Sexualität mitbrachten. Gerade das für dieses Kapitel zusammengetragene Material beweist das mehr als manches andere. Es sollte für jeden eine Ermutigung sein, daß es durchaus möglich ist, einmal sexuelle Probleme zu haben, daß aber ebenso wahrscheinlich auch deren Überwindung erscheint. Zuweilen, wenn man mitten in den Schwierigkeiten steckt, mag man sich alleingelassen fühlen, als einziges Lebewesen, das jemals derartiges erlebt hat. Man verliert dann leicht den Blick für die Tatsache, daß die Lösung sich vielleicht schon anbahnt. Die von uns interviewten Frauen fanden eine Fülle von Wegen, auf denen sie ihre Probleme lösten. Einige bedienten sich professioneller Hilfe, aber die waren bei weitem in der Minderheit. Die Mehrzahl derer, die mit ihren Problemen fertigwurden, fanden die Lösung allein oder mit Hilfe ihrer jeweiligen Partner. Die Frauen aber, die ihre sexuellen Schwierigkeiten nicht zu überwinden wußten, erlebten ständig die Auswirkungen ihres Dilemmas und gaben den daraus resultierenden Schmerzen im Interview beredten Ausdruck. Solche Interviews glichen oftmals therapeutischen Sitzungen. Und wenn diese Frauen keine Lösung ihrer Probleme zu finden wußten, haben wir die Aufzeichnungen hier nicht aufgenommen.

Manche der aufgezeigten Lösungen mögen unseren Leserinnen recht oberflächlich oder ihren eigenen Problemen zu wenig ähnlich erscheinen. Das liegt daran, daß sie individuell einmalig sind. Es ist durchaus im Bereich des Denkbaren, daß nichts in diesem Kapitel eine bestimmte Antwort auf das bietet, was man beantwortet haben möchte. Wir gehen von der Hoffnung aus, daß die Beschreibung der Wege, auf denen andere Frauen auftretenden sexuellen Schwierigkeiten begegnet sind, unseren Leserinnen Ideen für eigene Probleme vermitteln, auf die sie bislang nicht verfallen sind, oder Möglichkeiten aufzeigen, auf die sie noch nicht stießen. Denn alles, was auch nur eine ein wenig falsche Perspektive von der eigenen Situation hervorbringt, kann einen völlig unfähig machen, eine Lösung herbeizuführen.

Die Zusammenstellung dieses Kapitels bereitete uns außerordentliche Schwierigkeiten, sowohl wegen der Fülle des vorhandenen Materials als auch von der Herkunft der vielfältigen Probleme, die hier zu besprechen waren. Infolgedessen haben wir uns entschieden, das Material in folgender Reihenfolge darzustellen: Zunächst wird die Wirkung von Arbeit und familiärem Streß auf die Sexualität betrachtet, danach folgen Behinderungen oder Hemmungen bei der sexuellen Praxis (Oralsex, Nacktheit). Weiter behandeln wir sexuelle Funktionsstörungen (Ausbleiben des Orgasmus, fehlendes sexuelles Interesse, Erektionsprobleme, zu rasche Ejakulation). In der zweiten Hälfte des Kapitels werden verschiedene medizinische Probleme angesprochen sowie deren Folgen für das Geschlechtsleben. Dazu gehören Fragen der Empfängnisverhütung, das Vorhandensein einer relativ kleinen Vagina sowie Blaseninfektionen und schließlich ernsthaftere, medizinische Fragen.

Zu wenig Zeit

Fast alle Frauen, die wir interviewt haben, hatten Schwierigkeiten, neben der drängenden Vielfalt ihrer Pflichten genügend Zeit zu finden, um ihr Geschlechtsleben in Ruhe genießen zu können. Für uns schien dieses Problem eigentlich mehr eine Frage unserer Zivilisation als des sexuellen Geschehens zu sein. Feststeht aber, daß es in jedem Fall die Entwicklung einer guten sexuellen Partnerschaft behindert.

Infolge der Zeitzwänge in ihrem Leben erkannten die Frauen zu ihrem Mißbehagen, daß auch der Sex zuvor eingeplant werden muß. In der Ehe oder einer ständigen Lebensgemeinschaft, in denen die Zeit Vorrang vor vielem hat, jeder der beiden Partner auch eine Mehrzahl von Rollen zu erfüllen bereit sein muß, berichteten die Frauen oftmals, daß der Sex bald schon am untersten Ende der Wertskala landete, verdrängt von Arbeit, Mahlzeiten, der Sorge für die Kinder, den Haushaltspflichten, die zunächst erfüllt werden mußten. So kam es zu Geschlechtsbeziehungen nur dann, wenn alles andere für sie Zeit und Energie übrigließ. Infolgedessen wurde der Sex oftmals ganz unterlassen oder nur selten ausgeübt, weil einer oder auch beide Partner zu müde oder gedanklich zu weit weg davon waren. Die Behinderung des Geschlechtslebens durch die Arbeit und den Streß spielten in beinahe allen Interviews immer wieder eine wesentliche Rolle. Anna, 28 Jahre alt und verheiratet, berichtete:

»Wir pflegen mit der Tür ins Haus zu fallen, weil wir so wenig Zeit dazu haben. Wir sind einfach müde, aber wenn wir das enge Zusammensein des Liebemachens spüren möchten, dann machen wir eben Liebe. Er will dann seinen Orgasmus haben, und ich masturbiere, solange er noch in mir ist, denn ich will ja auch meinen Orgasmus. Und das ist dann schon alles. Viel Vorspiel oder Zärtlichkeit ist da nicht drin. Das ist schrecklich wenig, vor allem, wenn unsere Tage sehr hektisch waren.«

Viele Menschen haben ernsthafte Schwierigkeiten, sich damit abzufinden, daß sie auch Zeit für ihr Geschlechtsleben in ihre Planung einbeziehen müssen, weil sie immer noch mit der Annahme leben, Sex müsse etwas ganz Spontanes sein. Jede andere Form von Aktivitäten darf geplant werden, nur der Sex nicht. Sie tendieren zu der Annahme, daß es während der Zeit des Kennenlernens immer ganz natürlich zum Geschlechtsverkehr gekommen sei. Erst wenn sie sich dann zum Zusammenleben entschlossen oder geheiratet hatten, begann die Zeit für das Geschlechtsleben zu einem Problem zu werden. Dem steht die Tatsache gegenüber, daß der Sex in Wirklichkeit nie so ganz spontan passierte. Während der Zeit des noch freien Ineinanderverliebtseins wurden durchaus, bewußt oder unbewußt, bestimmte Zeiten für den Sex eingeplant und auch gewisse Vorbereitungen getroffen, damit die Zeit des Zusammenseins besonders gut werde. Die Zeit wurde so geplant, daß keine äußeren Störungen zu befürchten waren, die Unterwäsche wurde sorgfältig ausgewählt, daß sie im Falle abendlichen Geschlechtsverkehres gut passen würde, man duschte und parfümierte sich, legte Spirale oder andere Verhütungsmittel bereit und putzte zuweilen auch noch das ganze Haus. Hat aber ein Paar erst einmal beschlossen, seine Beziehungen zueinander auf Dauer abzustellen, sie enger zu gestalten, werden solche Vorbereitungen häufig unterlassen.

Immerhin konnten wir feststellen, daß Frauen, die früher viel Energie zur Vorbereitung und Planung des geschlechtlichen Teiles ihrer Partnerschaft aufgewendet hatten, es nun auch fertigbrachten, die gleiche Energie für Vorbereitung und Planung innerhalb eines Zusammenlebens oder einer Ehe dafür aufzubringen. Diese bewußte Vorbereitung erwies sich als ein Weg, auf dem sich Paare eine erregende und zufriedenstellende sexuelle Partnerschaft erhalten konnten.

Judy, 31 Jahre alt und verheiratet, berichtete uns dazu:

»Wir verabreden uns miteinander. Wir teilen uns das am frühen Nachmittag mit. Da mag beispielsweise einer von uns den anderen fragen: ›Kann ich mit dir für heute abend eine Verabredung treffen?‹ Das gibt dann ein bestimmtes Vorgefühl, das wir beide gern haben. David liest abends sehr lange und wenn wir nicht fest verabreden, früh zu Bett zu gehen, wird es ein zu rascher Sex und bei weitem nicht so schön, als wenn wir uns gegenseitig entsprechende Zeit dafür zugestehen.«

Manche Menschen haben so viele Pflichten oder ihr Leben verläuft so geschäftig, daß sie niemals Zeit zum Geschlechtsverkehr fänden, wenn sie ihn nicht zuvor einplanen würden.

Brenda, 24 Jahre alt, Lehrerin, verheiratet seit drei Jahren mit Dick, der ein Reparaturfachmann ist, erzählt aus ihrem Alltag: »Ich muß wirklich genau planen, wenn wir die Zeit finden wollen, um miteinander Liebe zu erleben. Im Augenblick hat Dick täglich wechselnde Arbeitszeiten, während ich etwa drei bis vier Abende pro Woche beschäftigt bin. Deshalb ist es wirklich schwierig, eine Zeit herauszufinden, zu der wir beide nicht müde sind. Im allgemeinen erzähle ich ihm schon etwa zwei Tage zuvor, wenn mir der Sinn nach Sex steht, daß ich wieder einmal mit ihm schlafen möchte, wir also schauen müßten, wie wir die richtige Zeit dazu finden. Dick hat einen freien Tag in der Woche und ich versuche, am selben Tag frei zu sein, damit wir zusammen ins Bett gehen können. Außerdem muß ich so planen, daß ich am Tag zuvor so rechtzeitig daheim bin, daß ich acht Stunden schlafen kann und so keinesfalls müder bin als er. Auch ihm muß ich das ein paar Tage zuvor klarmachen, damit er am vereinbarten Tag dann bestimmt nicht zu müde ist.«

Theresa ist 30 Jahre alt, Lesbierin, Psychologin und lebt allein. Sie und ihre Liebhaberin Betty, eine Schreinerin, machen bestimmte Zeiten für den Sex miteinander aus:

»Ich plane unseren Sex genau, stöpsele das Telefon aus und sorge dafür, daß ich an dem Tag nicht zu viele Verabredungen habe. Ich liebe es, Pläne zu schmieden, das gilt auch für den Sex. Es ist genau so, als wenn man sich vornähme, ins Kino zu gehen, man findet sich ja nicht plötzlich ungewollt im Kino wieder. Und für meine Begriffe ist das beim Sex genau die gleiche Sache.«

Manche Frauen hatten das Gefühl, wenn man den Sex plane, setze man sich selbst unter Druck, ihn auch zu vollziehen. Was ist nun, wenn man miteinander den Mittwochabend für diesen Zweck geplant hat, wenn er da ist, und man fühlt sich in keiner Weise dazu aufgelegt? Das verführt manche Frauen dazu, jegliche Planung zu scheuen. Alexandra dachte an diese Schwierigkeit und fand folgende Lösung. Sie und ihr Partner einigten sich darüber, daß es in Ordnung sei, wenn einer von beiden sagte: ›Ich bin heute abend einfach zu müde. Mir ist absolut nicht nach Sex zumute, obwohl wir eigentlich dazu verabredet waren.‹ Beherrscht man erst einmal diese Grundvoraussetzung, ist es leichter für beide, den Sex vorzuplanen ohne das ungute Gefühl, ihn nun in jedem Falle, ohne Rücksicht auf irgendwelche anderen Vorkommnisse durchzuführen.

Penelope, eine 46jährige Ehefrau, plante zwar den Sex nicht so unbedingt, entwickelte aber ein Verfahren, ihre abendliche Routine so umzugestalten, daß es leichter war, einen Geschlechtsakt zu vollziehen, falls sie beide Lust darauf hatten:

»Wenn ich viel zu arbeiten hatte, gab es bei uns eine gewisse

Routine. Wir kamen beide von der Arbeit nach Hause, und ehe wir unseren Abend begannen, teilten wir uns gegenseitig mit, wie unser Tag sich gestaltet hatte. Manchmal nahm das den ganzen Abend in Anspruch. Wir saßen am Tisch und besprachen den Tag und wurden schließlich müde. Vielleicht fragte er noch: ›Möchtest du noch ein wenig Scrabble spielen‹, und ich sagte: ›Ja‹. Schließlich sagte ich dann: ›Du weißt ja, daß wir nicht so oft Liebe machen, wie ich es gern tun würde. Laß uns doch ins Bett gehen und da weiter miteinander reden und spielen. Bekommen wir dann doch Lust, etwas miteinander zu machen, dann sind wir schon im Bett.‹ Seitdem waren wir wieder häufiger intim miteinander. Hatten wir uns gegenseitig die Erlebnisse des Tages erzählt und beschlossen, was wir mit dem Rest des Abends anfangen wollten, dann gab es nicht erst noch den ernüchternden Übergang vom Tisch zum Bett. Auf diesem Wege waren wir immer schon im Bett und liebkosten uns, während wir uns noch unsere Abenteuer vom Tage erzählten. Wenn es dann zum Geschlechtsverkehr kam, war das ganz leicht und natürlich.«

Streß

Auch der Streß ist eines der von unserer Zivilisation hervorgerufenen Zeichen der Zeit, der sich auf unser Sexualleben auswirkt.

Streß durch die Arbeit bildete jenes Problem, das am häufigsten angesprochen wurde, nachdem die Mehrzahl der von uns interviewten Frauen eigene Berufe ausübten. Viele dieser Frauen hatten das Gefühl, sie müßten sowohl ihrem Beruf wie ihrer Familie und ihrem häuslichen Pflichtenkreis etwas wegnehmen, wenn sie Sex haben wollten. Oft fühlten sie sich dann zu abgearbeitet, wenn die Zeit für sexuelle Freuden wirklich einmal vorhanden gewesen wäre. Männer haben von jeher ihre sexuellen Energien vor den Zwängen ihres Berufslebens zu schützen gewußt. Nun stehen Frauen vor genau dem gleichen Problem. Die von uns befragten Frauen versuchten über Versuche und Irrtümer zu einer dauerhaften Lösung dieser Schwierigkeit zu gelangen. Manche hatten dieses Ziel bereits erreicht, während andere noch bis zum Hals in ihren Schwierigkeiten steckten.

Gweneth, 44 Jahre alt, praktizierende Krankenschwester, verheiratet und Mutter von drei Teenagern, behauptete sich selbst, indem sie ihre Familie zur Mithilfe bei den Haushaltspflichten anhielt. Sie berichtete uns:

»Von mir bekommt jeder seine bestimmten Aufgaben im Haushalt, damit ich am Wochenende nicht überarbeitet bin. Wenn man arbeitet und dabei noch alle Haushaltsaufgaben allein versieht, kann das sehr leicht zuviel werden. Wir können das ganze Haus in drei Stunden sauber bekommen. Bei uns erledigt jedes Familienmitglied seine eigenen Pflichten, und das Haus wird nur einmal pro Woche geputzt. Das ist eine große Veränderung für uns und funktioniert in aller Interesse ganz großartig.«

Diane ist 32 Jahre alt, Lesbierin und lebt mit einem Pflegekind. In einer Periode der Erschlaffung hat sie sich zu folgendem durchgerungen:

»Wenn ich mich zu sehr in meiner Arbeit vergrabe, entsteht daraus sehr rasch eine unangenehme Situation. Ich bin dann völlig darin versunken, daß ich kaum die Kraft habe, innerlich abzuschalten, wenn ich ins Bett gehe. Deshalb habe ich versucht, alles vorher Begonnene auch fertig zu machen, so daß ich vorher ein wenig Zeit zum Abschalten erübrige. Da ich nachts sehr viel produktiver bin, bringe ich mir immer Arbeit mit nach Hause. Jetzt versuche ich aber, die Arbeit eine Stunde früher zu beendigen, damit ich mich erst entspannen kann, ehe ich ins Bett gehe. Auf diesem Wege habe ich die Energie und die innere Ruhe gefunden, um dort dann für meine Freundin wirklich eine Geschlechtspartnerin sein zu können.«

Marie, eine 33 Jahre alte College-Professorin, die seit zehn Jahren verheiratet ist, sagt zu diesem Thema:

»Hauptsächlich kommen dem Sex Dinge in die Quere, die mit Sex absolut nichts zu tun haben. Bei mir geht es entweder darum, daß ich von der Arbeit nicht abschalten kann oder persönliche Probleme habe. Zuweilen fällt es mir auch schwer, von den Tagesereignissen zum abendlichen Geschlechtsverkehr einen Übergang zu finden.

Wenn ich in einer Konferenz war oder eine harte Zeit in der Bücherei hatte, fällt es mir schwer, am Abend davon abzuschalten. Ich muß mich dann ganz bewußt anstrengen, um das alles für ein paar Stunden hinter mir zu lassen. Dabei hilft mir mein Mann, der feinfühlig genug ist, zu spüren, daß ich mit meinen Gedanken noch anderweitig beschäftigt bin. Er läßt mir dann die Freiheit, auf meine Art damit fertigzuwerden und überfällt mich nicht. Wenn ich mich innerlich nicht von meiner Arbeit lösen kann und noch in der Anspannung des Tages ins Bett gehe, mag ich weder mit meinem noch mit seinem Körper in irgendeine Berührung kommen. Ich verkrampfe mich oder werde empfindlich, wenn nicht sogar ärgerlich, wenn ich das Gefühl habe, mich selbst um etwas zu bringen, das ich eigentlich gern gehabt hätte, oder daß ich etwas hätte unternehmen sollen, um mich innerlich frei zu machen. Dann fühle ich mich innerlich auch verpflichtet, einen Geschlechtsverkehr zu haben, nach dem mir gar nicht zumute ist. Bin ich aber mit dem Gefühl wirklich darauf eingestellt, dann wird es auch ein sehr gutes Erlebnis.«

Theresa, 30 Jahre alt und Lesbierin, wußte zu berichten: »Meine Liebhaberin ist Schreinerin und natürlich abends immer sehr müde. Deshalb hat sie unter der Woche nur selten noch die Energie für einen Geschlechtsakt. Ich habe erst sehr spät mit dem Sex begonnen. Aber ich habe gelernt zu masturbieren, während sie mich im Arm hält, kurz ehe wir einschlafen. Und das ist für mich ganz großartig.«

Weibliche Sexualstörungen

Wenn ein Mensch unter Sexualstörungen, etwa Orgasmusunfähigkeit, Erektionsschwierigkeiten, zu rascher Ejakulation, sexueller Behinderung oder auch fehlendem Interesse an Sexualität, leidet, empfindet er das oftmals als einen Zustand, der die Gleichwertigkeit in der männlichen oder weiblichen Funktion berührt. Es scheint sich um einen Basismangel zu handeln. Auf fast jedem anderen Gebiet unseres menschlichen Seins finden wir nicht das Geringste dabei, uns an einen Freund, ein Familienmitglied oder an berufsmäßige Hilfe zu wenden. Nur auf dem Gebiet der Sexualität ist das meistens anders. Man hat Schwierigkeiten, mit jemand anderem darüber zu sprechen. Es gibt nur relativ wenige Therapiegruppen oder wirklich nützliche Bücher, und es gibt auch nicht viele Menschen, die auf diesem Gebiet ausreichend informiert sind. Zudem gilt es nach wie vor als unschicklich, sich über das eigene Sexualleben zu unterhalten. Eine noch größere Rolle dürfte es allerdings spielen, daß kaum ein Mensch bereit ist, überhaupt andere Menschen wissen zu lassen, daß er ein solches Problem hat. Als Ergebnis bleiben alle üblichen Wege zur Lösung von Problemen verschlossen, und die geheimgehaltene Schwierigkeit verschlimmert sich immer mehr und mehr.

Viele Leute sind einfach unfähig, auf diesem Gebiet Hilfe bei anderen zu suchen. Sie fühlen sich gezwungen, mit ihrem Problem selbst fertigzuwerden, es irgendwie so zu lösen. Sie wollen sich beweisen, daß sie in Wirklichkeit nicht minderwertig sind. Ohne die notwendige Information und Anleitung kann diese Aufgabe aber dic Kräfte des Betroffenen absolut überfordern. Und wenn man sich dann hilflos fühlt, steigern sich nur noch die Gefühle eigener Scham und Minderwertigkeit.

Sexuelle Hemmungen

Sexuelle Hemmungen sind keine Fehlfunktion der Sexualität im eigentlichen Sinne. Aber immerhin können sie einen schädlichen Einfluß auf das Geschlechtsleben eines Menschen ausüben. Nicht nur der Partner, der die Hemmungen hat, fühlt sich ängstlich, unwohl beim Geschlechtsverkehr oder bei gewissen sexuellen Praktiken, sondern auch der Partner empfindet eine ständige Frustratrion, die für den gehemmten Teil des Paares alles noch viel schlimmer macht.

Die bei weitem häufigste sexuelle Hemmung ist die Abneigung gegen den Oralsex. Viele Frauen fühlten sich beim Cunnilingus, beim vom Mann ausgeführten Oralsex, ausgesprochen unwohl, vor allem wenn dieser an ihren Genitalien negative Gefühle hervorrief. Jedoch betrafen bei den Frauen, die den Oralsex ablehnten, die meisten Widerstände die Fellatio, und zwar aus zweierlei Gründen. Entweder sie bekamen das Würgen davon, oder sie wollten nicht, daß ihr Partner ihnen in den Mund ejakulierte.

Die Mehrzahl der Frauen wünschte, diesen inneren Widerstand

in sich zu überwinden, was einigen von ihnen auch gelang. Andere wiederum versuchten, den Oralsex durch andere Variationen des Geschlechtsverkehrs zu ersetzen.

Christine, 41 Jahre alt und seit neunzehn Jahren verheiratet: »Es gibt etwas, was ich wirklich hasse und das mich sofort ernüchtert, und zwar, wenn er versucht mich unten zu küssen, obwohl ich weiß, daß er das sehr gern tut. Ich weiß selbst nicht, warum ich das nicht mag, vielleicht bin ich nur konservativ. Ich glaube aber, mich bedrückt einfach die Frage der Reinlichkeit. Daran dürfte es liegen. Da bin ich einfach gehemmt. Deshalb versuche ich, ihn um andere Dinge zu bitten und andere Stellungen für ihn erfreulich zu machen.«

Andere Frauen merkten, daß ihre Geringschätzung oder Ablehnung von Oralsex Schwierigkeiten in ihrer Partnerschaft erzeugte. Sie hatten Interesse daran, Wege zu finden, wie sie zu wirklichem Genuß von Oralsex kommen könnten.

Beverly, 37 Jahre alt und seit neun Jahren verheiratet, teilte uns mit, wie sie ihre Aversion sowohl gegen Cunnilingus wie auch Fellatio überwand:

»Zu Beginn unserer Beziehung hatte ich eine Menge Vorwände gegen jegliche Art von Versuchen, neue sexuelle Dinge auszuprobieren. Ich war von Hause aus in sexuellen Dingen eher zurückhaltend. Auf der anderen Seite war ich natürlich neugierig und abenteuerlustig, und das hat mein Mann zielstrebig unterstützt. Er führte mich in mancherlei sexuelle Praktiken ein, und ich bin ihm willig gefolgt. Wir sprachen auch über meine gemischten Gefühle, meine Abneigung und mein Schuldgefühl. Er hat mich ständig unterstützt, und ich wollte ja lernen. Und so kamen wir wirklich weiter. Eine der größten Hürden, die ich zu überwinden hatte, war meine Abneigung gegen Oralsex. Diese habe ich mit einer Kombination aus vielen Gesprächen mit meinem Mann und gleichzeitiger Lektüre vieler Bücher beseitigt. Mein Mann hat immer wieder die Ansicht vertreten, daß Oralsex weder pervers noch abnormal sei. Aber ich konnte das so oft hören von ihm, wie er wollte, ich glaubte es ihm einfach nicht. Schließlich kam ich nach mannigfacher Lektüre, nach vielem Nachsinnen und einer Menge von Gesprächen mit ihm zu dem Punkt, an dem ich mir selbst sagte: ›Himmel, wie kann etwas so Vergnügliches so schrecklich sein?‹

Und nach einer gewissen Zeit habe ich Freude daran gefunden.«

Allerdings hatte sie sich an die Freude an Fellatio weitaus schöpferischer herangearbeitet:

»Auf zwei Wegen habe ich meine Abneigung gegen Fellatio überwunden. Zum einen küßte, leckte und streichelte ich seine Genitalien so, wie es mir Freude machte. Ich wollte es genau so lange tun, wie es mir Freude machte, und sofort aufhören, wenn ich mich dabei nicht mehr wohlfühlte. Zum anderen benutzte ich Schlagsahne. Die strich ich auf seinen Penis, seine Hoden und vor allem auf die Penisspitze, die Eichel. Das ist überhaupt die beste Stelle dafür, weil die Eichel so sensitiv und weich ist und sich so gut anfühlt. Außerdem ist sie nicht so groß, so daß ich gut daran herumspielen kann. Das ist schön, wirklich herrlich. Ich bilde mir dann ein, es sei ein Sahnekegel, den ich auflecken darf, indem ich meine Zunge immer um ihn herumwirbele. Die Zeichnung dieser Haut, der Geschmack und der Geruch sind wirklich schön. Auf diesem Wege war ich länger in der Lage, seinen Penis zu saugen und zu lecken. Ich kann es auch tun, wenn keine Creme mehr da ist, denn ich bilde mir dann immer noch ein, sie vor mir zu sehen.«

Eine andere Lösung half Rose, einer 36 Jahre alten, unverheirateten Frau, die allein lebte. Sie beschrieb sie uns:

»Wenn ich meine Hand um den Penis meines Partners lege, empfinde ich das weniger schockierend. Denn dann weiß ich, daß meine Hand ihn daran hindert, mit seinem Penis zu weit in meinen Mund einzudringen.«

Einige Frauen berichteten, daß sie sich nackt nicht wohl fühlen oder eine Abneigung gegen den eigenen Körper haben, weil er ihnen sexuelle Probleme beschert habe. Eine der Frauen war zu vollem Liebesgenuß einfach unfähig, wenn sie mit ihrem Partner Liebe machte, und er versuchte ihr Freude zu bereiten, weil sie eine Abneigung gegen ihren Körper empfand. Sie fühlte sich aus dem gleichen Grunde ebensowenig frei, ihm mit ihrem Körper sexuelle Freude zu bereiten. Sie konnte dieses Problem überwinden, nachdem sie gelernt hatte, ihren Körper im Spiegel mit anderen Augen anzuschauen. Das häufige Betrachten ihres Körpers im Spiegel kombinierte sie mit Yoga-Übungen und gelangte so dahin, ihren Körper zu schätzen und sich in ihm wohlzufühlen.

Manche Frauen waren in Familien aufgewachsen, in denen der menschliche Körper immer nur bedeckt zu sehen war. Sie hatten ihren Vater, ihre Mutter oder ihre Geschwister niemals unbekleidet gesehen und standen auch selbst nie nackt vor einer anderen Person als ihrem Liebhaber oder Ehemann. Die Unbehaglichkeit, die sich für sie mit der Nacktheit verband, machte sie weniger spontan im Bett. Beverly, 36 Jahre alt und verheiratet, beschritt folgenden Weg, um diese Unbehaglichkeit zu überwinden: »Eines, mit dem ich fertigwurde, ist die Unbehaglichkeit, wenn man nackt ist, unter der ich zu Anfang meiner Ehe sehr gelitten habe. Als wir jung verheiratet waren, hatte ich immer Kleider oder irgend etwas anderes an. Ich war damals 25 Jahre alt und hatte noch nie einen Badeanzug in der Öffentlichkeit getragen, nicht einmal in unserem Garten. Mein Körper war etwas, was ich keinem Menschen zu zeigen wünschte. Als wir dann heirateten, war ich sicher, daß ich plötzlich in der Lage sei, ihn meinem Mann zu zeigen. Aber offensichtlich fühlte ich mich nicht wohl dabei, und meine Nacktheit blieb unter der Decke, und zwar bei gedämpftem oder gar keinem Licht. Diesen Zustand habe ich überwunden, indem wir ihn ausführlich besprachen und ich mich Stück für Stück zu entkleiden lernte. Mein Mann bestand darauf, daß die Lichter anblieben, daß es wirklich in Ordnung sei, seinen eigenen Körper zu betrachten und auch er das Recht habe, ihn anzuschauen und das war schön für mich. Heute laufe ich völlig nackt herum, wenn wir allein sind, und fühle mich dabei völlig wohl.«

Mangel an Orgasmus

Die Unfähigkeit, einen Orgasmus zu erleben, war die erheblichste sexuelle Störung, von der Frauen betroffen wurden, die wir interviewt haben. Manche hatten noch niemals im Leben einen Orgasmus gehabt, andere kannten ihn nur beim Masturbieren und nie oder selten beim Geschlechtsverkehr mit ihrem Partner. Die Frauen mit sehr geringer Orgasmuserfahrung baten meistens um Informationen, um das Erlebnis des Orgasmus leichter zu erreichen. Dieserlei Information wurde auch aus verschiedenen anderen Quellen geschöpft, sei es durch Lektüre, durch sexuelle Lehrgruppen oder auch in Verbindung mit einem Geschlechtspartner. Alice, 38 Jahre alt und alleinstehend, berichtete uns: »Es gab eine Zeit, in der ich noch niemals einen Orgasmus erlebt hatte. Ich wußte gar nicht, wovon mein Partner eigentlich sprach, daß er mir einen Orgasmus verschaffen möchte, weil ich keine Ahnung hatte, welches Erlebnis mir da noch bevorstünde. Dann entschlossen wir uns, miteinander Sexbücher zu lesen. Dort stießen wir auf den Gedanken, daß eine Frau eine Stimulierung ihrer Clitoris braucht. Zunächst probierte ich diese Stimulation beim Masturbieren aus, und da klappte es. Dann begann mein Partner damit während des Geschlechtsverkehrs, und auf diesem Wege kam ich auch da zum Orgasmus. Dadurch wurde die Qualität unserer sexuellen Beziehungen ganz erheblich gesteigert.«

Judith ist 40 Jahre alt und seit acht Jahren mit ihrem zweiten Mann verheiratet. Sie erzählte uns:

»Mit meinem ersten Mann wurde mein Orgasmus zum Ziel unserer ganzen sexuellen Erlebnisse. Und gerade das blockierte mich bei ihm vollständig. Unter diesen Umständen war es mir völlig unmöglich zu kommen, so daß ich den Sex verabscheute, obwohl mein Mann rein technisch ein vorzüglicher Liebhaber war. Nathan dagegen war ein viel natürlicherer Liebhaber. Es hieß nicht immer, daß er mit mir ins Bett wolle, wenn er mich berührte, wie es vorher meine Erfahrung gewesen war. Er war so warmherzig und wollte mich nur halten oder berühren, und das hatte nicht unbedingt etwas mit Sex zu tun, so daß all meine Sperren langsam von selbst verschwanden.

Darüber hinaus half es mir wirklich, einige Kurse für sexuelle Information zu besuchen. Ich kann natürlich nicht sagen, ob das für alle Menschen in gleicher Weise gilt. Aber gerade weil ich intelligent und auch durch gute Schulen gegangen bin, hatte ich das Gefühl, auch nicht annähernd das an Wissen zur Verfügung zu haben, was auf sexuellem Gebiet notwendig wäre. Nachdem wir den Universitätskursus absolviert hatten, kannten wir keine sexuellen Probleme mehr – wir benötigten eben nichts anderes als ausreichende Information, über die wir zuvor nicht verfügten und alles erlaubt zu sein lassen, was wir ausprobieren wollten.

Übrigens stellten wir dabei auch fest, daß ein großer Anteil aller Frauen nicht immer zum Orgasmus kommt. Ich hatte gedacht, es sei ein Mangel, wenn mir das nicht immer gelänge.« Andere Paare erhielten Hilfe, indem sie sich mit Freunden über ihr Problem besprachen oder professionelle Hilfe in Anspruch nahmen. Bernice, 67 Jahre alt und seit 42 Jahren verheiratet, erzählte uns:

»Bevor wir verheiratet waren, hatte ich manchmal einen Orgasmus, wenn wir nur gerade so herumspielten. Nach der Hochzeit, als wir dann regulären Geschlechtsverkehr hatten, war es damit vorbei. Mein Mann und ich sprachen darüber. Wir waren beide von dieser Tatsache frustriert, aber keiner von uns wußte, wer von uns daran schuld sei. Mein Mann sprach dann mit unserem Hausarzt. Ich hatte zu der Zeit eine ganze Reihe ebenfalls jung verheirateter Freundinnen. Wir sprachen auch über unser Geschlechtsleben und warum wir keine Orgasmen bekämen. Wir waren nicht dumm in bezug auf sexuelle Dinge, wir wußten genau, was wir wollten, aber es klappte eben nicht. Unser Hausarzt war ein deutscher Mediziner, der 1936, kurz vor Kriegsausbruch, herübergekommen und sehr tüchtig war. Als Alan mit ihm unser Problem besprach, gab er ihm Informationen, wie er meine Clitorisgegend stimulieren könne. Er tat es, und dann bekam ich auch Orgasmen.«

In manchen Fällen, wie dem von Paula, verfügte der Partner über genügendes Wissen, um die Frau zu unterweisen:

»Ich war 23 Jahre alt und hatte noch niemals einen Orgasmus gehabt. Da lernte ich einen Jungen kennen, der wirklich sehr aufmerksam zu mir war. Es war mein erstes Erlebnis mit einem Mann, dem daran lag, daß ich mit ihm genausoviel Vergnügen habe wie er mit mir. Viele der Dinge, die ich heute gern habe, verdanke ich seiner Bereitschaft, sich für mich Zeit zu nehmen und für mich zu sorgen, obwohl mich das damals in größte Verlegenheit versetzte. Er wollte mit mir sprechen, während wir miteinander schmusten, ehe es zum Geschlechtsverkehr kam, und er drang in mich, ihm doch zu sagen, was mir Freude bereite. Das war zunächst sehr unangenehm und schwierig für mich, denn in der Vergangenheit hatte ich immer meinen Mund gehalten und mir nur selbst eingeredet, hier geschähen Dinge, die ich zu genießen habe. Obwohl ich früher bis zu einem gewissen Grade wirklich alles genossen hatte, hätte ich doch während der meisten Zeit nicht zu sagen vermocht, was mir besonders gut getan hätte, weil ich mir darüber einfach keine Gedanken gemacht hatte. Er erzählte mir auch seinerseits, was er besonders genoß, wenn es gerade vorkam. Er war wirklich verantwortlich dafür, daß ich mehr und leichter zu meinem eigenen Körper fand, denn er gab mir die Sicherheit, daß meine Gefühle ebenso wichtig seien wie die des Mannes.« Die positive Haltung des Partners, seine Hilfe und Bestätigung können für eine Frau von ausschlaggebender Bedeutung dafür sein, daß sie sich entspannt und soweit auch zu eigenem Wohlbefinden gelangt, daß sie zum Erlebnis des Orgasmus vordringen kann.

Florence, eine 34jährige Geschäftsfrau, Lesbierin, die seit zwei Jahren mit ihrer Freundin Kate zusammenlebt, entdeckte, daß sie nach einer gewissen Zeit und mit der Hilfe, die ihr die Liebe ihrer Partnerin zuteil werden ließ, die Fähigkeit zum Orgasmus erlangte:

»Vor der Zeit meiner Ehe hatte ich wirklich nur sehr geringe sexuelle Erfahrungen mit Männern. Ich stand einfach nicht auf Männer. Mich zogen schon immer nur Frauen an. Ich hatte mein erstes Erlebnis mit einer Frau, als ich in der siebenten Klasse war, das mit Unterbrechungen etwa dreizehn Jahre anhielt, aber einen Orgasmus hatte ich nie mit ihr. Als ich dann schließlich heiratete, übte der Mann nur wenig sexuelle Anziehung auf mich aus. Obwohl ich schon seit Jahren masturbierte und genau wußte, was mich auf Touren brachte, fand ich doch nicht den Weg, dieses Wissen auch auf ihn und den Geschlechtsverkehr zu übertragen, damit auch dabei der Höhepunkt möglich wäre. Dann wurde mir klar, daß ich wirklich schwul bin, eben eine Lesbierin. Wir ließen uns scheiden, und ich war frei. Aber auch mit Frauen kam es nie bei mir zum Orgasmus. Ich genoß zwar das Zusammensein, aber den Orgasmus spielte ich nur. Ich wußte immer noch nicht, wie ich das meiner Liebhaberin beibringen sollte und hätte mich vor ihr zu sehr geniert, einzugestehen, daß ich keinen Orgasmus hatte. Ich ging von der Annahme aus, daß jeder außer mir beim Geschlechtsverkehr mit einem Partner auch zum Orgasmus komme. Und ich wollte doch nicht anders sein als andere. Deshalb konnte ich dabei nicht ehrlich sein. Dann traf ich Kate, eine Feministin, die über weibliche Sexualität ausgesprochen gut informiert war. Seitdem ich für sie und sie für mich sorgte, wurde mir bewußt, daß ich nun auf dem richtigen Wege war, mit mir selbst ins reine zu kommen.

Wenn wir unsere Partnerschaft auf Dauer fortsetzen wollten, mußte ich zugestehen, daß ich noch nicht soweit war, sondern mich im vororgastischen Zustand bewegte.

Wir sprachen darüber, und ich gestand ihr mein tiefes, schwarzes Geheimnis, daß ich noch nie mit einer Frau oder überhaupt mit einem Menschen einen Orgasmus gehabt hätte. Da begann ein drei Jahre langer Prozeß, bei dem Kate mir half. Es war interessant und hat Spaß gemacht, aber es bedurfte auch einer sehr langen Zeit, um das Vertrauen aufzubauen, daß es körperlich und seelisch so viel Menschlichkeit überhaupt geben könne. Daneben mußte ich lernen, was ich rein technisch zu tun hatte. Ich mußte mich zu den rein klinischen Aspekten des Orgasmus vorarbeiten. Kate mußte mir einige Grundbegriffe der Sexualität erst beibringen. Sie erklärte mir auch, daß man nicht notwendigerweise zu jeder Zeit in Erregung gelangen könne. Manchmal gerät man überhaupt erst dann in Erregung, wenn man Mundkontakt oder Mundverkehr ausübt.

Wir hatten das, was wir ›klinische Übungen‹ nannten, Sexverkehrs-Übungen, bei denen man gar nichts erwartete, zumal Erwartung ein großes Wort ist. Wir wollten einfach den Sex praktizieren. Sie küßte mich und machte mit mir Oralsex, während ich mich ausschließlich auf die Beobachtung meiner Gefühle konzentrierte. Eine der Befürchtungen, die ich bei solchen ›klinischen Übungen‹ hatte, war die, daß ich erregt wurde und plötzlich das Gefühl hatte, ich müsse Wasser lassen und deshalb aufhörte. Sie erklärte mir, daß mit steigender Erregung mehr Druck auf meine Blase ausgeübt werde. Das beseitigte meine Furcht. Ich wurde fähig, mich richtig zu entspannen, und damit kamen wir weiter. Ich kann mich nicht mehr entsinnen, wann ich dann den ersten Orgasmus hatte, aber es war wundervoll. Wir waren beide mächtig stolz darauf.

Ich lernte auch, daß man nicht immer schon erregt ist, wenn man mit dem Liebemachen beginnt. Manchmal ist man während des ganzen Geschlechtsaktes nicht so richtig auf Hochtouren, aber der Partner ist es. Man geht dann eben einfach mit ihm mit, ohne sich darüber aufzuregen, was man eigentlich jetzt empfinden sollte, aber nicht tut.«

Zuweilen, wenn eine Frau zwar beim Masturbieren, aber nicht

beim Verkehr mit einem Partner zum Orgasmus kam, bestand das Problem darin, daß sie beim Sexualakt zu sehr unter dem Druck des Fertigwerdens stand. Zu große Aufmerksamkeit, die sich auf den fragilen Orgasmus richtet, scheint dies zu verhindern. Rosemary, 36 Jahre alt und geschieden, erklärte, wie sie damit schließlich zu Rande kam:

»Kurz nachdem ich zum ersten Mal einen Orgasmus erlebte, entstand bei mir ein Problem. Ich hatte ziemlich regelmäßig meinen Orgasmus, wenn auch nicht gerade immer, wenn ich Geschlechtsverkehr hatte. Das war sowohl für meinen Freund wie auch für mich sehr schön. Aber aus irgend einem Grunde hatte ich ihn dann nicht mehr so häufig. Wir gaben uns beide alle Mühe, um mich wieder zum Höhepunkt zu bringen; wir versuchten es wirklich mit allen Mitteln, wenn wir Geschlechtsverkehr hatten. Aber offenbar konnte ich nicht dahin gelangen und war natürlich sehr ärgerlich, daß mir das nicht glückte. Manchmal war ich auch auf Steve böse, denn ich fühlte mich verletzt und gekränkt. Ich hatte irgendwie das Gefühl, das läge alles an ihm, obwohl mir rein verstandesmäßig klar war, daß das nicht stimmte. Ich wußte, daß er mich nicht zum Orgasmus bringen konnte. Auch Steve selbst fühlte sich schuldig, weil er meinte, er habe mich nicht genügend auf Touren gebracht, und wir sprachen viel darüber. Er sagte mir, sein Selbstbildnis, seine Männlichkeit würden dadurch verletzt, denn er beziehe einen großen Teil seiner Befriedigung daraus, mir Freude zu bereiten. Sein Selbstwertgefühl war daran gebunden. Wir analysierten die Sache wieder und wieder. Dann entschloß ich mich, mich wieder zu der Einstellung zum Sex zurückzufinden, die ich vor meinem ersten Orgasmus gehabt hatte. Ich beschloß, den Sex ganz einfach als solchen zu genießen, den ganzen Ablauf. Ich konzentrierte mich nicht mehr darauf, zum Orgasmus zu gelangen. Vielmehr konzentrierte ich mich nun bewußt auf die einzelnen Phasen, auf das Vergnügen, seinen Penis in mir zu fühlen. Ich genieße den Geschlechtsverkehr auch dann, wenn ich keinen Orgasmus bekomme. Ich hörte einfach auf, immer nur auf das Erreichen des Orgasmus fixiert zu sein wie das Kaninchen auf die Klapperschlange. Ich gewöhnte mir ab, den Geschlechtsverkehr dann nicht für vollständig oder befriedigend zu halten, wenn er nicht zum Orgasmus führt. Auch begannen wir, andere Formen von Sex zu betreiben. Wir probierten verschiedene Stellungen aus und begannen auch mit häufigerem Mundverkehr. Und vielleicht weil wir nun wieder entspannt waren und unser Austausch so absolut offen wurde, kam ich auch wieder zum Orgasmus. Und nachdem das einmal geschehen war, entspannte ich mich völlig und war auch nicht mehr so überdreht in Sachen Sex.«

Mangelndes Interesse

Das zweite hervorstechende Sexualproblem, das von den Frauen angesprochen wurde, war die mangelnde Häufigkeit sexueller Erregung. Mangelnder Wunsch nach sexuellem Kontakt kann außer Streß auch von einer Ängstlichkeit herrühren, einer Unsicherheit, keine gleichwertige Liebhaberin zu sein. Es ist oftmals auch eine Reflexion auf andere Probleme in der Partnerschaft. Zuweilen ist es bestimmt kein mangelndes Interesse, sondern vielmehr ein Unterschied der libidinösen Pegel zweier Menschen.

Sage, eine 35 Jahre alte Lesbierin, wurde mit ihren Angstgefühlen, die ihre sexuellen Interessen lähmten, fertig, indem sie sich eine neue Haltung anerzog:

»Aufgrund des sexuellen Bildes, das sich nach meinem Empfinden die Leute von Lesbierinnen machen, hatte ich immer schreckliche Angst, nicht ganz vollkommen zu erscheinen. Ich glaubte keine gute Liebhaberin zu sein, eben Lesbierin, und fragte mich, was ich denn eigentlich sei. Ich hatte scheußliche Selbstzweifel, ob ich stark genug kommen und ob ich meine Liebhaberin heftig genug erregen könne. So geriet ich in eine völlig negative Haltung und wurde dabei immer unlustiger. Ich ging zwar ins Bett, aber in aller Regel wurde ich dann sofort ängstlich und infolgedessen alles andere als sexuell erregt. An dieser Sache habe ich sehr lange herumgekaut. Auch heute ist es noch sehr hart für mich, mit irgend jemandem im Bett zu liegen und mich sexuell nicht erregt zu fühlen. Das passiert mir von Zeit zu Zeit immer noch, und ich muß mir dann sehr energisch zureden, diese Art der Gedankenführung aufzugeben. Ich muß mich dann von mir selbst lösen und mir ernsthaft sagen: ›Es ist doch wirklich schön, mit diesem Menschen zusammenzuliegen und die Gegenwart ist für sich allein schon herrlich. Es ist völlig in Ordnung, wenn ich dabei sexuell nicht erregt werde.‹ Ich mache mir dann mit aller Gewalt bewußt, daß meine Selbsteinschätzung doch nichts damit zu tun hat, ob ich in diesem Moment eine sexuelle Erregung spüre oder nicht.«

Oftmals ist das, was Frauen als sexuelles Desinteresse empfinden, lediglich ein geringeres Maß von dem Bedürfnis ihrer Partner. Ruby, 39 Jahre alt und seit achtzehn Jahren verheiratet, ging mit dieser Diskrepanz auf folgende Weise um:

»Mein Mann hatte immer das Gefühl, daß sein sexueller Appetit größer sei als der meine, und meine Antwort darauf war immer: ›Warte doch einen Moment, du läßt mir ja keinerlei Chance!‹ So habe ich in den letzten Jahren, als ich merkte, daß er Geschlechtsverkehr haben möchte, aber sich vor der Aufforderung scheute, weil ich ihn für zu anspruchsvoll oder zu männlich halten könnte, einfach meinerseits die Initiative ergriffen. Vielleicht komme ich dann nackt zu ihm oder werde auf anderen Wegen körperlich aggressiv. Und dann antwortet er mir sofort.«

Unglücklicherweise existiert eine sexuelle Partnerschaft nicht im luftleeren Raum. Andere Gebiete des Lebens beeinflussen den sexuellen Genuß, die Funktion und das Interesse. Ein Zusammentreffen von Arbeitsüberlastung, Familienproblemen, chronischen finanziellen Schwierigkeiten, Krankheiten oder inneren Problemen kann ausreichend Spannungen erzeugen, um eine sexuelle Partnerschaft zu gefährden. Es ist durchaus nichts Ungewöhnliches, wenn Schwierigkeiten im Austausch mit dem Partner oder ungelöste Fragen auch sexuelle Probleme zeitigen. Die Auswirkung nichtsexueller Probleme auf die Geschlechtsbeziehung sind weitaus größer, als die meisten Menschen sich klarmachen. Menschen neigen dazu, sexuelle Probleme als das Problem schlechthin zu betrachten. Sie beschuldigen dann den Partner, sie nicht genug zu lieben und sich keine Sorgen um sie zu machen. Dabei sind die Sexualprobleme in den meisten Fällen nur ein Zeichen dafür, daß irgend etwas ganz anderes in der Beziehung nicht mehr stimmt.

Heather berichtete uns, wie sie und ihr Mann in ihrem Geschlechtsleben darauf reagierten, wenn sich in ihrer Ehe andere Probleme auftaten:

»Wenn wir wirklich böse oder unzufrieden über den anderen sind, ist Sex bestimmt nicht das, was er oder ich uns wünschen.

Erst nehmen wir uns dann die Zeit und beseitigen unsere Spannungen. Danach mögen wir vielleicht miteinander ins Bett gehen. Das dauert aber bei uns nie längere Zeit. Aber ich versuche in keinem Fall intensiv über Sex zu reden, wenn ich merke, daß da irgendwelche Spannungen bestehen, die aus ganz anderen Quellen entstanden sind.«

Billy ist 43 Jahre alt und seit 26 Jahren verheiratet. Sie fand, daß die Inanspruchnahme eines Beraters ihr eine klarere Sicht ihres sexuellen Desinteresses gegeben habe.

»Ich habe eine lange Zeit durchgemacht, in der ich aus vielerlei Gründen wirklich keinen ehelichen Verkehr haben wollte. Einer davon war der, nicht schwanger zu werden. Ein anderer bestand darin, daß Fred immer sehr schnell kam und ich mich dadurch verärgert und sauer auf ihn fühlte. Ich hatte dann immer den Eindruck, es sei etwas mit mir nicht in Ordnung. Zu dieser Zeit ging ich dann wegen einiger anderer Probleme zu jenem Eheberater. Ich erzählte ihm, daß alles, was Fred von mir wollte, nur Sex sei. Und wenn ich ihm den immer gewähren würde, würden wir nichts anderes mehr tun, als nur Sex machen. Der Berater hat mir das nicht geglaubt. Für mich selbst wurde im Gespräch mit ihm manches klar. Gerade weil ich ihm nicht immer nachgab, wurde für Fred Sex immer begehrenswerter. Ich weiß nicht, ob ich ihn mit meiner Zurückhaltung bestrafen wollte oder was ich sonst dabei dachte. Aber mir ist klar, daß ich nicht besonders glücklich darüber war, daß ich geheiratet hatte, als ich in dieser Phase stand. Ich hatte eine Menge Empfindungen, über die ich nicht reden konnte und mit denen ich nicht fertigwurde. Vielleicht hielt ich mich sexuell zurück, weil das für mich eine Hingabe meiner selbst war. Und ich war mir nicht so sicher, daß ich Lust hatte, immer der gebende Teil zu sein. In jedem Falle half mir der Gang zum Eheberater, einige dieser Probleme aufzuarbeiten. Hinterher war ich entspannter und konnte auch den Sex besser genießen. Es verhalf mir dazu, leichter mit Fred über alles zu reden.«

Sex dient oftmals auch als ein Barometer, das die ruhigen oder stürmischen Zeiten durch sexuelle Betätigung oder Nichtbetätigung anzeigt. Es war bei den Frauen nichts Ungewöhnliches, wenn sie feststellten, daß sie in Zeiten von Streit mit ihren Partnern so lange den Sex aussetzten, bis die nichtsexuellen Streitpunkte gelöst waren. Die dazu benutzten Methoden und die Leichtigkeit, mit der ein Paar solche Probleme lösen konnte, hingen von vielen anderen Aspekten ihrer Partnerschaft ab. Für einige Frauen genügte es schon, über die entstandenen Schwierigkeiten nur miteinander zu reden. Zu ihnen gehört Alexandra, 32 Jahre alt und geschieden. Sie berichtete uns:

»Ich merke es nicht immer, wenn andere Schwierigkeiten in der Partnerschaft mich sexuell tangieren. Ich kann gespannt und ärgerlich sein und es gar nicht richtig merken, außer daß ich mich im Bett dann nicht sexuell erregt fühle. Ralph greift das dann auf und fühlt sich verletzt. Manchmal erschrecke ich, daß meine sexuellen Gefühle überhaupt nicht mehr zurückkommen könnten. Ich habe Angst, wenn ich sexuell nicht erregt bin, daß das ein Ende unserer Beziehung sein könnte, oder daß irgend etwas mit mir nicht mehr in Ordnung sei. Wenn wir uns aber in der Lage fühlen, über das zu reden, was mich bedrückt, kommen meine sexuellen Gefühle sehr rasch wieder, und das ist für mich immer eine große Erleichterung.«

Manche Ehepaare haben auch eine feste Verabredung, daß sie nie böse aufeinander ins Bett gehen und auftretende Schwierigkeiten jeden Tag sofort miteinander lösen.

Judy, 31 Jahre und seit zwei Jahren verheiratet:

»Wir haben ein allnächtliches Ritual, nach dem wir ohne Rücksicht auf die Folgen miteinander schmusen. Wir gehen nie ins Bett, um gleich einzuschlafen. Ist einer von uns auf den anderen ärgerlich, so wird das Licht solange nicht gelöscht, bis wir das ausgebügelt haben. Wir können bis morgens um fünf Uhr brauchen, bis wir etwas zu Ende beredet haben. Wir haben das Licht noch nie ausgemacht, ehe wir nicht allen Ärger beseitigt und dann noch miteinander geschmust und uns geküßt haben, bevor wir zum Schlafen kamen. Und wir sind noch nie laut geworden dabei.«

Manche Paare waren auch unfähig, Ärger im Gespräch zu lösen, hatten aber Methoden entwickelt, wie sie durch ihre körperlichen Beziehungen den Ärger ausräumen konnten.

Judy, 40 Jahre alt und verheiratet, fand das Ringen gut dafür: »Wir ringen sehr viel. Wenn sich bei uns ein ganzer Berg von kleinen Mißhelligkeiten aufgestaut hat, mündet das häufig bei uns in eine körperliche Sache wie das Ringen, das dann unter Umständen in einen Geschlechtsverkehr einmündet. Nicht unbedingt immer, aber doch häufig löst der Ringkampf unsere Frustrationen und macht uns wieder zufrieden. In anderen Zeiten ist es wiederum ganz einfach, alles auszuräumen und hinterher zum Geschlechtsverkehr überzugehen.«

Manche drücken auch ihren Ärger und ihre Aggressionen sexuell aus. Zu ihnen gehört Elaine, die folgenden Bericht gab:

»Ich benutze den Sex, um alle meine Ängste und meinen Ärger loszuwerden. Ich kann ins Bett springen, wenn ich auf meinen Mann richtig ärgerlich bin, kann dann sogar sexuell viel aktiver sein und meine Aggressionen auf diesem Wege abreagieren. Der Geschlechtsverkehr endet dann in aller Regel damit, daß wir alle beide erleichert sind, wenn wir beieinander gewesen sind. Eine Stunde später sind wir dann beide glücklich, daß die Dinge diesen Verlauf genommen haben, weil der Ärger wie weggeblasen ist. Er ist damit völlig vorbei. Es ist eine Tatsache, daß meine Orgasmen dann wahrscheinlich intensiver, sinnlich tiefer und herrlicher sind — vielleicht gerade durch den Ärger, der am Anfang stand.«

Sex nach der Trennung

Frauen nach einer längeren Ehe, die durch Scheidung oder den Tod des Partners endete, haben oft Schwierigkeiten, neue sexuelle Verbindungen einzugehen. Manche fühlten sich unerfahren und oftmals wunschlos, vor allem, wenn ihre sexuellen Aktivitäten sich gegen Ende der alten Bindung stark vermindert hatten, sei es wegen ständigen Streites oder einer langandauernden Krankheit des Partners. Suzanne, 37 Jahre alt und bisexuell, benutzte Wege der Selbstbestätigung, um diese Periode erfolgreich zu überstehen:

»Nachdem ich mich von meinem Mann getrennt hatte, gab es bei mir eine Periode von drei Monaten, in der ich keinerlei Sex hatte. Für mich ist es eine Seltenheit, eine so lange Zeit keinen Geschlechtsverkehr zu haben, aber gerade damals dachte ich sehr viel über Sex nach und war völlig frustriert, daß ich mich einfach nicht dazu bringen konnte, mit irgendjemandem Geschlechtsbeziehungen zu haben. Mein Mann war der einzige Mensch, mit dem ich in meinem bisherigen Leben sexuell verkehrt hatte. Ich kam mir verstört und verstummt vor. Sehen Sie, ich war es so gewöhnt, nur einen einzigen Sexualpartner zu haben, daß ich nach der Trennung von meinem Mann wohl gern mit Männern zusammen gewesen und sexuell erregt worden wäre, mich aber völlig ausgeschlossen fühlte. Schließlich brauchte ich drei volle Monate, um mit irgendjemandem wieder intim werden zu können.

Am Ende lernte ich einen Mann kennen, zu dem ich mich stark hingezogen fühlte. Mit ihm hatte ich ein wundervolles Erlebnis. Wir hatten einige Jahre geschlechtliche Beziehungen miteinander, mal mehr, mal weniger. Unsere Beziehung war nie wirkliche Liebe zueinander, aber es war eine sehr gute Reihe von Erlebnissen für mich, die mich aus meiner Abgeschlossenheit herausholten. Die drei Monate vorher habe ich so überstanden, daß ich mir ständig selbst gut zugeredet habe. Ich half mir mit Selbstbestätigungen und Mitteilungen, die ich an mich selbst richtete. Beispielsweise sagte ich mir: ›Du hast dich in dich selbst zurückgezogen, weil dein Körper jetzt vielleicht erst einmal Ruhe braucht und Zeit benötigt, um dieses und jenes wieder aufzubauen. Du hast diese Barrieren selbst errichtet, weil du selbst Zeit brauchst, die Vergangenheit hinter dir vollends abzuschließen. Wenn du soweit bist, daß du dich wieder in der Lage fühlst, Vertrauen zu fassen und dich gegenüber deiner Umwelt zu öffnen, wirst du sie von selbst abreißen.« Menschen schließen sich ab, weil sie befürchten, daß sie von neuem verletzt werden könnten oder meinen, sie könnten nie mehr Vertrauen fassen oder Sex jetzt nicht genießen. Wer wirklich den Wunsch hat, sich schneller wieder zu öffnen, kann sich intern entsprechende Botschaften geben, wie: Ich will wieder offen sein; ich will guten Sex erleben; ich will zu anderen Leuten aufgeschlossen sein; ich fühle mich sehr verklemmt und will jetzt diese Entspannung haben, und zwar nicht durch Masturbieren, sondern auch mit jemand anderem. Je mehr ich mir selbst gut zurede, desto mehr werde ich wieder fähig, mich anderen gegenüber aufzuschließen.«

Nell, 36 Jahre alt und zum zweiten Mal verheiratet, beschreibt, wie sie das Eis gebrochen hat und zum ersten Mal nach ihrer Scheidung Sex gehabt hatte:

»Wir trafen uns zum ersten Mal, als wir beide freiwilligen

Einsatz für eine politische Gruppe leisteten – wir füllten Briefumschläge. Wir hatten uns gegenseitig dabei gesagt, daß wir zusammenkommen wollten, aber irgendwie klappte das nicht. Ich war schon drauf und dran, ihm abzuschreiben, als er plötzlich auf die Idee kam, wir sollten ein wenig Zeit gemeinsam verbringen. Und man höre und staune, wir verbrachten einen ganzen Tag zusammen, und es wurde ein wundervoller Tag. Es war schon recht spät, als wir zu meiner Wohnung zurückkamen, und ich fühlte wachsende Zuneigung zu ihm, was mich eigentlich doch sehr erstaunte, denn es war erst sechs Monate her, seit ich meinen Mann verlassen hatte. Diese sechs Monate waren ziemlich dreckig für mich gewesen, aber jetzt war Februar, und es war so, als wenn Jesus mir die Hand aufgelegt hätte. Ich fühlte mich herrlich, und er war sehr spaßig, so daß ich dauernd lachte. Es war nun zehn Jahre her, daß ich mit irgendeinem Mann Geschlechtsverkehr hatte, außer mit meinem Mann. Ich befand mich in neuen Gewässern.

Ich wollte wirklich gern, daß er bei mir übernachtete, wurde aber eindeutig noch nicht fertig damit. Deshalb sagte er: ›Hab keine Angst, ich sehe ja, daß nur ein Bett da ist, ich werde also in meinen Unterhosen schlafen.‹ Es ist mir noch heute bewußt, daß ich dachte: ›Wofür soll das nur gut sein? Meiner Ansicht nach hat das noch nie etwas verhütet.‹ Schließlich wurde mir vollends klar, daß ich den Gang der Dinge ja gar nicht stoppen wollte. Aber ich war so lange verheiratet gewesen, daß ich wirklich nicht wußte, was ich tun sollte. Also gingen wir ins Bett, und er schlief sofort an der anderen Seite des Bettes ein. Dafür saß ich zwei oder drei Stunden senkrecht, schaute aus dem Fenster und dachte darüber nach, was ein Mädchen in einer solchen Situation um Himmels willen tun könne. Ich konnte ihn höchstens wecken und fragen: ›Bist du so sicher, daß du wirklich deine Unterhosen anbehalten willst?‹, oder irgend etwas anderes, was humorvoll klingen sollte. Letztendlich weckte ich ihn auch morgens gegen vier Uhr auf und sagte ihm irgend etwas wirklich Anzügliches darüber, daß ich es doch eigentlich okay fände, wenn wir ›es täten‹. Er verstand, und unser Geschlechtsverkehr wurde viel natürlicher und leichter, als ich zuvor gedacht hatte. Gleichzeitig war es ein Spaß, wie ihn Kinder miteinander haben, die sich wirklich mögen. Und das kennzeichnet unsere Beziehung zueinander seit jener Zeit.«

Es gibt ein anderes allgemeines Problem für alleinstehende Frauen. Wenn sie in einer beginnenden Beziehung gleich ins Bett gehen, kommen sie sich häufig sexuell unbefriedigt und als Mensch zu wenig respektiert vor. Wie eine Frau es ausdrückte: »Es liegt mir nicht, mit jemandem am ersten Tag ins Bett zu gehen. Ich habe es getan und mich hinterher scheußlich gefühlt, deshalb tu ich es nie mehr wieder. Ich mag es einfach nicht.« Manche Frauen kamen zu dem gleichen Ergebnis, wenn sie lernten, zu zufälligen sexuellen Begegnungen ›nein‹ zu sagen, bis sie über ihre Gefühle mehr Sicherheit gewonnen hatten.

Manche Frauen wiederum sorgten zwar für den Partner, hatten aber den Eindruck, daß dieser sich weigerte, in liebender Fürsorge und Respekt darauf einzugehen, obwohl sie doch den Austausch in Gang zu setzen versuchten. Viele Frauen entschlossen sich, die Verbindung abzubrechen, anstatt sich weiterhin zu wenig respektiert und mißbraucht zu fühlen. Cortney, 31 Jahre und geschieden, berichtete uns dazu:

»Ich kam drei Jahre lang hin und wieder mit einem Jungen zusammen. Es war eine wirklich ungesunde Partnerschaft, aber es war großartiger Sex, abgesehen davon, daß ich eigentlich nichts Wirkliches davon hatte. Es ist sehr schwer zu erklären. Ich war immer auf höchsten Touren und redete mir selbst ein, er sei der beste Liebhaber, den ich je im Leben kennengelernt hatte. Aber nach einer langen Zeit wurde mir doch bewußt, daß ich in Sachen Sex mit mir selbst nicht ehrlich war. Ich glaubte, daß er so phantastisch war, weil er mich so richtig weiblich fühlen ließ im Bett. Er war auch wirklich gut, brachte mich aber fast niemals so zum Höhepunkt, daß ich einen Orgasmus hatte. Es war von seiner Seite eben keinerlei Hingabe in dieser Partnerschaft, vielmehr war er ausschließlich der nehmende und ich der gebende Teil. Ich schlief wirklich sehr gern mit ihm, war aber furchtbar zurückgestoßen, denn wenn er gekommen war, war sofort alles zu Ende. Ich will damit sagen, er war wirklich großartig, solange er selbst noch beim Kommen war. Hatte er das erreicht, interessierte es ihn absolut nicht mehr, ob ich einen Orgasmus gehabt hätte oder nicht. Ich erinnere mich sehr gut, daß ich einmal wirklich versucht habe, mit ihm ehrlich zu sein und ihm damals gesagt habe: ›Ich bin wirklich frustriert und hätte doch sehr gern, daß du mich fertig machst. Es ist mir absolut gleichgültig, ob du wieder hart wirst oder nicht. Du kannst es auch mit der Hand machen. Nur so kann ich das nicht aushalten. Das hat an die zwei Stunden gedauert, du bist fertig und schaust jetzt Fußball an, während ich hier liege und schier verrückt werde!‹ Und er reagierte nur mit: ›später!‹ Also entschloß ich mich, zu warten, denn es hatte mich so viel Zeit gekostet, bis ich überhaupt mit ihm darüber reden konnte, daß das nun auch keine Rolle mehr spielte. Zudem war seine Antwort eine wirkliche Abfuhr gewesen. Ich glaube, das war es auch, was mich schließlich aus dieser Beziehung löste. Ich kam ganz schlicht zu der Erkenntnis, daß das doch wohl nicht das richtige sei. Natürlich hatte ich schon lange eine ganze Reihe von Einwänden gegen diese Partnerschaft, Dinge, die ich als falsch empfand. Und wenn der Sex auch nicht klappte, was sollte ich dann hier? Aber ich fühlte mich immer unsicher und fürchtete auch, keinen anderen zu finden. Und da war es besser, ihn als niemanden zu haben, bildete ich mir ein.«

Ariel, die mit 33 Jahren seit einem Jahr nun getrennt lebte, fand es gar nicht so schlimm, allein zu sein, wie sie vorher immer gedacht hatte. Sie berichtete uns dazu:

»Wenn ich es wollte, könnte ich weiterhin solche schnellen Begegnungen haben, wie ich sie im jüngst vergangenen Sommer hatte. Sie haben Spaß gemacht, aber ich wurde sie sehr rasch leid. Und sie kommen für mich auch nicht mehr in Frage, denn ich bin noch niemandem begegnet, mit dem ich eine Beziehung auf ungleichen Ebenen haben könnte. Der Trick dabei ist, freiwillig Abstinenz zu wählen, anstatt jeden Tag zu verfluchen und sich zu sagen: ›Ich arme Haut‹ und in Selbstmitleid zu versinken. Im Moment verzichte ich bewußt auf Sex, wenn auch bei uns draußen Leute genug leben, die mich ficken möchten, wenn ich darauf eingehen würde, mich mit ihnen auf diesem Niveau zu treffen. Ich habe mich dazu entschlossen, keine rein sexuelle, körperliche Beziehung mehr einzugehen und mich für die Abstinenz entschieden. Ich fühle mich wohler in meiner Haut, nachdem ich diese Entscheidung getroffen habe, denn ich sage nicht mehr: ›Wie bin ich doch arm, warum finde ich nur niemanden?‹ Ich akzeptiere nun auch gefühlsmäßig, was ich vom Verstand schon längst wußte, daß das nicht für alle Zeit so bleiben wird, sondern daß es nur eine Lebensphase bei mir ist und es noch genügend viele Menschen gibt, die ich gern haben kann.«

Männliche Sexualstörungen

Auch sexuelle Probleme des Mannes können den Sexualgenuß einer Frau stören. Die beiden meist verbreiteten Probleme bei Männern auf diesem Sektor sind Schwierigkeiten mit der Erektion und die Unfähigkeit, ihre Ejakulation so lange zurückzustauen, wie sie es gern möchten. Einige der von uns interviewten Frauen fanden heraus, daß sie ihren Partnern sehr wohl helfen konnten, mit dieser Art Schwierigkeiten fertigzuwerden. Allison, 35 Jahre alt und geschieden, teilte uns eine Episode aus ihrer Ehe mit, in der sie ihrem Mann bei Erektionsproblemen durch einen Seitensprung und neue Informationen über das Geschlechtsleben helfen konnte:

»Es war ein interessanter Weg, auf dem wir in meiner ersten Ehe ein Sexualproblem aus dem Wege räumen konnten. Mein Mann Murray bekam einige Probleme nicht nur damit, seine Erektion lange genug zu halten, sondern auch damit, daß er sehr rasch zum Höhepunkt kam. Kaum steckte er ein paar Minuten in mir, da kam er auch schon. Manchmal war es nicht so furchtbar kurz, aber häufig ging es so, und deshalb konnte ich für meinen Teil nur durch Oralsex, aber nicht beim Geschlechtsverkehr kommen. Nach Jahren, in denen das immer so weiter ging, schlief ich mit jemand anderem, der auch Jude war und seine Erektion zwanzig Minuten lang halten konnte. Vorher hatte ich mir eingebildet, daß James Bond zwar, wie man es in den Filmen sah, stundenlang bumsen konnte, mein Murray aber nicht, weil er eben Jude war. Aber hier war ja nun der andere Jude, der wie ein Gewitter rammeln konnte. Und was er konnte, mußte auch für Murray möglich sein. Als ich dann Murray von meinem Erlebnis mit diesem Mann erzählte, war mein Kommentar nur der: ›Wenn der das konnte, dann kannst du das auch!‹ Dadurch kam ich dann zu der Entscheidung, daß er diese Angelegenheit als ein Problem ansehen müsse, das man auszuräumen habe, es aber nicht als etwas betrachten dürfe, was nun einmal zu seiner Wesensart gehöre. Ich erinnerte mich auch, in einigen Zeitschriften darüber gelesen zu haben, wie man Männern helfen könne, ihre Erektion zu bewahren. Ich brachte Murray dazu, daß er mit mir ausmachte, einige solcher Übungen zu probieren. Ich lernte, wie man seinen Penis halten muß, um ihn zu drücken und nach zwei oder drei Malen klappte alles wunderbar. Danach konnte er seine Erektion für vierzig Minuten, manchmal sogar eine Stunde lang halten.«

Häufiger als solche Versuche, die Situation zu ändern, zeigte sich bei den Frauen, die wir interviewten, ein Standpunkt nachdrücklicher Akzeptanz der Schwierigkeiten, die ihre Partner mit dem Erhalt ihrer Erektion hatten. Manche hatten nicht den Eindruck, daß es sich dabei um ein wirkliches Problem handele, wenn der Partner zu wenig Erektion habe. Zu ihnen gehörte Penelope, die 46 Jahre alt und verheiratet ist. Sie meinte:

»Es gibt Zeiten, in denen Harold keine Erektion bekommt, aber das ist kein Problem. Ich sehe es jedenfalls nicht als Problem an. Es ist nur ein Bumerang, wenn er versucht, zu einer Erektion zu gelangen, daß alle seine Energie dabei draufgeht. In Wirklichkeit ist er dann gar nicht mehr richtig anwesend. Er kann dann nicht genießen und ich natürlich auch nicht. Wenn das passiert, stoppt er sofort jeden Versuch, zu einer Erektion zu gelangen, und wir halten uns nur weiterhin in den Armen und schmusen miteinander und lieben uns gegenseitig eben auf anderen Wegen. Das ist dann für uns beide schön.«

Hat man sich erst einmal von der Fixierung auf die Erektion gelöst, kann das Paar auch sehr befriedigenden Liebesverkehr ohne eigentlichen Geschlechtsverkehr haben. Dazu berichtete Roberta: »Wenn bei uns Sexualprobleme auftraten, haben wir darüber gesprochen und sie damit gelöst. Wir wollten uns immer gegenseitig sagen, wie sich unsere Gefühlslage darstellte. Wenn ich ihn befriedigen wollte, masturbierte ich ihn oder lutschte an ihm. Wenn er keine Erektion bekommen konnte, redeten wir darüber. Ich konnte dann sagen: ›Laß uns Arm in Arm liegenbleiben‹, und er sagte vielleicht: ›Mit dem Gefühl bin ich jetzt wirklich in dir, aber mein Körper funktioniert gerade nicht, aus welchem Grunde auch immer.‹ Dann hielten wir uns eben gegenseitig und fühlten uns ganz eins miteinander. Hatte ich aber mehr Lust auf Sex, so ging er gleich darauf ein. Ich masturbierte, und er streichelte meine Brüste oder tat, was immer ich wünschte, wenn er in solcher Situation steckte.«

Billie, 54 Jahre alt, seit fünf Jahren mit ihrem zweiten Mann verheiratet und Mutter eines erwachsenen Kindes, berichtete von sich und ihrem Mann John, der 62 Jahre alt und pensioniert ist: »John bekam mehr und mehr Schwierigkeiten, eine Erektion zu erhalten. Wenn er sie nicht bekommt, macht er gewöhnlich mit der Hand Sex mit mir, was uns eine Art inniger Verbundenheit gibt, denn ich bekomme auf diesem Wege einen Orgasmus, und er fühlt sich sehr wohl dabei. Ich genieße das genauso wie regulären Geschlechtsverkehr. Er aber stimuliert mich in der Regel so ausgiebig, daß er auch einen Orgasmus haben kann, wenn er versucht, in mich einzudringen. So ist auch er befriedigt.«

Sonya half ihrem Partner beim Lösen einer weniger üblichen Schwierigkeit, seiner Unfähigkeit, in ihr zu ejakulieren:

»Ich hatte eine Partnerschaft, in der zwar mein Gefährte seine Erektion sehr lange halten konnte, aber unfähig war, in mir zu ejakulieren. Eines Tages ließ er mich wissen, er könne sich durch das Masturbieren selbst zur Ejakulation bringen, und ich ermutigte ihn, das doch zu tun. Ich hielt ihn fest, während er masturbierte, und es war ganz bestimmt ein echter Teil des ganzen Liebeserlebnisses. Ich teilte das mit ihm, was er tat, indem ich ihn hielt, ihn beobachtete, ihn tätschelte und ganz mit ihm war. Es nahm von der Intimität unseres Beieinanderseins nicht das Geringste weg.«

Gesundheitsprobleme

Empfängnisverhütung. Wenn auch Empfängnisverhütung kein eigentliches gesundheitliches Problem darstellt, so wirken sich die verschiedenen Verhütungsmethoden oftmals auf die Gesundheit der Frau und auf ihr Geschlechtsleben mit ihrem Partner aus. Die meisten der verfügbaren Contraceptiva haben Nebenwirkungen. Gebärmutterentfernungen und das Unterbinden der Eileiter kommen als Alternative nur für solche Leute in Betracht, die bereits die gewünschte Anzahl Kinder haben, oder solche, die sich endgültig gegen Kinder entschieden haben. Wie eine Frau uns enthusiastisch erklärte: »Ich fühle mich enorm erleichtert. Ich muß mich weder mit Verhütungspillen noch mit Spiralen herumplagen. Ich vertrug die Pille nicht und die Spirale ebensowenig und für etwas anderes war ich nicht gebaut. Es wurde langsam so schwierig, so schlüpfrig und kostete uns soviel Zeit, daß mein Mann sich eine Vasectomie machen ließ. Das macht die Dinge unendlich viel leichter für uns.«

Solche Frauen, die noch keine Familie gegründet hatten oder sich noch nicht sicher waren, ob sie noch mehr Kinder haben wollten, benutzten generell drei Verhütungsmethoden: Antibabypillen, Spirale oder Diaphragma. Verhütungsschaum oder -zäpfchen sowie Präservative wurden gelegentlich benutzt, wenn keine anderen Mittel zur Verfügung standen oder auf zeitlich begrenzter Basis.

Unsere Interviewpartnerinnen waren über die negativen Wirkungen von Verhütungspillen wohl informiert und trugen dem Rechnung. Die Spirale verursacht oft Blutungen in der Mitte des Zyklus, führt auch häufig zu Krämpfen und verstärkten Blutungen während der Periode. Zusätzlich klagten viele männliche Partner über Störungen durch das Spiralenende, wenn es nicht kurz genug abgeschnitten war. Deshalb bevorzugten viele Frauen das Diaphragma, wenn es auch weniger sicher war als Spirale oder Pille. Sie hielten sie für eine Behinderung der Spontaneität des Liebemachens. Und die Creme oder der Gelee hatte einen unerfreulichen Geruch und Geschmack, was den Liebhaber öfters störte. Außerdem berichteten manche Männer, daß die Spiralen die Empfindungen unterdrückten, die sie erlebten.

In bezug auf die Störung während des Liebesaktes zeigten eine Anzahl Frauen Wege auf, wie sie das Diaphragma so benutzen, daß es nur noch minimal stört. Einige der Frauen erklärten, das Diaphragma immer zu tragen, damit sie den Ablauf des Geschlechtsaktes nicht unterbrechen müßten. Sie führten es an jedem Abend ein, ehe sie zu Bett gingen, wenn sie einen ständigen Partner hatten oder vermuteten, daß der Abend mit einem Sexualakt enden würde.

Suzanne, 37 Jahre alt und geschieden, berichtete uns dazu:

»Wenn ich mit einem Mann ausgehe, von dem ich annehme,

daß ich mit ihm intim werde, führe ich mein Diaphragma vor dem Treffen mit ihm ein. Auf diesem Wege muß ich nicht erst ins Badezimmer rennen und das Ding einführen, wenn wir gerade mitten in einer leidenschaftlichen Szene sind.«

Allison, 35 Jahre alt und geschieden, gab einen wertvollen Hinweis für Frauen, die Schwierigkeiten hatten, das Diaphragma einzuführen. Sie berichtete folgendes:

»Ich hatte immer Schwierigkeiten, mein Diaphragma im Stehen einzuführen. Ich fand eine leichtere Stellung, indem ich mich hinlegte, und zwar auf den Rücken, die Knie leicht anwinkelte und die Füße auf den Boden stützte oder leicht seitlich wegspreizte. Dann schien es ganz von selbst an die richtige Stelle zu schlupfen, wenn ich mich so hinlegte.«

Eine Frau bestand darauf, daß die Vulva hinterher mit einem Tuch gereinigt werden müsse, damit der Geschmack und Geruch der Creme so weit wie möglich beseitigt werde. Eine andere Frau bevorzugte Orvo-Creme vor Orvo-Gelee, weil sie einen erfreulicheren Geschmack habe.

Einige Frauen fanden es besser, das Diaphragma nicht bereits vorher einzusetzen, sondern auch das in den Verlauf des Liebemachens zu integrieren. Harriet, 34 Jahre alt und seit zehn Jahren verheiratet, erzählte uns dazu:

»Fast immer setzt Tom mir das Diaphragma ein, das gehört bei uns zum Geschlechtsverkehr. Er mag den Geschmack der Spiralcreme nicht besonders gern, deshalb wäre es nicht so gut, wenn ich sie vorher einführen würde. Außerdem ist es ein Gag, wenn ich mitten in einer hochgeputschten Szene sage: ›Okay, jetzt mußt du alles anhalten, und ich gehe mal eben ins Badezimmer.‹ So tu ich nichts anderes, wenn wir Sexualbeziehung miteinander haben wollen, als nur ins Badezimmer zu gehen, das Diaphragma herauszulegen und einzucremen. Während wir uns dann küssen und streicheln, führt er es mir ein und meistens stimuliert er zu gleicher Zeit meine Clitoris oder meine Brüste oder sonst irgend etwas. Auf diesem Wege ist das keine Unterbrechung unseres Liebesspieles. Nebenbei bemerkt, kann er es viel besser und rascher an seinen Platz befördern als ich selbst.«

Das Problem, Liebe machen zu wollen und das Diaphragma gerade nicht zur Hand zu haben, wurde auf verschiedene Weise gelöst. Für normalen Sex im Schlafzimmer bewahrte man Diaphragma und Creme auf dem Nachttisch oder in einem Beutel, der nur dafür benutzt wurde und am Bett hing. Das behob die Notwendigkeit, gerade dann ins Badezimmer zu stürzen, wenn die sexuelle Leidenschaft gerade ihren Höhepunkt erreicht hatte.

Harriet hatte einen grandiosen Einfall, der ihr erlaubte, immer und überall Liebe zu machen:

»Ich habe zwei Diaphragmen. Eins liegt immer neben meinem Bett, und das andere habe ich immer im Geldbeutel. Auf diese Weise komme ich niemals in Verlegenheit. Wenn wir ausgehen, um eine kleine Fahrt zu machen oder im Wald spazierenzugehen, und es scheint uns, das wäre die richtige Gelegenheit, Liebe zu machen, habe ich mein Diaphragma immer dabei.«

Alexandra hatte einen Behälter für ihr Diaphragma, den sie stets unauffällig bei sich haben konnte, weil er in ihre Handtasche paßte:

»Ich hasse diese scheußlichen Behälter aus Plastik für das Diaphragma. Ich kann es nicht vertragen, wenn es irgend jemand in meiner Handtasche entdecken würde, und außerdem zerbrechen mir diese Dinger auch immer. Aber ich habe etwas sehr schönes Neues entdeckt. Diese rundum geschmackvollen Bonbondosen, die mit Blumen bemalt sind, eignen sich bestens als Behälter dafür. Ich schneide mir nur ein Stück Filz zurecht, damit es die Feuchtigkeit am Boden der Dose aufnehmen kann, und nun kann kein Mensch sagen, daß in meiner Pfefferminzbonbondose mein Diaphragma liege.«

Manche Frauen störte es, wenn die Verhütungscreme langsam noch tagelang aus ihnen heraustropfte. Eine von ihnen empfahl den folgenden Weg, um sich reinlicher zu fühlen. Marie, 33 Jahre alt, berichtete uns zu diesem Thema:

»Ich benutze ein Norform, eine Art Duschseife in Form von Zäpfchen. Ich führe es mit den Fingern so weit ein, wie es nur möglich ist. Die Körperwärme läßt das Zäpfchen dann schmelzen und die Duschseife aus dem Zäpfchen austreten, wodurch ich innerlich gereinigt werde. Dieses Norform habe ich immer in der Handtasche, wenn ich ein Diaphragma mit Gleitcreme oder Gleitgelee benutze. Ich bin der Ansicht, daß ich eine Anhäufung dieser Creme in mir habe, wenn ich wiederholten Geschlechtsverkehr hatte, und befürchte, daß daraus Infektionen entstehen können. Deshalb mache ich daheim immer sofort eine Spülung mit Wasser. Dann bin ich wieder sauber. Auf Reisen ist es aber lästig, die ganze Spülausrüstung mit sich herumzuschleppen, da sind die Zäpfchen wesentlich bequemer. Immerhin muß man in jedem Fall sechs bis acht Stunden nach dem Geschlechtsverkehr warten, ehe man die Zäpfchen benutzt, sonst könnten sie die Wirkung der Gleit- und Verhütungscreme beeinträchtigen.«

Allgemeine gesundheitliche Probleme müssen nicht unbedingt ein Alarmzeichen sein, können aber ein körperliches Mißbehagen erzeugen, das sich auch auf die sexuelle Beziehung auswirkt. Geschlechtsverkehr mitten während einer schmerzhaften Entzündung der Vagina oder Blase ist gerade kein Spaß. Auch Schwierigkeiten beim Wasserlassen und Menstruationskrämpfe können vorkommen. Die von uns befragten Frauen hatten ihre eigenen Methoden entwickelt, um mit diesen und anderen allgemeinen Problemen fertig zu werden.

Infektionen der Vagina. Die Vagina hat natürliche Ausscheidungen, die völlig normal und gesund sind, wenn sie nicht von Jucken, Geruch oder Beckenbeschwerden begleitet sind. Man braucht sie dann nicht zu beachten. Infolgedessen ist unter normalen Umständen eine Spülung auch nicht erforderlich und kann bei gegebenem Anlaß sogar Infektionen hervorrufen. Streß und übertriebene Reizung der Vagina können ebenfalls zu Infektionen derselben führen: »Ich habe herausgefunden, daß Spülungen für mich absolut falsch sind«, erzählte die 35 Jahre alte Roberta. »Einmal habe ich ungefähr zwei Jahre lang unter einer Infektion gelitten. Wie mein Arzt mir empfohlen hatte, spülte ich jeden Tag mit Essigwasser. Aber es wurde dabei nicht besser, und ich ging schließlich zu einem anderen Arzt. Der sagte mir, daß ich auf keinen Fall spülen sollte, weil man dadurch die Vaginalflora herausspüle und den natürlichen pH-Wert in ihr verändere. Keines der Duschmittel, die man in der Drogerie kaufen könne sei gut, weil sie alle den natürlichen pH-Wert der Vagina verändern würden, der ja gerade dazu diene, eine übermäßige Vermehrung der Bakterien an dieser Körperstelle und ebenso Absonderung zu verhindern. Dieser pH-Wert kann auch durch Streß, während der Periode und während Schwangerschaften verändert werden oder sich vielmehr von selbst ändern. Da wurde mir klar, daß ich während der letzten beiden Jahre ständig unter sehr starkem Streß gestanden hatte und dadurch mein pH-Wert ständig erhöht war. Ich weiß heute, daß ich unter Streß als erste Folge Schwierigkeiten mit meiner Vagina bekomme und mich mit einer neuen Schleimhautinfektion abfinden muß. Zudem habe ich herausgefunden, daß ich beim Geschlechtsverkehr immer ausreichend Gleitmittel wie Speichel oder mineralische Öle verwenden muß, weil ich sonst unweigerlich die nächste Vaginalinfektion bekomme. Die Schleimhäute sind bei mir maßlos empfindlich, weshalb ich es gelernt habe, sehr sorgfältig mit entsprechenden Gleitmitteln umzugehen.« Infektionen der Vagina können auch entstehen, wenn man andauernd eine Spirale oder einen Tampon trägt, weil die natürlichen Sekrete dann nicht ablaufen können, wodurch wiederum eine Überwucherung von Bakterien entsteht.

Frauen, die häufig mit Schleimhautentzündungen zu tun hatten, empfahlen tägliches Essen von Yoghurt und auch gelegentliche Spülungen damit, weil die Yoghurt-Bakterien offenbar das Wachstum jener Bakterien fördern oder erst auslösen, die die Entzündung der Vagina bekämpfen. Sie empfahlen auch den Gebrauch von Albolene-Creme, K-Y-Gelee oder Babyöl als ausreichendes Gleitmittel beim Geschlechtsverkehr sowie regelmäßige Spülungen mit Sodawasser als Vorbeugung. Wie uns eine ältere Frau sagte: »Wenn ich keinerlei Probleme habe, brauche ich mich nach dem Sex auch nicht zu waschen. Ist aber eine Vaginalentzündung im Anzug, habe ich häufig den Wunsch, mich nach dem Geschlechtsakt gründlich zu reinigen. Meistens mache ich keine Spülung, sondern wasche mich nur. Ebensooft spüle ich aber auch mit Sodawasser. Das hält Schleimhautentzündungen zurück und verhindert Gerüche. Ich nehme etwa einen halben Teelöffel Natron auf ein Glas warmes Wasser in einer kleinen Spülphiole. Wenn ich auch heute keine Periode mehr habe, war es früher doch besonders angenehm gegen Ende der Blutungen, wenn alles an einem juckte. Es spült alle Reste von dem Zeug heraus und ist ein ausgezeichnetes Mittel, um Vaginalinfektionen zu verhüten.«

War eine Schleimhautentzündung erst einmal akut, wurde wiederum Yoghurt empfohlen, aber reiner Yoghurt ohne Beimengungen. Für solche Zeiten wurde neben dem Essen von Yoghurt auch empfohlen, mit ihm Spülungen zu machen oder einen Tampon einzuführen, dessen Material mit Yoghurt getränkt war. Vitamin-E-Öl wurde zur Verminderung des Juckreizes und zur Beruhigung der Schleimhäute empfohlen, deren Reizung wie der Juckeffekt Nebenwirkungen bei Vaginalentzündungen zu sein pflegen. Spülungen mit Essig oder mit doppelkohlensaurem Natron wurden auch zur Bekämpfung von Haemophilis und Trichomoniase, zwei anderen häufigen Formen der Vaginalentzündungen, empfohlen. Außerdem ist es wenig ratsam, während einer Vaginalinfektion enge Hosen, Strumpfhosen oder Nylonunterwäsche zu tragen.

Blaseninfektionen. Geschlechtsverkehr kann die Blase reizen und Blasenentzündungen verursachen, ebenso eine Cystitis. Eine allgemeine Vorsichtsmaßnahme besteht darin, unmittelbar vor und nach dem Geschlechtsverkehr zu urinieren. Elaine, selbst den Heilberufen angehörend, hat einen anderen Vorschlag, um Blaseninfektionen vorzubeugen oder sie zu lindern:

»Frauen, die eine Spirale benutzen, neigen stärker zu Blasenentzündungen, weil die Spirale auf den Harnleiter drückt. Deshalb ist es für sie wichtig, sehr viel Preiselbeersaft zu trinken, durch den die Blase den richtigen pH-Wert erhält. Blaseninfektionen werden verstärkt durch Kaffee, Tee, Schokolade, stark gewürzte Speisen und alkoholische Getränke. Und immer, wenn Frauen ausgehen und etwas trinken, empfehle ich ihnen, Preiselbeersaft mit Wodka statt aller anderen Getränke zu sich zu nehmen. Dann verbinden sie das eine mit dem anderen.«

Frauen, die an den Rollstuhl gefesselt sind, haben ständig mit Blasenentzündungen zu tun. Jill, eine 34 Jahre alte unverheiratete Lehrerin, war seit sechzehn Jahren an den Rollstuhl gebunden. Sie hat dieses Problem auf ein Minimum herabgedrückt: »Frauen, die ständig sitzen, wie solche, die an den Rollstuhl gebunden sind, oder Frauen mit schwerer Arthritis haben häufig eine schmalere Vagina. Sie bekommen leicht Infektionen, weil in ihrer Vagina viel weniger Luftaustausch stattfindet als bei solchen, die viel in Bewegung sind. Trägt man ständig eine Damenbinde, schafft man die gleiche Situation. Sehen Sie, ich muß ständig eine Damenbinde zur Entwässerung tragen, obwohl ich keinen Katheter habe. Deshalb ist es für mich wichtig, immer daran zu denken, daß ich die

Binden einige Zeit weglasse, damit die Vagina wieder Sauerstoff bekommt und sich der richtige pH-Wert bildet. Menschen im Rollstuhl haben sehr leicht Infektionen der Harnwege. Ich sitze nun bereits sechzehn Jahre im Rollstuhl und habe noch nie eine derartige Infektion gehabt, weil ich, wie ich schon sagte, die Damenbinde von Zeit zu Zeit entferne und mich nach jedem Urinieren am Unterleib mit einer milden Seife wasche, wobei mit Wasser nicht gespart wird. Zudem schwimme ich viel. Auch das hilft, die Vagina gut zu belüften und sie sauberzuhalten.«

Menstruationsbeschwerden. Manche Frauen halten vor der Menstruation Flüssigkeit zurück und fühlen sich dabei sehr unwohl. Das Einschränken des Salzverbrauches wie aller Nahrungsmittel, die Sodium enthalten, wie zum Beispiel Diät-Natron, kann den Flüssigkeitsstau vermindern. Alexandra, 35 Jahre alt, fand ein Entwässerungsmittel, das in dieser Situation sehr nützlich erschien:

»Zuweilen, rund um meine Periode, begannen meine Brustwarzen mir wirklich wehzutun, und ich nahm Entwässerungsmittel, um das Wasser loszuwerden. Auf diese Weise wurden sie nicht so prall gefüllt.«

Eine Reihe von Empfehlungen wurden auch gegeben, um Menstruationskrämpfe zu lösen. Ein sehr geläufiger Rat war der, einen Orgasmus zu haben:

»Wenn bei mir die Periode anfängt und ich mich unwohl fühle, ist es das beste, wenn ich einen Orgasmus habe. Wenn mein Mann Geschlechtsverkehr haben will, dann machen wir ihn. Im Moment mag mir wenig danach zumute sein, aber ich weiß genau, daß der Orgasmus meine Krämpfe löst.«

Ein anderer Vorschlag war der, täglich 50 Milligramm B 26 zu nehmen. Alexandra nahm während des ganzen Monats Tabletten mit Vitamin B ein. Nach ihrer Erfahrung half das, die Menstruationskrämpfe zu lösen und die dazugehörige Depression zu mildern. Außerdem verkürzte es den Hunger nach Süßigkeiten vor dem Einsetzen der Menstruation. Immerhin räumte sie aber ein, daß einige Monate vergingen, ehe die Wirkung spürbar wurde.

Frauen, die zu gleicher Zeit mit mehr als einem Partner sexuellen Verkehr hatten, waren verständlicherweise besorgt, sich eine Geschlechtskrankheit zuziehen zu können. Syphilis, Gonorrhöe und Herpes waren die Infekionen, die am häufigsten genannt wurden. Alle drei sind übertragbar. Wenn man sie wirksam behandelt, können Syphilis und Gonorrhöe geheilt werden, wenn auch einige Tripperstämme hochresistent gegen die Antibiotika sind, mit denen man diese Krankheit behandelt. Gegen Herpes dagegen besteht noch kein bekanntes Heilmittel. Es gibt zwei Typen von Herpes: beide erscheinen als Blase oder kleine, aber kalte Wundstelle, bei dem einen immer am Munde, bei dem anderen Typ an den Genitalien. Aber immerhin hat man kürzlich den Typ Herpes, den man sonst am Mund findet, auch an den Genitalien festgestellt, woraus folgt, daß er durch Oralsex auch dorthin übertragbar ist. Lesbierinnen, die mit den anderen Geschlechtskrankheiten in der Regel nichts zu tun haben, empfinden Herpes nun als Problem. Ist diese Krankheit einmal übertragen, kann sie immer wieder auftreten. Im allgemeinen hielten die Frauen Enthaltsamkeit vom Sex für richtig, wenn sich eine Herpesblase bildet. Alexandra hatte dieses wiederkehrende Problem ziemlich lange Zeit und fand folgende wirklich erfinderische Lösung, die bei ihr auch funktionierte, heraus:

»Wir konnten keinen Sex haben, weil die Herpes so schmerzhaft war. Wir hatten so starken Hunger aufeinander, aber ich hatte diese Herpes mit einem Wundschorf und fühlte mich erbärmlich, beschämt und gedemütigt. Grundsätzlich war mein Partner sehr verständnisvoll, warm und liebevoll. Was dabei schließlich herauskam, war, daß wir Analverkehr hatten. Das war das erste Mal, daß ich ihn gern hatte, ich meine, daß ich ihn wirklich genoß. Nachdem wir ihn zum ersten Mal gehabt hatten, schauten wir uns gegenseitig an und stellten fest: ›Na, wir sind ja wohl ein wenig pervers!‹ Und dann wiederholten wir ihn gleich. Wir haben ihn solange miteinander genossen, bis bei mir alles wieder in Ordnung war. Als ich dann in der Lage war, vaginalen Geschlechtsverkehr zu haben, blieb solch ein kleines Gefühl von einem gemeinsamen Geheimnis. Er sagte mir auch, daß ich außerordentlich glücklich sein müßte, zwei solcher Öffnungen zu haben. Und er meinte, das sei der Grund, warum Gott Ani gemacht habe – falls einmal irgend etwas mit der einen Öffnung nicht in Ordnung sei, dann habe ich ja die zweite in Reserve.«

Ein Weg, sich selbst gegen Geschlechtskrankheiten zu schützen, ist die Benutzung von Präservativen. Wenn die Frau hilft, machen Präservative Spaß. Eine Frau, die mit ihrem Gebrauch vertrat war, berichtet dazu:

»Man muß in den Geschäften suchen und die Gummis ausfindig machen, die einem gefallen. Es gibt eine unzählige Menge verschiedener Sorten, die alle nicht teuer sind, und wenn man Pakkungen mit drei oder vier Stücken kauft, fährt man billiger. Man sollte sie auspacken und über den Finger ziehen, um zu spüren, wie sie sich anfühlen und wie einem das gefällt. Mal versuche ich farbige Sorgen und mal französische Kitzler zur Abwechslung. Der Partner denkt dann, man sei übergeschnappt. Ich teste meine immer, indem ich sie mit Wasser fülle um zu sehen, ob auch bestimmt kein Loch darin ist.«

Schmerz. Gesundheitliche Probleme, die Schmerz auslösen, unterbrechen meistens den Sexualverkehr, da sie den Sexualgenuß stören. Schmerzen in irgendeinem Teil des Körpers können einen schädigenden Einfluß auf den Sex haben.

Schmerzen während des Geschlechtsverkehrs wurden als allgemeines Problem bei Frauen empfunden. Er wurde bei sehr tiefem Eindringen in gewissen Stellungen und zu gewissen Zeiten bei der Menstruation, vor allem aber während des Eisprungs erlebt. Die Frauen fanden heraus, daß Selbstbeschränkung auf einige wenige Sexstellungen, die ihnen am besten entsprachen, der Weg sei, dieses Problem zu lösen. Allison, 35 Jahre alt und geschieden, erzählte uns dazu:

»Zuweilen, zum Zeitpunkt des Follikelsprungs, habe ich beim Geschlechtsverkehr auf einer Seite des Ovariums Schmerzen. Ich sage dann meinem Partner, daß es weh tut und er geht dann nicht so weit hinein wie sonst. Außerdem drehe ich meine Hüften ein wenig, so daß er in einem anderen Winkel eindringt. Damit sind die Schmerzen vorbei.«

Der Orgasmus wurde zur Erleichterung körperlicher Schmerzen wie zur Lösung von Menstruationskrämpfen empfohlen.

Olive, eine 35jährige Studentin, die mit Ben, einem Geschäftsmann, zusammenlebte und zwei Kinder hat, erklärte dazu:

»Ich habe eine degenerative Arthritis des Rückgrates oben am Nacken. Daraus resultieren chronische Schmerzen, sehr viele Muskelkrämpfe und eine gewisse Begrenzung der Bewegungsfähigkeit meines rechten Armes. Ich kann keine schweren Dinge heben, wie es manchmal notwendig wäre. Auch kann ich meinen Kopf nicht nach beiden Seiten gleich weit drehen. Einen Orgasmus bekommen und masturbieren hilft mir wirklich, die Schmerzen unter Kontrolle zu bekommen. Ich hörte mal einiges im Radio darüber. Dort wurde gesagt, daß bei wirklicher sexueller Erregung und beim Orgasmus der Körper eine gewisse Substanz ausscheide, die wie Cortison wirke und einen direkten chemischen Einfluß auf die Schmerzen habe. In dieser Weise habe ich nie darüber nachgedacht. Ich denke vielmehr, daß sexuelle Erregung zu einer Entspannung führt. Ich steigere mich wirklich in sexuelle Erregung hinein und konzentriere mich dadurch weniger auf die Schmerzen. Von ihnen ist meine rechte Hand meistens am stärksten betroffen. Tut sie richtig weh, muß ich zum Masturbieren den Vibrator benutzen. Die vom Orgasmus ausgelöste Lockerung und Entspannung hilft mir sehr. Es ist ein wirklich gutes Mittel gegen die Art Muskelkrämpfe, die ich habe. Und ich kann dann leicht und lange schlafen, während ich sonst verspannt bin und viele Schmerzen habe. Es ist ein hübscher Weg, zu sich selbst gut zu sein, wenn man Schmerzen hat.«

In jedem Fall wurde versucht, durch die Steigerung bis zum Orgasmus eine Verminderung oder gar ein Aufhören der Schmerzen zu erreichen. Katherine versuchte es mit Selbsthypnose, um Schmerzen in der unteren Rückenpartie zu dämpfen, die sie von Zeit zu Zeit zum Sex unfähig machten:

»Ich entschloß mich zur Hypnose, um meine Schmerzen zu dämpfen, und das erwies sich als sehr nützlich. Ich hatte nur drei Sitzungen mit einem Hypnotiseur. Die erste bestand nur aus einem Interview, bei der zweiten brachte er mir bei, wie ich mich selbst hypnotisieren kann, und bei der dritten kontrollierte er, ob ich auch alles richtig mache.

Ich benutzte die Hypnose, um Schmerzen zu blockieren. Dabei versetzte ich mich in eine leichte Trance und bildete mir ein, ich sei dabei, einen Wasserhahn zuzudrehen. Ich drehte ihn so fest zu, daß kein einziger Tropfen mehr aus der Leitung kommen konnte. Das Wasser stellte meine Schmerzen dar, und wenn ich den Hahn ganz fest zudrehte, drehte ich auch meine Schmerzen im Rücken ab.«

Chirurgie. Nur einige der Frauen, die wir interviewten, hatten eine Totaloperation hinter sich. Wenn diese Operation auch das sexuelle Leben einer Frau nicht beeinträchtigen sollte, berichteten doch viele Frauen sowohl von positiven als auch von negativen Folgen ihrer Totaloperation. Die meisten dieser Folgen waren psychologischer oder emotioneller Art, andere hatten eine physiologische Basis. Die Mehrzahl der Frauen berichtete, daß die Totaloperation eine positive Auswirkung auf ihr Geschlechtsleben gehabt habe. Eine Frau berichtete:

»Ich wußte, ich konnte nicht mehr schwanger werden, deshalb fühlte ich mich in einer Hinsicht in meiner Sexualität freier. Meiner Einschätzung nach habe ich nun das Gefühl, ich könne tun, was immer ich will und zu jeder beliebigen Zeit, und ich brauche mir keine Sorgen mehr zu machen.«

Penelope, 46 Jahre alt, erklärte folgendes:

»Ich hatte eine Totaloperation, und das hatte eine sehr starke Auswirkung auf meine Sexualität. Es war ähnlich wie bei den Frauen, die berichten, daß ihnen die Pille nicht so gut bekommen sei, dieses aber erst wußten, nachdem sie sie abgesetzt hatten und sich dann wohler fühlten. Genauso stellte ich nach der Operation fest, wieviel aufgeschlossener ich jetzt für sexuelle Empfindungen bin gegenüber früher, als ich immer eine Spirale trug. Wenn ich mitten in der Nacht wach werde und nach Sex verlange, dann gibt es jetzt keinerlei Hinderungsgründe. So ist die Frequenz unserer sexuellen Beziehungen kräftig angestiegen. Ich habe auch den Eindruck, daß ich jetzt viel länger durchhalten kann, ohne schlappzumachen. Ich brauche nicht mehr ständig Energien zu reservieren für den letzten Orgasmus. Ich schien ihn jetzt immer zu haben. Andererseits sind aber meine Orgasmen jetzt anders als vorher. Sie sind nicht so gut. Ich liebte meine Gebärmutter. Ich hatte von ihr immer angenehme sexuelle Gefühle und spürte sowohl sie wie den Gebärmutterhals beim Orgasmus immer ganz genau. Tatsächlich war mir der Weg um Orgasmus der liebste, bei dem Harold seinen Penis in mir ganz stillhielt, während ich um ihn alles zusammenzog. Ein Teil dieses Vergnügens bestand darin, daß der Gebärmutterhals auf- und abwippte, dabei gleichzeitig gegen den Peniskopf stieß, während ich die Muskeln der Umgebung anspannte und losließ, und das immer wiederholte. Heute sind meine Orgasmen viel freier als früher, denn die besondere Qualität ging verloren, nachdem mir Uterus und Cervix entfernt wurden.«

Diejenigen Frauen, die eine negative Auswirkung der Totaloperation auf ihre Sexualität feststellten, reagierten damit sowohl auf eine mangelhafte und zu wenig einfühlsame Vorbereitung durch ihren Arzt, als auch auf das Trauma von der Operation selbst. Deswegen empfahlen einige Frauen sehr dringend, den Arzt sorgfältig auszuwählen und mehrere medizinische Meinungen zu hören, ehe man sich zur Operation entschließt. Rosalind, 35 Jahre alt, berichtete uns ausführlich dazu:

»Ich meine, es wäre für jede Frau vorteilhaft, wenn sie eine Frauenärztin hat. Ich will damit nicht sagen, daß es nicht auch gute Frauenärzte gäbe. Man sollte sich jedoch fragen, was man von einem guten Arzt erwartet. Für mich ist es einfacher, mit Frauen zu sprechen, vor allem mit der Frauenärztin. Ich habe sie deshalb ausgewählt, weil sie mit allem so vertraut war, auch mit sexuellen Fragen. Man konnte ganz leicht über alles mit ihr reden.

Eine andere wichtige Sache ist, daß man mehrere Meinungen hört, ehe man eine größere medizinische Entscheidung trifft. Wenn man traumatisch beeinflußten Dingen bei einer Totaloperation gegenübersteht, wie es bei mir der Fall war, erscheint es sehr hart, ein positives Gemüt zu behalten. Ich fühlte mich in dieser Zeit schrecklich verwundbar und verstört. Ich brauchte einfach jemanden, der mir half. Glücklicherweise sagte mir ein Freund, der selbst Arzt ist, ich solle noch einen anderen Mediziner konsultieren. Er sagte mir sehr nachdrücklich: ›Nimm nicht als Gesetz, was dir ein Arzt sagt, bestimmt nicht, wenn es um Leib und Leben geht. Hol dir noch Rat von einigen anderen dazu.‹ Das war mir nie in den Sinn gekommen. Ich hatte einfach nicht das Empfinden, daß ich noch die Energie oder die Kraft oder auch nur das Recht hätte, die Meinung eines anderen Arztes zu hören.«

Nach der Operation, wenn der Drang zu sexuellem Kontakt

wiederkam, Geschlechtsverkehr aber noch nicht möglich erschien, ähnelten die Gefühle vieler Frauen denjenigen, die Frauen kurz nach der Entbindung haben. Für einige war dieser Drang nach sexueller Intimität und sexuellem Kontakt etwas Großartiges. Judith, 40 Jahre alt, berichtete darüber:

»Ich hatte meine Totaloperation im letzten April, und der Arzt sagte uns, wir sollten für eine gewisse Zeit keinen Sex haben. Aber das Erlebnis des Klinikaufenthaltes für acht Tage war für mich eine starke Isolation und furchtbar unpersönlich. Es berührte mich doch stark befremdend, daß Fremde alle persönlichen Dinge an mir tun mußten und an meinem Körper herummachten. Kurzum, als ich nach Hause kam, hatte ich eine ausgesprochene Sehnsucht nach sexuellem Kontakt mit Nathan, meinem Mann. Es war nicht so viel, daß ich einen Orgasmus haben wollte, mein Bedürfnis ging mehr nach dem Kontakt, dem direkten Austausch, dem Gefühl seiner Fürsorge als einer Art Verjüngungskur für mich. So machten wir eben Sex miteinander, wobei wir peinlich darauf achteten, daß wir nicht zum Koitus kamen. Es war keine nächtliche Angelegenheit, aber es reichte mir, um den Kontakt wiederzufinden und zufrieden zu sein mit dem körperlichen Wohlbehagen, der Zärtlichkeit und der Sinnlichkeit. Entweder er hielt mich im Arm, während ich masturbierte, oder wir masturbierten gleichzeitig. Wir stellten fest, daß wir zu gleicher Zeit unseren Orgasmus haben konnten, wenn wir beide masturbierten. Die zeitliche Abstimmung funktionierte genau bei uns, und das war sehr schön.

Beim Orgasmus hat die Gebärmutter fühlbare, eigene Zuckungen, und anfangs kam mir mein Orgasmus geringwertiger vor. Ich hatte ihn zwar, aber er löste weniger Sensationen aus. Wenn man einen Operationsschnitt hat, ist auch das ganze Umfeld sehr empfindlich und vollzieht die Art von Bewegungen nicht wirklich mit, die man macht, wenn der Orgasmus kurz vor der Auslösung steht. Aber nach der vollständigen Ausheilung konnte ich keinen Unterschied mehr feststellen. Aber da ich noch immer schmerzempfindlich war, war nur das Eindringen von hinten, wobei ich auf der Seite lag, um mein Gewicht nicht zu fühlen, möglich. Ich benutzte auch einen Vibrator, weil es für mich viel leichter war dadurch, in Erregung zu kommen. Die Totaloperation hatte bei mir also doch eine erhebliche Dämpfung meiner Sexualität zur

Folge. Ich hatte das Gefühl, daß mein Körper mich auf mancherlei Weise betrogen hatte. Er hatte versucht mich umzubringen, indem er sich zu Tode blutete, weshalb ich eine Stinkwut, Ressentiments und Mißtrauen gegen meinen Körper hegte. Für mich war das besonders hart, denn ich war sehr gesund, ehe das alles begann.

Ein anderer Grund, warum die Totaloperation für mich besonders hart war, lag in meinem Alter. Ich fühlte mich ohnehin schon, als ob ich mit vierzig über den Berg ginge, und dann haben sie mir auch noch alles herausgeschnitten. Ich kam mir vor, als wäre ich keine Frau mehr, keine richtige Frau. Ich stand tausend Ängste aus und hatte das Gefühl, alles verloren zu haben. Was mir wirklich geholfen hat, war Nathans emotionale Hilfe und daß er immer für mich da war. Er benahm sich nie so, als ob er mich jetzt weniger anziehend fände, vielmehr hat er mir bei all dem geholfen, durch das ich hindurchzugehen hatte. Es war für mich die Sicherheit, daß ich feststellen konnte, wie seine Fürsorge für mich unabhängig war davon, ob ich hübsch aussähe oder anziehend wirke während dieser Zeit, und das hat mich wieder aufgerichtet.«

Die sexuellen Techniken, die man nach der Totaloperation anwendet, um wieder Sex gewöhnt zu werden, sind die gleichen, mit denen man auch nach der Geburt eines Kindes wieder den Sex erlernt. Bernice, 67 Jahre alt, berichtete uns dazu:

»Als ich nach der Operation noch keinen Geschlechtsverkehr haben konnte, wollte ich meinen Mann zum Climax bringen, indem ich ihn masturbierte. Ich habe wohl mit dem Mund begonnen und dann mit der Hand weitergemacht. Einmal nach seiner Prostataoperation bekam er eine Infektion und war monatelang krank. Danach hatte er Schwierigkeiten mit dem Geschlechtsverkehr, und da tat er dasselbe für mich, er masturbierte mich.«

Ann, 59 Jahre alt, erzählte aus ihrer Erfahrung:

»Mein Mann spürte, daß ich nach der Totaloperation sehr zurückhaltend war und mir der Geschlechtsverkehr Schmerzen bereitete. Ich erinnere mich noch, daß ich zu einem Arzt ging und mich sehr gründlich untersuchen ließ, weil ich mir Sorgen machte. Er führte eine Reihe verschieden großer Spiegel ein, sagte mir aber, alles sei völlig normal. Meine Vagina sei eng und das sei gut, und er könne absolut keine Anzeichen feststellen, die einen Schmerz begründen könnten. Und das half mir. Ich kam mir wirklich vor, als ob ich verletzt sei. Was mir wieder Sicherheit gewährte, waren die Untersuchung und der körperliche Befund, daß meine Vagina völlig in Ordnung sei. Aber da ich so eng war, mußten wir für längere Zeit neue Sexstellungen einnehmen. Positionen, bei denen die Vagina nicht zu sehr gedehnt wurde und dadurch zu schmerzen begann. Auf der Seite zu liegen, was früher für mich nie gut gewesen war, erwies sich nun als hilfreich. Eine andere gute Stellung war die, wenn wir beide auf der Seite lagen und uns dabei anschauten. Die Rückenstellung, bei der ich auf dem Bauch liege und er mich von hinten nimmt, bereitete große Schmerzen. Wir probierten alle möglichen Stellungen aus und versuchten, was am besten ging. Dabei mußte ich absolut ehrlich zu ihm sein, denn die Scheidelinie zwischen Genuß und Schmerz ist hauchdünn. Zuweilen, wenn ich auf hohen Touren war, wollte ich lieber noch weiter machen und mehr Sex haben, obwohl es mir Schmerzen bereitete. Im allgemeinen wollte ich aber lieber Sex ohne Schmerzen genießen, und mein Mann erwies sich dabei als außerordentlich verständnisvoll. Natürlich haben wir uns immer wieder etwas Neues einfallen lassen, um uns gegenseitig Freude zu machen, ohne daß wir direkten Geschlechtsverkehr hatten, und das genießen wir auch heute noch in vollen Zügen.«

Eine Brustamputation hat in vielfältiger Weise auf das Gefühlsleben und das sexuelle Selbstbewußtsein bei einer Frau sehr viel ernsthaftere Auswirkungen als die Totaloperation. Eine Frau, der eine Brust entfernt werden mußte, fühlt sich zwangsläufig sehr viel stärker entstellt, als das bei einer Totaloperation der Fall ist, deren Folgen ja weit weniger sichtbar werden. Es bedarf häufig einer erheblichen Zeit, ehe die Frau sich mit der äußeren Veränderung des Körpers abgefunden hat. Zeit und ein liebevoller Partner erschienen als die zwei wesentlichsten Faktoren für die Frauen, mit ihren Gefühlen nach der Operation fertig zu werden. Bernice, 67 Jahre alt und seit 42 Jahren verheiratet, berichtete uns dazu:

»Ich hatte vor fünfzehn Jahren eine Mastektomie. Vor diesem Zeitpunkt waren mein Mann und ich sexuell sehr frei miteinander. So schlief ich zum Beispiel niemals mit einem Nachthemd. Danach aber hatte ich das Empfinden, daß mein Körper nun nicht mehr attraktiv sei. Ich hatte einfach den Wunsch, die Tatsache zu verstecken, daß ich nur noch eine Brust hatte. Also zog ich jetzt plötzlich nachts Schlafanzüge an und trug sie etwa die nächsten zwei oder drei Jahre lang in jeder Nacht. Auf meinen Mann wirkte das wie eine Zurückweisung. Er war wirklich besorgt um mich und fragte wohl auch einmal: ›Was ist denn los?‹ In dieser ganzen Situation war er einfach wunderbar. Nie hat er mich in irgendeiner Weise spüren lassen, daß er mich nun für entstellt hielte. Für ihn spielte das offensichtlich überhaupt keine Rolle. Nur ich hatte solche negativen Gefühle. Immerhin war ich in der Lage, mit meinem Mann über die Brustamputation, über meine Ängste und Sorgen zu sprechen. Natürlich in der üblichen Form: ›Warum mußte das ausgerechnet mich treffen? Weshalb mußte ich gerade Krebs bekommen?‹ Es hat Jahre gedauert, bis ich die abschrekkende Tatsache verdaut hatte. Aber mit der Zeit und der Hilfe meines Mannes fühlte ich mich langsam besser. Heute kann ich sogar darüber lachen. Nach alldem bin ich so hart wie ein Spielbrett – ob Cäsar, Totaloperation oder Brustamputation, mich bringt nichts mehr aus der Ruhe.«

Die 72jährige Glenn beschrieb uns, wie sie mit den physischen und psychischen Auswirkungen ihrer beiderseitigen Brustamputation so fertig geworden sei, daß diese ihr Sexualleben nicht beeinträchtigt hätten:

»Ich entdeckte bei mir den ersten Brustkrebs, als ich knapp 50 Jahre alt war. Fünf Jahre später mußte mir auch die zweite Brust entfernt werden. Damit bin ich damals nur schwer fertig geworden, denn zu damaliger Zeit war diese Operation noch eine sehr, sehr entstellende Angelegenheit. Ich hatte scheußliche Narben, und zwar nicht nur vorn, sondern auch unter den Armen, weil auch dort Muskeln und Lymphdrüsen entfernt worden waren, wodurch die Oberarme schlaff wurden, der eine mehr als der andere. Davor hatte ich eine recht anständige Figur, deshalb war die Operation ganz schön hart für mich. Ich habe es auf diese Weise bewältigt, daß ich jedem Sexualpartner sofort erklärt habe, daß ich beiderseits brustamputiert bin und daß mich das seelisch belastet. Während ich nichts dagegen hatte, nackt zu sein, störte es mich doch, sozusagen Verwundungsnarben zur Schau zu stellen. Deshalb behielt ich, wenn es ihn nicht zu sehr störte, meinen Büstenhalter an. Seither habe ich meinen Büstenhalter immer anbehalten, bei allen, mit denen ich Geschlechtsverkehr hatte. Ich trage ihn ständig, sogar nachts, wenn ich mit mir allein bin. Ich mag mich selbst auch nicht ohne sehen. Selbstverständlich habe ich mich in sexueller Hinsicht vor den Operationen wohler gefühlt, aber andererseits habe ich es doch dahin gebracht, daß die Amputationen nichts Wesentliches verändert haben und mich auch nicht mehr belasten.

Kürzlich habe ich eine Kreuzfahrt gemacht und traf auf dem Schiff einen Offizier, den ich nett fand. Wir gingen zum Abendessen in den Hafen und machten anschließend noch einen Spaziergang an den Docks entlang. Aus heiterem Himmel drehte er sich plötzlich zu mir herum, umarmte mich und sagte: ›Sollen wir auf's Schiff zurück in meine Kabine gehen oder wollen wir irgendwo ein Hotelzimmer nehmen?‹ Das war das erste Mal, daß die Idee von Sex zwischen uns überhaupt aufkam. Irgendwie schien das eine völlig natürlich und normale Entwicklung zwischen uns zu sein. Wir hatten uns eine Zeitlang gesehen, und diese Entwicklung erwuchs so ganz selbstverständlich aus der enger gewordenen Beziehung zwischen uns. Deshalb sagte ich auch nur: ›Laß uns zurückgehen auf das Schiff.‹

Normalerweise trage ich ein einteiliges Mieder, während ich nachts im Bett lediglich einen Büstenhalter trage. Deshalb machte ich an meiner Kabine kurz halt und nahm den Büstenhalter mit. Dann kamen wir in sein Zimmer. Er war ungeheuer verständnisvoll gegenüber der Tatsache, daß ich keine Brüste mehr habe. Er fragte gleich: ›Soll ich aus dem Zimmer gehen, während du dich entkleidest?‹ Und das gab mir natürlich die Möglichkeit, meine Verunstaltungen zu bedecken, so daß sie mich gar nicht erst belasten konnten. Ich konnte das einteilige Mieder ausziehen und den Büstenhalter anziehen. Er war so außerordentlich anständig und taktvoll, daß er sofort merkte, daß ich mich auf diese Weise sehr viel wohler fühlte.

Unser Liebesspiel habe ich sehr genossen, denn er war zwar sexuell ungeheuer aggressiv, aber in keiner Weise grob, und während er seine eigene Befriedigung suchte, gab er doch auch genau darauf acht, daß auch ich zu voller Befriedigung gelangt. Das ist ganz genau eines jener Erlebnisse, das ich niemals vergessen möchte.«

Seit wir schon von frühester Jugend an darauf gedrillt werden, daß Schönheit für weibliche Wesen von höchster Wichtigkeit ist, leiden viele Frauen unter traumatischen Auswirkungen, die aus körperlichen Mißbildungen entstehen, zu denen auch Narben von Verletzungen oder Operationen gehören. Hat eine Frau es aber erst einmal geschafft, sich von einem Geschlechtspartner nach einer solchen Operation nackt anschauen zu lassen, dann ist sie auch auf dem besten Wege, ihre psychische Behinderung zu überwinden.

Sonya, 40 Jahre alt, erzählte, wie sie ihre negativen Gefühle nach einer schweren Herzerkrankung zu überwinden lernte:

»Vor vier Jahren hatte ich eine Operation am offenen Herzen. Bis zu dieser Zeit hatte ich ein volles, aktives Leben geführt. Die Operation war ein stark traumatisches Erlebnis. Ich stand vor und während der Operation und auch noch nach diesem Erlebnis dem Tode sehr nahe. Als ich aber erst einmal wußte, daß ich überleben würde, und mich auf dem Wege der Besserung befand, habe ich mich ganz bewußt dafür entschieden, wieder ein so prall gefülltes und normales Leben zu leben, wie es nur irgend möglich sein würde. Diese Entscheidung schloß ein ausgefülltes, aktives Sexualleben ein. Aber da gab es eine Reihe von Dingen, mit denen ich mich zuerst auseinandersetzen, mit denen ich fertig werden mußte. Eines dieser Dinge war mein äußeres Erscheinungsbild. Ich habe eine Narbe, die vom Hals bis zum Bauchnabel verläuft. Ihretwegen hatte ich Angst, daß mich jeder Mann, den ich treffen würde, für einen Krüppel halten würde. Aber ich habe zwischenzeitlich die Erfahrung gemacht, daß diese Narbe noch keinen einzigen Mann gestört hat. Nicht ein Mann fand mich deshalb unattraktiv.

Außerdem schlägt mein Herz unrhythmisch, und wenn ich mich zu sehr anstrenge, schlägt es auch sehr laut und für den anderen durchaus wahrnehmbar. Auch damit habe ich gelernt, fertig zu werden und mich zu entspannen. Ich denke, es ist meine eigene Einstellung, die den Unterschied bewirkt. Ich fühle mich einfach gesund. Ich weiß zwar genau, daß ich ein ernstes Herzleiden habe, das eine chronisch sich verschlimmernde Angelegenheit ist. Aber ich ziehe es ganz bewußt vor, ein gesundes, normales Leben zu leben. Und das klappt ausgezeichnet. Vielleicht liegt in dieser, meiner eigenen Haltung auch der Grund, warum meine Narben nie einen Sexualpartner gestört haben. Weil ich so viel Spaß und Schwung in meinem Leben habe, sehen sie mich womöglich viel stärker, als sie meine Narben zur Kenntnis nehmen.«

Körperliche Mängel

Frauen mit Körperbehinderungen sind sexuell durch ihre körperlichen Möglichkeiten, aber auch von der allgemeinen Einstellung der Gesellschaft eingeschränkt. Sie werden als sexuelles Neutrum gesehen. Wenn die Körperbehinderung schon mit der Geburt oder in frühem Kindheitsstadium begann, wuchsen Frauen oftmals in dem Bewußtsein auf, daß Freunde und romantische Begegnungen nur zu den Freuden der anderen Mädchen ihres Alters gehörten, sie selbst aber gleichsam von vornherein aus dem Rennen seien. Die notwendige Behandlung durch Ärzte, für die sie nur ein Objekt, ein klinischer Fall sind, lehrte sie ihren Körper als etwas Fremdes anzuschauen. Dazu kam, daß ein solches Mädchen in der Regel von seinen Eltern über Gebühr beschützt wird. Die 27jährige Lorraine lebt allein und ist durch eine Hirnlähmung behindert. Sie ist als Beraterin für Behinderte tätig und beschrieb uns einige jener Gefühle, wie sie bei Körperbehinderten ziemlich allgemein anzutreffen sind:

»Ich habe eine Hirnlähmung, die durch eine Verletzung bei der Geburt entstanden ist. Vom zweiten bis zum siebzehnten Lebensjahr trug ich von der Taille abwärts Beinschienen und befand mich ständig in ärztlicher Behandlung. Daraus entstanden eine Menge negativer Auswirkungen auf meine Selbsteinschätzung, vor allem in bezug auf meinen Körper und meine Sexualität. Bis heute belästigt es mich, wenn ich angefaßt werde, weil man mich bei der medizinischen Behandlung und den zwanzig Jahren körperlicher Untersuchungen oft vor medizinischem und anderem klinischem Personal zur Schau stellte. Wenn diese Leute mich berührten – Therapeuten, Ärzte, Pflegepersonal –, taten sie es immer nur aus diagnostischen Gründen. Zum Beispiel bei einer neurologischen Untersuchung fragte man mich: ›Ist das scharf oder stumpf? Ist das heiß oder kalt?‹, aber niemals: ›Wie fühlt sich das an? Wie fühlen Sie sich selbst dabei?‹ Die Leute erlaubten sich alles mit meinem

Körper bei ihren Behandlungsmethoden, und ich hatte niemals das Empfinden, meinen Körper auch einmal als Teil meiner selbst betrachten zu dürfen und zu sagen: ›Einen Moment mal, bitte, Sie gehen hier mit mir um.‹ Meiner Ansicht nach wäre wohl ein Erwachsener in der Lage gewesen, so etwas zu sagen. Als Heranwachsende bildete ich mir ein, daß das alles nun einmal so sein müsse. Deshalb konnte ich nur den Standpunkt vertreten, daß hier nicht der Platz sei, an dem ich einmal selbst meinen Mund aufmachen dürfe.

Also lebte ich mit meinen Gefühlen des Behindertseins und des nur Objektseins für andere, wobei ich mich selbst gegen alles abzuschirmen versuchte, was da vor sich ging. Im Teenageralter wurde ich dann mehr und mehr meines Aussehens bewußt und wurde immer unglücklicher dabei. Ich mühte mich ab, gehen zu lernen und meine schweren Beinschienen herumzuschleppen. Ich versuchte auch, alle körperlichen Impulse, vor allem jene sexueller Art, zu ignorieren.

Ich erinnere mich, daß ich als kleines Kind überraschende Gefühlserlebnisse in den Genitalien hatte, aber nicht wirklich masturbierte, weil ich keine Ahnung hatte, was das eigentlich sein könnte. Aber ich lernte die Muskeln in meiner Vagina kennen und merkte, daß es Freude bereitete, wenn ich sie zusammenzog. Ich wußte aber nicht, daß das ein sexuelles Gefühl sei. Meine Eltern erzählten mir zwar von der Biologie des Geschlechtslebens und von der Zeugung, aber ich bekam auch eine subtile Einstellung der Familie mit, daß das Gebiet der Sexualität für mich wegen meiner Behinderung nicht in Frage komme. Das haben sie mir nicht ins Gesicht hinein gesagt. Es kam sozusagen wortlos aus der mich umgebenden gesellschaftlichen Atmosphäre. Ich konnte mir einfach nicht vorstellen, daß irgendein Mensch mich zum Ziel seiner Wünsche machen, mich anziehend finden könnte. Als ich in der höheren Schule war und begann, sexuelle Erregungszustände zu bekommen, vertrat ich den Standpunkt, daß ich nicht dazu bestimmt sei, solche Gefühle zu haben. Ich sah zwar, daß Gleichaltrige auch solche Zustände hatten, und das empfand ich als in Ordnung, nur für mich durfte es sie nicht geben, denn ich war anders als andere.

Was mir am meisten geholfen hat, war die Trennung von

meinem Elternhaus und ein größeres Maß an Selbständigkeit. Daheim hatte ich nicht die Möglichkeit zu soviel Abgeschlossenheit, daß ich dort hätte masturbieren können. Es bedeutete für mich den Wendepunkt, als ich eine eigene Wohnung bekam und damit fertig zu werden hatte, mit mir allein zu sein. Auch lernte ich eine Frau kennen, mit der ich mich eng befreundete. Neue Freunde zu gewinnen und auf eigenen Füßen zu stehen, das war das, was meine Selbsteinschätzung erhöhte und mir half, positive soziale Beziehungen zu gewinnen. Und das wiederum half mir dann, auch sexuelle Begegnungen herbeizuführen und zu wirklichen Partnerschaften zu entwickeln.«

Wenn eine behinderte Frau energisch genug ist, gegen die gesellschaftlichen Vorurteile anzugehen und sich selbst nach Sexualpartnern umzuschauen, findet sie natürlich nur ein ziemlich begrenztes Feld von Interessenten vor. Ist sie an den Rollstuhl gefesselt, ist Beweglichkeit für sie ein Problem, und der Weg vom Rollstuhl auf eine Couch oder ein Bett kann sehr störend wirken. Ist sie dann erst im Bett, kann auch da ihre Beweglichkeit nur begrenzten Umfang haben, was von Schwierigkeiten mit gewissen Stellungen oder beim Wechsel von einer Stellung zur anderen herrühren kann. Lorraine teilte uns mit, wie sie mit derlei Problemen fertig wird:

»Meine Hüfte ist ziemlich steif. Das Gelenk ist inzwischen abgenutzt, und das bedeutet, daß mir gewisse Sexpositionen Schmerzen bereiten. Meine Behinderung hat auch für das Spreizen meiner Beine Grenzen gesetzt. Nicht nur das Einnehmen entsprechender Sexstellungen, sondern auch die Bewegung auf schmalem Raum ist für mich schmerzhaft.

Wenn man mit so vielen Dingen gleichzeitig beschäftigt ist, wie der Versuch des Sichbewegens beim Geschlechtsverkehr, wobei man gleichzeitig noch den Partner stimulieren möchte, kann es vorkommen, daß der Partner dabei seine Erektion verliert. Dann müssen sich beide gemeinsam bemühen, wieder in die richtige sexuelle Erregung zu kommen. Das ist mehr als jemandem zu verzeihen und zu lachen, um sich wieder wohlzufühlen und sich zu entspannen. Es ist mir schon passiert, daß ich einem Partner mit dem Ellbogen ins Auge gestoßen habe, weil ich zu jeder Lageveränderung die Arme zu Hilfe nehmen muß. Meine Beine können kein Gewicht tragen, deshalb sind meine Bewegungen ziemlich ungeschickt. Ich habe zwar ein ausreichendes Selbstbewußtsein, aber bei weitem nicht mehr so ausgeprägt wie früher. Wenn ich mit einem Mann zusammen bin, für den das Aussehen wichtig ist, kann ich zwar mein eigenes Erscheinungsbild zur Kenntnis nehmen, aber ich bin heute an dem Punkt angelangt, an dem mir bewußt ist, daß das sein Problem ist und nicht meines. Man hat ihnen ein sehr enges Bild von dem eingeprägt, was Schönheit ist, während ich gelernt habe, weit darüber hinauszugehen. Zuweilen mag es mich zwar noch überkommen, daß ich denke: ›Himmel, ich möchte doch gern so oder so aussehen.‹ In der Regel fühle ich mich aber als eine sehr anziehende Frau. Nur wenn ich mich eingeengt fühle, wünsche ich mir, eine Athletin oder wunderschön zu sein, aber wenn ich nicht gerade das Gefühl habe, ein Bleiklotz zu sein, mache ich mich in keiner Weise mehr mit solchen Gefühlen verrückt.«

Lydia, eine 21 Jahre alte Studentin, die mit Kommilitoninnen das Zimmer teilt und allein steht, erläutert die Faktoren, deren sie bedarf, um ein gutes sexuelles Erlebnis zu haben:

»Ich habe eine Rückenmarkverletzung vom Quadriplex her als Folge eines Tauchunfalls, bei dem ich vierzehn Jahre alt war. Durch meine Behinderung kann ich mich nicht frei bewegen und muß sehr vorsichtig sein in bezug auf die Sexpositionen, die ich brauche und die mir Freude bereiten. Daher muß ich immer um diese bitten. Mein Partner darf sich nur in ganz bestimmter Weise bewegen oder mich nur so hinlegen, daß ich in der Lage bin, ihn zu berühren oder ihn in die Arme zu schließen oder auch nur für mein eigenes Bedürfnis bequem im Bett liege. Ich muß mit ihm über die verschiedenen Empfindungen in den verschiedenen Teilen meines Körpers sprechen. Ich habe totale oder teilweise Sinnesempfindungen in bestimmten Teilen meines Körpers, und das muß ich ganz genau erklären. Ich muß ihm sagen, was mein Körper wahrnimmt und was nicht und welche Empfindungen für mich angenehm sind, sowie welche Art der Sinnesempfindungen bei mir Komplikationen hervorrufen könnten. So vertrage ich zum Beispiel keine direkte Stimulation der Clitoris. Dabei kommt es zu Reflexverwirrungen, während mein Blutdruck stark ansteigt und ich im ganzen Bauch starke Krämpfe bekomme, die für mich außerordentlich lästig sind. Deshalb ist für mich bei der genitalen Stimulierung weniger der direkte Reiz angenehm, wie etwa das Eindringen, als vielmehr das intensive Streicheln der Schamlippen.

Man hat mich gelehrt, ich sei gelähmt und könne keine Sinnesempfindungen haben, denn wenn man irgendeinen Gegenstand in mich einführte, spürte ich das gar nicht. Das habe ich auch eine Zeitlang geglaubt, aber dann begann ich zu denken, daß da doch wohl noch viel mehr Möglichkeiten im Körper steckten als nur die, daß etwas zusammengedrückt wird. Ich lernte das Gefühl von angenehmem Druck kennen, lernte auch erfahren, wie der Körper heiß oder kalt empfindet und erfuhr eine Menge über die Sinnesempfindungen meines Körpers und was mein Körper gern hatte. Ich lernte die alten Empfindungen wiedererkennen und dazu eine ganze Menge neuer, die sich von den früheren unterschieden, obwohl man mich glauben gemacht hatte, ich könne überhaupt keine sinnlichen Empfindungen haben. Für mich bedeutete es eine wirkliche Überraschung, was mich alles sexuell erregen kann.

Ich hatte ein Erlebnis, bei dem die Innenseite meiner Arme gestreichelt wurde und das war ganz herrlich. Ich hatte noch niemals über die Innenflächen meiner Arme nachgedacht und war völlig überrascht. Das veranlaßte mich dann, auch über andere Partien meines Körpers nachzudenken, die ich bislang nicht gerade als unbedingt sexuell ansprechbar betrachtet hatte.«

Es ist nicht ungewöhnlich, daß Frauen mit gewissen Behinderungen nur eine ungenügende Kontrolle über das Wasserlassen und den Stuhlgang haben. Deshalb bilden Blasen- und Darmkontrolle oft einen kritischen Punkt für sie. Jill, die an multipler Sklerose leidet und an den Rollstuhl gebunden ist, trägt keinen Dauerkatheter. Sie wird in der Regel mit ihren Blasen- und Darmproblemen durch Kontrolle der Flüssigkeits- und Nahrungsaufnahme fertig:

»Das erste, was ich einen Partner wissen lasse, ist die Tatsache, daß es bei mir zu unkontrolliertem Urinabfluß kommen kann und daß er darauf gefaßt sein muß. Ich suche dem dadurch zuvorzukommen, daß ich vor dem Sex nicht viel Flüssigkeit zu mir nehme. Ich muß ziemlich gleichmäßig Flüssigkeit aufnehmen, andernfalls schrumpft meine Blase, und das würde noch mehr Schwierigkeiten mit sich bringen. Für Menschen im Rollstuhl ist das eine ganz einfache Sache. Ich passe nur auf, wieviel Flüssigkeit ich kurz vor dem Sex aufgenommen habe, und versuche dann, unmittelbar vor dem Sex noch einmal Wasser zu lassen. Auch schlage ich vor, daß wir erst ein Bad nehmen, ehe wir mit dem Vorspiel beginnen. Das ist schon in sich selbst ein echter Spaß, und ich bin obendrein sicher, daß ich keinen Uringeruch mehr an mir habe.

Die ganze Sache mit dem Nichthaltenkönnen des Stuhlganges während des Geschlechtsverkehrs ist das andere Problem. Ich versuche es dadurch unter Kontrolle zu halten, daß ich genau aufpasse, was und wieviel ich esse. Dadurch kann ich einigen Schwierigkeiten aus dem Wege gehen. So würde ich zum Beispiel keine grob geraspelte Diät essen, bevor ich Geschlechtsverkehr haben will, denn das Grobgeraspelte hat die Neigung, direkt durch mich hindurchzugehen. Brot, Reis, Bananen, Fleisch und Geflügel zum Beispiel werden langsamer verdaut. In jedem Fall muß jeder Mensch selbst ausprobieren, welche Art Kost von seinem Körper langsamer verdaut wird als andere.«

Lydia trägt einen Dauerkatheter. Sie findet, daß er sie beim Geschlechtsverkehr nicht stört, wenn sie ihn an ihren Körper anklebt:

»Ich trage einen Katheter, aber er ist mir beim Geschlechtsverkehr oder auch beim Masturbieren nicht im Wege. Ich klebe ihn an meiner Seite an, so brauche ich nicht zu befürchten, daß er herausgezogen oder durch das Rucken selbst sich herausarbeiten kann. Außerdem irritiert mich auf diese Weise nicht irgendein Reiben am Katheter während des Geschlechtsverkehrs.

Mit den Därmen habe ich eigentlich beim Geschlechtsverkehr kaum Probleme kennengelernt. Einmal ist mir während des Geschlechtsaktes etwas passiert. Aber das ist nur ein einziges Mal vorgekommen und dazu geschah es mit jemandem, mit dem ich mich absolut sicher fühlte, wirklich sicher, so daß das in diesem Fall beinahe eine Art fröhlichen Ereignisses war. Ich hatte zwar davon gehört, daß das bei anderen Leuten passieren kann, aber ich dachte im Traum nicht daran, daß so etwas auch bei mir vorkommen könnte. Deshalb ist es mir aber lieber, ich kann den Partner rechtzeitig vorher darauf aufmerksam machen, daß bei mir immer die Möglichkeit besteht, daß der Katheter einmal herausrutscht, oder daß es bei mir zu einem Zwischenfall mit dem Darm kommen kann. Sollte dann wirklich einmal etwas vorkommen, war der Partner in jedem Fall darauf vorbereitet.«

Einige medizinische Probleme ergeben sich aus mangelnder Funktion oder der Entleerung des Darmes. Diese Frauen sind darauf angewiesen, immer einen Sack zu tragen, der den Kot aufnimmt. Die 35jährige Maggie, Mitglied einer Universitätfakultät, ist allein, lebt aber mit ihrem Freund zusammen. Sie hat einen künstlichen Darmausgang als Folge einer geschwürbildenden Darmentzündung. Sie berichtete uns freimütig:

»Vor neuneinhalb Jahren hatte ich eine Ileostomie, und seit dieser Zeit war mein Augenmerk auf diesen Sack gerichtet, den ich nun für den Rest meines Lebens tragen muß. Ich habe mich wirklich gequält damit, diese Tatsache auf positive Weise in das Bild einzubauen, das ich mir von mir selbst mache, und daß der künstliche Darmausgang nicht alles ist, was mich ausmacht.

Sexuell sind für mich einige Probleme daraus entstanden. Wenn ich mit jemandem zusammen bin, liegt dieser Sack zwischen uns und fällt hin und her, weil er zwar an einer Stelle befestigt, aber etwa zehn Zentimeter lang ist, also auch so weit herunterhängt. Ich muß jederzeit auf ihn aufpassen und darauf achten, daß er richtig liegt, denn sonst könnte er uns in die Quere kommen. An seinem Ende ist ein Clips, der die Öffnung verschließt. Es kommt immer wieder vor, daß sich mein Schamhaar oder auch das des Mannes darin verfängt. Ein anderes, sozusagen logistisches Problem ist, zu verhüten, daß bei intensivem und lebhaftem Liebemachen sich der Sack nicht selbständig macht, was immerhin im Bereich des Möglichen liegt. Das ist mir vielleicht drei- oder viermal passiert. Das ist nicht viel in zehn Jahren, aber die Möglichkeit für einen solchen Unfall besteht immer. Deshalb passe ich darauf besonders auf und kontrolliere immer wieder mit der Hand, daß sich der Sack nicht gelöst hat und abgehen kann. Früher trug ich einen Gürtel, um damit den Sack festzuhalten, aber der Gürtel lockerte sich bei den Bewegungen des Geschlechtsverkehrs. Jetzt habe ich den ganzen Verschluß mit Klebestreifen befestigt, was mir besser erscheint. Diese Art Pflaster heißt ›Neue Hoffnung‹ und wird von den ›Neue-Hoffnung-Laboratorien‹ in Los Angeles hergestellt. Es wird als extra breite Pflasterstreifen bezeichnet.

Diese gehen da, wo der Sack an den Körper geklebt ist, ganz um die Taille herum. Das hilft in jedem Fall insoweit, als das Pflaster auch dann den Sack noch festhält, wenn er sich lösen sollte, ehe der Kot auszutropfen beginnt. Und das wäre in jedem Fall außerordentlich unangenehm und problematisch.

Die andere sexuelle Schwierigkeit, mit der ich fertig werden muß, ist die, daß ich keinerlei Kontrolle darüber habe, wann sich der Sack füllt. Wenn er leer ist, liegt er flach an meinem Körper an, so daß er nicht stört, wenn jemand auf mir liegt. Dann ist es kein Problem. Aber er kann sich in kurzer Zeit mit Darmgas, Flüssigkeit oder Kot füllen, und darüber habe ich keinerlei Kontrolle. Ich muß dann vom Bett aufstehen und ins Badezimmer gehen. Deshalb gehe ich auch, ehe ich mit jemandem ins Bett gehe, immer zuerst ins Badezimmer, um den Sack zu leeren. Im Laufe der Jahre habe ich gelernt, die Zeiten in etwa abschätzen zu können, in denen er sich füllen könnte. So ist es keine glückliche Idee, mit jemandem ins Bett gehen zu wollen, wenn ich kurz zuvor noch etwas gegessen habe. Aber das einzige, was ich wirklich tun kann, ist, unmittelbar vor dem Zubettgehen noch einmal ins Badezimmer zu marschieren und ebenso, wenn ich mitten in der Nacht wach werde und erneuten sexuellen Kontakt wünsche. Ich kann niemals für acht, nicht einmal für sechs Stunden weggehen, ohne den Sack zu leeren.

Ein anderes planerisches Problem ist jenes, daß die Ileostomie die Möglichkeiten für mich verändert hat, mit anderen Menschen sexuell zu verkehren. Seither kann ich einfach nicht mehr spontan mit jemandem ins Bett gehen. Ich muß mit ihm erst ein ernsthaftes Gespräch führen. So ein schneller kleiner Fick oder ähnliche Scherze sind für mich nicht mehr möglich. Irgendwann zu einem sehr frühen Zeitpunkt habe ich mich entschlossen, mit niemandem mehr ins Bett zu gehen, wenn ich ihm gerade zuvor erst erzählt habe, daß ich einen künstlichen Darmausgang habe, um mich so vor Enttäuschungen zu schützen. Ich wollte ihnen erst alles erzählen und sie dann erneut wiedersehen, ehe ich mit ihnen Geschlechtsverkehr haben wollte. Auf diesem Wege hoffte ich sicher zu sein, daß sich nicht irgendeiner von der Leidenschaft des Augenblicks hinreißen ließe, um dann von dem Anblick zurückgeschreckt zu werden. Mir schien es besser, ihnen Zeit zu geben, um darüber nachzudenken und ihre eigene Einstellung dazu zu finden, ehe ich mich selbst einer verletzenden Situation aussetzte. Eines der Probleme bei dieser Art der Annäherung ist das, daß viele Leute, denen ich mit der Information über meine Krankheit entgegentrat, sich scheuen, mir klar zu sagen, daß sie sich davor ekeln. Schließlich bin ich zu dem Punkt gelangt, an dem ich eventuellen Partnern vorher nicht nur davon erzähle, sondern ihnen auch die Sache direkt zeige, ehe wir zusammen ins Bett gehen. Ich beschreibe ihnen auch ganz klar und eher mit ein wenig Übertreibung einige der für mich daraus entstehenden Probleme, wie sie auch während des Geschlechtsaktes auftreten können, etwa daß der Sack sich öffnen kann. Das war für mich vor allem in der Zeit wichtig, in der ich meine eigene Sexualität erneut erforschte und es dringend nötig hatte, mich freier zu fühlen. Die Ileostomie machte alle Dinge sehr ernst, und das war natürlich schwierig.«

Einige durch Krankheit hervorgerufene Veränderungen im Körper, zu denen die multiple Sklerose gehört, führen oft zu einer verminderten Fähigkeit, einen Orgasmus zu erleben. Zuweilen kann ein Vibrator in einer solchen Situation hilfreich sein, aber vielleicht ist es noch viel wichtiger, einen Wechsel der eigenen inneren Einstellung zum Sex herbeizuführen.

Jill, die seit sechzehn Jahren an den Rollstuhl infolge einer multiplen Sklerose gefesselt war, beschrieb uns den Weg, auf dem sie für sich den Sex wieder wünschenswert und erfreulich werden ließ:

»Manchmal dauert es länger, bis ich komme, und ich brauche mehr Stimulierung. Es kann aber auch sein, daß ich unter gar keinen Umständen zum Orgasmus kommen kann. Aber ich habe es gern, sehr viel zu küssen. Ich versuche immer daran zu denken, daß der Genuß beim Liebemachen nicht von mir allein, sondern auch von meinem Partner kommt. Ich versuche auch, alles was ich tue, selbst zu genießen, indem ich mich auf die Gegenden meines Körpers konzentriere, die noch ausreichend sensitiv sind. Im allgemeinen denken wir, daß nur die Genitalien erotisch sind und bemühen uns deshalb, diese in erster Linie zu stimulieren. Gegenwärtig gibt es an meinem Körper eine Reihe anderer Gegenden, die sehr ansprechbar sind und mir immer erotischer zu werden scheinen, je mehr Aufmerksamkeit ihnen gewidmet wird. Das Größte ist aber, daß ich mir selbst keinen Orgasmus mehr vorspiele. Mein Partner und ich genießen es, uns gegenseitig zu lieben – der Genuß des Liebemachens als solchem ist das, was bei uns zählt. Man muß nicht immer einen Orgasmus haben. Liebemachen ist viel mehr als nur Orgasmus. Es ist der Genuß des Liebemachens, das Beieinandersein, sich gegenseitig etwas geben, sich lieben und liebkosen. Schon allein die gegenseitige Berührung und das Schmusen sind ganz einfach großartig.«

Es erscheint uns absolut klar, daß die Frauen alles Mögliche unternahmen, um Probleme zu lösen, die ihren Genuß am Sex zu beeinträchtigen schienen. Sie scheuten auch vor den denkbar größten Umständen keineswegs zurück, um zum Ziel zu gelangen, wenn sie ausreichend motiviert waren. Da unsere Befragungen von Frauen mit ernsthaften körperlichen Problemen recht begrenzt waren, konnten wir hier nur einen kleinen Ausschnitt möglicher Lösungen anbieten. Unsere Hoffnung besteht darin, daß die wenigen, die wir ausgewählt haben, unseren Leserinnen neue Ideen zur Bewältigung der eigenen Situation vermitteln. Sie mögen dabei mehr Möglichkeiten kennenlernen, als sie sich in der Vergangenheit vorstellen konnten. Allerdings gerade an dieser Stelle dieser Arbeit mögen sie auch das Gefühl haben, daß ihre Situation so einmalig sei und so aus allem Üblichen herausfalle, daß nichts, was sie hier gelesen haben, von ihnen zu ihrem Nutzen verwendet werden könnte. Das mag richtig sein. Andererseits sollte man die beiden folgenden Positionen ebenfalls in Erwägung ziehen. Die eine ist die, daß man wirklich zu der Erkenntnis gelangt, daß die Probleme beim Partner liegen, und daß es für ihn einfach nötig ist, daß er sich wandelt, um das entstandene Problem lösen zu können. Wenn das die einzige Lösung ist, die eine Leserin zu erkennen vermag, so meinen wir ihr sagen zu müssen, daß die Chancen für eine Lösung sehr klein sind. Man kann einen anderen nur sehr schwer ändern. Ein Mensch ändert sich nur, weil er sich in der bisherigen Situation so unbequem fühlt, daß er es vorzieht, durch die Unannehmlichkeiten und Ängstlichkeiten einer Änderung hindurch nach etwas Neuem zu suchen. Infolgedessen setzt man in diesem Fall all seine Hoffnungen auf des Partners Handeln oder Sichändern. Man mag dabei nicht das Geringste tun, um sich selbst zu ändern, um etwas Neues hervorzubringen oder man weist sogar alles zurück, weil man es zwar tun könnte, aber wegen der damit zunächst einmal verbundenen Unbequemlichkeiten nicht tun mag. Ist aber der Partner nicht das Problem, so sollte man nach unserer Meinung zunächst einmal schauen, ob dieses Problem, mit dem man sich herumschlägt, auch irgend eine positive Auswirkung hat. Das ist die zweithäufigste Begründung dafür, daß jemand für eine sexuelle Schwierigkeit keine Lösung findet. In diesem Falle ist es meist leichter, mit dem Problem zu leben, als mit den bei seiner Lösung auftretenden Schwierigkeiten fertig zu werden. Wenn zum Beispiel eine Frau keine Lust zum Sex hat und all ihre und ihres Partners Versuche, sie auf Touren zu bringen, fehlschlagen, weil sie sich nach wie vor völlig asexuell fühlt, dann wird es besser sein, wenn sie ›nein‹ sagt zum Sex, weil sie sich gegenwärtig nun einmal nicht erregt fühlt. Ist sie aber selbst erregt, mag sie fürchten, daß ihr Mann dann einen solchen Dauerappetit auf Sex bekommen könnte, daß er nur noch Sex mit ihr haben wolle. Eine andere Frau meinte, ein wenig Kühle von ihrer Seite wäre ein guter Weg, um zwischen sich und ihrem Partner ein wenig Distanz zu erhalten. Wenn sie selber kühl bleibe, könne sie den Grad der Intimität kontrollieren, der aus einer zu engen Verbundenheit beim Sex entstehen könne. In beiden Fällen waren die Ängste unbewußt, und es bedurfte professioneller Hilfe, um die Zusammenhänge bewußt werden zu lassen. War das erst einmal geschehen, konnten die Frauen ihre Ängste erkennen und entscheiden, welche Art von Wandel sie in ihren Beziehungen herbeizuführen wünschten. Wir empfehlen zunächst, sich mit dem unbewußten Material zu beschäftigen, indem man zu erkennen versucht, welche Negativerscheinungen sich einstellen könnten, wenn man die sexuellen Probleme lösen würde, um dann anschließend diese Befürchtungen mit dem Partner zu diskutieren. Ist man aber nicht in der Lage, die unbewußten Befürchtungen sich selbst bewußt zu machen und hat keinen Erfolg mit dem Versuch gehabt, die entstandenen Probleme allein zu lösen, dann könnte sich fremde Hilfe in Form eines Beraters oder einer Therapie als nützlich erweisen.

Schwangerschaft und Sexualität

Einer der Gründe, warum über Schwangerschaft und Sexualität so wenig gesprochen wird, liegt in der Tatsache begründet, daß Frauen in unserer Gesellschaft von vornherein schon Schwierigkeiten haben, über sexuelle Dinge zu reden. Und das gilt in noch viel größerem Ausmaß für schwangere Frauen.

Die meisten Ärzte sprechen nicht gern über Sexualität, vielleicht weil die meisten von ihnen auf diesem Gebiet keinerlei Ausbildung haben. Als Konsequenz aus dieser Situation haben wir in diesem Kapitel Informationen von 61 Frauen zusammengefaßt, die in der Vergangenheit einmal schwanger gewesen sind, ferner weiteren elf Frauen, die entweder zur Zeit des Interviews schwanger waren oder erst im letzten Jahr geboren hatten. Zusätzlich interviewten wir die meisten der Frauen in anderen Umständen zum zweiten Male innerhalb sechs Monaten nach ihrer Entbindung.

Schwanger werden

Schwanger werden ist nicht unbedingt die Freude, auf die sich Ehepaare in ihrer Mehrzahl vorbereiten. Nachdem sie jahrelang bewußt Empfängnisverhütungsmittel benutzt haben und sich vor Empfängnis zu falscher Zeit Sorgen machten, empfanden einige Paare nun die Empfängnis als eine schwierige Aufgabe. Wenn sie ein Problem war, wurden einige unbequeme Emotionen geweckt, wie eine der Frauen uns erklärte:

»Ich fühle mich innerlich wie tot. Ich komme mir wie ein Verlierer vor. Ich denke an Heinrich VIII. und wie er alle seine Frauen umbrachte, weil sie ihm keine Kinder zur Welt brachten, und alle jene anderen Kulturen, die unfruchtbare Frauen ausgerottet haben. Und ich denke dann bei mir, daß ich eine jener

Frauen bin, die man eben auf die Seite legt. Ich fühle mich wie weggestoßen. Es ist, als hätte ich einen Vertrag mit Gott gebrochen und stünde nun irgendwie allein da, außerhalb der Harmonie des Universums.«

Die Frauen lernten nicht allein die Angst kennen, daß sie niemals schwanger werden könnten, vielmehr waren sie und ihre Männer auch gezwungen, sich obendrein jenem unmenschlichen Verfahren von Tests und Untersuchungen zu unterziehen, um die Ursachen der Schwierigkeit zu klären. In solchen Situationen wurde ihre Sexualität oftmals mit beachtlichem Zwang und Ängsten belastet, was wiederum zu dem Ergebnis führte, daß ein früher genußreiches und oftmals spontanes Erlebnis sich in eine geplante und programmierte Pflicht verwandelte, die häufig genug den ganzen sexuellen Verkehr des Paares zu strapaziösem Streß werden ließ.

Naomi, eine 33 Jahre alte Gesundheitsberaterin, die zehn Jahre lang versucht hatte, schwanger zu werden, berichtete uns, wie die Teilnahme an einer ›Erlösungskonferenz‹ zusammen mit ihrem Ehemann, dem Rabbiner Isaak, die geistige Qual irgendwie zu erleichtern schien:

»Eine Sache, die sich für mich als hilfreich erwies, war die Erlösungs-Konferenz, eine Veranstaltung nur für Unfruchtbare. Diese Organisation gibt Informationen heraus und verfügt über Gruppen von Helfern und Beratern, die einem zur Seite stehen, damit man mit der Unfruchtbarkeit fertig wird. Ich kam zu ihrer Konferenz und saß da unter allen den Menschen, die das gleiche Problem hatten wie ich. Es war, als käme man aus der Abgeschiedenheit heraus. Es war wirklich merkwürdig, alle diese Menschen zu sehen, die wirklich nicht wie Aussätzige wirkten. Ich schaute herum, sah mir die anderen Frauen an, und sie sahen wirklich hübsch aus, so daß ich dachte, ›also ist es doch nicht so, weil ich häßlich bin‹.

Da war ein klinischer Psychologe, der war wirklich wundervoll. Während er sprach, habe ich nur dagesessen und geweint. Er war derjenige, der uns empfahl, sich nur im Arm zu halten. Er sagte, der Mann solle seine Frau nur in den Arm nehmen. Man muß dabei gar nichts sagen, sie braucht es nur, daß sie gehalten wird. Auf einmal taten wir es. Isaak fühlte sich erleichtert, daß er ›irgend etwas‹ tat in Anbetracht der Tatsache, daß wir nicht zeugungsfähig schienen.

Isaak half mir auch beim Sex, wenn ich es übers Knie brechen wollte und mich nicht entspannen konnte und das genießen, was jetzt gerade geschah. So, wenn ich auf den Kalender schaute und feststellte, daß an diesem Tage wahrscheinlich bei mir der Eisprung fällig sein mußte, so daß ich den Geschlechtsverkehr wollte, ohne daß mir danach zumute war.

Bei dieser Konferenz lernte Naomi auch, daß die folgenden, weitaus von den meisten Menschen geglaubten Gründe für Unfruchtbarkeit falsch sind:

»Da gehen eine Menge Mythen um über das, was ein Schwangerwerden verhindere, und das kann einen wirklich empfindlich stören beim Geschlechtsverkehr. Zum Beispiel heißt es, unmittelbar nachdem der Mann komme, befinde sich der Samen in flüssigem Zustand für etwa eine Sekunde, und dabei gehe das Sperma heraus, worauf sich der Samen in Geleeform verwandle. Dann würde er innerhalb einer Minute wieder schmelzen, und man fühle ihn dann herausrinnen. Ich dachte immer, daß auch das Sperma mit herausläuft. Aber das Sperma habe in jedem Fall auch die Chance, seinen richtigen Weg zu finden, weshalb man nicht dazusitzen brauche, um es in sich zu behalten. Trotzdem mache ich jede Wette, daß 99 % aller Ärzte dazu sagen, ›behalte es in dir, stell dich auf den Kopf, stemm deine Beine zurück, damit nicht alles herausläuft‹. Das zu lernen, war eine Erleichterung. Auch hatte ich die Idee in meinem Kopf, daß ich nicht schwanger werden könnte, wenn ich keinen Orgasmus hätte. Deshalb hatte ich immer, wenn wir Liebe machten und ich keinen Orgasmus hatte, den wirren Einfall, ich hätte mal wieder meine Chance verpaßt.«

Sexuelles Interesse

Der Mangel an Forschungen über Schwangerschaft und Sexualität ist wirklich erstaunlich. Einige Untersuchungen lassen erkennen, daß Frauen zu weniger Geschlechtsverkehr tendieren, wenn die Schwangerschaft fortschreitet, vor allem während der letzten drei Monate, wenn die Frauen mehr dazu neigen, sich in bezug auf ihr äußeres Aussehen weniger wohlzufühlen. Das gilt aber durchaus nicht für alle Frauen, die wir interviewt haben.

Rebekka, eine 32 Jahre alte Ernährungswissenschaftlerin, die seit fünf Jahren mit Richard, einem Anwalt, verheiratet ist und sich zur Zeit des Interviews im achten Monat befand, erzählte:

»Während der ersten drei Monate fühlte ich mich in der meisten Zeit sehr elend. Ich war immer müde, und wenn ich ins Bett ging, hatte ich nur den Wunsch zu schlafen und die Übelkeit loszuwerden. In diesem Zustand war Sex das, was mir wirklich am allerfernsten lag.«

Viele jener Frauen, die nicht unter Übelkeit zu leiden hatten, stellten bei sich ein Gefühl ständiger sexueller Erregung fest, waren aber häufig zu erregt, um Sex zu haben, wie es bei Harriet der Fall war:

»Während der ersten drei Monate war ich ständig müde und schläfrig und das, obwohl ich mich wirklich richtig sexy fühlte, es war zum Heulen, wenn wir bereit waren, Liebe zu machen, war es bereits acht Uhr abends. Deshalb habe ich während der ersten drei Monate meiner Schwangerschaft meist masturbiert. Manchmal war es zwei Uhr nachmittags, und Tom war nicht da, ich aber total aufgedreht. Wir waren damals beide berufstätig, und bis wir beieinander waren, fühlte ich mich bereits zu müde zu allem. So kam es, daß wir während der ersten drei Monate meiner Schwangerschaft praktisch gar keinen ehelichen Verkehr miteinander hatten. Aber dann kehrte bei mir alle Energie zurück, und ich wurde wieder lebendiger, so daß wir während der zweiten drei Monate sehr viel Liebe machten und alles Versäumte nachholten.«

Einige der Frauen, die während der ersten Zeit ihrer Schwangerschaft keinerlei Interesse hatten, gewannen mit dem Fortgang der Zeit ihr sexuelles Verlangen zurück. Andere wiederum, die zu Beginn noch durchaus sexuell bedürftig waren, stellten fest, daß ihr Interesse am Sex mit fortschreitender Schwangerschaft abnahm, besonders in den letzten Wochen vor der Entbindung, wenn ihr Körper unförmig und unbeweglich wurde.

Aruna ist eine 33 Jahre alte Mutter von zwei Jungens im Alter von fünf und vier Jahren und lebt seit sechs Jahren mit Philippe, einem Bauhandwerker, zusammen. Sie sagt: »Während der zweiten drei Monate stellte ich eine definitive Verminderung meines sexuellen Interesses fest. Normalerweise waren wir daran gewöhnt, zweimal in der Woche Liebe zu machen. In den zweiten drei Monaten war es dann nur noch etwa einmal alle zwei Wochen. In den letzten zwei Monaten hatte ich dann wieder stark erhöhtes Bedürfnis nach sexuellem Verkehr, das ich wirklich recht interessant fand. Irgendwann, sehr nahe zum Ende der Schwangerschaft hin, war ich ständig mehr als erregt und gleichzeitig frustriert, weil ich mich beim Liebesakt nicht mehr ausreichend bewegen konnte. Ich fühlte mich wie ein Wal, der aufs Land gespült worden ist.«

Ruth, Mutter eines vierzehn Monate alten Sohnes und selbst 33 Jahre alt, machte uns folgende Bekenntnisse:

»Nach den ersten drei oder vier Monaten gab es in mir einen genau markierten Wandel – tatsächlich wachte ich eines Morgens auf und fühlte mich plötzlich viel sensitiver und hatte ausgesprochenes Verlangen. Ich wußte genau, daß sich da in meinem Körper ein endgültiger Wandel vollzogen hatte. Ich erinnere mich, daß wir in dieser Zeit nach Pennsylvania Dutch in die Ferien fuhren und ich meinem Mann erzählte, ich sei ständig sexuell heißhungrig bis dorthinaus. Wir wohnten in einem mennonitischen Bauernhaus und hatten großartigen Geschlechtsverkehr miteinander. Am nächsten Tage fuhren wir wieder nach Hause. Unterwegs im Auto wurde ich plötzlich sexuell dermaßen erregt, daß ich es nicht mehr aushielt und wir eine Ruhepause einlegen mußten. Wir lagen irgendwo am Wege im Gras und waren ganz brav. Aber nur vom Liegen auf der Wiese, wobei ich das Gesicht ins Gras preßte und den Körper gegen den Boden, hatte ich einen Orgasmus, so völlig aufgedreht war ich!

Etwa mit Beginn des fünften Monats geschahen andere Dinge, die mich ein wenig von meinem sexuellen Hunger ablenkten; es kann aber auch sein, daß er nicht mehr so ausgeprägt war. Das eine war, daß ich nun dicker und dicker wurde, so daß wir die Sexstellungen ändern mußten. Dann änderte sich auch mein Körpergefühl als ein ständig äußerst fein abgestimmtes Instrument und wandelte sich irgendwie, ich weiß nicht genau, wie ich das ausdrücken soll, aber mir liegt auf der Zunge, es als tierähnlich zu bezeichnen. In den letzten drei Monaten schließlich wurde ich in einer anderen Weise sehr sexbedürftig. Es war eher ein Hunger, ein körperlicher Hunger, der für mich grausam wurde. Ich entsinne mich genau, daß mich in dieser Zeit ein unglaublicher Penisneid packte, etwas, an das ich nie zuvor gedacht hatte oder dessen ich mir in jedem Fall niemals bewußt geworden war. Aber es war gerade so, als ob ich mir einen Penis wünschte, und ich wollte unbedingt jene Art sexueller Intensität erleben, wie sie nur ein Mann mit seinem Penis erleben kann.«

Monique, 32 Jahre alt und Mutter eines Buben von fünf Jahren und einer Tochter von vier Monaten, erzählte uns folgendes: »Ich stellte fest, daß mein sexueller Schwung an verschiedenen Punkten während der neun Monate abnahm. Der einzige Weg, auf dem wir noch Geschlechtsverkehr haben konnten, war entweder die Stellung, bei der wir beide auf der Seite lagen oder die, bei der ich auf ihm saß. Schon allein der Gedanke, er könne auf mir liegen, ließ mich sein Gewicht fühlen und reichte völlig, um mich sofort abzukühlen. Mein sexuelles Verlangen glich Ebbe und Flut in Übereinstimmung mit anderen Faktoren, zu denen Müdigkeit und Angstgefühle zählten. Im letzten Drittel der Schwangerschaft habe ich viel mehr masturbiert, denn das war für mich wesentlich angenehmer als Geschlechtsverkehr zu haben. Aber wir haben uns eigentlich während der ganzen Schwangerschaft mehr gegenseitig masturbiert als richtigen Geschlechtsverkehr gehabt.«

Es gab aber auch mehrere Frauen, die uns berichteten, daß sie während des ganzen Verlaufes der Schwangerschaft niemals wirklich sexuell erregt gewesen seien. Sechs Jahre nach der Geburt ihres Kindes erinnerte sich Cortney:

»Ich fühlte mich während der ganzen Zeit meiner Schwangerschaft völlig asexuell und wurde dadurch stark verunsichert. Die meisten Frauen, die ich kannte und auch die Bücher, die ich gelesen hatte, sagten übereinstimmend aus, daß die sexuellen Gefühle während der Schwangerschaft gesteigert vorhanden seien. Mein Mann fand die Schwangerschaft außerordentlich erregend. Er wollte mich ständig haben, ich glaube, es war mehrmals in der Woche, daß er mich nahm – und ich war grenzenlos desinteressiert!«

Und dann gab es auch andere Frauen, die niemals in ihrem Leben so sexuell reizbar waren, wie während der Schwangerschaft. Zu ihnen gehört Ruth:

»Ich fühlte mich wie unter dem Einfluß eines starken Aphrodisiakums. Ich wünschte die Ursache zu kennen und wie lange dieser Zustand andauern würde, denn ich hoffte sehr, daß dies nun meine eigentliche Sexualität sei, daß ich nun endlich zu ihr gefunden hätte und daß das immer so bei mir bleiben würde.«

Für solche Frauen, die ihr sexuelles Interesse behielten, war es keineswegs unüblich, den Geschlechtsverkehr wirklich bis zum allerletzten Moment aufrechtzuerhalten. Davon berichtete auch Ariel, die 33 Jahre alt ist und eine fünf Jahre alte Tochter hat:

»Mein Arzt hatte mir gesagt, wir sollten am Ende des achten Monats den Geschlechtsverkehr einstellen, aber bei uns ist es in alter Weise weitergegangen bis zu dem Tag, an dem ich ins Krankenhaus ging. Ich war während der ganzen Zeit hinter meinem Mann her, und das gab mir eine große Sicherheit. Mein Mann aber ging dabei völlig mit, teilweise weil er glücklich darüber war, daß ich sexuell so aggressiv ihm gegenüber blieb, teilweise auch, weil wir gemeinsam Kurse für natürliche Geburt besuchten.«

Manche Frauen fuhren in den letzten Stadien der Schwangerschaft fort zu masturbieren, wenn ihre Ehemänner Angst hatten , sie könnten das Baby verletzen. Ruth ist 33 Jahre alt und hat einen Sohn von vierzehn Monaten. Sie berichtete:

»Masturbation spielte für mich vor der Schwangerschaft keine nennenswerte Rolle. Der eheliche Verkehr mit meinem Mann trug Sorge für den Rhythmus, den ich brauche, um die Entspannung des Orgasmus zu erleben. In den späteren Stadien der Schwangerschaft, als ich begann, weniger zur Arbeit aus dem Hause zu gehen und mehr bei mir daheim zu arbeiten, fand ich heraus, daß ich häufiger erregt wurde und alle jene kleinen Krämpfe, Juckgefühle und Zuckungen zu spüren bekam. Dann saß ich an der Schreibmaschine und war einfach unfähig, etwas zu arbeiten und nur ein Gedanke hatte in mir Platz, ›wenn doch jetzt Frank hier wäre‹. Ich wußte genau, ich brauchte einfach einen Orgasmus. Und natürlich machte ich mir Sorgen, wenn ich jetzt masturbieren würde, wäre ich nicht mehr auf ihn eingestellt, wenn er nach Hause käme. Durch diesen ganzen Fragenkomplex mußte ich mich allein hindurcharbeiten, aber in den letzten sechs Wochen der Schwangerschaft habe ich dann doch angefangen zu masturbieren. Ich überzeugte mich selbst, daß ich mich damit keineswegs abkapseln und nachher keinen Menschen mehr für den Sex benötigen würde. Das war ja immer der Popanz, den man vor mir aufgebaut hatte, daß ich mich mit der Masturbation zu einem Ebenbild des einsamen Säufers entwickeln würde. In jedem Fall hat mir das Masturbieren physiologisch sehr geholfen. Ich meine, der Orgasmus war natürlich hübsch, aber der beste Teil war doch hinterher dieses Gefühl unglaublicher Ruhe wie das allerletzte Bad, das auch den geringsten Rest jeglicher Spannung von einem genommen hat.«

Frauen, die sexuell stärker interessiert waren in dieser Zeit, ordneten ihr gewachsenes Interesse ihrem Hormonspiegel zu, auch dem Gefühl, keine Schwangerschaft mehr befürchten zu müssen, das umgekehrt wiederum den Sex spontaner werden ließ, oder auch ihrem gewachsenen Selbstvertrauen. Die 33 Jahre alte Ariel, die geschieden ist und mit ihrer fünf Jahre alten Tochter lebt, erzählte uns dazu:

»In der ganzen Zeit, in der ich verheiratet war, gab es nur eine Zeitspanne, in der ich wirklich sexuell erregt war, und das war während meiner Schwangerschaft. Und mein Mann war geradezu entsetzt darüber. Zunächst war er überrascht, aber später entspannte er sich und genoß die Tatsache, daß ich nun von mir aus den Sex mit ihm anfing. Ich fühlte mich schrecklich vertrauensselig. Ich fühlte mich wie, wer sollte mich wohl nicht haben wollen – und wenn man so empfindet, dann ist es auch so. So hatten wir in dieser Zeit viel mehr Sexualbeziehungen als vorher. Für mich ist es eine Tatsache, daß ich mit dem Fortschreiten der Zeit immer geiler und geiler wurde. Das hatte teilweise sicher auch damit zu tun, daß alle die Hormone und anderen Stoffe durch meinen Körper strömten und daß der Kopf des Babys nach unten drückte und so für mich zusätzlichen Druck und Reibungen da unten verursachte. Deshalb, meine ich, war auch mein Orgasmus viel intensiver.«

Orgasmus und Schwangerschaft

Veränderungen in der Intensität des Orgasmus während der Schwangerschaft wurden auch von anderen Frauen festgestellt. Im achten Monat ihrer Schwangerschaft sagte Judy:

»Das einzige, was sich beim Masturbieren bei mir in den letzten paar Monaten geändert hat, ist, daß der Orgasmus viel intensiver geworden ist, und das dürfte wohl physiologisch bedingt sein. Ich stelle fest, daß sich mein Uterus mehr zusammenzieht und ich merke, daß ich nach dem Geschlechtsverkehr zehn oder fünfzehn Minuten liegen bleiben und ausruhen muß, weil diese Kontraktionen mich erschöpfen und ich Schmerzen bekomme, wenn ich zu rasch aufstehe. Manchmal war ich auch ängstlich. Ich habe immer sehr viele Orgasmen, und ich machte mir Sorgen, weil ich befürchtete, daß zu viele Kontraktionen des Uterus zu einer Frühgeburt führen oder zu viele Zuckungen das Baby verletzen könnten, obwohl mir rein verstandesmäßig natürlich völlig klar war, daß da absolut nichts irgendwie gefährlich werden könnte. Deswegen hielt ich zuweilen meine Sexualität ein wenig zurück und ging nicht immer so weit, wie ich es hätte tun mögen, ehe ich schwanger wurde.«

Einige Frauen hielten den Orgasmus für besonders wichtig zum Abbau ihrer inneren Spannungen.

Das körperliche Aussehen

Das sexuelle Selbstbildnis vieler Frauen wurde von den Veränderungen berührt, die sich an ihrem Körper während der Schwangerschaft vollzogen. Die Mehrzahl der Frauen, die wir interviewt haben, waren mit den Veränderungen ihres Körpers während der Schwangerschaft einverstanden. Viele Frauen bekamen zum ersten Male in ihrem Leben nennenswerte Busen. Jane, 45 Jahre alt, zwei halberwachsene Söhne, erinnerte sich:

»Ich fühlte mich sehr wohl, als ich schwanger wurde. Ich kam mir jetzt erst so richtig ›vollständig‹ vor. Ich fühlte mich wollüstiger, weiblicher, mehr als Frau, als meine Brüste und mein Körper wuchsen. Ich kam mir eher wie die Venus von Milo oder eine der römischen oder griechischen Göttinnen vor. Nachdem ich vorher zu schlank gewesen war, erfüllte es mich nun mit Stolz, zu sehen, wie mein Körper aufblühte. Außerdem freute ich mich wirklich darauf, Kinder zu haben.«

Unter den gegebenen Veränderungen, wie sie diese Periode von neun Monaten mit sich bringt, müssen die Ehepaare viele Aspekte ihres gemeinsamen Lebens neu ausrichten. Einige der Frauen, die wir interviewt haben, fanden ihre eigenen Wege heraus, um mit Schwangerschaft und Geschlechtsleben fertig zu werden.

Für Ehepaare, die schon früher sehr wenig Geschlechtsverkehr miteinander hatten, scheint es wichtig zu sein, daß sie sich doch irgendeine Form von Intimität durch Sichstreicheln bewahren. Rebekka, die sich während der ganzen acht Monate ihrer Schwangerschaft nicht zum Sex aufgelegt fühlte, tat folgendes:

»Wir finden sexuelle Erfüllung auf unsexuellen Wegen. So sitzen wir beispielsweise auf der Couch und schauen uns das Fernsehen an, und dabei halten wir uns in den Armen und schmiegen uns aneinander. Ich finde Erfüllung auch, wenn ich meinen Mann nicht im Arm habe, wenn ich ihm über das Haar streichele auf ganz unsexuelle Weise, wie man es bei einem Baby tut. Oft liegen wir uns morgens, wenn wir wach werden, noch für fünf oder zehn Minuten in den Armen. Auch ein gemeinsames Bad war etwas, was wir gern taten. Manchmal bat ich ihn auch, meinen Bauch mit Öl einzuschmieren. Das gab mir das Gefühl, daß er das Baby streichele, und es ist ebenso schön, selbst gestreichelt zu werden und eine Art von Massage zu bekommen. So gibt es uns beiden einen innigeren Kontakt miteinander.«

Harriet hatte eine sehr traumatische Schwangerschaft, und obwohl sie eventuell das Baby verlieren sollte, behielt sie doch die Intimität mit ihrem Mann auf folgendem Wege aufrecht:

»Ich mußte zwei Monate im Bett liegen und dabei täglich sechzehn bis achtzehn Stunden auf der linken Seite, um dadurch das Baby zu behalten. Das war der Grund, warum ich so sehr geschwächt war. Danach hatte ich für Gott weiß wie lange Rükkenbeschwerden. Sex hatten wir deshalb meistens im Bett, denn ich war ja so geschwächt, daß ich dort die meiste Zeit verbrachte. Nachher, als ich zwar nicht mehr schwanger war, aber noch zu niedergeschlagen war wegen des Verlustes des Babys, als daß ich hätte Geschlechtsverkehr haben können, habe ich ihn sehr viel masturbiert. Ich fühlte mich in keiner Weise sexuell bedürftig, aber sehr hingezogen zu meinem Mann, weshalb ich ihn ausgiebig liebkoste und meine Fellatio-Technik aufs Höchste vervollkommnete. Das war schön. Ich genoß es wirklich, ihm Freude zu bereiten, aber ich selbst hatte für mich keinerlei Genuß davon. Das kränkte ihn ein wenig, aber vor allem deshalb, weil wir eine so wirklich innige Zeit des Beieinanderseins hatten – obwohl wir nicht ficken konnten, war alles bestens. Ich fühlte mich auch wirklich richtig sexuell erregt, aber in der Fürsorge für ihn.«

Pragmatisch betrachtet, entstanden während der letzten Monate einige Schwierigkeiten, weil der vergrößerte Bauch der Frauen den gebräuchlichen Arten des Liebemachens im Wege stand. Während dieser Periode der Schwangerschaft gingen viele Paare zum Oral- oder Handverkehr über. Soweit sie sich auf den Oralsex verlegten, achteten sie darauf, die Atemluft ihrer Partner nicht in die Vagina zu bekommen, da diese Embolismen hervorrufen und damit fatale Folgen zeitigen könnte.

Die 29 Jahre alte Barbara, eine klinische Sozialhelferin, die mit Steve, einem Arzt, verheiratet ist, hat eine Tochter von sechs, einen Sohn von vier Jahren und ist nun im achten Monat schwanger. Sie erzählte uns das Folgende:

»In der Mittelzeit meiner Schwangerschaft war ich noch nicht so dick, daß ich beim Sex nicht noch die verschiedensten Stellungen hätte praktizieren können. Manchmal bin ich gern oben, denn auf diesem Wege komme ich besser zum Orgasmus. In den letzten drei Monaten wurde ich dann aber zu unförmig und auch zu ungeschickt, um diese Stellung noch einzunehmen. Vor allem im letzten Monat war es nicht nur besonders schwierig, sondern für mich auch unangenehm, noch Geschlechtsverkehr im üblichen Sinne zu haben. Gegen Ende der Schwangerschaft hatte ich mehr Krämpfe, die nicht gerade angenehm waren. Der Oralsex schien auch den Uterus weniger stark zusammenzuziehen als Geschlechtsverkehr. Vielleicht lag das daran, daß das Gewicht meines Mannes nicht auf mir lastete. Deshalb beschränkten wir uns mehr auf Mundverkehr und masturbierten uns mehr gegenseitig, als meine Zeit zu Ende ging.«

Gweneth erinnerte sich:

»Wir hatten in dieser Zeit Mundverkehr und stimulierten uns viel mit den Händen. Wir nannten das ›äußeren Sex‹ im Gegensatz zu ›innerem Sex‹, und das scheint mir eine gute Bezeichnung dafür zu sein. Wir pflegten das verkürzt ›Außenverkehr‹ zu nennen.«

Verkehrsstellungen

Interessant erschienen die Antworten der Frauen auf die Frage, welche Sexstellungen gegen Ende ihrer Schwangerschaft für sie noch bequem gewesen seien. Fast alle Frauen hatten das Empfinden, daß es in diesem Zustand schwierig sei, geeignete Positionen zu finden, jedoch deckten die für diese Zeit genannten Stellungen das gesamte Spektrum trotzdem ab.

In allen Fällen aber achteten die werdende Mutter wie der angehende Vater sorgfältig darauf, ein Minimum von Druck auf ihr ungeborenes Kind auszuüben. Die bevorzugten Positionen waren solche, bei denen der Mann von hinten in die Frau eindringen konnte:

»Eine Stellung, die wir oft benutzt haben, war die, daß er von hinten in mich eindrang, und zwar so, daß ich auf dem Rücken auf ihm lag, den Kopf auf seiner Brust und zur Decke schaute.«

Sue, eine 34jährige Mutter eines Jungen von drei und einer Tochter von einem Jahr, erzählte uns dazu:

»Mit Ausnahme der ersten drei Monate war die ganze Schwangerschaft eine Zeit sexueller Hochstimmung. Der für uns günstigste Weg zu der Zeit war der, daß wir beide auf der Seite lagen, wobei mein Mann hinter mir lag und auf meine Rückseite schaute, also die Löffelstellung. Ich hatte ein Kissen zwischen meinen Beinen und unter meinem Bauch. So wurde mein Bauch von einem Kissen gestützt, wenn er in mich eindrang. Eine andere Stellung, die wir auch jetzt noch gebrauchen, ist die, bei der ich knie und mich nach vorn beuge. Mein Kopf ruht dann auf zwei oder drei Kissen und mein Mann dringt von hinten in mich ein. Bei dieser Art erlebe ich sehr viel mehr Sensationen. Ich hatte fast immer einen Orgasmus dabei und das Baby war keinerlei Druck ausgesetzt.«

Judith plädierte dafür, auf einem Stuhl zu sitzen:

»Es geht ebenso gut, wenn man auf einem Stuhl sitzt. Er setzt sich zuerst und ich mich auf ihn so, daß ich ihn dabei anschaue. Dabei war mein Bauch nie irgendwo im Wege.«

Andere Frauen benutzten Variationen zur seitlichen Stellung in der Form, daß man sich dabei anschaut. Eve, 38 Jahre alt, Mutter von zwei Jungens von neun und elf Jahren, erinnerte sich:

»Wir liebten es, beide auf der Seite im Bett zu liegen und uns dabei anzuschauen, wobei mein Mann aber etwas tiefer lag als ich, so daß sein Kopf auf der Höhe meiner Brust lag. Er schlang sich also sozusagen um meinen Bauch herum. Auf diese Weise wurde mein Bauch nicht so stark gedrückt, wovor ich vor allem anderen Sorgen hatte. Manchmal lag ich auch direkt auf ihm, aber das war für mich weniger befriedigend.«

Ruby, eine 39jährige Mutter eines Buben von sieben und einer Tochter von vier Jahren, sagte uns:

»Die Stellung, die wir am meisten benutzten, war die auf der Seite, Gesichter zueinander. Natürlich ist wohl klar, daß dabei ein größerer Zwischenraum zwischen unseren Bäuchen war, so daß wir eigentlich mehr wie ein ›V‹ lagen.

Eines meiner Beine lag unter dem einen von ihm, das andere auf seinem zweiten, so daß er zwischen mir lag. Manchmal lag auch sein eines Bein oben, darunter eines von mir, dann kam wiederum sein zweites Bein, unter dem mein anderes ruhte. Meine beiden Beine in der Mitte zu haben, war für mich unbequem. Ich mußte meine Beine immer getrennt haben, denn wegen meines Bauches vertrug ich es nicht, wenn sie beim Geschlechtsverkehr zusammenlagen. Die andere Sexstellung, die wir auch zuweilen gebrauchten, die für mich aber weniger bequem war, war der Verkehr von hinten. Die Missionarsstellung war für mich nicht möglich, und wenn ich auf ihm lag, ging es auch nicht, weil ich die Balance dann nicht halten konnte.«

Andere Frauen dagegen kamen mit der Missionarsposition zu Rande und/oder auch mit der Frau-oben-Stellung. Um die Missionarsstellung beibehalten zu können, betrieb Judys Mann Armgymnastik, damit er sich frei aufstützen konnte. Elaine blieb bis zum Ende bei der von ihr bevorzugten Stellung der Frau oben:

»In Sachen Positionswechsel während der Schwangerschaft habe ich mich nicht gerade viel angestrengt. Während der meisten Zeit habe ich halt oben gelegen, oder wir lagen beide auf der

Seite.« Wenn während des Geschlechtsaktes die Stellung gewechselt wurde, mußte der Mann das meiste zu den notwendigen Lageänderungen beitragen. Die Frauen waren infolge ihres Zustandes oftmals schwer beweglich und fühlten sich entsprechend plump und behindert.

Die Entbindung

Alle Frauen, die wir interviewt haben, waren stark daran interessiert, von ihren Entbindungen zu reden. Sie hatten sich neun Monate lang physisch, seelisch, emotional und geistig darauf vorbereitet, deshalb wurde dieses Erlebnis für sie zum Höhepunkt, gleichgültig ob das Ereignis sich als positiv oder negativ herausstellte. Für einige war es einfach wundervoll, für andere wiederum sehr schwierig und traumatisch überlagert. Die negativen Erfahrungen beruhten entweder auf physischen Komplikationen im Sinne von Geburtskomplikationen oder partnerschaftlichen Problemen, mit denen sie nicht wirklich fertig geworden waren. Für Frauen in einer glücklichen Partnerschaft war die Geburt eine sehr intime Erfahrung. Tatsache ist, daß einige Frauen uns berichteten, daß die Geburt, obwohl sie doch keine sexuelle Erfahrung war, in ihrer Intimität eine Reminiszenz an sexuelle Intimität darstellte. Das beruhte auf der Tiefe dieses gemeinsamen Erlebnisses. Eine Anzahl von Frauen dagegen empfand die Geburt als ein spezifisch sexuelles Erlebnis. Roberta, 35 Jahre alt, mit einer Tochter von zehn Jahren, sagte uns:

»Während des ganzen Geburtsvorganges war ich hellwach und mir völlig all dessen bewußt, was jeweils vor sich ging. Es war ein sehr erregender Moment. Ich empfand es wie einen Orgasmus, das war wirklich so! Das lag wohl an dem Druck, der solche Empfindungen auslöste. Ich fühlte eine echte, sexuelle Entspannung, nicht ganz genau wie beim Orgasmus, aber eine richtige und endgültige Entspannung, als das Köpfchen aus mir heraus war.«

Ruby, 39 Jahre alt, mit einem Buben von sieben und einem Mädchen von vier Jahren, beschrieb es wie folgt:

»Es wäre schwierig für mich, zu sagen, daß meine Geburten sexuell fundiert gewesen seien, denn sie waren jedem sexuellen

Erlebnis, das ich je gehabt habe, haushoch überlegen und weitab davon außerdem, – und ich habe einige wirklich gute hinter mir. Ich war völlig entrückt – es war wirkliche Ekstase beide Male, als ich geboren habe. Und das trotz der Tatsache, daß ich beim ersten Mal einige Schwierigkeiten hatte.«

Eine interessante Information, die sich herausstellte, war die, daß alle von uns interviewten Frauen, die in einem guten physischen Zustand waren und regelmäßig vorgeburtliche Yogaübungen betrieben hatten, auch eine leichte Niederkunft erlebten.

Wir waren immer der Ansicht gewesen, daß eine Episiotomie als Standardverfahren bei der Geburt zu betrachten sei. Die medizinische Definition für die Episiotomie lautet, ›ein Schnitt ins Perineum gegen Ende der zweiten Phase des Geburtsvorganges, durch den man einem Dammriß zuvorkommt‹. Er wird in der Regel gemacht, damit der Vaginaldamm nicht reißt, wenn der Babykopf hindurchstößt. Es dürfte klar sein, daß ein Riß langsamer heilt als ein Schnitt. Infolgedessen waren wir überrascht, als uns eine Krankenpflegerin darüber informierte, daß es unter gewissen Bedingungen möglich sei, eine Geburt ohne Episiotomie und auch ohne Riß zu überstehen. Um eine Episiotomy zu vermeiden, müssen Frau und Arzt peinlich genau zusammenarbeiten. Die hierbei angewendete Atemtechnik unterscheidet sich von der von Lamaze empfohlenen und erlaubt es dem anwesenden Arzt, die Vaginalöffnung in gleichem Rhythmus zu massieren und zu drücken. Freilich ist das keine Ausweichmöglichkeit für jede Frau und bei jeder Schwangerschaft, aber es ist eine Möglichkeit für gewisse Fälle. Die Geburt ohne Episiotomie zu überstehen, bedeutet natürlich eine frühere Möglichkeit, den Geschlechtsverkehr wieder aufzunehmen nach der Geburt, weil da keine Naht ist, die zuerst heilen muß.

Die Wiederaufnahme des Sex

Wieder mit dem Sex zu beginnen, war für viele Paare eine traumatische Erfahrung. Nur die wenigsten verfügten über Informationen über den Heilungsprozeß. Man hatte ihnen lediglich gesagt, sie sollten sechs Wochen warten, obwohl der Geschlechtsverkehr in aller Regel als sicher betrachtet wird, wenn die Nachblutung aufgehört hat, was nach ungefähr drei Wochen der Fall ist.

Viele der Frauen, mit denen wir gesprochen haben, waren selbst überrascht, wie lange Zeit es in Anspruch nahm, bis sie wieder ganz schmerzfrei waren. Eve, eine Mutter von zwei Jungen von neun und elf Jahren, wußte uns dazu zu berichten:

»Ich kann mich an einige Male erinnern, an denen mein Mann soweit war, daß er in mich eindringen wollte, und dann wurde er wieder schlapp. Ich bin sicher, daß das seinen Grund darin hatte, daß er fürchtete, er werde mich verletzen. Es hat einige Zeit gedauert, bis ich ganz ausgeheilt war und wieder völlig normal fühlte. In Wirklichkeit dauert es viel länger als sechs Wochen, bis die Vagina verheilt ist, auch wenn die Fäden vorher längst gezogen sind. Ehe ich mich wirklich wohlfühlte und den Geschlechtsverkehr richtig genießen konnte, vergingen weitere zwei Monate.«

Viele Frauen erwarteten, nachdem der Mann in unserer Zivilisation ja als der Sexexperte betrachtet wird, daß er automatisch wissen würde, wie man den Geschlechtsverkehr nach der Geburt wiederaufnimmt. Machte er das nicht richtig, wurde er oftmals als unaufmerksam und lieblos betrachtet.

Elaine plädierte für den Mundverkehr während dieser Zeitspanne:

»Wir hatten bis zu jenem Zeitpunkt noch niemals Oralsex miteinander gehabt, und ich weiß nicht einmal, ob ich vorher schon etwas davon überhaupt gewußt habe. Ich war 21 Jahre alt und in Sachen Sex völlig ungebildet. Ich kann mich gut an jene Nacht erinnern, als ich das zum ersten Male praktizierte. Es war die Nacht nach meiner Rückkehr aus der Frauenklinik. Ich schenkte ihm den Mundverkehr, weil ich fühlte, daß er vernachlässigt wurde in dieser Zeit, und ich das Bedürfnis hatte, zu ihm gut zu sein, denn wir hatten immer sehr vielen Geschlechtsverkehr gehabt. Da nun aber regulärer Geschlechtsverkehr für mich noch zu schmerzhaft gewesen wäre, gab ich ihm eben den Oralsex. In dieser Zeit hat er auch meine Clitoris mit der Hand massiert und wir haben auf diesem Wege die Zeit überbrückt, bis wir wieder richtigen Geschlechtsverkehr haben konnten.«

Die Ungezwungenheit bei der Wiederaufnahme des Geschlechtsverkehrs nach einer Geburt war gewöhnlich nach dem zweiten oder dritten Kind größer als nach dem ersten. Das wurde bei Monique offenbar, einer 32jährigen Mutter von zwei Kindern im Alter von fünf Jahren und vier Monaten:

»Ich erinnere mich, daß ich mich beim zweiten Mal viel rascher wieder in der Lage fühlte, Liebe zu machen, als nach der ersten Geburt. Ich war viel weniger ängstlich wegen der körperlichen Schmerzen, wie sie dabei auftreten können. Auch erinnere ich mich, daß Brent förmlich danach lechzte, den Sex wieder aufnehmen zu können. Zudem fühlte ich mich beim zweiten Mal viel weniger ermüdet und kam auch viel besser mit dem Baby und meiner Mutterschaft ebenso wie mit unserer Beziehung zueinander zurecht. Zu dieser Zeit trug er normalerweise ein Präservativ, und zwar wegen der Geburtenkontrolle, aber auch, weil ich fürchtete, nervös zu werden und nicht genügend Ausscheidung zu haben. Das Präservativ war da eine gute Vorsorge, weil es zuvor mit Gleitmittel eingeschmiert wurde.

Unser erstes Erlebnis nach der Geburt war eines der leidenschaftlichsten Sexualerlebnisse, die ich jemals mit Brent gehabt habe. Ich hatte keinerlei Schmerzen, vielleicht weil ich viel entspannter war. Wir hatten an die sechs Wochen keinen Verkehr miteinander gehabt, so daß es schon durch die lange Pause zu einem außerordentlichen Sexerlebnis wurde. In meiner Erinnerung hat dieses Liebeserlebnis Stunden gedauert, obwohl es in Wirklichkeit sicherlich nicht länger als eine halbe Stunde war. Auch die Zeit danach war wirklich sensationell.«

Eine Reihe von Dingen kann man auch tun, um den ersten Geschlechtsverkehr nach einer Geburt zu erleichtern. Nell benutzte einen Dildo, um die Öffnung ihrer Vagina zu dehnen:

»Während der ersten zweieinhalb Monate benutzten wir einen Dildo, um mich vor dem eigentlichen Verkehr zu dehnen. Das klappte wunderbar, und ich hatte die positive Wirkung, den Sex nach zehn sauren Wochen wieder genußreich zu machen.«

Ruth entdeckte eine neuartige Technik, um ihre nach der Episiotomie empfindliche Vagina wieder zu kräftigen:

»Ich war nur für zwei Nächte im Krankenhaus und kam am dritten Tag bereits nach Hause. In der ersten Woche daheim fühlte ich mich von der Episiotomie elend. Ich konnte nur kleine Schritte machen, und wenn ich ein wenig herumgegangen war, hatte ich wirklich starke Schmerzen. Ich konnte nicht baden, weil ich noch blutete und konnte auch kein Heizkissen nehmen, weil ich es einfach nicht an meinem Körper vertrug. Dann kam mir jener Geniestreich in den Sinn, der darin bestand, daß ich meinen Haarföhn mit der Düse für breiten Luftstrom bei mittlerer Hitzeeinstellung nahm. Das tat mir an der Wundnarbe sehr gut und beschleunigte die Heilung. Es war extrem erleichternd. Die Wärme ließ meine Haut sich anfühlen, als wandle sie sich in glatte, weiche Haut, während sie bisher hart und spröde gewesen war. Ich benutzte den Föhn in dieser Weise mehrmals täglich und spürte, daß der Heilungsprozeß sich beschleunigte.«

Andere Frauen empfahlen Sitzbäder mit warmer Milch und 50 bis 100 Milligramm pulverisierter Magnesia.

Selbstheilung beruht auf dem Erreichen eines meditativen oder Trancezustandes, in dem man sich selbst als völlig gesund empfindet oder ansieht. In der Situation nach einer Episiotomie kann das dergestalt geschehen, daß man sich einbildet, der Schnitt in der Vagina heile und das Gewebe sei wieder blaß und gesund. Oder man kann sich fest einbilden, man sitze oder gehe ohne alle Schmerzen, völlig natürlich. Wenn man das strikt zweimal am Tage für einige Minuten durchführt, scheint es den Heilungsprozeß wirklich auf natürliche Weise zu beschleunigen. Bis heute weiß noch niemand, warum und wie dieses Verfahren funktioniert.

Die Übungen nach Kegel wurden ebenso empfohlen, um die Vaginamuskeln zu entspannen und sie nach der Geburt wieder zu der Geschmeidigkeit zu bringen, die sie vorher hatten. Die von uns interviewten Frauen empfahlen fast einstimmig die Kegelübungen, um die Vagina nach der Niederkunft wieder zurückzubilden. So wie es eine der Frauen uns schilderte:

»Das Muskeltraining intensiviert die Empfindungsfähigkeit im Vaginalgebiet und richtet außerdem das Interesse der Frau in besonderer Weise auf ihre Genitalien und auf sexuelle Freuden. Kegelübungen sind für alle Frauen immer wichtig, auch wenn man nicht an Schwangerschaftszeiten denkt, weil sie die Ringmuskeln im Genitalbereich kräftigen und damit der Frau mehr Kontrolle über ihren Körper ermöglichen. Viele Frauen möchten diese Muskeln während des Geschlechtsverkehrs bewußt zusammenziehen, um dadurch die Stimulierung ihres Partners wie auch ihre eigene zu steigern. Diese Technik wird zuweilen als ›inneres Küssen‹ bezeichnet.«

Eine Frau, die vor mehr als dreißig Jahren geboren hatte, als also die Kegelübungen noch nicht entwickelt waren, plädierte für den Geschlechtsverkehr bei zusammengelegten Beinen der Frau, um so die überdehnten Muskeln infolge der Geburt zu kompensieren.

»Ich pflegte mir Sorgen zu machen, daß es da wegen meiner Geburten für meinen Mann nicht mehr genug Druck geben könne, weil die Vagina beim Geburtsvorgang so stark gedehnt wird. Meine Einstellung zum Sex mag ja altmodisch sein, denn ich bin gewöhnt, vor allem an die Befriedigung meines Partners zu denken, zumal es mir Freude macht, wenn ich ihn befriedigt weiß. Was ich tat? Ich hielt meine Beine beim Geschlechtsakt geschlossen, anstatt sie wie gewohnt zu spreizen. Ich lag immer auf dem Rücken und wenn er ein Präservativ benutzte, nahm auch das ein wenig von der Schlaffheit weg. Ich genoß den Geschlechtsverkehr im allgemeinen mehr mit dem Präservativ als ohne, weil sich dadurch der Druck erhöhte. Es kann natürlich sein, daß der Gummi damals noch dicker war als heute, daß weiß ich nicht.«

Zusätzlich zur Spannung der Vaginaöffnung und zu den Kegelübungen sprachen die Frauen auch von der Wichtigkeit eines verlängerten Vorspieles, äußerster Sorgfalt des Mannes und ausreichender Verwendung von Gleitmitteln, die alle die ersten Sexerlebnisse nach der Geburtspause genußreicher machten.

Sues Erfahrung mit der Wiederaufnahme des ehelichen Verkehrs nach der Geburt ihres zweiten Kindes war sehr viel besser, weil sie und auch ihr Mann nach der Geburt des ersten Kindes manches gelernt hatten, was ihnen nun nützlich wurde:

»Meine Erfahrung mit der Aufnahme des Geschlechtsverkehrs nach der Geburt unseres ersten Kindes war unglaublich schmerzhaft. Meine Vaginalöffnung bekam Krämpfe, und das Erlebnis war schrecklich. Nachdem ich besser auf die Möglichkeit von Schmerzen vorbereitet war, verlängerten wir das Vorspiel und gingen nur langsam zum eigentlichen Geschlechtsverkehr über. Danach benahm mein Mann sich ganz großartig. Er massierte mit den Fingern meine Vaginaöffnung und kräftigte sie auf diese Weise. Er nahm sich auch viel Zeit, um mich zur Entspannung zu bringen und mich dann erst zu stimulieren. In den ersten Zeiten konzentrierte er sich ganz darauf, meine Vaginaöffnung zu massieren, wozu er zunächst einen, später zwei und schließlich auch drei Finger benutzte. In der ersten Zeit, in der wir Geschlechtsverkehr hatten, drang er nur teilweise ein. Ich kam mir vor, als sei ich wieder zur Jungfrau geworden. Ich hatte nach der Geburt auch viel weniger Sekretion als zuvor, deshalb benutzten wir sehr viel KY-Gelee.« Barbara war mit ihrem dritten Kind schwanger. Sie warnte:

»Die Vagina und das Gebiet rund um die Vaginaöffnung schmerzen nach der Geburt eines Kindes, deshalb muß der Sex während dieser Zeit sehr vorsichtig gemacht werden. Die Clitoris dagegen tut gar nicht weh. Deshalb kann man trotzdem sexuelle Gefühle haben und die Stimulierung genießen.«

Einige Stellungen für den Geschlechtsverkehr wurden empfohlen, weil sie die Schmerzen beim Verkehr mildern würden. Die beiden folgenden Frauen hatten im Verlauf des letzten Jahres geboren. Sie gaben die folgenden Anregungen. Harriet empfahl:

»Manche Stellungen waren angenehmer, etwa daß ich oben lag oder auch die Missionarsstellung, wobei aber meine Beine unten blieben, so daß er nicht so tief eindringen konnte. Tiefes Eindringen war in dieser Zeit immer unangenehm, weshalb wir solche Positionen benutzten, bei denen er nicht so tief eindringen konnte. Die Stellung, bei der ich kniee und er von hinten eindringt, haben wir niemals benutzt, denn das war einfach zu viel. Wenn ich aber oben auf ihm lag, hatte ich mehr Kontrolle, wie tief er eindringen konnte und das erwies sich als hilfreich. Eine Zeitlang hatten wir eine viel ruhigere Art des Liebemachens.« Und die zweite Frau, Gabrielle, berichtete:

»Ich versuchte, mich selbst etwas hochzuheben, so daß meine Vagina auf gleiche Höhe mit ihm kam. Wenn ich zu abgebogen war, versuchte er auf der Seite einzudringen, was sehr weh tat. Deshalb versuchten wir, das Eindringen genau in der Mitte der Vagina zu bewerkstelligen, so daß der Penis weder auf die Öffnung noch auf die Seiten drücken konnte.«

Empfängnisverhütung nach einer Geburt

Wenn Frauen nach einer Geburt den Geschlechtsverkehr wiederaufnehmen, sind sie mit dem Problem der Empfängnisverhütung konfrontiert. Im Gegensatz zu einer weitverbreiteten Annahme, ist die Frau auch dann nach der Geburt schon sehr bald wieder in der Lage, schwanger zu werden, wenn sie selbst stillt. Deshalb entscheiden sich manche Frauen dafür, schon bei der Geburt mit einem intrauteralen Schutz versehen zu werden. Aber infolge gewisser Probleme mit dieser Art Schutz suchen heute viele Frauen nach anderen Methoden. Eine Möglichkeit ist natürlich auch, sich eine Tubenunterbrechung machen zu lassen, noch ehe man den Kreißsaal verläßt. Aber sie kommt nur für solche Frauen in Frage, die absolut sicher sind, daß sie nie mehr schwanger werden wollen.

Nachdem sich bei der Geburt der Uterus in seiner Größe verändert hat, kann man das alte Diaphragma nicht mehr benutzen, da es nicht mehr genau sitzt und daher keine Sicherheit mehr bietet. Und da sich die inneren Organe auch weiterhin nur langsam zurückbilden, vergeht oftmals eine beachtliche Spanne Zeit, ehe diese Veränderungen abgeschlossen sind. Mit Ausnahme der Minipille, die nur Progesterone enthält, sind Anti-Baby-Pillen keine echte Möglichkeit für eine Frau, die selbst stillt, weil Östrogen die Milchproduktion vermindern kann. Infolgedessen erscheinen empfängnisverhütender Schaum, empfängnisverhütende Zäpfchen und Präservative als die besten Möglichkeiten für stillende Mütter. Aber auch diese Methoden haben ihre Rückwirkungen im Sinne von Gefühlsbeeinträchtigungen und verminderter Sinnenlust.

Orgasmus nach einer Niederkunft

Wenn die ersten Schwierigkeiten überwunden waren, berichteten einige der Frauen, daß die Schwangerschaft ihr Erleben des Sex und vor allem auch des Orgasmus total verändert habe. Heather, Mutter einer zwei Jahre alten Tochter, sagte uns dazu:

»Nachdem ich mein Baby bekommen hatte und wir wieder

Geschlechtsverkehr hatten, erlebte ich viel stärkere Sensationen im ganzen Beckenbereich, vor allem hinter der Vagina und Vulva.

Zum zweiten empfand ich meinen Orgasmus tiefer, meine körperlichen Empfindungen dabei waren heftiger und kraftvoller. Ich hatte den Eindruck, daß die Erfahrung des Gebärens meine sexuelle Erlebnisfähigkeit steigerte und bereicherte.«

Ruth, Mutter eines vierzehn Monate alten Sohnes, stellte fest:

»Bei mir ergab sich, daß ich zum ersten Male in meinem Leben in der Lage war, mehrere Orgasmen hintereinander zu haben. Das war etwas, von dem ich geträumt hatte, aber der Meinung war, daß ich es niemals erreichen könne. Ich hatte das Empfinden, als ob all die zurückgestaute Sexualität aus meiner Schwangerschaft ins Spiel käme, nun mit aller Kraft hervorbräche. Es war wirklich herrlich, und ich dachte, das käme vielleicht daher, daß ich mich, nachdem ich ein Kind hatte, mehr als Frau fühlte.«

Das Baby ist nun angekommen, und der sexuelle Verkehr zwischen seinen Eltern ist wieder aufgenommen worden. Aber mit der Ankunft eines neuen Familienmitgliedes, vor allem wenn es so hilflos und abhängig ist, entwickeln sich oftmals im Sexualleben des Ehepaares neue Spannungen, wenn es versucht, die Forderungen ihrer verschiedenen Rollen als Ehemann, Ehefrau, Sorgende, Geliebte und Eltern miteinander zu vereinbaren. Zusätzlich werden die Eltern nicht nur insofern gefordert, als sie den äußeren Veränderungen durch die Anwesenheit von Kindern in bezug auf die Zeit Rechnung tragen müssen, zu der sie Liebe machen können, vielmehr müssen sie auch Vorbilder und Lehrer auf sexuellem Gebiet sein – eine Forderung, für die sie in den meisten Fällen selbst keinerlei Schulung genossen haben. Das nächste Kapitel befaßt sich mit den Verhaltensweisen, durch die die von uns interviewten Frauen auf diese Herausforderung reagierten.

Auch Eltern sind sexuelle Geschöpfe

Wenn wir die Frauen fragten, was sie vom Geschlechtsleben ihrer eigenen Eltern wahrgenommen hätten, gaben die meisten Frauen zu erkennen, daß das ihrem Gefühl nach nicht vorhanden gewesen sei, vielleicht mit der Ausnahme, daß sie selbst und ihre Geschwister gezeugt wurden. Wenn sie sich auch rein verstandesmäßig sagen mußten, daß das wohl kaum stimmen könne, hatten sie doch den genannten Eindruck, weil sie während ihres Aufwachsens im Elternhaus niemals irgendein Anzeichen hatten feststellen können, daß ihre Eltern Liebe praktizierten. Die Eltern dieser Frauen kündigten niemals mit geheimnisvollem Unterton an, daß sie einmal nicht zur Verfügung stünden. Ihre Schlafzimmertür war niemals verschlossen, und die Frauen, mit denen wir sprachen, sahen ihre Eltern auch nie sich gegenseitig in einem sinnlichen oder gar sexuellen Austausch von Berührungen. Sie setzten dieses Fehlen offenen Verhaltens mit dem Fehlen jeglicher Sexualität gleich. Wenn es auch möglich erscheint, daß Sex in der ehelichen Beziehung ihrer Eltern keine wichtige Rolle spielte, kann es doch auch ebensogut sein, daß die Eltern dieser Frauen durchaus ein befriedigendes Geschlechtsleben hatten, es aber auf die Zeiten verlegten, in denen ihre Kinder entweder schliefen oder nicht zu Hause waren.

Die meisten Frauen bedauerten, daß die Eltern sich ihnen nicht als sexuelle Wesen dargestellt hatten, denn das hätte ihnen wiederum dazu verholfen, sich selbst zu einer gesunderen Einstellung zum Sex zu entwickeln. Außerdem hätte es ihnen ein positives Rollenvorbild gewährt für die eigene Rolle als Liebhaberin oder Ehefrau. Selbst erst Mutter geworden, fühlen diese Frauen allerdings Verständnis für das Dilemma ihrer Eltern, genügend Zeit und Energie für ein aktives Geschlechtsleben zu finden, wenn die Kinder erst einmal geboren sind.

Ohne Frage bringen Kinder eine gewisse Schwierigkeit in die

sexuellen Aktivitäten eines Elternpaares. Die Spontaneität in der kinderlosen Zeit geht oft zugunsten der Erfordernisse und Aktivitäten für die Kinder verloren. Diese erfordern einen Verlust an Alleinsein und fressen sich so in das hinein, was vorher einzig und allein an Zeit und Kraft zur Verfügung stand, um immer dann Liebe zu machen, wenn einem der Sinn danach war. Viele Frauen beschwerten sich über den Verlust an Freiheit, mit ihrem Partner ein spontanes Geschlechtsleben zu haben, nachdem ihre eigenen Kinder geboren waren.

Monique, neun Jahre verheiratet, Mutter zweier Kinder von fünf Jahren und vier Monaten, drückt diese Situation gut aus:

»Die Möglichkeit, noch spontanen Sex zu haben, ist natürlich sehr eingeengt, wenn man Kinder hat. Die Zeiten, zu denen man Geschlechtsverkehr praktizieren kann, werden immer mehr reglementiert und reguliert, sei es am Morgen oder in der Nacht. Wenn die Kinder nicht anderweitig beschäftigt sind, kann man am hellichten Tage kaum einmal sagen: ›Du, ich habe Hunger auf dich‹, oder ›laß uns ins Bett gehen!‹ Das heißt, ich muß viel mehr aufpassen und einen freien Augenblick sofort ergreifen und nicht vorbeigehen lassen. Ich muß diesen Moment wirklich sofort festhalten, denn ich habe sehr wenig freie Zeit für mich selbst. Es ist so leicht, eine Gelegenheit während des Tages auszulassen und sich selbst zu sagen: ›Ich will bis heute abend warten, bis es elf Uhr ist.‹ Schön und gut, aber abends um elf Uhr bin ich oft müde, bin total fertig und bar jeglicher Lust. Ich finde, daß ich spät in der Nacht viel passiver bin, ich habe keine Lust mehr, weil ich schlafen möchte oder mich ärgere, daß ich am nächsten Morgen früh aufstehen muß oder bin noch mit allem möglichen beschäftigt, so daß ich nicht positiv und integral an dem Erlebnis beteiligt bin. Deshalb ist es entscheidend, daß ich während des Tages die Verantwortung für meine eigenen sexuellen Notwendigkeiten in die Hand nehme, wenn ich noch frischer und energischer bin.«

Die meisten Frauen fanden Wege heraus, um ihre sexuelle Partnerschaft aktiv und lebendig zu erhalten, obwohl sie ein oder mehrere Kinder hatten, aber keine von ihnen war damit restlos zufrieden. Sie hatten nicht die Möglichkeit, an jedem Wochenende wegzugehen oder einen Babysitter zu bezahlen oder Ehepaare zu finden, mit denen sie sich beim Babysitting ablösen konnten.

Oder sie hatten oder wollten keine ferner stehenden Familienmitglieder in der Nähe haben, die ihnen hätten aushelfen können. Beinahe jede Frau, die wir interviewt haben und die Kinder hatte, war brennend daran interessiert zu erfahren, wie andere Elternpaare mit diesem Problem fertig wurden. Die häufigste Frage nach diesem Teil des Interviews war: ›Wie werden andere Frauen damit fertig? Kann ich einige Ideen dazu bekommen, bevor das Buch herauskommt?‹ Aus diesem Grunde setzt sich dieses Kapitel mit diesen Erfordernissen auseinander, wobei wir versuchen, die verschiedenen Lösungen zusammenzufassen, die von Frauen angeboten wurden.

Mutterschaft gegen Sexualität

Das Herausfinden von Wegen, auf denen man in einer Familie sein Sexualleben lebendig erhalten kann, erfordert Kreativität, Energie, Zusammenarbeit mit dem Partner und, über allem anderen, echtes Interesse daran, eine aktive sexuelle Partnerschaft weiterhin zu pflegen. Wir stellten fest, daß nicht alle Frauen, mit denen wir sprachen, eine solche Motivation besaßen. Manche befanden sich im Konflikt damit, ihre Rollen als Mutter und als sexuelles Wesen miteinander zu vereinbaren, was eine ohnehin komplizierte Situation nur noch erschweren konnte:

»Mein Gefühl über die Beziehungen zwischen Sexualität und Mutterschaft macht es mir schwer, mich als sexuelles Wesen zu empfinden, wenn meine ganze Kraft und mein ganzes Dasein von der Mutterschaft ausgefüllt werden. Wenn ich mich selbst lediglich als Mutter identifiziere, fühle ich mich überempfindlich, nicht ausgefüllt, und es fällt mir schwer, mich zu meinem Mann sexuell hingezogen zu fühlen. Im allgemeinen fühle ich mich viel abhängiger, ärmer, deshalb kann ich mich auch nicht so als aktiv und katzenhaft oder gar kokett empfinden. Ich bin fest überzeugt, daß es gut ist, für die Erziehung der Kinder so viel Hilfe wie möglich in Anspruch zu nehmen. Dann fühle ich mich viel freier, mich auch in mehreren Rollen wohl zu fühlen. Seitdem mein Mann und ich beide ganztägig berufstätig sind, haben wir uns entschlossen, unter der Woche eine Haushälterin einzustellen. Ich habe eine wirklich warmherzige und mütterliche Frau dafür gefunden, die ganz reizend ist. Zudem wohnt bei uns eine Kunststudentin. Sie sorgt täglich von fünf bis acht Uhr für das Baby als Entgelt für Kost und Logis. Auf diesem Wege kann ich, wenn ich heimkomme, mit meinem fünf Jahre alten Kind zusammensein, das mich in seinem Alter jetzt wirklich braucht.«

Manche Frauen empfanden ihre Rolle als Mutter als vorrangig. Sie verwiesen aus eigenem Entschluß alle anderen Interessen und Pflichten auf den zweiten Platz. Immerhin brachte Tricia es fertig, in den 39 Jahren ihrer ersten Ehe ihren Mann immer an die erste Stelle zu setzen, obwohl sie zwei Kinder hatten, und sie vertrat die Ansicht, daß darin der Grund gelegen habe, daß sie eine so gute Ehe miteinander hatten:

»Als ich mein erstes Kind bekam, meinte ich, es sei nun für das kleine Wesen der erste Platz in meinem Leben reserviert. Aber das wollte ich keinesfalls wahrhaben. Das Kind kam nur solange bei meinem Mann und mir an die erste Stelle, bis es auf seinen Füßen stehen konnte. Danach ließen wir uns nichts mehr in die Quere kommen, niemals, denn irgendwie hatten wir einfach das Empfinden, daß das für unsere Beziehung zueinander wichtig war. Vielleicht wurde es uns leichter gemacht, nach dieser Philosophie zu leben, weil zwischen unseren Kindern ein Abstand von neun Jahren war, und das ist ein sehr großer Abstand. Jedes Kind hatte immer sein eigenes Zimmer, und wir hatten immer ausreichend Platz. Außerdem war mein Mann sehr kinderlieb und half deshalb bei den Kindern mit.«

Selbst stillen

Ein Baby zu haben, vor allem wenn es das erste ist, bedeutet oft eine physische Strapaze. Es erfordert einen Wechsel des Lebensstils und eine Anpassung an die neue Mutterrolle, wozu noch der physische Streß der Erholung von der Geburt kommt. Ein weiteres Kapitel, das für viele Frauen eine zusätzliche Belastung mit sich bringt, weil es ambivalente Gefühle auslöst, ist das eigene Stillen des Babys. Manche stillenden Frauen litten unter Gefühlsverwirrungen, weil sie ihre Brüste zum einen als Nahrungsspender für das Kind, zum anderen als sexuelle Reizobjekte für den Mann sahen. Manche Frauen fanden auch, daß das Erleben des Stillens sie dazu führte, ihre Brüste eher funktional als sexuell reizvoll zu sehen. Barbara, 29 Jahre alt und Mutter zweier Kinder von sechs und vier Jahren, erzählte uns dazu bei ihrem Interview:

»Das Stillen ist für mich eine echte sexuelle Erfahrung. Wenn das Kind an meiner Brust saugt, fühlt sich das genau so an, als ob mein Mann das täte. Mein Mann macht immer wieder den Scherz zu fragen, ob das jetzt er oder das Kind sei. Aber es ist nicht gut, wenn während des Stillens jemand anders an der Brust saugt, denn die Milch tritt aus und die braucht man doch für das Kind. Andere Frauen, mit denen ich sprach, haben während der Stillzeit vereinbart, daß ihr Mann an ihrer Brust nichts zu suchen habe.«

Beverly, 36 Jahre alt und seit neun Jahren mit dem Anwalt Mark verheiratet, hat einen fünfjährigen Sohn. Sie hatte ähnliche Empfindungen, fand aber eine Lösung, die jedem gerecht wurde: »Ich habe zehn Monate lang gestillt und hatte wirkliche Schwierigkeiten, meinem Mann zu erlauben, daß er an meinen Brüsten nuckeln darf. Ich befürchtete, ich könnte alle Milch meinem Mann geben und dann nicht genug für das Baby haben. Der Weg, auf dem ich diese Kalamität löste, war einfach der, daß ich sicherstellte, daß das Baby zuerst sein Futter bekam. So ganz beruhigt war ich zwar immer noch nicht, aber mein Mann half mir dadurch, daß er mir sagte, je mehr an meinen Brüsten gesaugt werde, desto mehr Milch würde ich produzieren. Und ich hatte immer genug Milch für das Kind, so daß ich mich damit zufrieden gab und einsah, daß es so richtig war.«

Auch andere Frauen fanden das Stillen höchst erotisch und empfanden offensichtlich keinerlei Konflikt darüber, daß sie das Nähren ihres Kindes als sinnliches oder sexuelles Erlebnis verspürten. Roberta, eine physikalische Therapeutin, erinnerte sich an ihre zehn Jahre zurückliegenden Erfahrungen, als ihre Tochter geboren wurde:

»Ich liebte es wirklich, meinem Kind die Brust zu geben. Es war sehr erotisch. Mein Uterus zog sich zusammen, und ich befand mich in einem orgasmusartigen Zustand, wenn das Baby an meiner Brust saugte. Es war sehr befriedigend. Ich hatte eine Art Freude über diese erotischen Gefühle, obwohl es doch mein Kind war. Zuerst war das Gefühl körperlich unangenehm, und zwar wegen der Kontraktionen des Uterus, die sehr stark waren. Der Uterus drückte sich nach unten zusammen, und es fühlte sich wie ein starker Krampf an. Aber nach den ersten paar Tagen war es ein viel erfreulicheres Gefühl, denn die Kontraktionen waren nun so, wie man sie beim Geschlechtsverkehr hat.

Was dabei geschieht ist, daß durch das Saugen des Babys ein Hormon frei wird, das den Uterus zusammenzieht. Diese Zusammenziehung ist ein ganz natürlicher Prozeß, um den Uterus wieder in seine natürliche Lage zu bringen. Das Stillen hilft der Frau wirklich, ihren Körper zu seiner alten Form aus der Zeit vor der Schwangerschaft zurückzuentwickeln, indem es diese Kontraktionen verursacht. Ich kann mir überhaupt keine Frau vorstellen, die nicht selbst stillt, denn es ist für die eigene Physis gut und gibt zudem ein so gutes, warmes Gefühl inniger Verbundenheit.«

Eine Frau empfand keine sexuellen Freuden beim Stillen, entdeckte interessanterweise dadurch aber eine neue, respektvollere Einstellung zu ihren Brüsten und genoß als Resultat davon das Stimulieren ihres Busens beim Liebesverkehr neuerdings stärker. Ariel erzählte dazu:

»Ich habe nie etwas gegen meinen Busen gehabt, ich habe ihn nur schlicht übersehen. Ich habe eine ziemlich flache Brust und wuchs mit völligem Desinteresse an meinem Busen auf. Deshalb hat er mir auch nie große sexuelle Sensationen vermittelt. Ich habe mich wirklich darüber gewundert, warum Männer so gern daran herumdrücken oder daran saugen, denn mir bedeutete das absolut gar nichts. Diesen Teil meines Körpers habe ich einfach nicht zur Kenntnis genommen. Dann habe ich mein Baby ein Jahr gestillt und niemals dabei irgendwelche sexuellen Gefühle bekommen. Deshalb hatte ich auch keine Lust, mir Geschichten von Frauen anzuhören, die saßen und stillten und dabei einen Orgasmus bekamen. Ich habe nie etwas derartiges erlebt. Aber ich entwikkelte eine echte Zärtlichkeit und Respekt für meinen Busen, weil er so gut funktionierte und für Milch sorgte. Mein Kind bekam in den ersten sechs Monaten ausschließlich Muttermilch. Dabei verdreifachte es sein Gewicht in etwa zwei und einem halben Monat, obwohl es nur Muttermilch trank. Seit jener Zeit habe ich meine Brüste auch sexuell mehr gebraucht. Ich habe heute noch keine überwältigend großen Gefühle in meinen Brüsten. Ich werde wohl nie zu den Frauen gehören, die allein vom Stimulieren ihres Busens einen Orgasmus bekommen können, aber ich mag ihn und respektiere ihn auch und empfinde eine gewisse Wärme, wenn er berührt oder gestreichelt wird. Früher habe ich die Brüste eingezogen, wenn sie jemand berührte, heute strecke ich sie heraus. Heute benutze ich sie, wenn ich mit jemandem Liebe mache, deshalb ist das heute ganz anders als früher. Und heute weiß ich auch, daß es viele Männer gibt, die meine Brüste anbeten, und zwar genau so, wie sie sind.«

Bei der Entscheidung, wann man abstillen soll, ist in Betracht zu ziehen, daß verlängertes Stillen (im allgemeinen fünf Monate oder länger) zu einer zeitweisen Atrophie der Vagina führen kann, ähnlich wie bei dem Prozeß, der nach der Menopause vor sich geht. Die Begründung liegt darin, daß das Stillen eine höhere Schwelle beim Prolactin erfordert. Das ist ein Antihormon für Östrogen. Aus diesem Grunde hatten manche stillenden Mütter Unannehmlichkeiten mit dem Geschlechtsverkehr. Die lokale Anwendung von Östrogen, die aber den Milchfluß beeinträchtigen kann, oder die Benutzung von Gleitmitteln wie KY-Gelee kann helfen, diese Mißhelligkeiten zu beseitigen.

Zeit finden für den Sex

Für eine Reihe von Monaten nach der Geburt eines Babys gerät der Haushalt in ein gewisses Chaos, bis die Familie sich an das Hinzukommen eines weiteren Mitgliedes gewöhnt hat. Wenn dieser erste Schock überwunden ist, gewinnt das Problem, Zeit für einen nichtunterbrochenen Sex zu finden, zunehmend an Bedeutung. Dieses Problem schien alle Frauen zu berühren, die wir interviewt haben, und obwohl viele von ihnen diese oder jene Lösung dafür gefunden hatten, waren doch alle begierig, weitere und bessere Lösungsmöglichkeiten kennenzulernen.

Eine Lösung bestand darin, Wege ausfindig zu machen, wie man Kinder so beschäftigen könne, daß man genügend freie Zeit gewann, um ohne Unterbrechung Geschlechtsverkehr zu haben. Natürlich hingen die dazu benutzten Mittel direkt vom Alter der

Kinder ab. Einen Säugling oder ein Vorschulkind zu beschäftigen, war natürlich anders als die Methoden, die man bei einem Schulkind oder Teenager anwenden konnte.

Um mit den Säuglingen fertigzuwerden, schienen die Frauen keinerlei unübliche Wege zu beschreiten. Meistenteils richteten sie sich nach den gewohnten Schlafenszeiten des Kindes, wenn das irgend möglich erschien. Heather, eine 35 Jahre alte Teilzeit-Therapeutin, erinnerte sich:

»Ich habe eine zwei Jahre alte Tochter, und es war schwierig, vor allem während sie noch kleiner war, Zeit für den Geschlechtsverkehr zu finden. In der Mehrzahl der Fälle richtete sich unser Sexualleben nach ihren Schlafenszeiten. Mit ziemlicher Sicherheit schlief sie am frühen Nachmittag. Da mein Mann zum Mittagessen nach Hause kam, konnten wir dann Sex haben. Außerdem konnten wir auch am Wochenende Liebe machen. Wirklich genossen haben wir den Sex früh am Morgen, wenn wir zum ersten Male aufwachten, aber das war fast unmöglich mit einem süßen Baby, das mit dem ersten Morgendämmern erwachte. Nachdem ich mich nunmehr daran gewöhnt habe, für ein kleines Kind zu sorgen, macht es mir weniger aus, Tage und Wochenenden außer Haus zu arrangieren. Auf diesem Wege gewinnen wir Zeit für uns und haben ein wenig Extragelegenheiten für unser Geschlechtsleben.«

Einige Frauen empfahlen, das Baby zu wecken und zu füttern und seine Windeln zu wechseln. So gewinne man die Sicherheit einiger Stunden des Friedens und der Ruhe. Aber wie dem auch sei, selbst mit der besten Vorbereitung, einige Babys schienen einen geradezu verbotenen Sinn dafür zu haben, immer dann aufzuwachen, wenn das Liebemachen voll im Gange war. Harriet, die sich für die ersten paar Monate von ihrer Arbeit beurlauben ließ, machte folgende Erfahrung mit ihrem nun sechs Monate alten Adoptivsohn:

»Peter hatte die erstaunliche Fähigkeit, immer gerade dann wachzuwerden und zu schreien anzufangen, wenn wir gerade Geschlechtsverkehr miteinander hatten. Während einer Periode von ungefähr acht Wochen wurde Peter immer wach, wenn wir zu ficken anfingen. Er war zwar mäuschenstill, solange wir nur Vorspiele oder sonstige Liebesspiele betrieben; gingen wir dann aber zum eigentlichen Geschlechtsverkehr über, wachte er auf und schrie aus vollem Halse. Wir haben zwar versucht, das einfach zu ignorieren, aber es ruinierte doch das ganze Geschehen.

Er schlief in seinem Zimmer. In unserem Schlafzimmer war Musik. Wir sagten uns, Peter wird um elf Uhr wach. Also beginnen wir um halb zehn Uhr mit dem Liebemachen. Bis zu der Zeit, zu der er aufwacht, sind wir dann fertig. Und dann wurde er schon um zehn Uhr wach. Wir konnten nicht dagegen an. Was wir zu tun versuchten, war lediglich, mehr auf die Zeit zu achten, mehr Obacht auf seine Gewohnheit zu geben und so zu planen, daß wir zusammen waren, wenn er versorgt war. Ich glaube, das hat unser Sexualleben ganz schön klein gemacht, denn diese Art der Planung haben wir zuvor nie betrieben.«

Manche Frauen fanden, daß ein bewußtes und frühzeitiges Verändern der Gewohnheiten des Babys dazu führen würde, daß es nachts durchschliefe, so daß sie auf diese Weise für sich und ihren Mann einige ungestörte Zeit für ihr Geschlechtsleben finden könnten. Gweneth erinnerte sich:

»Als meine Kinder noch Babys waren, vermißte ich wirklich einige Dinge wie das Ausgehen zum Dinner oder auch ungestörte Zeit mit meinem Mann zu haben. Wir gehen gern zum Abendessen aus, um dabei in Ruhe miteinander reden zu können, denn wir lieben lange Tischgespräche. Deshalb habe ich ihre Lebensgewohnheiten bewußt so geändert, daß sie nachts durchschliefen und wir so zusammen sein konnten. Ich nahm sie nach einem kurzen Morgenschlaf auf und legte sie erst zu einem ebenso kurzen Mittagsschlaf wieder hin, um sie frühzeitig daraus zu wecken. Sobald dieses möglich war, gewöhnte ich ihnen den Mittagsschlaf ab und brachte sie bereits um halb sieben oder sieben Uhr ins Bett. Auf diese Weise schliefen sie dann fest bis zum nächsten Morgen um sieben oder acht Uhr und wir hatten einen herrlichen Abend für uns allein.«

Viele der von uns interviewten Frauen schliefen in der ersten Zeit in dem gleichen Zimmer mit dem Neugeborenen und fühlten sich durchaus wohl dabei, im gleichen Raum Liebe zu machen.

Gaye, eine dreiunddreißigjährige College-Lehrerin, die seit elf Jahren verheiratet war, berichtete uns dazu:

»Meine Kinder sind jetzt acht und zwei Jahre alt. Als sie neugeboren waren, schliefen sie in einer kleinen Wiege in unserem

Schlafzimmer. Wenn wir auch zuweilen einmal Sex außerhalb des Schlafzimmers hatten, sowohl bei Tag als auch bei Nacht, war unser normaler Brauch doch der, daß wir spät am Abend im Schlafzimmer Liebe machten, wenn das Kind bereits eingeschlafen war. Natürlich beendeten wir diese Gewohnheit, als das Baby alt genug geworden war.«

Immerhin fühlten sich viele Frauen bei dieser Gewohnheit weniger wohl, wenn das Baby älter wurde und sie vielleicht auch größere Abgeschlossenheit von ihrem Kind suchten. Gabrielle, eine Künstlerin, die mit 27 Jahren für fünf Jahre mit Robert, auch einem Künstler, zusammenlebte, hatte das folgende humorvolle Erlebnis, als sie in einem Zimmer in der Anwesenheit ihres zehn Monate alten Sohnes Liebe machte:

»Kinder verstehen natürlich immer mehr, je älter sie werden. Mein Sohn ist in einem Alter, in dem er meines Erachtens noch nichts von dem Ächzen und Stöhnen verstehen kann, wie es zum Geschlechtsverkehr gehört, aber rein instinktiv nimmt er wahr, daß da irgend etwas geschieht, und dabei fühle ich mich dann einfach nicht mehr wohl. Immer wieder einmal, während wir mitten im Geschlechtsverkehr sind, muß ich zu ihm hinüberschauen und fragen: ›Geht es dir gut, Alex?‹ (und keuche weiter), und das ist für mich einfach nicht das Wahre. Es setzt einen Dämpfer auf unser Geschlechtsleben, weil er den größten Teil des Tages um uns herum ist. Wenn Mama und Papa zusammen sind, will er auch bei ihnen sein. Einmal geschah es, daß ich mich über Robert beugte. Unser Bett ist auf dem Boden. Ich kniete auf dem Boden direkt am Bettrand, während Alex auf dem Boden saß. Er kam hoch, zog meinen Schlüpfer herunter und biß mich. Das war das letzte Mal, daß wir bei ihm im gleichen Raum Liebe machten. Aber immerhin habe ich mit Robert darüber gealbert, daß ich nun zu meinen Freundinnen sagen kann, ich sei mit zwei Männern zugleich im Bett gewesen.«

Nachdem das Baby größer wurde, gestalteten sich die Lösungen erfindungsreicher. Sally hatte eine großartige Idee, die zwar nur etwa für die ersten sieben Monate des Kindes galt, sich aber für diese Zeit als durchaus gut erwies:

»Anfangs war es recht schwierig mit dem Zusammensein, da wir immer neue Auswege suchen mußten. Der eine von uns war damit beschäftigt, das Baby zu versorgen, während der andere gerade ein wenig Freizeit hatte. Oft genug wollten wir auch probieren, dann Liebe zu machen, wenn das Baby gerade bei uns im Bett lag, denn das stärkte ein wenig mein Selbstbewußtsein. Aber wir wurden immer wieder von ihm unterbrochen, weil es anfing zu schreien oder irgend etwas benötigte. Das war hart. Am meisten konnten wir uns noch auf die Schaukelwiege verlassen. Wenn wir das Kind in die Schaukel legten, die 20 Minuten schaukelte, hatten wir garantiert auch zwanzig Minuten Zeit zum Schaukeln für uns selbst. Mit Schaukelzeit meine ich, daß wir Zeit fürs Liebemachen gewannen, denn wenn das Baby für zwanzig Minuten versorgt war, konnten wir die gleiche Zeit Liebe betreiben. Später wurde das Kind zu groß für die Schaukel, hatte auch kein Interesse mehr daran, weil es viel zu lebendig dafür war. Ich erinnere mich, daß wir einmal so heiß waren, daß wir es einfach in den hohen Kinderstuhl setzten, ihm alles Gute wünschten und diese Zeit für uns benutzten. Aber das war eine Ausnahme. Normalerweise warteten wir, bis es Bettzeit war und liebten uns dann in der Nacht, wenn es in seinem Bett lag.«

Wenn die Kinder das Vorschul- oder Schulalter erreichen, vergrößern sich die Möglichkeiten. Noch immer bevorzugten es die Mütter, ihre Kinder beizeiten ins Bett zu bringen oder erst spät am Abend Geschlechtsverkehr zu haben, wenn sie sicher waren, daß die Kinder schliefen. Aber schließlich blieb doch Zeit am Tage verfügbar für Leute, die in ihren Berufen genügend Bewegungsfreiheit hatten, um diese Zeiten wahrnehmen zu können. Das ergibt sich auch aus der folgenden Geschichte, die uns eine Frau in einer unserer Gruppenstunden erzählte:

»Wir haben zwei Kinder von sieben und neun Jahren. Es ist schwer, Zeit für unser Geschlechtsleben zu finden, außer wir verlegen es nur auf den späten Abend, wenn die beiden im Bett sind und schlafen. Aber dann sind wir zu müde, um noch viel Energie für unseren ehelichen Verkehr aufbringen zu können. Bleibt also nur der frühe Morgen. Dabei besteht aber das Problem, daß wir niemals wissen, wann in der Frühe eines der Kinder wach wird und spornstreichs in unser Schlafzimmer marschiert. Deshalb kann ich mich beim Sex morgens auch nicht richtig entspannen. Daraufhin rief mich dann eines Tages mein Mann morgens zu Hause an und fragte mich, ob ich mit ihm zu einer Matinee gehen wolle. Ich dachte, er meine einen Film, und sagte natürlich sofort zu. Später merkte ich dann, daß er eine Sex-Matinee daheim meinte. Wir nahmen uns zwei Stunden Zeit fürs Mittagessen und hatten eine herrliche Zeit miteinander, ohne daß irgend jemand in der Nähe gewesen wäre. Das machen wir nun ziemlich regelmäßig. Entweder er ruft mich an und lädt mich zu einer Matinee ein, oder ich bin der einladende Teil. Und dann legen wir den Telefonhörer neben die Gabel und haben Freude miteinander.«

In der Woche Zeit zu finden, erwies sich für die Mehrzahl der berufstätigen Frauen, die wir interviewt haben, als ziemlich unmöglich. Immerhin erwies sich die Sonntagsschule als ein guter Ausweg, um wenigstens Sonntagmorgens ungestört Zeit zu haben. (Wir wußten schon immer, daß es gute Gründe für die Sonntagsschule gab, nur konnten wir als Kinder nicht herausbringen, welche das waren. Vielleicht lagen sie hier!)

»Ich wußte, was meine Eltern taten, und ich weiß nicht, warum ich mich daran erinnere. Allerdings machte meine Mutter immer eine große Staatsaffäre aus unserem Besuch der Sonntagsschule. Sie bekam direkt Triefaugen, wenn sie uns zur Sonntagsschule schickte, und ich denke, das war wohl ihre Zeit für ihr Geschlechtsleben. Ich konnte es als Kind nie herausbekommen, wann sie es eigentlich taten, außer nachts natürlich. Ich weiß genau, daß sie es nachts machten, denn einmal kam ich genau zur richtigen Zeit zu ihnen ins Schlafzimmer. Sie waren beide bestürzt darüber, aber ich glaube, sie liebten sich auch am Sonntagmorgen, wenn wir in der Sonntagsschule waren.«

Eine weitverbreitete Technik, Kinder an Wochenenden und nach der Schule zu beschäftigen, ist das Fernsehen. Viele Leute klagen über die Wirkungen des Fernsehens auf unsere Kinder. Karen fand aber einen Weg, es nützlich und in Übereinstimmung mit ihrer Tochter von dreieinhalb Jahren einzusetzen. Sie berichtete uns darüber folgendes:

»Da wir beide berufstätig sind, ist Sex etwas, das in der Regel nur abends für uns möglich ist. Ich bringe die Kinder dann zusammen entweder in ihr Zimmer oder auch ins Wohnzimmer und stelle ihnen entweder eine bestimmte Aufgabe oder lasse sie ein Fernsehprogramm anschauen, von dem ich weiß, daß es sie interessiert. Manchmal gebe ich ihnen auch einen Dauerlutscher, eine Mohrrübe oder ein Stück Kuchen, wenn ich weiß, sie möchten es gern oder wenn sie vorher schon danach gefragt haben. In der Regel sage ich ihnen dann, sie könnten an die Tür klopfen, wenn es irgend etwas Wichtiges gäbe. Ich erkläre ihnen, daß Vater und Mutter den ganzen Tag gearbeitet haben und deshalb keine Zeit füreinander gehabt hätten. Deshalb wollten wir jetzt ein wenig für uns sein. Sie haben nie weitergefragt.«

Eine andere Frau wußte von einer Familie, die mit einer geradezu genialen Lösung dieses Problem aus der Welt schaffte:

»Ein Ehepaar, das ich gut kenne, hat zwei kleine Mädchen und fand einen sehr geschickten Weg, die Kinder zu beschäftigen, während die Eltern Geschlechtsverkehr haben wollten. Sie hatten in ihrem Schlafzimmer eine Schalteinrichtung für das Fernsehen in der unteren Etage, das sie vom Bett aus anstellen konnten. So gehen die kleinen Mädchen morgens nach unten in ihr Wohnzimmer, haben dort ihre Bananen, ihren Saft und ihre Milch und können frühstücken und gleichzeitig Cartoons im Fernsehen anschauen, während ihre Eltern oben Liebe machen.«

Wenn die Kinder auch mit dem Fernsehen, irgendeiner Aufgabe oder einem Freund aus der Nachbarschaft gut beschäftigt scheinen, gibt das doch noch keine Gewähr, daß sie nicht mitten in den Liebesakt hereinplatzen. Louise, eine 36 Jahre alte Pastorin und Witwe, hat einen Sohn von sechs und eine Tochter von drei Jahren. Sie fand eine glänzende Lösung für dieses Problem:

»Ich habe eine Wechselsprechanlage zwischen dem Obergeschoß und dem Anbau, der auf der Seite liegt, wo die Kinder schlafen. Wenn ich also mit meinem Freund im Anbau bin und die Kinder oben schlafen, kann ich sie hören. Wenn sie aus ihren Betten klettern oder mich brauchen, kann ich zu ihnen hinaufgehen, anstatt daß sie herunterkommen und uns ins Zimmer platzen.« Eine allgemeinere Sitte, die uns von vielen Frauen berichtet wurde, besteht im Abschließen der Schlafzimmertür:

»Wir haben ein Schloß an der Schlafzimmertür und fühlen uns so sehr viel entspannter, weil wir wissen, daß die Kinder nicht hereinkommen können. Allerdings finde ich das nicht so ganz gerecht ihnen gegenüber.«

Obwohl Elaine ihre Schlafzimmertür während des Liebens zumacht, ist sie doch nicht entsetzt, wenn ein Kind einmal unangemeldet hereinkommt:

»Wir sind eine Familie, die sehr eng zusammenhängt, sich liebt, viel küßt und viel miteinander schmust, sich streichelt und betätschelt. Wenn die Kinder noch Fernsehen anschauen und wir schon ins Bett gehen möchten, gehen wir eben und machen die Tür zu. Unsere Schlafzimmertür steht immer offen, auch während der Nacht, wenn diese Tür aber fest geschlossen ist, wird auch niemand hineinkommen. Ich habe ihnen das niemals so ausdrücklich erklärt, und ich glaube auch nicht, daß sie das so ganz verstehen. Denn immer mal wieder kommt eines von ihnen und hat etwas ganz Dringendes zu erzählen, während wir gerade mitten beim Geschäft sind. Wir bleiben dann geradeso beieinander liegen und schmusen weiter. Beispielsweise drehen wir uns zusammen auf die Seite, halten uns aber weiter im Arm, während wir mit dem Kind sprechen und feststellen, was es braucht. Aber wir machen keine große Sache daraus, daß sie uns so sehen und schreien sie ganz bestimmt nicht an, sie sollten machen, daß sie aus dem Zimmer hinauskämen.«

Manche Frauen verfügten über den Luxus von einem oder zwei besonderen Räumen im Hause, die in einem separaten Teil desselben lagen und die sie tagsüber für den Sex nutzen konnten. Die 60 Jahre alte Jesse erinnerte sich:

»Solange meine Kinder ziemlich klein waren, gab es keine Probleme, denn wenn sie einmal im Bett lagen, waren sie für die Nacht auch versorgt. Ich hatte niemals Schwierigkeiten mit aufwachenden Kindern, und sie sind unserem Sexualleben auch niemals in die Quere gekommen. Als sie dann größer wurden, hatten wir schon ein Problem. Mein Mann fing manchmal beim Orgasmus ganz spontan an zu keuchen. Manchmal war er ziemlich laut dabei, und das hörte sich dann wie ein Schrei an. Einmal merkte ich, daß meine älteste Tochter, die damals elf Jahre alt war, diesen Schrei gehört hatte. Und sie interpretierte ihn dahingehend falsch, daß Mutter den Vater bestraft habe. Glücklicherweise lag mein Atelier, eine Kombination aus Atelier und Gästezimmer, etwas abseits von den übrigen Räumen. Dorthin zogen wir uns in Zukunft zum Sex zurück. Das war sehr angenehm. Ich meine, es wäre klug von den meisten Eltern, wenn sie ein Zimmer hätten, das weit entfernt von den Schlafzimmern der Kinder läge. So ist man zum einen vorgewarnt, ehe sie hereinplatzen und hat etwas mehr Privatatmosphäre für sich.«

Eine unserer Patientinnen hatte eine kluge Idee, um ein wenig Zeit für intimes Alleinsein mit ihrem Mann zu haben, wenn er von Geschäftsreisen zurückkam:

»Als mein Mann noch auf Geschäftsreisen zu gehen pflegte, erzählte ich meinen Töchtern immer, er werde nicht vor vier oder fünf Uhr nach Hause kommen. Sie sollten ruhig so lange draußen bleiben und spielen. So weit so gut, denn in Wirklichkeit kam er in der Regel um Mittag zurück, jedoch wollten wir dann gerne eine Zeitlang für uns haben, ehe die Mädels nach Hause kamen.«

Eine allgemeinere Lösung besteht darin, die Kinder irgend jemandem anzuvertrauen, sei es für einen Abend, über Nacht oder auch über ein Wochenende. Viele Frauen waren aber wenig glücklich dabei. Sie fühlten sich schuldig, weil sie zum einen um der Kinder Sicherheit fürchteten, zum anderen auch besorgt waren, sie könnten emotional davon geschädigt werden. Immerhin war das bei von uns interviewten Frauen die meist genannte Lösung, um zum einen Zeit für sich zu gewinnen und zum anderen ihre Partnerschaft einmal wieder mit Leben zu erfüllen. Ann, eine 59 Jahre alte Lehrerin, die seit 36 Jahren mit dem Anwalt Steve verheiratet ist, erinnerte sich beim Interview:

»Als die Kinder klein waren und auch noch Jahre später, gönnten wir uns zuweilen das, was wir ›Wochenende für Orgien‹ oder ›Orgienferien‹ nannten. Wir ließen dann die Kinder in guten Händen und verschwanden. Ich weiß, daß sie alles hören können, was im Hause vor sich geht, und das kann ich nicht vertragen. Deshalb fuhren wir in die Stadt in ein Motel für zwei Tage und hatten dort alle Annehmlichkeiten für ein erotisches Wochenende, das französische Bett und das Frühstück im Bett. Wir liebten uns jeden Freitagabend und an jedem Samstag tagsüber und kamen dann am Sonntag entspannt zurück.«

Die Frauen hatten verschiedene Verfahren, wie sie für die Kinder sorgten, wenn sie an solchen Wochenenden nicht daheim waren. Die meisten Frauen fühlten sich nicht wohl, wenn sie die Kinder für längere Zeit mit Fremden allein ließen. Die bevorzugte

Wahl fiel auf Verwandte. Diejenigen, die über die nötigen Mittel verfügten, engagierten zusätzlich einen Babysitter oder ein im Hause schlafendes Hausmädchen, das den Verwandten half. Ann hatte diesen Luxus zur Verfügung. Sie berichtete:

»Ich war vom Glück begünstigt. Ich hatte von der Zeit an, als Peggy geboren wurde, eine ständige Haushaltshilfe, die auch bei uns wohnte. Das war das, was ich an diesem Hause so gern hatte. Wir hatten eine dritte Etage mit viel Raum für eigene Ausweichbedürfnisse. Eine ständige Hausangestellte ermöglichte es mir, mich meiner eigenen Karriere zu widmen und gleichzeitig auch andere Interessen zu verfolgen.«

Monique fand einen unaufwendigen Weg, um Hilfe im Haushalt zu bekommen. Sie erzählte uns:

»Ein Weg, den man gehen kann, wenn man einen überzähligen Raum im Hause oder in der Wohnung hat, ist der, daß man sich an Organisationen wie zum Beispiel an Studenten-Wohnungsvermittlungen wendet und dort freie Kost und Logis bietet. Dafür bekommt man dann wöchentlich zwanzig Stunden Arbeitsleistung. Die Studenten sind meistens Ausländer, sprechen aber in der Regel Deutsch, weil sie ja an unseren Universitäten studieren. In jeder Stadt findet man derartige Stellen, oftmals kirchliche oder religiöse Zentren, die sich meistens um Ausländer kümmern. Es ist eine gute Möglichkeit, auf relativ billigem Wege an eine Haushaltshilfe zu kommen.«

Die Mehrzahl der von uns befragten Frauen zogen allerdings den Austausch der Kinder mit befreundeten Elternpaaren vor:

»Weder mein Mann noch ich selbst haben irgendwelche näheren Verwandten in der hiesigen Gegend. Deshalb sind wir auf Freunde angewiesen, um einmal die Kinder abgeben zu können und etwas Zeit für uns selbst zu gewinnen. Als die Kinder noch ein bißchen jünger waren, haben wir uns mit anderen Elternpaaren dahingehend geeinigt, daß wir gegenseitig die Kinder einmal übernehmen, auch über Nacht. Auf dem Wege hatten wir einmal einen ganzen Abend für uns allein. Das war so ungewohnt für uns, daß wir uns wie die Anfänger benahmen. Es war fast, als würden wir uns erneut erst kennenlernen, fingen erst an, uns gegenseitig füreinander zu interessieren. Aber gerade das war für uns sehr nützlich. Wenn man miteinander einen Abend für das Geschlechtsleben plant, muß das nicht unbedingt heißen, daß man nun den ganzen Abend Liebe macht. Man braucht eine gewisse Zeitspanne, etwa einige Stunden, damit die Gefühle in einem wachsen können und jene Höhe erreichen, in der alles dann ganz spontan wird. Man braucht einfach Zeit, in der man gemeinsam Musik hört oder sich am Kerzenlicht erfreut oder auch ein schönes Abendessen und Wein miteinander genießt und dabei fühlt, wie man innerlich immer stärker zusammenwächst. Wenn wir uns spät am Abend zurückziehen, um miteinander ehelichen Verkehr zu haben, funktioniert das häufig einach nicht, weil die Spontaneität und die Zeit, die man zur Entwicklung dieser Spontaneität benötigt, nicht vorhanden sind.«

Sind die Kinder erst einmal im Pubertätsalter, werden für die meisten Eltern die Probleme ein wenig kleiner. Sie brauchen sich keine Sorgen mehr zu machen, wie man die Kinder beschäftigt oder wie man jemanden findet, der bei ihnen bleibt und für sie sorgt. Obendrein haben sie, wenn sie langsam in dieses Alter kommen, auch selbst begriffen, daß Vater und Mutter auch einmal Zeit für sich allein benötigen und sehen darin kein Problem mehr. In jedem Fall ist es sehr wichtig, schon während der vorpubertären Jahre den Kindern zu erklären, wie wichtig es für die Eltern ist, daß sie Zeit für sich allein haben. Das gilt vor allem dann, wenn über Sex im Hause nicht gesprochen wird.

Louise, eine 39jährige Kindertherapeutin, ist mit Dick, einem Seelenberater, verheiratet. Sie beschrieb uns, wie sie zum ersten Mal ihrer Tochter erklärte, daß ihr Mann und sie Zeit für sich allein benötigten, um sich gegenseitig zu lieben:

»Janet ist jetzt vierzehn Jahre alt, und als ich meine zweite Ehe einging, war sie gerade elf. Zu dieser Zeit begann ich gerade, mich in meiner eigenen Haut als Geschlechtswesen wohlzufühlen und zu begreifen, daß ich das Recht darauf hatte, mir Zeit für mein Sexualleben mit Dick zu nehmen. Für ihn war es ganz selbstverständlich, daß er seine Kinder wissen ließ, daß er ein Geschlechtswesen sei. In seiner ersten Ehe pflegte er ihnen zu sagen: ›Eure Mutter und ich werden jetzt nach oben gehen. Wir werden uns jetzt einige Zeit für uns selbst nehmen.‹ Dick und ich sprachen darüber und ich versprach ihm, diesen Weg auch zu versuchen. Also holte ich eines Nachmittags tief Luft und sage zu Janet: ›Dick und ich gehen jetzt für eine Weile nach oben.‹ Und sie antwortete wie aus der Pistole geschossen: ›Oh fein, ich gehe mit euch und schaue mir oben das Fernsehen an!‹ Ich antwortete: ›Nein, mein Kind, wir wollen oben nicht fernsehen, sondern wir wollen uns ein wenig Zeit nehmen, um miteinander zu reden und uns zu lieben. Später kommen wir wieder herunter.‹ Ich hatte das Gefühl, wenn sie wußte, daß wir später wieder herunterkamen, wir also nicht den ganzen Abend ohne sie verbringen wollten, dann würde es ihr leichterfallen, für einige Zeit auf uns zu verzichten. Sie ist eben ein Einzelkind und erwartet jede Menge an Aufmerksamkeit und möchte immer jemanden um sich haben. Ich selbst bin auch ein Einzelkind gewesen und weiß daher, wie einem solchen zumute ist, wenn jeder es zurückstößt und es immer mit sich allein läßt. Während der ersten Zeit ging das recht gut so. Sie ließ uns allein, und wir verbrachten etwa drei Stunden damit, zusammen ein Bad zu nehmen, miteinander zu reden, Kerzen anzuzünden und Liebe zu machen. Später kamen wir dann herunter, bereiteten das Abendessen, aßen zusammen, als Janet dann plötzlich wissen wollte, was das sei, sich zu lieben. So hatten wir ein fröhliches Tischgespräch über dieses Thema, und wir erklärten ihr, das sei miteinander Reden und sich im Arm halten. Sie fragte dann: ›Das alles muß man tun?‹ und wir sagten nur ja dazu.«

Eine andere Frau fand die notwendige Abgeschlossenheit, indem sie vom übrigen Haus eine eigene Wohnung abtrennte:

»Nach meiner Scheidung lebte eine meiner Töchter für ein oder zwei Jahre bei mir. Ich richtete ihr im unteren Stock unseres Hauses eine eigene Wohnung ein, so daß sie ihre eigene Umgebung und eigenen Lebensraum hatte. Es war so, daß sie zwar einerseits unter meiner Obhut war, andererseits aber auch wieder nicht. Sie war damals erst siebzehn Jahre alt. Als sie dann neunzehn Jahre wurde, war sie völlig selbständig.«

Die von uns interviewten Frauen wichen beachtlich voneinander in ihrer Einstellung zu der Frage ab, ob sie ihre Kinder wissen lassen sollten, daß sie Zeit für Sex brauchten oder nicht. Einige hatten dieses Thema niemals mit ihren Kindern berührt und fügten hinzu, auch wenn sie genau wüßten, daß sie diese Zeit brauchen, wären sie doch niemals in der Lage gewesen, darüber mit den Kindern zu reden.

Andere konnten sich nur dazu durchringen, ihren Kindern zu sagen, daß sie für eine gewisse Zeitspanne nicht gestört zu werden wünschten. Da sie sich nicht in der Lage fühlten, ihren Kindern zu sagen, sie wollten Liebe machten, was ja bedeutet hätte, ihnen auch das ganze Verfahren erklären zu müssen, bedienten sie sich lieber anderer, weniger sexuell wirkenden Redewendungen, etwa sie wollten ein Schläfchen machen, benötigten etwas Zeit für sich, wollten ein wenig schmusen oder sich gegenseitig liebhaben. Monique erzählte uns dazu:

»Natürlich hängt die Antwort vom jeweiligen Alter der Kinder ab, je nachdem was sie begreifen können. Wir hatten ein Schloß an der Schlafzimmertür. Unserer Fünfjährigen sagten wir: ›Mama und Papa brauchen ein wenig Zeit für sich. Das hat nichts damit zu tun, daß wir dich nicht ebenso liebhätten, aber gerade jetzt möchten wir einmal allein sein, und deshalb mußt du anklopfen.‹«

Eve ist Mutter von neun und elf Jahre alten Söhnen. Sie teilte uns mit: »Solange die Kinder kleiner waren, benutzten wir die Zeit des Mittagsschlafes, vor allem am Wochenende, um Sex zu haben. Das galt auch, wenn ich ziemlich müde und nicht sonderlich dazu aufgelegt war. Da die Kinder nur zwei Jahre auseinander sind, hat der Große auch noch mittags geschlafen, solange der Kleine es tat. Auf diese Weise hatten wir auch dann Zeit. Solche ›Mittagsschläfchen‹ gönnen wir uns am Wochenende auch heute noch, obwohl die Kinder natürlich nicht mehr schlafen wollen. Wir ziehen uns dann ins Schlafzimmer zurück, und ich weiß nicht, wieviel die Kinder davon begriffen haben, daß Vater und Mutter, wenn sie sich zu einem Schläfchen zurückziehen, in Wirklichkeit ja gar nicht schlafen. Ich denke, sie kommen langsam in das Alter, in dem sie schon eine Vorstellung davon bekommen, daß es da auch noch andere Dinge im Schlafzimmer gibt, als nur zu schlafen. Wir haben niemals direkte Fragen von ihnen gestellt bekommen über unser Geschlechtsleben als solches, aber ich habe den Eindruck, der ältere von meinen Söhnen beginnt zu begreifen, daß die Menschen nicht nur Liebe machen, um Babys zu bekommen. Tatsächlich fragte er mich auch genau einen Tag nach einem unserer Mittagsschläfchen, wie oft denn die Leute eigentlich Geschlechtsverkehr miteinander hätten, denn er habe irgendwo gehört, daß das viel öfter sein könne, als nur um ein Kind zu zeugen.«

Eine alleinstehende Mutter zu sein, scheint die ohnehin schwierige Frage noch mehr zu komplizieren, wie man die Zeit für ein Geschlechtsleben mit einem Partner finden kann. Die meisten alleinstehenden Mütter hatten eine enorme Fülle von Pflichten zu bewältigen, nachdem sie meistens auch die wesentliche finanzielle und gefühlsmäßige Bezugsperson für ihre Kinder waren. Polly, 44 Jahre alt, Stenotypistin und geschiedene Mutter eines sieben Jahre alten Jungen, berichtete uns aus ihrem Alltag:

»Die grundlegenden täglichen Probleme eines alleinstehenden Elternteiles sind, den Haushalt finanziell und im übrigen aufrecht zu erhalten, für des Kindes physisches Wohlbefinden zu sorgen und dann auch noch das eigene in Ordnung zu halten. Mit anderen Worten, man macht einfach alles. Man fährt Auto, kauft ein, schleppt die Lebensmittel nach Hause. Aber das sind körperliche Beanspruchungen, mit denen man in ziemlich kurzer Zeit fertig werden kann. Aber zusätzlich zu alledem hat man die Probleme, mit der Entwicklung des Kindes auf dem Laufenden zu bleiben, immer genau zu wissen, an welchem Punkt seine Entwicklung angelangt ist und welche Probleme es nun beschäftigen. Dafür muß man aufnahmefähig sein und die Zeit finden, um aufnahmefähig sein zu können und sich selbst auch emotional für das Kind empfänglich halten. Das ist besonders wichtig, denn wenn man sich von seinen Beschäftigungen völlig unter Druck setzen läßt, geht das Kind lieber vor den Fernseher und schaut dort hinein, anstatt daß es mit seinen Problemen zu einem kommt.«

Alleinstehende fühlten, daß sie nicht genügend Zeit für ihre Kinder erübrigen können. Diese Schuldgefühle wurden oftmals noch größer, wenn sie sich einmal überlegten, ein Wochenende frei zu machen, um es mit einem Liebhaber zu verbringen und die Kinder jemand anderem zu überlassen. Das war weniger der Fall, wenn der Vater in der Nähe wohnte und sie bei ihm ein Wochenende verbringen konnten. Aber da viele Frauen nach der Scheidung in eine andere Stadt umzogen, hieß das dann in jedem Fall, daß sie die Kinder bei jemand anderem als einem Elternteil lassen mußten. Darin findet die Tatsache ihre Erklärung, daß alleinstehende Mütter, die wir interviewt haben, sich um die Schaffung geeigneter Hilfssysteme bemühten, anstatt sich auf entferntere Verwandte zu verlassen, die meistens nicht dann verfügbar sind, wenn man ihrer bedarf. Häufig taten sich alleinstehende Mütter zusammen, um wechselseitig die Kinder nach der Schule zu überwachen oder sich eine Haushaltshilfe zu teilen. Zu ihnen gerhörte auch Samantha, arbeitende Mutter eines acht Jahre alten Sohnes. Sie sagte uns: »Ich habe einige Freundinnen, die auch alleinstehende Mütter sind. Wenn eine von uns abends ausgehen möchte, mit jemandem zusammensein oder auch einmal über Nacht ausbleiben möchte, rufen wir uns gegenseitig an und schauen, wer von uns die Kinder übernehmen kann. Das tun wir auch, wenn bei einer von uns der Wagen kaputtgeht oder jemand in der Tanzschule oder der Schule abgeholt werden muß.

Diese Zusammenarbeit ist wirklich eine gute Idee. Eine andere Idee von mir war die, daß ich nach dem Zusammenbruch meiner Ehe ein großes Haus kaufte und so herrichtete, daß es ein Zweifamilienhaus wurde, in dem zwei alleinstehende Mütter mit ihren Kindern je eine abgeschlossene Wohnung haben. Auf diese Weise muß man die Kinder niemals aus dem Hause schicken, damit sie in einer Gemeinschaft aufwachsen. Eine andere Idee, die mir kam, bestand darin, gemeinsam eine Haushaltshilfe zu engagieren. Ich habe eine Freundin, die geschieden ist und eine kleine Tochter hat. Sie wohnt nur vier Türen weiter. Im Moment habe ich eine Teilzeitkraft, die leichte Hausarbeit macht und auf meinen Sohn aufpaßt, wenn er aus der Schule kommt. Meine Freundin und ich haben nun beschlossen, daß wir jede die Hälfte ihres vollen Wochenlohnes übernehmen, so daß also die Frau ständig da ist und beide Kinder täglich nach der Schule versorgen kann. Auf diese Weise brauche ich mir keine Sorgen zu machen, wie ich schnell nach Hause komme oder irgendwelche anderen Möglichkeiten ausfindig mache, wie ich meinen Jungen nach der Schule beschäftigen kann. Alleinstehende Frauen mit Kindern müssen einfach zusammenhalten und untereinander eine große Familie bilden.«

Zwangsläufig waren alleinstehende Mütter sehr davon angetan, wenn ein Liebhaber sich dazu bereit fand, ihre Verantwortung für die Babyversorgung soweit zu teilen, wie es ihm irgend möglich war:

»Für mich ist es sehr wichtig, in einer Partnerschaft zu leben, in der mein Partner bereit ist, die Verantwortung für mein Kind mit mir zu teilen, obwohl es nicht sein Kind ist. Es ist eben wichtig, einen Menschen zu finden, der der Tatsache positiv gegenübersteht, daß ich ein Kind habe. Ich möchte viel lieber einen Freund haben, der entweder bereit ist, sich an den Kosten für einen Babysitter zu beteiligen oder auch einen solchen aufzutreiben hilft; der ferner auch darauf achtet, daß wir beim Planen über das, was wir vorhaben, das Kind immer in unsere Überlegungen einbeziehen, ohne daß ich immer daran erinnern muß. Wenn ich allein nur die Sorge für das Kind zu tragen habe, erwachsen bei mir daraus Ressentiments, die die Partnerschaft beeinträchtigen.«

Viele Frauen stellten fest, daß es sehr wichtig sei, das richtige Gefühl dafür zu haben, wie sie ihrem Kind den Gedanken beibringen müßten, daß eine Aufsichtsperson ins Haus käme, oder daß es für eine Nacht oder über das Wochenende irgendwoanders hinkäme. Diese Frauen legten Wert darauf, daß sich das Kind bei dem Gedanken wohlfühlt, eine Zeitlang nicht bei ihnen zu sein und daß es diese Zeit auch wirklich genieße. Die 34 Jahre alte Ariel macht das bei ihrer fünfjährigen Tochter so: »Ich denke, es ist wichtig, daß ich meine Tochter nicht gerade in eine fremde Umgebung schubse – etwa indem ich ihr sage: ›So kann ich dann ficken‹, was doch wohl gräßlich klingen würde. Aber immerhin scheint es so herauszukommen, wenn ich einen Weg suche, eine Nacht mit irgend jemandem zu verbringen und meine Tochter natürlich nicht genau weiß, was das eigentlich bedeutet. Andererseits wünsche ich natürlich auf gar keinen Fall daß sie das Empfinden hat, VON etwas wegzugehen, sondern daß sie ZU etwas geht. Ich löse das Problem in der Regel über Babysitter, wobei sie nicht das Gefühl haben darf, ihr entginge eine Party, sondern daß jemand zu ihr kommt, den sie gern hat und der ihr Spaß bereitet, oder daß sie zu jemandem geht, bei dem sie gern ist.«

Ein anderes größeres Problem betrifft die Gefühle der Frauen, wenn ein Mann bei ihnen zu Hause eine Nacht verbringt. Das war ein sehr komplexes Thema bei fast allen alleinstehenden Frauen, mit denen wir gesprochen haben und von starken Unterschieden gekennzeichnet. Einige Frauen, vor allem solche aus kleineren Städten, trafen für längere Zeit überhaupt niemanden, wenn sie sich von ihrem Ehemann getrennt hatten. Billie, 55 Jahre alt und Mutter einer erwachsenen Tochter, erzählte uns darüber:

»Wir lebten in Iowa, als mein Mann starb. Meine Einstellung zu seinem Tode war die, daß ich mein sexuelles Leben mit ihm sehr genossen hatte. Aber nachdem der Herr ihn nun zu sich genommen hatte, hieß das für mich, daß ich fortan ohne Geschlechtsleben auszukommen habe. Auf diese Weise ging ich eben durch diese Periode ohne jegliche Sexualität hindurch. Es gab da noch so viele offene Probleme mit dem Weiterleben, daß ich dachte, an Sex sei erst ›morgen‹ zu denken. Wir waren arm, und ich hatte zu arbeiten, um meine Tochter großzuziehen. Ich habe in dieser Zeit auch nicht masturbiert, ganz einfach weil ich das nicht kannte. Ich hatte auch keine Sexualpartner, also wurde ich auch nicht mit der Problematik der alleinstehenden Mutter belastet, dic Männerbekanntschaften hat. Schließlich lebte ich in dieser kleinen Stadt an der großen Autobahn, und wenn irgend jemand mich einmal ansprach, dann wußten das gleich alle. Ehe ich zum ersten Mal einen Mann traf, war ich bereits dreizehn Jahre verwitwet. Aber ich hatte nicht das Empfinden, irgend etwas vermißt zu haben. Dafür war ich viel zu beschäftigt mit meiner Arbeit und auch der Erziehung meiner Tochter. Wenn ich heute zurückschaue, kann ich mir gar nicht mehr vorstellen, wie ich dieses Leben damals ausgehalten habe, aus einer glücklichen Geschlechtsverbindung heraus ins Nichts hinein. Meine Ansichten müssen damals furchtbar streng gewesen sein, vielleicht war ich aber auch sehr eng mit Gott verbunden. Ich hatte das Gefühl, daß es einen Grund geben müsse, warum der Herr ihn mir weggenommen hatte. Egal, jedenfalls akzeptierte ich mein Schicksal. Wenn ich heute zurückschaue, weiß ich nicht, wieso ich glücklich oder doch zumindest zufrieden war in dieser Zeit, in der ich einfach nicht genug wußte, um Ausschau zu halten und mein Leben weiterzuentwickeln.«

Anna ist 28 Jahre alt und hat eine sechsjährige Tochter, die aus ihrer ersten, geschiedenen Ehe stammt, während sie seit fünf Jahren mit dem Lehrer Tyler wiederverheiratet ist:

»Ich hatte als alleinstehende Mutter mit eigenem Sexualleben eine harte Zeit, denn ich kam mir dabei vor wie eine, die ständig die Männer wechselt. Ich fühlte in mir die Notwendigkeit, mein Bild als alleinstehende Mutter hochzuhalten. Es war wirklich sehr wichtig für mich. Danach ging eine Mutter nicht auf die Straße, um sich einen Mann zu angeln. Zu jener Zeit lebte ich bei meinen Eltern, eine Wahnsinnsaufgabe, durch die ich mich hindurchfinden mußte, weil ich die Bedürfnisse meiner Tochter Elaine über meine eigenen stellte. Ich dachte, es sei wichtig für sie, in einer Familie aufzuwachsen, obwohl der Einfluß meiner Eltern auf sie mehr als nur negativ war. Genauso hart war es für mich, während des Lebens im Hause meiner Eltern keinerlei Sexualleben haben zu können. Meine Eltern hätten das niemals akzeptiert. Partnerschaften mußten so aussehen, als seien sie für die Ewigkeit geschlossen, sonst durfte ich das Haus nicht verlassen. Dinge, wie ein Treffen für eine Nacht, gab es da nicht. Und ich verfiel wieder auf die alte Teenagertaktik zu sagen, ich ginge hierhin, während ich in Wirklichkeit ganz woanders hinging. Aber das brachte ich dann auch nicht fertig – vielleicht wäre es für mich gesünder gewesen, wenn ich für mich allein gewesen wäre. Schließlich wurde uns klar, daß ich dort nicht weiterleben konnte, wenn ich zu mir selbst finden wollte. Also zog ich weg, als Elaine vier Jahre alt war.«

Einige Frauen hatten zwar sexuelle Beziehungen, verbrachten aber niemals eine ganze Nacht mit ihrem Liebhaber:

»Ich brauchte meinen Kindern nie etwas zu erklären, denn ich hatte niemals im eigenen Hause Geschlechtsverkehr. Ich wollte es einfach nicht im eigenen Hause tun, vor allem, weil die Kinder wie meine Wächter waren seit den ersten Wochen, als mein Mann uns verlassen hatte. Mein ältester Sohn war zwölf Jahre, und wenn ich von einem Treffen nach Hause kam, es konnte Mitternacht oder neun Uhr oder ein oder vier Uhr in der Frühe sein, er saß in einem Sessel und wartete auf mich. Natürlich erhob er sich sofort und schüttelte dem Mann die Hand, der mich heimbrachte. Und wenn er nicht auf mich wartete, dann taten es meine Eltern. Sie kamen und blieben vier Wochen, fuhren dann für zwei Wochen heim und kamen wiederum für vier Wochen und gingen anschließend für zwei Wochen heim usw. So lebte ich in einer Situation, in der ich ernüchternde Gefühle einfach nicht unterdrücken konnte. Zum anderen hielt ich auch von der Angeberei mit neuen Partnerschaften nichts. Ich wollte die Kinder nicht mit einem neuen Mann im Hause zusammensperren, sei es nun wegen des Sex oder aus irgendwelchen anderen Gründen.«

Die hauptsächlichen Gründe aber, warum alleinstehende Mütter sich dagegen sträubten, einen Liebhaber über Nacht bei sich zu haben, lagen in der Verletzlichkeit der Kinder. Die meisten fanden, ihre Kinder hätten bereits einen Mann in ihrem Leben verloren, ihren Vater, und darunter genug gelitten, wodurch die Kinder besonders hungrig auf diese Art Gesellschaft seien.

Louise, eine Pastorin, verwitwet, mit zwei Kindern von drei und sechs Jahren, erklärte uns dazu:

»Ich habe Robert niemals über Nacht hiergelassen, nicht weil ich vor den Kindern die Tatsache, daß ich mit ihm sexuell verbunden bin, verstecken wollte. Ich habe das Gefühl, wenn er über Nacht bliebe und mit uns morgens am Frühstückstisch säße, sähe das gerade so aus, als sei er ein Teil unserer Familie. Und ich bin ziemlich sicher, daß er nie ein Teil unserer Familie werden wird. Ich meine deshalb, daß ich für die Gefühlswelt meiner Kinder ein unverantwortliches Risiko eingehen würde, wenn sie ihn in dieser Art betrachteten. Wenn er in unserem Hause schliefe, mit uns äße und alles mit uns teilte, und ich würde dann aufhören, mich mit ihm zu treffen, so daß er wieder verschwände, wäre das für die Kinder ein Verlust.

Sie haben bereits eine sehr schmerzliche Erfahrung gemacht, als ihr Vater starb, und ich muß heute noch versuchen, ihnen klarzumachen, daß man einen Menschen lieben kann, ohne daß das unbedingt heißen muß, daß er dann für alle Zeiten verschwindet. Ich möchte dieses Trauma in ihnen nicht erneut wieder stärken, daß ein Mensch, an dem sie hängen, eines Tages spurlos verschwinden wird.«

Manche Frauen waren auch weniger besorgt um solche Verlustempfindungen ihrer Kinder. Sie wollten ihren Liebhaber über Nacht bei sich haben, wenn sie das Gefühl hatten, dieses sei eine gute Partnerschaft, die auch die Kinder einschließen würde, auch wenn sie nicht für immer angelegt war. Die einunddreißigjährige Cortney, geschieden und Mutter eines Sohnes von sechs Jahren, vertrat diesen Standpunkt, als sie sich entschloß, ihren Freund zu sich zu nehmen:

»Nachdem ich geschieden war, entschloß ich mich, mein Kind nicht mit der Tatsache zu konfrontieren, mit verschiedenen Männern in meinem Bett wachzuwerden. Das hatte ich zwar sowieso nicht vor, aber ich bin nie in meinem Leben allein gewesen und obendrein stark erregt über all den neuen Sex, den ich so kennenlernte. Also vermied ich es, meinen Jungen mit den verschiedenen Männern in meinem Leben zusammenzubringen. Wenn ich in einer Nacht mit irgend jemandem schlafen ging, richtete ich das so ein, daß das irgendwoanders stattfand. Während der letzten vier Jahre habe ich den Jungen nur mit drei Leuten zusammengebracht, und soweit er aufwachte und zu mir ins Zimmer kam und dort jemanden vorfand, war es ein Mann, mit dem ich eine wirkliche Partnerschaft hatte. Ich hatte das Empfinden, das sei richtig so, denn das waren Männer, mit denen er verbunden war und bei denen er damit einverstanden war, daß er sie hier traf. Benjamin geht um acht Uhr abends zu Bett, und wir gehen immer erst später, wenn wir sicher sind, daß er fest schläft. Da können wir dann Geschlechtsverkehr haben. Morgens steht er auf und kommt herein, und wir bereiten das Frühstück vor, ehe der Tag seinen Lauf nimmt. Ich hatte niemals das Gefühl, daß ihm mein Sexualleben enthüllt würde außer in den Zeiten, in denen jemand bei mir zu Hause in meinem Bett war. Und das waren dann stets Männer, mit denen er auch gut Freund war.«

Andere Frauen huldigten der Ansicht, daß der frühe Morgen ein gewichtiger Teil ihrer engen Beziehungen mit ihrem Kind war, und wollten diese Stunden daher nicht mit einem Liebhaber, der auch ihre Aufmerksamkeit fordere, zusätzlich teilen. Dora, eine Psychologin von 32 Jahren, geschieden und Mutter einer sieben Jahre alten Tochter, die bei ihr lebt, sagte uns dazu folgendes:

»Ich habe nie jemanden über Nacht bei mir, denn das macht mich unsicher und verwirrt. Meine Tochter hat gerade noch reichlich damit zu tun, mit unserer Scheidung fertig zu werden und das würde ihren Streß und ihre Verwirrung nur noch vergrößern, jetzt plötzlich sehen zu müssen, daß Mutter mir verschiedenen Männern aufwacht. Morgens, wenn ich mit Linda zusammen bin, schmusen wir erst einmal eine halbe Stunde miteinander. Schön, aber wenn ich einen Mann bei mir habe, wird sie dann zu uns ins Bett schlüpfen? Und wenn sie es tut, auf wen soll ich dann mein Hauptaugenmerk richten? Ich lege wirklich keinen Wert darauf, auf solch eine unangenehme Weise auseinandergerissen zu werden.«

Andere, wie Sonya, die 40 Jahre alt ist und vier Kinder hat, aber sich nach siebzehn Jahren von ihrem Mann getrennt hat, würden einem Mann nur dann erlauben, über Nacht bei ihnen zu bleiben, wenn beide das Gefühl haben, daß ihre Bindung sich zu einer Dauerpartnerschaft entwickeln wird:

»Meine achtzehn Jahre alte Tochter weiß über meine sexuellen Beziehungen ziemlich genau Bescheid, denn wir sind sehr offen zueinander. Ich will aber nicht, daß meine Kinder denken, ich hätte einen Mann nach dem anderen und das ist in Wirklichkeit ja auch nicht der Fall. Soweit ich mich erinnere, gab es nach der Trennung von meinem Mann eine Periode von sechs Monaten, in der ich überhaupt zu Hause keinen Sex hatte. Für meine geschlechtlichen Bedürfnisse sorgte ich außerhalb des Hauses. Ich traf nur Leute, die eine Wohnung oder einen anderen Platz zur Verfügung hatten, wo wir ungestört miteinander ins Bett gehen konnten. Aber als ich mich mit jemandem ziemlich regelmäßig zu treffen begann, machte es mir auch nichts mehr aus, mit ihm zu Hause Liebe zu machen. Ich dachte mir, dann könnten sie nicht sehen, daß ich meine Männerbekanntschaften öfters wechseln würde. Irgendwie sind in meinem Kopf Zuneigung und Fürsorglichkeit miteinander verbunden und das rechtfertigt es, Sex zu haben. Ich brachte sie dann nach Hause, wenn ich eine Beziehung für eine gewisse Zeit hatte. Sie dauerte einmal sechs Monate, ein anderes Mal ein ganzes Jahr, und es gab immer nur einen Mann zu gleicher Zeit, und das ist bis heute so geblieben. Ich habe meine Freunde einige Male gewechselt, aber in der Regel schlafe ich nur mit einem Mann zu gleicher Zeit.«

Andere, wie Kelly, mühten sich mit diesem Thema ab und kamen letzten Endes zu dem Ergebnis, daß sie sich wohler fühlten, wenn sie mit verschiedenen Männern schliefen:

»Ehe ich noch geschieden wurde, realisierte ich, daß ich einige wesentliche Entscheidungen für mich allein zu treffen hatte. Dabei war mir auch klar geworden, daß die Erfordernisse meiner Kinder in dieser Zeit in gewisser Weise hinter den meinigen zurückstehen müßten. Ich hatte einen wirklich kritischen Punkt in meinem Leben erreicht, denn es wurde mir bewußt, daß ich drauf und dran war, zu vergessen, wer und was ich war. So traf ich einige wichtige Entscheidungen, einschließlich der Scheidung und der Sterilisierung, und nahm zum ersten Mal nach zehn Jahren einen Job an. Meine Betrachtungen über meine Kinder nahmen in diesem Moment wirklich nur den zweiten Platz ein. Ich wußte genau, daß ich sie liebe und daß ich wünschte, auch weiterhin mit ihnen zusammen zu leben, aber stärker beschäftigte mich die Frage, was ich jetzt brauchte und was ich für mich selbst tun müßte. So war anfangs, nachdem mein Mann und ich uns hatten scheiden lassen, jemand da, der alles mit mir teilte. Er zog zwar nie zu mir, verbrachte aber einen großen Teil seiner Zeit hier, auch die Nächte. Die Erinnerung daran ist schon ziemlich verblaßt. Ich brauchte zu jener Zeit einfach jemanden, und ich fühlte mich ihm verbunden. Mir war wohl bei ihm, obwohl ich genau wußte, daß diese Bindung nicht lange anhalten würde. Die Kinder waren zu dieser Zeit vier, fünf und neun Jahre alt und völlig in das Geschehen einbezogen. Nach den ersten paar Monaten, in denen ich von all den Begleiterscheinungen und aller Unruhe der Scheidung meistens überfordert war, begann ich wirklich zu bremsen und lange darüber nachzudenken, wie ich dieses regeln solle, wie ich meine Kinder und ihre Erfordernisse in meine Betrachtung einbeziehen könne und ihnen eine gute Erziehung sicherzustellen vermochte. Wie können wir als Familie mit einem Erwachsenen leben und ich gleichzeitig weiterhin meine eigenen Notwendigkeiten als Individuum erfüllen? Mir wurde langsam klar, daß ich Schuldkomplexe bekommen würde, wenn ich mit verschiedenen Männern käme und ginge, die mit mir schliefen und Sex hätten. Und wenn das auch einigen mir notwendigen Forderungen entgegenkäme, würde es doch für die Kinder ein reichlich oberflächliches Bild von Freundschaften und auch vom Geschlechtsleben ergeben. Auf der anderen Seite befand ich mich in einer sexuellen Hochblüte, und es war zu jener Zeit für mich außerordentlich wichtig, alle Arten verschiedenster Dinge auszuprobieren. Ich hatte gerade eine Ehe hinter mir, in der ich gedacht hatte, ich sei frigid. Ich war ein Produkt der Mittelklasse und ihrer Vorstellungen, was eine Frau sexuell tun darf und was nicht, wenn sie in der katholischen Kirche groß geworden ist. Daher hatte ich eine Menge negativer Gefühle über meine Sexualität, die durch meine Ehe vollends durcheinander geraten waren. Es war einfach schwierig, meine und meiner Kinder Bedürfnisse auf einen Nenner zu bringen.

Es ist schwer, kurz und bündig zu sagen, was ich in diesem Dilemma tat. Ich versuchte, den Eindruck im Auge zu behalten, den meine Kinder bekamen. Wenn jemand auftauchte, der vielleicht für mich zu einem Sexualpartner werden konnte, versuchte ich nicht, ihn zu einem Familienmitglied zu machen, wenn es nicht notwendig war, aber nachher kannten die Kinder ihn ja doch. Natürlich gab es auch Enthüllungen, und sie kannten sich gegenseitig. Im Laufe der Jahre hatten wir einige wirklich interessante und komische Szenen bei uns. So etwa, wenn jemand zum allerersten Mal bei uns zu Hause war, vielleicht jemand, den ich selbst gerade erst kennengelernt hatte, und meine Kleinste fragte ihn, ob er über Nacht bliebe und ob sie eine Extrapille holen solle! Schließlich fühlten sie sich ganz wohl dabei. Ich kann wohl sagen, daß ich zwar in den letzten fünf Jahren eine Reihe Geschlechtspartner gehabt habe, daß aber keiner von ihnen mit uns gelebt hat. Ich versuchte, es so leicht und natürlich zu nehmen, wie ich konnte und mit dem größtmöglichen Respekt vor den Gefühlen meiner Kinder. Ich weiß genau, daß sie dadurch keinerlei negative Gefühle gegenüber dem Sex entwickelt haben oder sich irgendwie ablehnend verhielten, solange ich keine Schuldkomplexe habe oder mich ärgere oder unnatürlich empfinde in Bezug auf das, was ich tu. Ich habe mich lange damit auseinandergesetzt und bin zu dem Schluß gekommen, daß so alles in Ordnung ist. Deshalb entschied ich mich auch dahin, daß sie meinen Lebensstil akzeptieren müssen, und es sieht ganz danach aus, daß das bei uns auch funktioniert.«

Die Notwendigkeit, ihren Kindern die Tatsache, daß sie sexuelle Wesen sind, im richtigen Licht darzustellen und sie nicht zu unterdrücken, brachte für viele Frauen ein Dilemma mit sich. Einerseits wünschten sie keinesfalls, ihren Kindern den Eindruck zu vermitteln, es sei in der Ordnung, mit jedem Tim, Dick und Harry ins Bett zu gehen, denn die Frauen hätten es alles andere als gern gesehen, wenn ihre Kinder, vor allem ihre Töchter, mit mehreren Partnern geschlafen hätten. Sie fürchteten auch, ihnen zu großzügige Erlaubnis für eigene sexuelle Experimente zu erteilen, während sie sie zu einer gesunden sexuellen Haltung in jedem Fall hinführen wollte. Dora sprach über ihre eigenen Sorgen in bezug auf ihre sieben Jahre alte Tochter und erzählte:

»Die andere Seite der Medaille als alleinstehende Mutter ist die, daß ich meine Tochter immer mit einem Fremden allein lassen muß, wenn ich einmal über Nacht weggehen will, um mit einem Partner einen langen Abend und einen gemütlichen Morgen zu haben. Und das ist eine kritische Angelegenheit. Bis heute habe ich noch niemanden als Babysitter gefunden, mit dem meine Elaine wirklich gern zusammen sein mag. Deshalb kann ich mir selbst solch eine Nacht auch nur einmal in der Woche erlauben oder wenigstens dreimal im Monat. Sonst haben mein Freund und ich Geschlechtsverkehr am späten Abend, wenn sie schon schläft. Anschließend geht er wieder weg. Ich erinnere mich an eine Nacht, in der ein Mann bei mir war, mit dem ich etwa sechs Monate befreundet war. Ich war plötzlich eingeschlafen und wurde gegen sechs Uhr morgens wach, völlig verwirrt. Er hatte gerade die Eingangstür von draußen zugezogen, als Elaine wach wurde und hereingetrippelt kam. Das war mir denn doch alles zu nahe beieinander, als daß ich mich dabei wohlgefühlt hätte.

Innerlich fühle ich mich teilweise unsicher und zwiespältig wegen meiner sexuellen Freizügigkeit. Ich habe Sex wirklich gern, und ich fühle mich prinzipiell wohl dabei, wenn ich eine Partnerschaft habe, in der die Liebe eine große Rolle spielt. Aber es ist sehr schwierig für mich, guten Sex mit jemandem zu haben, den ich nicht sehr gut kenne. Deshalb habe ich das auch nie sehr oft getan. Dazu komme ich daheim aus einer ganz anderen Umgebung. Bis zu meinem 21. Lebensjahr hatte ich überhaupt keine sexuelle Begegnung. Aber in jedem Fall ist hier dieses süße kleine Mädchen mit seinen sieben Jahren, das mein Kind ist, und ich mache mir einfach Sorgen, wie ich ihm die richtigen Wertvorstellungen vermitteln kann.«

Manche Frauen bevorzugten auch die direkte Aussprache, vor allem mit Teenagern. Immerhin war das nicht immer leicht für den Teenager. Denn obwohl Teenager ausgezeichnet über alle sexuellen Dinge orientiert sind, befinden sie sich häufig in schmerzhaften Situationen, in denen sie Entscheidungen für sich finden müssen, wenn auch der Gegenstand der Schmerzen oft mehr als nur flüchtig ist. Penelopes zwölfjähriger Sohn entdeckte eines Tages ihre Antibabypillen, als sie bereits geschieden war:

»Ich weiß nicht mehr, wie lange ich schon allein war, als mein

Sohn, der damals zwölf Jahre alt war, meine Antibabypillen fand. Er kam zu mir und fragte: ›Du nimmst noch die Antibabypillen?‹ Und ich sagte: ›Ja.‹ Er fragte weiter: ›Wozu das? Du bist doch nicht mehr verheiratet.‹ Ich antwortete: ›Nicht verheiratet zu sein, heißt noch lange nicht, daß ich keine sexuellen Wünsche mehr hätte.‹ Er darauf: ›Ja, schläfst du denn mit irgend jemandem?‹ Und ich bejahte das. Nun begann er zu fragen, wer das sei, und ich sagte ihm: ›Das geht nur ihn und mich etwas an.‹ Worauf er meinte: ›Das willst du mir also wirklich nicht sagen?‹ Ich bejahte auch das und sagte: ›Ich finde wirklich nicht, daß dich das etwas angeht.‹ Darauf erwiderte er: ›Das heißt also, wenn ein Mann hier durch die Eingangstür hereinkommt, darf ich mich nur wundern, daß er meine Mutter bumst, und verschwinden.‹ Ich sagte ihm: ›Du weißt genau, daß du hier immer zu Hause bist‹, und er fragte dagegen: ›Wirklich? Mehr als jemand anderes?‹ Ich erwiderte ihm: ›Das ist doch klar. Ich kann sexuelle Beziehungen mit jemandem haben, ohne daß ich deshalb mit ihm eine Partnerschaft auf lange Zeit eingehe müßte. Wir haben sexuelle Freude aneinander. Wir genießen die gegenseitige Gesellschaft, aber ich bin nicht monogam, nur auf den einen fixiert, den ich treffe.‹ Ich wußte genau, das würde für ihn hart sein, denn er ist ein sehr ernstes Kind. Er brauchte einige Zeit, um damit fertig zu werden.

Bei Campingfahrten schliefen Ray und ich im Campingwagen und mein Sohn im Lager oder sonst irgendwo getrennt von uns. Das war völlig in Ordnung, aber ich ließ Ray nie über Nacht bei uns zu Hause. Ich weiß nicht, ob ich das heute täte, aber das war meine damalige Einstellung. Wahrscheinlich würde ich es wieder so machen, wenn mein Sohn wieder im gleichen Alter wäre und wieder die gleichen Schwierigkeiten hätte, einen Stiefvater zu akzeptieren und nicht genau zu wissen, wie sich seine künftige Rolle im Hause gestalten würde. Er war einfach verwirrt darüber, was jetzt im Hause alles von ihm verlangt würde, nachdem mein Mann gegangen war. Und die Verwirrung über einen fremden Mann, der aus meinem Schlafzimmer käme, wäre einfach zu viel für den kleinen Kerl, darüber bin ich mir absolut im klaren.«

Die 45jährige Jane teilte uns einige Probleme mit, die sich nach ihrer Scheidung ergaben, als sie mit ihren dreizehn und neunzehn Jahre alten Söhnen über ihre Sexualität sprach:

»Als ich frisch geschieden war, wünschte ich mehr als alles andere, daß meine beiden Söhne im Teenageralter begriffen, daß Sexualität weder schmutzig noch etwas war, das nur im Verborgenen erlaubt ist. So hatte ich wirklich einige Männer ein oder zweimal über Nacht bei mir, wenn die Jungens in ihrem Schlafzimmer lagen und schliefen. Kurz darauf geschah es, daß mein jüngerer Sohn und ich einige hitzige Auseinandersetzungen hatten. An einem bestimmten Punkt in solch einer Auseinandersetzung, in der es um etwas ganz anderes ging, nannte er mich eine Hure; da zählte ich zwei und zwei zusammen. Mir wurde klar, daß mein Verhalten nicht zu dem paßte, was ich ihn gelehrt hatte, daß nämlich Sex ein Ausdruck der Liebe zweier Menschen sei. Was ich dabei lernte, war die Notwendigkeit, sexuelle Erlebnisse ohne eine langdauernde, wirklich enge Partnerschaft irgendwoanders als in der eigenen Wohnung zu haben, in der alle zusammenleben. Andernfalls verlangt man zu viel von den Kindern.«

Lesbische alleinstehende Mütter

Frauen, die sexuell zu Frauen tendierten, spürten die doppelte Bürde, ihre Kinder nicht nur wissen zu lassen, daß sie sexuelle Wesen seien, sondern auch, daß sie eine weibliche Liebhaberin hätten. Wann und wie das den Kindern zu sagen war, hing weitgehend von der eigenen Einstellung der Frauen zu sich selbst als Lesbierin oder Bisexuelle ab. Wenn die Frau erst einmal selbst mit ihrer Sexualität einig geworden war und einige der kulturell oder zivilisatorisch beeinflußten Gefühle von Scham oder Abnormität überwunden hatte, dann waren auch ihre Kinder in der Lage zu mehr Verständnis für ihre sexuelle Orientierung.

Es war ebenso wichtig, daß die Kinder dazu bereit waren, diese Information aufzunehmen. Wenn wir allerdings von dem ausgehen, was die Mütter uns berichteten, waren die Kinder besser darauf vorbereitet, die Wahrheit zu hören. Darüber hinaus hatten die Kinder nicht nur zu verarbeiten, daß ihre Mütter von der Norm abwichen, sondern auch, daß diese Situation Rückwirkungen auf ihre Beziehungen zu Freunden in der Nachbarschaft wie in der Schule haben konnte.

Justine, eine Lesbierin, die mit ihrer Liebhaberin und ihren zwei Kindern von zehn und zwölf Jahren lebt, hatte folgende Erfahrungen, die sie uns während des Interviews vorlegte:

»Ich lebte mit einer Frau zusammen und hielt das geheim, weil ich nicht wußte, wie meine Kinder das verkraften würden. Zudem lehrte sie an ihrer Schule, so daß sie täglich mit ihr zusammenkamen. So war es leichter und ich fand es auch besser, ihnen nichts davon zu sagen. Ich sah auch einen anderen Grund, und zwar, wenn man ein Kind ist und die Mutter hat viele Freunde und das sind alles ebenfalls Frauen, wie soll man das dann beargwöhnen? Sie wissen ja nicht, mit wem die Mutter nachts ins Bett geht. Aber meine Überlegungen erwiesen sich als falsch. Als ich mit Ellen zusammenzog, begann für uns eine schreckliche Zeit mit den Kindern. Sie machten ständig Krach und wurden zeitweise sogar hysterisch. Dann fanden wir Notizzettel. Ich fand eine Notiz über Familien – »Familien haben Väter, Mütter und Kinder«. Daraufhin gingen wir zur Familientherapie. Das half, aber erst im letzten Jahr schließlich sagte ich laut und deutlich, daß ich Lesbierin sei und daß Ellen und ich ein Liebespaar bildeten. Ich meine, sie wußten es und bin auch heute noch dieser Ansicht. Aber ich hatte niemals direkt mit ihnen darüber gesprochen. Tiffany war neun, Polly elf Jahre alt. Ich sagte: ›Wir brauchen Abgeschlossenheit für uns. Wir wollen miteinander Sex haben. Wißt ihr das? Wißt ihr, daß es das ist, was hier geschieht?‹ Und beide sagten ja. Es war, als sei damit die Spannung gelöst, weil irgend etwas Schwieriges gesagt wurde. Sie sagten: ›Okay, du kannst das tun!‹ Und das war ein Riesenschritt. Es war, als seien die beiden letztendlich bereit, damit zu leben, auch wenn sie noch böse waren, was sie übrigens auch heute noch sind. Polly, die Ältere, ist sich durchaus bewußt, wie böse sie darüber ist, daß ich Lesbierin bin. Es ist eine Qual für sie. Sie würde auch in der Schule gequält werden, wenn es dort bekannt würde. Sie sieht, wie es anderen Kindern ergeht. Aber nachdem sie das Geheimnis ihren Freundinnen anvertraut hat, einer nach der anderen, als sie dann feststellte, daß ihre Freundinnen nach wie vor gern zu uns kommen, um mit ihr zu spielen und auch sonst nichts geschah, ist sie nicht mehr so ängstlich und böse. Ihre Einwände waren zivilisationsbedingt und realistisch. Deshalb war es schwierig, dagegen zu argumentieren. Sie sagte, warum wir nicht die zehn Jahre warten könnten, bis sie beide erwachsen seien. Ich sagte darauf: ›Ich habe sehr lange Zeit gewartet, und es gibt einfach Dinge, die ich tun muß.‹ Ich weiß genau, daß es noch eine Zeitlang Ärger geben wird, aber ich weiß auch, daß sie mich ganz innig liebt.«

Diane, eine 32 Jahre alte Lesbierin und Pflegemutter, gibt eine gute Beschreibung, wie sie ihre acht Jahre alte Pflegetochter Sarah auf mögliche Reaktionen anderer vorbereitete:

»Da war ein Lesbierinnen-Club neu eröffnet worden, hatte aber von der Nachbarschaft harte Anfeindungen zu bestehen. Ich sagte zu Sarah einiges darüber, ich erzählte ihr, daß dieser Club gegenüber auf der anderen Straßenseite von der Umgebung angefeindet wurde und daß man versucht hatte, ihn anzuzünden. Sie fragte darauf: ›Warum mochten sie ihn denn nicht?‹ Und ich sagte: ›Die Leute, die dorthin kommen, sind meistens Lesbierinnen. Weißt du, was Lesbierinnen sind?‹ Sie sagte nein. Ich erklärte ihr: ›Das sind Frauen, die gern beisammen sind‹, und fügte dann hinzu, ›wie ich‹. Ich erzählte ihr, daß manche Leute Lesbierinnen ablehnen, weil sie denken, es sei nicht in Ordnung, wenn zwei Frauen zusammen sein wollten. Ich kann mich nicht erinnern, ob ich ihr auch sagte, daß die Frauen sexuell miteinander verkehren. Ich erklärte ihr aber, daß sie genau entscheiden müsse, was sie davon erzählen wolle und wie es sich auswirken würde, wenn sie das den falschen Leuten erzählen würde.

Etwa sechs Monate lang verlor sie kein Wort darüber, daß ich eine Lesbierin bin. Und dann gab es plötzlich einen Riesenrummel in den Zeitungen über schwule Lehrer in den Schulen. Deshalb erzählte ich einer Frau in der gleichen Straße, die eine Tochter in Sarahs Alter hatte, daß ich Lesbierin bin, und wir sprachen über den ganzen Wirbel, der da gerade veranstaltet wurde. Ich berichtete Sarah darüber, daß ich dieser Frau gesagt hatte, daß ich Lesbierin bin und sagte ihr, wenn sie es deren Tochter erzählen wolle, mit der sie befreundet war, dann fände ich das völlig in Ordnung. Offensichtlich hat sie das auch getan, denn die Frau erzählte mir später, daß Sarah gesagt hätte, ich sei Lesbierin und Lesbierinnen seien Frauen, die sich ununterbrochen gegenseitig küssen würden.«

Den Kindern eine gesunde sexuelle Haltung vermitteln

Ein wesentliches Anliegen fast aller Mütter, die wir interviewten, bestand darin, ihren Kindern zu gesünderen Einstellungen zu verhelfen, als sie sie von ihren Müttern mitbekommen hatten. Ihnen war die für ihr Gefühl schädliche Einstellung vermittelt worden, daß Sex eine zu verheimlichende und ungesunde Sache sei, über die in ihren Familien niemals offen und klar gesprochen wurde. Diese Frauen hatten den festen Willen, ihren Kindern genau die entgegengesetzte Einstellung nahezubringen, wonach Sex eine normale und gesunde Lebensäußerung sei, über die man durchaus offen und anständig reden sollte. Da ihnen selbst aber gute Vorbilder abgingen, fühlten sie sich unsicher, auf welche Weise sie ihren Kindern sexuelle Dinge erklären könnten. In jedem Fall waren sie aber entschlossen, ihnen ein neues Verständnis dafür zu vermitteln. Es war ihnen ein echtes Anliegen, ihren Kindern die Möglichkeit zu eröffnen, über Sex leichter zu reden und ihn als natürlichen Teil ihres Lebens zu behandeln, wozu sie selbst niemals in der Lage gewesen waren. Die Kinder sollten sich in ihren Körpern wohlfühlen, sollten über genaue sexuelle Informationen verfügen und begreifen lernen, daß der Sex ein positives und genußbereitendes Erleben ist, das man zu respektieren und nicht in den Dreck zu ziehen hat. Darüber hinaus wollten sie ihre Töchter rechtzeitig und gut auf das Einsetzen der Menstruation vorbereiten und ihnen beibringen, daß die Masturbation eine natürliche und Freude bereitende Aktivität sei. Das war ganz sicherlich eine große Aufgabe, doch wenn die Frauen sie als einerseits schwierig empfanden, waren sie andererseits doch fest entschlossen, sie anders als ihre eigenen Eltern anzugehen. Viele Frauen, mit denen wir sprachen, beschäftigten sich ernsthaft mit der Frage, wie und zu welchem Zeitpunkt sie ihren Kindern am besten alles Notwendige über die Sexualität erklären sollten. Den meisten war bewußt, daß ein Warten bis ins Erwachsenenalter entschieden zu spät sei; sie waren aber verwirrt, weil sie keine genauen Vorstellungen hatten, wie sie das Gespräch eröffnen und wie genau sie die notwendigen Informationen ihren Kindern darbieten sollten.

Als Ausgangsbasis erscheint es uns wichtig, sich klarzumachen, daß Kinder von der Geburt an sexuelle Wesen sind. Aus diesem Grund neigen wir zu der Ansicht, daß ihre Körper von vornherein alle notwendigen Organe in sich tragen, die zum Genuß sexueller Freuden erforderlich sind, auch wenn sie diese als solche noch nicht einzuordnen vermögen. Zudem erhalten Kinder schon in sehr frühem Stadium von älteren oder gleichaltrigen Spielgefährten Mitteilungen darüber, daß es da etwas Krankhaftes und Unanständiges gäbe, das mit irgend etwas zusammenhänge, das Sex genannt wird, auch wenn sie in den meisten Fällen nicht genau verstehen, um was es sich da eigentlich handeln soll oder wie denn Sex eigentlich vor sich geht. Daraus ergibt sich als Konsequenz, daß die Kinder bereits eine ausdrückliche oder indirekte Aufklärung erhielten. Will man aber sichergehen, daß das Bild des Kindes von der Sexualität genau ist, muß von den Eltern verlangt werden, daß sie sehr frühzeitig mit der Aufklärung beginnen.

Solche Informationen kann man den Kindern immer dann geben, wenn sich gerade eine günstige Situation dafür auftut. Berichte in den Zeitungen oder im Fernsehen über eine Vergewaltigung, über Empfängnisverhütung oder ledige Mütter, auch eine Schwangerschaft in der Nachbarschaft, all das ergibt gute Ansatzpunkte für eine Diskussion über Sexualität. Hat sich das Auffassungsvermögen eines Kindes so weit entwickelt, daß es in einem bestimmten Alter in der Lage ist, Sexualität im Zusammenhang zu begreifen, erscheint es in der Regel am besten, wenn man sich so genau wie möglich über die Informationen klar wird, die man zu vermitteln wünscht, ehe man eine Antwort risikiert. Das kann man effektiv ergänzen, indem man nicht nur aufmerksam auf die Fragen hört, die ein Kind stellt, sondern es seinerseits auffordert, einem zunächst zu erzählen, welche Antworten es wohl auf seine Fragen erwartet. Auf diese Weise kann jedes Mißverständnis und ebenso jede Mißinformation sofort korrigiert werden. Ebenso hilfreich ist es auch, wenn man die Kinder nach einem solchen Informationsgespräch fragt, was sie davon verstanden haben, um so sicherzustellen, daß sie die gegebenen Informationen richtig aufgenommen haben oder ob weitere Fragen offengeblieben sind. Im allgemeinen ist eine liebevolle und gradlinige Darstellung aller zu gebenden Informationen die beste Voraussetzung, um die gewünschten günstigen Resultate zu erzielen. Unbedingt wichtig ist es, sich selbst klarzumachen, daß Kinder wie Heranwachsende die Zuneigung der Eltern zu gewissen Gefühlen und Haltungen spüren, während sie ihre Kinder aufklären. Mit anderen Worten, sie werden fast immer merken, wenn das Gespräch über Sex die Eltern verunsichert, obwohl sie kaum verstehen, warum das so ist. In solchen Fällen besteht immer die Gefahr, daß sie daraus auf irgendetwas Schlechtes oder Negatives schließen im Zusammenhang mit dem Sexus und von daher eine Begründung für die Ängstlichkeit des aufklärenden Elternteiles herleiten. Hat man, wie es bei den meisten Eltern der Fall ist, wenig Erfahrung mit Diskussionen dieser Art, ist es besser, den Kindern ganz offen die eigenen Gefühle zu erläutern. Da kann man zum Beispiel sagen: »Gespräche über Sexualität sind für mich sehr schwierig, denn meine Eltern haben mit mir nie darüber gesprochen. Aber der Sex ist für mich sehr wichtig. Es ist eine Sache, die ich wirklich genieße. Deshalb bin ich auch froh, daß ich nun die Chance habe, besser darüber reden zu lernen.« Auf diesem Wege erspart man dem Kind das Dilemma, daß es nicht zwischen gesprochenem Wort (Sexualität ist positiv) und den Gefühlen (ich habe Angst) zu unterscheiden vermag.

Letztendlich liegt die wesentlichste Information über den Sex aber in der Haltung, die die Eltern selbst zu erkennen geben. Diese Haltungen werden den Kindern in der Art vermittelt, wie man körperlich und emotionell mit seinem Partner umgeht. Man gibt seinem Kind eine weitaus nachdrücklichere Bestätigung des eigenen positiven Standpunktes zum Sex, wenn das Kind sieht, daß man sich zu seinem Partner körperlich hingezogen fühlt. Damit ist selbstverständlich nicht gemeint, daß man vor den Kindern Geschlechtsverkehr miteinander haben sollte. Aber das Kind soll durchaus die Möglichkeit haben, zu sehen, wie sich die körperliche Anziehung ausdrückt, etwa durch schmusen, sich umarmen oder küssen.

Einen starken Widerstand gegen freie und offene sexuelle Gespräche mit den Kindern, aber auch gegen offenes körperliches Sichhingezogenfühlen zu dem Partner bedingt eine negative Einstellung der Frau zu ihrem eigenen Körper. Viele solcher negativen Einstellungen resultierten aus der Tatsache, daß wir zum großen Teil in Haushalten aufwuchsen, in denen man niemals einen nackten Körper gesehen hat. Viele von uns benötigten Jahre, um sich mit ihrer eigenen Nacktheit befreunden zu können, vor allem wenn auch die Geschlechtsteile unbedeckt sind. Gabrielle stammte aus solch einem Elternhaus:

»Als ich jung war, wurde ich von meinen Eltern durch keinerlei direkte Aufklärung mit dem Sex vertraut gemacht. Ich bin ihnen deshalb nicht gram, denn das ist eine zivilisatorische Neurose, die gleichsam von Generation zu Generation weitergereicht wurde. Ich hätte gar nicht erwarten können, daß meine Mutter in der Lage gewesen wäre, etwas zu tun, was ihre Mutter auch nicht tat. In ihrer Generation war Sex etwas, über das man einfach nicht zu sprechen hatte.

Die Zurückhaltung meiner Mutter lag zudem darin, daß sie eine Brustamputation hinter sich hatte. Wenn ich ihr ein Kleid reichte, mußte ich es ihr durch einen Spalt in der Tür geben. Sie trug immer Schlüpfer, Unterwäsche und Büstenhalter. Ihre Genitalien habe ich nie in meinem Leben gesehen. Das äußerste, wie ich meinen Vater zu sehen bekam, war in seiner Boxerhose, und die war immer geschlossen. Sogar im Schlafanzug hielt er immer die Hosenbändel fest, denn Verschlüsse gab es da nicht. Wenn ich als Teenager den Kopf in den Wohnwagen steckte, kam er zwar im Schlafanzug heraus, hielt aber seinen Hosenladen sorgfältig zu – als ob sich irgendjemand dafür interessiert hätte. Zum ersten Mal sah ich einen nackten Mann in der Zeitschrift einer Nudistenkolonie, die wir auf einem Campingplatz fanden. Deshalb bin ich eisern entschlossen, meinen Sohn nicht auf dem gleichen Wege aufwachsen zu lassen. Ich bin sicher, daß viele meiner Hemmungen auf meine Erziehung zurückzuführen sind. Noch heute fühle ich mich gehemmt, wenn ich nackt bin. Ich will deshalb, daß mein Sohn so aufwächst, daß er sich in seinem Körper wohlfühlt und genau weiß, daß es absolut nicht unnatürlich ist, wenn man jemanden nackt sieht.«

Die Anatomie

Aus den Erzählungen der Frauen ergab sich, daß sie sich viel unwohler fühlten als ihre Kinder, wenn sie mit ihnen über Sexualität sprachen. Wenn sie die Kinder lehrten, die einzelnen Sexualgegenden ihres Körpers zu bezeichnen, nahmen die meisten Kinder das völlig natürlich als Information auf. Einige Frauen brachten es sogar fertig, ihren Kindern ihre Genitalien zu zeigen, damit sie über diese meist verborgenen Körpergegenden Bescheid wissen und um ihnen besser den Verlauf einer Geburt erläutern zu können. Karen teilte uns diese Erfahrung dabei mit: »Mein Mann und ich sind ziemlich frei darin, auch nackt herumzulaufen. Wir versuchen nicht, unsere Körper zu verstecken. Wir duschen zusammen, wir alle vier oder, wenn ich gerade in Hetze bin, geht er mit den Kindern unter die Dusche, damit er mir Arbeit bei den Mädels erspart. In diesem Alter, sie sind jetzt drei und fünf Jahre alt, ist das natürlich kein Problem. Aber es hat auch Folgen. So fragte mich meine Dreijährige vor ein paar Wochen, wo denn meine Musch (ihr Wort für Genitalien) sei, sie sehe nur Haare. So erzählte ich ihr, daß die dahinter sei und sie wollte sie unbedingt sehen. Also zeigte ich sie ihr. Sie schaute sie genau an und sagte: ›Ach, die ist ja genau wie meine‹, womit ihre Neugier gestillt war.«

Louise benutzte einen Gang in eine Arztpraxis, um bei dieser Gelegenheit ihren Sohn über die weibliche Anatomie zu unterrichten. Sie erzählte uns darüber:

»Als ich zum Frauenarzt ging, kurz ehe meine Tochter geboren wurde, nahm ich meinen dreijährigen Sohn mit, vor allem weil ich keinen Babysitter hatte. Ich ließ ihn hereinkommen, und er schaute zu, wie mich der Gynäkologe untersuchte. Ich fand es gut, daß er mich so sah. Ich hätte mich nicht dabei wohlgefühlt, wenn ich daheim nackt herumgelaufen wäre, und er hätte da meinen Körper gesehen. Aber in der Arztpraxis fühlte ich, daß das in Ordnung war. Ich genierte mich nicht, und er sah nun, von wo das Baby kommen würde, und bekam so eine Idee davon, was alles zur Anatomie gehört. Er sagte hinterher zu mir: ›Mama, ich hasse es, dir das zu sagen, aber wenn das Baby herauskommt, wird es dich verletzen‹.

Später stellte ich dann fest, daß er wirklich einiges verstanden hatte, denn er fragte mich: ›War das nicht unbequem? War Papa nicht furchtbar schwer für dich, als er auf dir lag?‹ Ich beruhigte ihn, daß das nicht so war und daß ich es gern hatte, so eng umschlossen mit dem Vater zu liegen.«

Ruby erinnerte sich an ein Erlebnis, das sie etwa drei Jahre zuvor gehabt hatte. Sie erzählte uns:

»Als meine Tochter ein Jahr alt war und mein Sohn gerade vier, gab es bei ihm immer noch gelegentliche Rückfälle in babyartige Verhaltensweisen. Er wollte dann saugen, redete Babysprache, wollte der Kleinste sein. Meine Tochter machte gerade ihr Mittagsschläfchen, und ich ruhte mich auf dem Sofa aus, wobei ich mich mit Beinen in Yogastellung zurücklehnte. Mein Junge kauerte sich in meinen Schoß und versuchte zu nuckeln, was ich ihm erlaubte. Es wurde ihm aber bald über. Als nächstes begann er von meiner Vagina und meinem Uterus zu plappern und zu versuchen, meinen Rock hochzuziehen. Meine erste Reaktion war, ihn zu stoppen und ein wenig gespannt zu werden. Aber ich spürte bei ihm eine solche Aufrichtigkeit und vielleicht auch mehr, daß ich ihm doch die Erlaubnis geben und ihm sogar helfen wollte. Er hob meinen Rock und kroch darunter und redete dabei unaufhörlich weiter, er sei ein ganz kleines Baby und liege noch in meiner Gebärmutter. Ich bestätigte seine Informationen, wenn er mich etwas fragte, aber ich brauchte seinen Reden nicht viel hinzuzufügen. Er fragte mich dann nach der Stellung meines Körpers, als er geboren wurde, also legte ich meine Beine weit gespreizt auf den Rand des Sofas, so daß mein Körper in etwa gleicher Position wie bei meinen Geburten zu liegen kam. Das alles geschah, während er sich sorgfältig unter meinem Rock versteckt hielt. Dann klopfte er mir auf den Bauch und fragte, ob ich fertig sei. Ich bejahte das, und er sagte: ›Ich auch. Es ist Zeit, daß ich geboren werde. Tu du, was du jetzt tun mußt, Mama, dann komme ich heraus.‹ Also faßte ich meine Knie, hob meinen Rücken leicht von den Kissen, gab einige Grunzlaute von mir, als er auch schon meinen Rock lupfte und auf den Boden hüpfte. Er wandte sich mir mit einem wunderhübschen Lächeln zu, breitete seine Arme weit aus und rief in einem plötzlichen Schrei des Erkennens: ›Mama, da bin ich!‹ Wir schmusten lange Zeit miteinander und schauten dann einige Bücher an. Dieses ganze Erlebnis war wundersam warm und liebevoll, und wir waren beide davon hoch befriedigt.«

Einige Frauen sahen sich in der Lage, sexuelle Aufklärung in das natürliche Familiengeschehen einzubetten und bei Gesprächen über die Anatomie technische Ausdrücke zu verwenden:

»Die ersten Gespräche über Sex haben wir schon mit ihnen geführt, als sie noch sehr kleine Kinder waren. Aus Gründen der Zweckmäßigkeit pflegte ich mit den Jungen zu duschen. Als sie so etwa ein und drei Jahre alt waren und in der Duschwanne stehen konnten, duschten wir, wenn ich in Eile war, alle zusammen. Ich werde es niemals vergessen, wie mein ältester Sohn, er kann damals nicht mehr als drei Jahre alt gewesen sein, vor mir stand und mir gerade bis an die Knie reichte. Er drehte mich herum und schaute sich meinen Rücken an, dann drehte er mich wieder zur anderen Seite und beschaute meine vordere Partie. Dann sagte er: ›Mama, du hast ja keinen Penis!‹ Ich antwortete ihm: ›Nein, Mädchen haben keinen Penis, die haben eine Vagina.‹ Später am gleichen Tage gingen wir zum See hinunter zum Schwimmen. Scine kleine, drei Jahre alte Spielgefährtin von nebenan schwamm im See, vielleicht 45 Meter vom Ufer entfernt. Er rannte den ganzen Weg am Hügel herunter und schrie ihr aufgeregt zu: ›Cindy, Cindy, Cindy, ich hab einen Penis, du aber nicht!‹

Ich kann mich auch gut entsinnen, als die Jungens noch sehr klein waren und ich ins Badezimmer kam, standen sie da, hatten jeder seinen Penis in der Hand und pinkelten sich gegenseitig an. Dabei erzählten sie mir, sie hätten einen Schwerterkampf, und wir lachten gemeinsam darüber und hatten unseren Spaß dabei. Das war natürlich, ehe sie in die Schule kamen.

Sie kamen beide in eine sogenannte Farmschule, eine Art Kinderschule, in der es Katzen, Hunde, Ferkel Und Enten gab. Sie schauten oft zu, wenn Tiere geboren wurden. In der Farmschule wurde auch darüber diskutiert, wie Pflanzen und Bäume sich vermehren. Wenn sie mich dann fragten, wie die Babys zur Welt kommen, habe ich es ihnen so erklärt, wie sie es in diesem Alter verstehen konnten. Von der Zeit an, in der sie sprechen lernten, wußten sie auch, daß sie einen Penis hatten. Der wurde bei uns nicht ›Schwänzchen‹ oder ›Dingsda‹ genannt. Anfangs sprachen sie zwar von ›pissen‹ und ›pinkeln‹, aber sobald sie alt genug waren, um das Wort Urinieren lernen zu können, ging auch das in ihre Umgangssprache ein. Ich konnte alle diese kleinen schlauen Worte nicht vertragen.«

Die Tatsache, daß für ein kleines Mädchen die Clitoris und nicht die Vagina der wichtigste Teil ihrer sexuellen Ausstattung ist, bedeutet eine neue Idee. Infolgedessen haben auch manche Mütter begonnen, den Penis mit der Clitoris zu vergleichen und nicht mit der Vagina gleichzusetzen. Ariel, Mutter einer fünf Jahre alten Tochter, berichtete uns darüber folgendes:

»Shelly, meine Tochter, hat sowohl den Penis ihres Vaters als auch die Penisse von kleinen Jungen gesehen. Eines Tages schauten wir uns ihre Geburtsbilder an, die am Tage ihrer Geburt geknipst worden waren. Darunter ist ein Bild ihrer Vorderseite noch mit der Nabelschnur. Und sie fragte: ›Wie hast du denn gewußt, daß ich ein Mädchen bin?‹ Ich antwortete: ›Weil du keinen Penis hast, sondern eine hübsche Clitoris!‹ Ich habe gar nicht erst versucht, mit ihr über das zu sprechen, was sie nicht hat, dafür aber positiv über das, was sie hat.«

Menstruation

Die Vorbereitung der Töchter auf die Menstruation war ein durchaus allgemeines Anliegen. Manche Frauen waren von ihren Müttern in keiner Weise darauf vorbereitet worden, weshalb ihre erste Regelblutung für sie ein bestürzendes Ereignis gewesen war.

Diese Frauen waren daher natürlich besonders daran interessiert, daß sie bei ihren Töchtern nicht den gleichen Fehler machten. Die 30 Jahre alte Karen erinnerte sich:

»Als ich ein Kind war, wurde über Sex überhaupt nicht gesprochen. Das war etwas, das man in ein Mysterium einhüllte, in jedem Fall aber etwas Negatives. Ich kann mich entsinnen, als man uns in der sechsten oder siebten Klasse einen Film zur Sexualaufklärung zeigte, verstand ich davon rein gar nichts. In der ersten Zeit, als ich meine Periode bekam, benutzte ich einen alten Lumpen oder etwas Ähnliches, weil ich wirklich völlig niedergedrückt davon war. Ich dachte, ich würde mich zu Tode bluten. Ich war zutiefst betroffen. Ich kann mich erinnern, daß meine Freundin ihre erste Periode früher bekam als ich. Dabei dachte ich, wenn man sie einmal habe, bleibe sie für immer, jeden Tag unseres Lebens. Und daß man für den Rest seines Lebens Binden tragen müsse. Eines Tages war ich auf dem Spielplatz mit ihr, und sie machte einen Aufschwung am Reck. Ich schaute hin, um festzustellen, ob man eine Binde in ihrem Schlüpfer sehen könnte, aber da war offensichtlich nichts dergleichen vorhanden. Ich fragte sie, wo sie sie hätte, und sie antwortete nur: ›Das Zeug muß man doch nicht immer tragen!‹ Meine Mutter hat mir gegenüber niemals ein Wort über die Menstruation verloren. Das einzige, was sie mir dazu sagte, war, daß ich während meiner Periode meine Haare nicht waschen, kein Bad nehmen oder die Nacht außerhalb des Hauses verbringen könne. Ich verstand zwar keineswegs, welche Begründung es dafür geben könnte, aber ich fragte auch nicht. Ich habe es einfach mehr oder weniger akzeptiert.«

Die 66 Jahre alte Edith erinnerte sich noch gut:

»Für mich war es schwierig, mit meinen Kindern über Sexualität zu reden, denn meine Mutter hatte das mit mir niemals getan. Tatsächlich hat niemand, aber buchstäblich überhaupt kein Mensch, je in meinem Leben mit mir über den Sex gesprochen. Als meine Menstruation begann, wußte ich nicht einmal, was das überhaupt ist. Ich dachte, ich sei tödlich verletzt, und das sei die Folge aller meiner Sünden. Deshalb sprach ich später mit meiner Tochter über ihre Periode. Sie wußte darüber Bescheid. Wann immer ich auf einen Artikel stieß oder zwei Bücher bekam, gab ich sie ihr und bat sie, mich jederzeit zu fragen, wenn sie sie gelesen hatte, sagte ihr aber auch gleich dazu, daß das bei mir nicht so ganz freifließend herauskommen könne.«

Wie Edith griffen auch manche anderen Frauen auf schriftliches Material zurück, das sie ihren Kindern zum Lesen gaben. Andere hatten eher das Gefühl, es sei besonders wichtig, alle erhaltenen Informationen mit eigenen Worten zu diskutieren. Louise beschrieb ihr Gespräch mit ihrer Tochter über Menstruation:

»Ich erinnere mich nicht mehr an die Einzelheiten meiner Gespräche mit meiner Tochter Janet über Sexualität. Die Dinge kamen mehr auf natürliche Weise zur Sprache. Eines Tages sah sie, wie ich einen Tampon herausnahm, und fragte mich, was ich da tue. Ich sagte ihr, ich ziehe einen Stöpsel heraus, und sie fragte prompt, was ein Stöpsel sei. Da erklärte ich ihr: ›Das ist ein Stück Baumwolle, das man in sich hineinsteckt, weil man einmal im Monat da, wo die Babys wachsen, Blut und Wasser verliert, wenn nicht gerade ein Baby wächst. Eine Binde trägt man, wenn man befürchten muß, daß der Stöpsel Nässe abgibt.‹

Das gehörte zu ihrem Heranwachsen. Und ich kann mich nicht daran erinnern, daß ich mich je mit ihr hingesetzt hätte und mit ihr darüber gesprochen hätte, als ihre Zeit dann kam. Ich war gerade auf meiner Arbeitsstelle, als ihre erste Menstruation begann, und sie rief mich an. Es war gerade vier Uhr – ich werde das niemals vergessen. Sie sagte zu mir am Telefon: ›Ahnst du etwas?‹, und ich fragte: ›Was soll ich denn ahnen, bitte, Janet?‹, ›Ja, denk mal an was!‹, sagte sie wohl drei Mal und schließlich sagte ich: ›Du hast doch nicht?‹ und sie antwortete: ›Doch, ich habe.‹ Nun berichtete sie endlich: ›Ich bin ins Badezimmer gegangen, habe mir ein Stück Watte genommen und habe es in meine Hosen gesteckt.‹ Ich erkundigte mich, wie ihr bei alldem zumute sei, worauf sie meinte: ›Du weißt doch, ich habe ein ungutes Gefühl im Nacken, denn morgen habe ich Turnen, und ich weiß noch nicht, was ich da machen soll.‹ Ich sagte darauf nur: ›Darüber können wir heute abend sprechen.‹ Sie antwortete: ›Fein, bis heute abend werde ich damit zu Rande kommen. Vielleicht muß ich auch ein anderes Paar Hosen nehmen, wenn ich rinne.‹ Und das war schon alles. Ich selbst habe niemals Krämpfe gehabt, deshalb habe ich auch bei ihr nie von Krämpfen gesprochen. Und nachdem sie nun schon zwei Jahre ihre Perioden hat, litt sie noch niemals unter Krämpfen, und das finde ich ganz interessant. Ich bin Kinderpflegerin und habe meine eigenen Theorien, wie man bei seinen Kindern einige Reaktionen vermeiden kann, die absolut unnötig sind.«

Masturbation

Die Masturbation war häufig ein sehr belasteter Gesprächsgegenstand, über den die Frauen schlechter mit ihren Kindern zu reden in der Lage waren als über Geschlechtsverkehr. Ihre Hemmungen in dieser Beziehung gingen nicht nur auf die völlig negativen Einstellungen zurück, die die Frauen von ihren Eltern mitbekommen haben mochten, sondern hatten ebensoviel mit dem Ausmaß zu tun, bis zu dem es ihnen gelungen war, in ihrem eigenen Leben die Masturbation akzeptieren zu lernen und zu bejahen. Karen ist 30 Jahre alt und seit neun Jahren mit Gary, einem Industriemanager, verheiratet, während sie selbst Kauffrau ist. Die beiden haben zwei Töchter von fünf und drei Jahren. Sie berichtete uns zu diesem Thema:

»Vor ein paar Tagen fand ich meine drei Jahre alte Tochter, wie sie sich zwischen den Beinen rieb, und ich fragte sie: ›Was tust du da?‹ Sie meinte darauf: ›Ich reibe gerade meine Musch‹, und ich fragte: ›Tut das gut?‹, was sie bejahte. Meine fünf Jahre alte Tochter sagt: ›Es ist ein schönes Gefühl, wenn ich das tu, es fühlt sich an, als wenn ich Pipi mache!‹ Im Moment war ich etwas erschreckt und wußte nicht, ob ich sie ermutigen oder es ihnen ausreden sollte, also sagte ich nur: ›Ach wirklich?‹ und ließ es irgendwie weiterlaufen.«

Viele der Frauen, mit denen wir sprachen, waren sehr gebildet und sich dessen bewußt, daß die Masturbation eine normale und natürliche Aktivität ist. Sie wußten ebenso, daß diese Tätigkeit das Kind seinen eigenen Körper sexuell kennenlernen läßt, und zwar auf einem komplikationsloseren Wege, als wenn sie anfangs mit Gleichaltrigen herumexperimentieren. Roberta ging das Thema Masturbation auf folgendem Wege an, über den sie berichtet:

»Meine erste Reaktion, als ich meine Tochter masturbieren sah, als sie noch ein Baby war, bestand darin, daß ich sagte: ›Laß das‹, denn genau so hatte auch meine Mutter zu mir gesagt. Aber dann begann ich nachzuforschen. Ich las Bücher, sprach mit meinem Kinderarzt, mit meinem Frauenarzt und sogar mit einem Psychologen darüber. Schließlich entschied ich mich für den Standpunkt, es wäre das Beste, wenn ich ihr das Masturbieren erlauben würde, das ebenso ein natürlicher Bestandteil des Aufwachsens ist, wie ein guter Weg, seine eigene Sexualität kennenzulernen. Deshalb sagte ich ihr nie mehr, sie solle das nicht tun. Nur stellte ich fest, daß sie dazu ihre eigene Abgeschlossenheit benötigte.«

Louise fand ein Buch, daß ihr ihre eigene Einstellung zur Masturbation klären half und gab es an ihre Tochter weiter:

»Ich las ein Buch, das hieß ›Sex mit Liebe‹ von Dr. Edith Hamilton. Darin stand, es sei besser, bis zum siebzehnten Lebensjahr zu warten, ehe man sexuell aktiv werde, denn ein Mädchen müsse erst seinen eigenen Körper kennenlernen, müsse lernen, wie es masturbieren könne und herausfinden, wie es zu erregen sei, was es genießen könne, so daß es in der Lage sei, all das einen jungen Mann zu lehren. Auf diesem Wege könne es nicht betrogen werden, indem es seinen Körper zwar hergebe, aber weder angenehme Gefühle noch körperliche Sensationen dafür bekomme. Sehr viele Mädchen lernten während ihres ganzen Heranwachsens nie den Orgasmus kennen, obwohl sie sexuell aktiv waren, und ich habe selten jemanden berichten hören, daß sie während des Heranwachsens ihren Orgasmus genossen hätten. In der Regel waren sie zu ängstlich dazu. Dieses Buch sagt aus, wenn man seinen eigenen Körper kennt, verschwindet die Angst vor sehr vielen Dingen, und man ist wirklich auch in der Lage, einen jungen Mann zu lehren, wie er einen zu lieben hat. Ich denke, daß dieses Buch einem Mädchen eine vernünftige Grundlage gibt, um sich gleichberechtigt zu fühlen; denn wenn es eine sexuelle Partnerschaft eingeht, ist es in der Lage, dem Partner genaue Auskunft zu geben, wie es reagiert. Mit diesem Wertsystem war ich wirklich einverstanden, deshalb kaufte ich das Buch und gab es meiner Tochter Janet zu lesen. Nachdem es für Heranwachsende zuweilen peinlich ist, über Sex zu reden, empfehle ich, ihnen einigen Lesestoff darüber in die Hand zu geben und das als Basis für spätere Gespräche zu benutzen. So haben wir es jedenfalls gehandhabt und sind gut damit gefahren.«

Aber trotz dieses ganzen Arsenals intellektuellen Akzeptierens fühlten sich viele Mütter reichlich unwohl bei dem ganzen Thema Masturbation, selbst wenn sie wußten, daß ihre Kinder bereits masturbiert hatten. Das Hauptanliegen der Frauen, die in Sachen Masturbation mit sich selbst im reinen waren, richtete sich auf die Forderung nach absoluter Abgeschlossenheit bei diesem Tun. Sie wünschten ihren Kindern beizubringen, daß an der Masturbation zwar absolut nichts Unrechtes sei, daß es sich dabei aber um etwas handele, was man in der Abgeschiedenheit des eigenen Zimmers tut.

Barbara wurde mit dieser Situation auf folgende Weise fertig: »Die Masturbation war in unserem Hause ein großes Ereignis. Unsere Tochter begann damit mit drei Jahren. Zunächst waren wir etwas schockiert, denn sie tat es überall, wo es ihr gerade einfiel. Wir wußten einfach nicht, was wir hätten tun können, alles erschien uns völlig unpassend. Also nahmen wir erst einmal unsere Bücher über die Entwicklung des Kindes und über Kindererziehung zur Hand, denn keinesfalls wollten wir sie verschrecken. Wir kamen dann zu dem Entschluß, daß das Masturbieren überall im Hause für uns nicht tragbar sei. Also sagten wir unserer Tochter, wenn sie das Bedürfnis habe, sich selbst zu berühren, könne sie dazu in ihr Zimmer gehen und es dort tun, wenn sie allein sei. Wenn wir jetzt sehen, daß sie an sich herummacht, schicken wir sie einfach auf ihr Zimmer, sie solle das dort tun.«

Wenn über Masturbation nicht schon zu einem sehr frühen Zeitpunkt gesprochen wird, kann es in späteren Jahren sehr unangenehm sein, dieses Thema auf den Tisch zu bringen. Jane gab uns einen wertvollen Hinweis, wie sie dieses Gespräch mit ihren heranwachsenden Söhnen geführt hat, und zwar unter Umständen, die ihrem Eindruck nach letzten Endes peinlich werden konnten:

»Die herrlichste Gelegenheit, um sich mit seinen Kindern zu unterhalten, sind lange Autofahrten, vor allem, wenn sie auf der Autobahn oder auch in der Nacht verlaufen. Da ist eine Weichheit, eine Ruhe und ein Gefühl, unter sich zu sein, das auf jeden entspannend wirkt. Das Summen des Motors und die Dunkelheit der Nacht schaffen eine Atmosphäre der Entspannung, des Freiseins und der Wärme. Auch ist nicht viel Raum im Auto, so daß jeder ein Gefühl von Behaglichkeit verspürt. Ich erinnere mich, wie ich das erste Mal mit den Jungens über das Masturbieren sprach. Es war auf einer Nachtfahrt im Auto. Sie waren etwa elf und dreizehn Jahre alt, und ich wollte nicht, daß sie sich irgendwie schuldig fühlten wegen der Dinge, die sie nun erlebten. Mein Dreizehnjähriger kam gerade in die Pubertät. Ich bemerkte erste Anzeichen davon. Egal, als Teil unserer Unterhaltung fragte ich meine Jungens, ob sie schon einmal masturbiert hätten. Und wenn ich mich richtig erinnere, sagte der Kleine: ›Ja‹ und der Große: ›Mutti, um Himmels willen!‹ Ich weiß, daß ich ihnen dann sagte: ›Eure Körper entwickeln dabei schöne Gefühle.‹ Und das ließ ich so in die beiden einsickern. Aber immerhin hatte ich ihnen in dieser knappen Form und ohne irgend etwas zu forcieren beigebracht, daß das völlig in Ordnung ist.«

Louise erinnerte sich, daß sie ein Buch mit Bildern zu Hilfe nahm, um das Gespräch zu eröffnen, als ihre Tochter zehn Jahre alt war. Zusätzlich realisierte sie das Thema des Buches, indem sie über sich selbst sprach:

»Ich eröffnete unser Gespräch damit, daß ich sagte: ›Janet, es gibt da etwas, über das ich mich wundere und über das ich mir Gedanken mache, und das ist die Frage, wie weit du über die Masturbation Bescheid weißt.‹ Es gibt da ein Buch, das heißt: ›Was geschieht mit mir?‹, das wirklich gute Bilder hat. Darin ist ein Photo von einem kleinen Jungen, der eine Erektion hat und die Bildunterschrift sagt: ›Das geschieht immer zur unpassendsten Zeit.‹ Wir lasen das Buch zusammen, und sie fing an zu kichern, als wir zu dieser Seite kamen. Da erzählte ich ihr dann, daß Mädchen die gleichen Genitalien hätten wie Jungens, diese bei ihnen aber ein wenig anders ausgebildet seien. ›Aber du kannst die gleichen Gefühlserlebnisse haben, wenn du dich ein wenig reibst‹, und ich beschrieb ihr, wo ich mich selbst reibe. Ich sagte ihr auch, daß man dabei schöne Gefühle habe und man davon ein schönes Kribbeln bekäme. Dann fragte ich sie, ob sie das schon jemals ausprobiert habe, aber sie verneinte es.«

Geschlechtsverkehr

Wenn die Zeit herankam, um über den Geschlechtsverkehr zu reden, erteilten die meisten Frauen dann Informationen, wenn die Kinder sie fragten. Den meisten behagte es nicht, das Thema von sich aus zur Sprache zu bringen, vor allem nicht bei jüngeren Kindern. In solchen Fällen bemühten sie sich, alle Fragen genau und ohne Umschweife zu beantworten und hofften dann eben, daß die Kinder ihre Antworten verstünden. Da die meisten von ihnen in einer sehr verklemmten Umgebung aufgewachsen waren und keinerlei Vorbild für solche Gespräche hatten, war das Gespräch über den Sex für sie nicht ganz einfach. Diese Schwierigkeit wurde noch vergrößert, wenn es sich um ein frühreifes Kind handelte. Das war bei Rubys sieben Jahre altem Sohn der Fall:

»Es ist mir nur einmal passiert, daß ich über etwas bestürzt war, was mein Sohn zu mir sagte, und da hatte ich auch das Gefühl, daß ich mich dabei nicht gerade richtig verhalten habe. Meine vierjährige Tochter war nackt und lehnte sich aus ihrem Bettchen, und er kontrollierte sie genau. Es war ganz zufällig und er berührte sie auch in keiner Weise. Dann fragte er mich: ›Sag mal, Mama, kann ein Junge seinen Penis auch in ein Eselsloch stecken?‹. Für einen ziemlich langen Augenblick zögerte ich, ehe ich ihm antwortete: ›Ich meine eigentlich, danach solltest du den Papa fragen!‹, anstatt daß ich einfach ja gesagt und es damit hätte bewenden lassen. Aber nun war sein Interesse geweckt, denn er spürte natürlich meine ablehnenden Gefühle. Hätte ich einfach gesagt: ›Ja, wenn du Spaß daran hast, kannst du das tun‹, wäre der Fall erledigt gewesen. Er wollte das ja gar nicht tun und auch nicht zuschauen, wenn es ein anderer täte, er wollte einfach nur eine Antwort. Jedesmal, wenn das Kind mir eine sexuelle Frage stellt, versuche ich zu verstehen, was ich gefragt worden bin. Wenn ich sie verstanden habe, gebe ich darauf die einfachste und kürzeste Antwort, die mir nur einfällt. Ich versuche dabei zwischen uns eine Einstellung von Offenheit, Wärme und Freundschaft zu schaffen, weil ich der Überzeugung bin, daß die Gefühle, die man dem Kind über Sexualität vermittelt, zu den wichtigsten Dingen überhaupt gehören. Die Kinder bekommen ja sehr viele Fehlinformationen, aber solange sie grundsätzlich die Sexualität als etwas Gutes und Warmes begreifen, werden sie damit ohne weiteres fertig.«

Wiederum, wie schon bei der Masturbation, ist die richtige Wortwahl sehr wichtig, wenn man versucht, spezielles Gefühl und Verständnis für den Geschlechtsverkehr an seine Kinder heranzutragen. Die nachfolgenden beiden Auszüge zeigen die Unterschiede elterlicher Gefühle über die Einstellung zum Geschlechtsverkehr und die jeweils bevorzugte Wortwahl, wenn sie den Geschlechtsverkehr ihren Kindern zu beschreiben haben. Eve bevorzugte den Terminus ›Liebe machen‹, als sie mit ihren neun- und elfjährigen Buben darüber sprach:

»Wir begannen schon, als die Kinder noch sehr klein waren, ihnen gegenüber die richtigen anatomischen Bezeichnungen zu verwenden. So wußten sie, was ein Penis, was eine Vagina ist und kannten auch alle anderen Körperteile mit ihren korrekten Namen. Wenn sie irgendwelche Fragen in Bezug auf Sex stellten, benutzten wir auch da die korrekten Bezeichnungen. Natürlich fragten sie uns nach Dingen, die sie in der Schule gehört hatten, etwa wie ›ficken‹. Und wir sagten ihnen einfach, das sei keine sehr schöne Bezeichnung für einen Akt der Liebe. Wir nannten es ›Liebe machen‹ ebenso wie ›Geschlechtsverkehr‹, aber für meinen

Mann und mich war der Begriff ›Liebe machen‹ irgendwie angenehmer. Dazu gehörte, daß wir unseren Jungen klarzumachen versuchten, daß ein Geschlechtsakt nicht nur eine rein körperliche Angelegenheit sei, sondern auch Elemente von Intimität und Sorge füreinander enthält. Für mich ist das die genaue Bedeutung des Begriffes ›Liebe machen‹, und deshalb haben wir den auch immer verwendet.«

Louise dagegen unterscheidet bei ihrer vierzehnjährigen Tochter zwischen ›Sex machen‹ und ›Liebe machen‹:

»Wir reden sehr viel darüber, was sexuelle Aktivität bedeutet, was man unter ›Sex machen‹ versteht. Wir bemühen uns, die Worte ›Liebe machen‹ nicht zu verwenden, denn ich habe damit Schwierigkeiten, weil ich meine, ›Sex haben‹ und ›Liebe machen‹ können zwei unterschiedliche Dinge sein. Ich möchte unbedingt eine Unterscheidung treffen, denn meiner Ansicht nach kann man zwar gleichzeitig Sex haben und Liebe machen, aber das muß nicht in jedem Fall übereinstimmen.«

Die meisten Kinder lernen den Sex durch eine Schwangerschaft kennen. Die Mutter erwartet ihr zweites oder drittes Kind, eine Nachbarin oder Lehrerin oder die Mutter eines Freundes ist schwanger, eine Situation, die die Neugier des Kindes erregt. Die Frau war doch zuvor nicht schwanger, wie ist es dazu gekommen, daß sie jetzt ein Kindchen erwartet? Wird man mit dieser Frage konfrontiert, ist den Eltern die günstigste Gelegenheit geboten, ihren Kindern den Geschlechtsverkehr zu erklären. Manche Eltern meinen, ihr Kind könnte die Wahrheit über den Geschlechtsverkehr nicht verstehen und fabrizieren dann irgendwelche Antworten wie ›man geht zum Arzt in die Sprechstunde und der stopft einem das Baby in den Bauch, und später, wenn es groß genug geworden ist, holt der Arzt es auch wieder heraus‹, oder ›Wenn du jemanden ganz schrecklich liebhast, dann bekommst du ein Baby‹ oder auch andere Erklärungen, die die Idee von Sexualität vermeiden. Unglücklicherweise mögen alle diese Antworten für den Augenblick genügen, können später aber um so größere Verwirrungen beim Kind anrichten, wenn die Mitschüler die verschiedensten Versionen verbreiten. Die Frau, der als Kind erzählt wurde, man bekomme ein Kind, wenn man jemanden ganz besonders gern habe, erinnerte sich noch, daß sie sich tagelang völlig auf die

Liebe zu ihrem Vater konzentrierte, um so zu einem Baby zu kommen. Das Ergebnis kann Frustration, Enttäuschung und Mißtrauen gegenüber elterlichen Informationen sein, wenn die Kinder die Wahrheit erfahren, während nach aller Erfahrung gradlinige und stimmige Informationen auch von kleineren Kindern gut aufgenommen werden. Das zeigte auch das Gespräch, zwischen Karen und ihrer Tochter:

»Vor ungefähr einem Jahr begann mich meine fünf Jahre alte Tochter zu fragen, wie die Babys gemacht werden und wie sie in den Bauch der Mutter gelangen. Ich erklärte ihr, daß Papas Penis in meine Vagina eindringt und dabei ein Baby gemacht wird. Nach einigen Minuten kam sie dann wieder und wollte wissen, wie Papas Penis ein Baby mache. Darauf sagte ich ihr, darüber müsse ich ein paar Tage nachdenken. Ich mußte mir erst überlegen, wie ich ihr das so erklären könnte, daß sie es auch verstehen würde. Schließlich erzählte ich ihr, daß in Papas Penis ein Saft sei, der sich mit dem Saft in meiner Vagina mischen würde und daraus das Baby entstünde. Das wachse dann in meinem Bauch heran. Das war einfach genug. Sie verstand es, und es ergab für sie auch einen Sinn. Daher akzeptierte sie die Erklärung.«

Wenn eine Beschreibung nicht ausreicht, können Diagramme oder Bilder weiterhelfen. Oftmals sind in den frühen Stadien der geistigen Entwicklung Worte und Überlegungen schwieriger zu verstehen als sichtbare Diagramme und Bilder:

»Als ich in dieser Zeit schwanger wurde, wollte meine siebenjährige Tochter wissen, wie das vor sich geht. Wir hatten ihr bereits erzählt, Mama habe ein Ei und Papa haben einen Samen und daß Papas Samen das Kind zeuge. In dieser Zeit wollte sie aber genau wissen, wie Papas Samen in die Mutter gelange. Wir sagten, Vater gebe Mutter den Samen. ›Gut, aber wie gibst du Mutti den Samen?‹ Darauf sagten wir ihr, daß Vaters Penis der Mutter den Samen gebe. ›Gut, aber wie gibt der Penis Mutti den Samen?‹ Wir erklärten es ihr mit Worten, aber das reichte wirklich nicht aus. Sie konnte es nicht verstehen. Deshalb gingen wir in eine Bücherei und suchten ihr einige wirklich gute Bücher mit Bildern aus. Die Bilder zeigten, wie der Penis des Vaters in die Vagina der Mutter gelangt. Darauf sagte sie zu mir: ›Jetzt habe ich es verstanden‹ und hat nie mehr etwas gefragt.«

Auch Tiere können eine ausgezeichnete Einführung in das Verständnis der Sexualität vermitteln. Früher, ehe die Menschen in den Städten lebten, konnte der natürliche Zyklus sexueller Bedürfnisse von den Kindern bei allen Tieren um sie herum vollständig beobachtet werden. Und Kinder, die auf Bauernhöfen aufwachsen, lernen häufig auf diesem Wege alles über den Sex. Haustiere können dem gleichen Zweck dienen, wie Eve entdeckte:

»Für unsere Jungen war das Halten eines Haustieres sexuell sehr aufschlußreich. Wir haben eine Hündin und wollten, daß sie Junge bekommt. So kamen wir dazu, sie erst einmal mit Hormonen zu füttern. Aus all dem ergaben sich eine Menge Diskussionen mit unseren Jungen, die damals sechs und vier Jahre alt waren und wissen wollten, was da vor sich gehe, weil wir sie mehrfach zum Deckrüden bringen mußten. Dabei wurde viel gescherzt darüber, wie sie nun zu ihrem Freund ging und die beiden versuchten, einige junge Hunde zu produzieren. Es war wirklich eine ausgezeichnete Gelegenheit, sich mit den Kindern hinzusetzen und einige Bücher zu Hilfe zu nehmen, um ihnen zu beschreiben, was da nun eigentlich passierte.«

Immerhin, selbst wenn die Kinder die Mechanik der Vorgänge zu verstehen gelernt haben, begreifen sie noch lange nicht, warum alle Leute so etwas so gerne tun. Die Antwort, die Samantha von ihrem Kind bekam, ist nicht so unüblich:

»Als die Lehrerin meines acht Jahre alten Sohnes schwanger wurde, erwies sich das als Klassenereignis. Die ganze Klasse erlebte mit ihr die ganze Entwicklung und versandte sogar selbstgebastelte Geburtsanzeigen für die Lehrerin, als im Sommer dann das Baby zur Welt kam. Es waren neunzehn Kinder und sie alle waren mit Feuereifer bei der Sache. Die Lehrerin benahm sich wundervoll, aber eine Menge Fragen kamen in dieser Zeit auf, die zu beantworten ihr nicht zustand, weil die Eltern dafür gern selbst verantwortlich bleiben wollten oder es zumindest sein sollten. Mein Sohn und ich kamen auf diesem Wege in das Gespräch. Er las Bücher und wußte auf diese Weise über Empfängnis und Geschlechtsverkehr Bescheid. Aber er wollte wissen, warum jeder Mensch auf der Welt sich wünschte, das zu tun. Ich fragte zurück: ›Was meinst du denn, warum jeder auf der Welt es gern tun möchte?‹ Er fragte weiter: ›Warum wünscht sich ein Mann, seinen Penis in die Vagina der Frau zu stecken und darin zu pinkeln?‹ Ich erklärte ihm den physiologischen Vorgang, und wir hatten auch einige Bücher, die er lesen konnte. Aber dann kam er wieder: ›Ich verstehe immer noch nicht, warum alle Welt das tun möchte!‹ Ich sagte nun: ›Wenn Menschen sich gegenseitig sehr gern haben, dann machen sie Liebe miteinander, und das ist für Erwachsene ein sehr schönes Gefühl. Im Augenblick hast du daran noch wenig Interesse, aber es ist wirklich etwas, was man sehr gern fühlt. Zwei Menschen tun Dinge, durch die sie sich gegenseitig Freude machen. Ein Teil dieses Geschehens ist, daß sich das Sperma und das Ei vereinigen, und dann kann die Frau schwanger werden, und sie können ein Baby bekommen. Aber das ist dann eine ganz andere Entwicklung.‹ Dieses Gespräch zog sich über einen Zeitraum von etwa drei bis vier Jahren hin. Einige Zeit später kam ich nach Hause und fand meinen Sohn mit unserem achtzehn Jahre alten Babysitter in einer Diskussion darüber, ob man miteinander Sex haben könne, auch wenn man nicht verheiratet sei. Ich brach die Diskussion damit ab, daß ich sagte: ›Natürlich kann man.‹ Dann erklärte ich ihm, daß eine Ehe eine Vereinbarung sei, die Menschen dann miteinander schließen, wenn sie sich sehr gern haben und Babys haben wollen, aber man könne das alles auch tun, wenn man nicht verheiratet sei. Er nahm alles in sich auf und ist zur Zeit geistesabwesend, um es erst einmal zu verdauen.«

Die meisten Eltern finden, daß eine auf die mechanischen Vorgänge beschränkte Diskussion über Sex nicht ausreicht, wenn es um Geschlechtsverkehr geht, vor allem nicht, wenn die Kinder schon größer werden. Während der Entwicklungsjahre und bei den sich stark wandelnden zivilisatorischen Normen für den Sex wünschten viele Eltern sicherzugehen, daß sie ihren Kindern gesunde Wertvorstellungen in Sachen Sex vermitteln könnten. Für manche bedeutete das, daß Sex nur innerhalb der Ehe gepflegt werden sollte. In allen Fällen waren Mütter aber darum besorgt, daß ihre Kinder Sex auf verantwortliche Weise betrieben. Sie wünschten ihnen, daß sie ihn aus den richtigen Gründen erlebten. So sah es auch Sonya, eine 40jährige Mikrobiologin, die seit zwei Jahren geschieden war und zwei Töchter von achtzehn und vierzehn und zwei Söhne von sechzehn und neun Jahren hatte:

»Ich habe meinen drei Teenagern klargemacht, daß es für mich keine unterschiedliche Betrachtungsweise für Jungen und Mädchen gibt. Ich erwarte von allen in gleicher Weise, daß sie sich für ihr sexuelles Verhalten verantwortlich fühlen und sich immer bewußt sind, was sie tun. Sie können Sex haben, wenn sie ihn haben wollen, aber ich wünsche, daß sie vorbereitet sind darauf und die notwendigen Vorsichtsmaßnahmen ergreifen. Ich will, daß sie für sich selbst verantwortlich sind, sich aber auch verantwortliche Partner auswählen. Für meine Begriffe gehören zwei voll Verantwortliche zum Sex.«

Sie wollten so viele Informationen liefern, daß ihre Kinder mit Sicherheit sexuell bewußt und verantwortlich handeln konnten. Louise hatte dieses Gespräch mit ihrer vierzehnjährigen Tochter:

»Ich spreche mit ihr über Geschlechtskrankheiten. Ich sage: ›Das ist nun einmal die Kehrseite.‹ Ich sage ihr immer wieder: ›Ich möchte wirklich, daß du über alle Informationen verfügst, sowohl über Geschlechtskrankheiten als auch über die Empfängnisverhütung, wenn du dich entscheidest, sexuell aktiv zu werden. Wenn du dich dazu entschließt, dann möchte ich, daß du zur Familienberatungsstelle gehst und dir da Rat holst. Ich gehe gern mit dir, wenn du nicht lieber allein gehst. Aber du sollst wissen, daß dir solche Stellen zur Verfügung stehen.‹ Ich mußte einen sehr langen Weg gehen, ehe ich so sprechen konnte. Was mir dabei half, war das Gefühl, mich von dem Besitzrecht am Körper meines Kindes loszulösen und mir klarzumachen, daß meine Verantwortlichkeit darin besteht, meiner Tochter zu erlauben, daß sie ihren eigenen Körper in Besitz nimmt und für ihn nun auch selbst verantwortlich sein muß.«

Sie wollten auch ihre Töchter davor schützen, daß aus einem sexuellen Erlebnis gleich eine Schwangerschaft resultiere. Gweneth, eine 44 Jahre alte Krankenschwester, die seit 21 Jahren verheiratet ist und drei Kinder im Teenageralter hat, meinte dazu:

»Meine siebzehn Jahre alte Tochter ging mit diesem netten Jungen. Ich hatte einfach nicht genügend Mut, um sie zu fragen, ob sie sexuell schon aktiv sei, weil man immer nicht wahrhaben will, daß die Kinder erwachsen werden. Das kleine Mädchen soll nicht reif werden, obwohl man andererseits wünscht, daß es doch groß wird. Deshalb sagte ich: ›Ich habe dich nie richtig gefragt, ob es Zeiten gibt, in denen du die Antibabypille benötigtst. Bitte fühle dich da frei genug und geh zu einem Frauenarzt, den du dir selbst aussuchen kannst. Du benötigst dazu von mir keine Erlaubnis, aber sei dir bitte über deine Verantwortung im klaren.‹ Ich arbeite in einer Klinik für Geburtenkontrolle, und ich wollte nicht, daß sie meinte, sie hätte dorthin zu gehen. Sie sagte: ›Oh, es ist wirklich so, daß ich Paul sehr gern habe, und es wäre vielleicht schon richtig, wenn ich vorsichtshalber etwas in Richtung Verhütung täte, aber ich werde doch lieber in die Klinik gehen. Alle meine Freundinnen gehen ja auch dorthin.‹ Und das ganze Personal an meiner Arbeitsstelle stand Kopf. Sie waren natürlich daran gewöhnt, daß meine Tochter mich dort besuchen kam – und das von klein auf –, und jetzt kam sie plötzlich, um zum Frauenarzt zu gehen. Inzwischen wurde mein Sohn Stanley fünfzehn Jahre alt, und es wurde Zeit, mit ihm zu reden. Also fragte ich ihn, und er antwortete gleich: ›Ja, Mama, meinst du, wenn ich sexuell aktiv würde, ich würde keine Verhütungsmittel benutzen? Hältst du mich für solch einen Idioten?‹ Da kam die Mutter wohl ein wenig spät.«

Wie sich im Verlaufe dieser Interviews für uns eindeutig herausstellte, war es für das Kind von eminenter Bedeutung, Eltern zu haben, zu denen es gehen konnte, um genaue Information über alle sexuellen Fragen zu erhalten. Die Eltern ihrerseits müssen ihrem Kinde gegenüber offen sein und seine Einstellungen, Ängste und Meinungen akzeptieren. Viele der Frauen, die wir interviewt haben, waren der Ansicht, daß sie der Elternteil waren, der den größeren Beitrag zur Sexualaufklärung ihrer Kinder geleistet hatte. Immerhin gab es auch gewisse Fälle, wo dem Kind das Gespräch mit einem Mann lieber war als das mit einer Frau. Die meisten Mütter waren glücklich, wenn sie sich mit ihren Kindern einer Meinung wußten. In der Regel bedeutete das, daß die Mutter das oder die Aufklärungsgespräche mit den Töchtern, der Vater aber mit den Söhnen führte. Penelope beschrieb uns die Gesprächslinien zwischen ihr, ihrem Sohn und ihrem dritten Mann:

»Als mein Sohn Joe und ich noch allein waren, ehe ich wieder heiratete und Harold in unser Leben trat, verbrachten wir viel Zeit damit, den Hund spazierenzuführen und uns dabei zu unterhalten.

Auf solchen Spaziergängen hatten wir unsere besten Gespräche. Er erzählte mir dann viel über seine Beunruhigung im Umgang mit anderen. Es berührte ihn angenehm, zu erfahren, daß auch weibliche Wesen eine schwierige Zeit haben, in der sie nur schwer ungezwungenen Umgang mit dem anderen Geschlecht haben können. Er war völlig überrascht davon, denn er glaubte, es sei viel leichter, gefragt zu werden, als selbst fragen zu müssen. Er hatte jetzt im College die gleiche qualvolle Zeit, wie ich sie dort in den fünfziger Jahren erlebt hatte. Ich heiratete wieder, und Harold wuchs mit uns zu einer Familie zusammen. Mit der Zeit wurde mein Sohn sexuell aktiv, und es entstanden bei ihm Ejakulationsprobleme. Mit mir sprach er über solche Schwierigkeiten nicht, nur über die, die seine Mädels hatten. Wenn es aber um ihn selbst betreffende sexuelle Fragen ging, wandte er sich lieber an Harold. Mit ihm sprach er über sein Problem, daß er zu rasch kam. Und Harold gab ihm eine Reihe von Ratschlägen dazu.«

Wir sehen also in diesem Kapitel, daß es nicht nur möglich ist, trotz der Anwesenheit der Kinder sich selbst ein aktives und befriedigendes Geschlechtsleben zu erhalten, sondern auch über die Begrenzungen der eigenen Eltern hinauszuwachsen im Umgang mit den eigenen Kindern. Während wir versuchen, mit ihnen offener umzugehen, erhalten wir die Möglichkeit eigener Selbstbefreiung von jenen Einengungen, die uns von unseren Eltern mitgegeben wurden.

Die Fähigkeit, die eigenen Rollen zu verändern, fügt der Kindererziehung eine neue Dimension hinzu. Es ist ein absoluter Vorteil, wenn man selbst zwei Betrachtungsweisen zu diesem Thema haben kann: die der Eltern und die der Kinder. Rufen wir uns unsere Erfahrungen als Kinder ins Gedächtnis zurück und erinnern uns, wie sehr wir uns gewünscht hatten, daß unsere Eltern das Thema Sexualität mit uns besprechen würden; nicht nur um deren Konflikte und Schwierigkeiten besser zu verstehen, sondern auch um neue Lösungen für eigene Probleme zu finden. Es ist ähnlich wie bei einem Schauspieler auf der Bühne. Spielt man eine führende Charakterrolle, so bringt sie einem eine tiefe Einsicht in diese Person. Kann man aber die Rollen tauschen und auch die Gegenrolle spielen, gewinnt man dadurch ein viel höheres Maß an Einsicht und Verständnis. Mit diesem weitaus vollständigeren Verständnis für die unterschiedlichen Charaktere erhält man die Möglichkeit, das Risiko der Improvisation der Rollen überschaubar zu machen. Mit unserer größeren Kenntnis der Rollen einerseits der Eltern und andererseits der Kinder fühlten wir uns in die Lage versetzt, aus einer fast einmaligen Qualifikation heraus ein ganz neues Manuskript vorzulegen. Wir hegen dabei die Hoffnung, es möge ein Beitrag zum Erlangen einer positiveren und gesunderen Sexualität für spätere Generationen sein.

Schlußfolgerungen

Sexualität ist ein Wachstumsvorgang. Er beginnt bei der Geburt und entfaltet und entwickelt sich während des ganzen Lebens. Dieser Prozeß ist vergleichbar mit jemandem, der gerade seine Schule abgeschlossen hat und nun ein Geschäft oder einen Beruf beginnt. Ist diese Person 23 Jahre alt, erwarten wir, daß sie sich noch mit ihrer neuen Karriere abmüht. Hat sie dagegen einmal die Dreißig überschritten, darf man annehmen, daß sie sich mit ihrem Beruf und ihren Verantwortlichkeiten langsam zurechtgefunden hat. Sie dürfte dann weniger ausschließlich mit dem Erhalt ihrer Karriere beschäftigt sein und sich stärker um die Entwicklung ihrer Interessen und Talente auf anderen Gebieten kümmern. Auf sexuellem Gebiet dürfte eine Frau in den zwanziger Jahren nach Annehmlichkeit und Wissen um ihre eigene Sexualität bemüht sein. Hat sie die Dreißig erreicht, mag sie damit beschäftigt sein, ihre Sexualität in einer intimen Beziehung zu erforschen. In den Vierzigern mag sie den Wunsch hegen, die Vielfalt und Intensität ihres sexuellen Erlebens mit ihrem Partner auszuweiten und so weiter. Eine andere Frau mag diesen Prozeß in anderer Reihenfolge erleben und mit Vielfalt und Experimenten beginnen, um so eventuell zu einem tieferen und gefühlsbetonteren sexuellen Erleben zu finden. Für viele Frauen aber gilt es, den Sex in die zweite Reihe zu verbannen, weil sie zu beschäftigt sind mit ihrer Karriere oder mit der Erziehung ihrer Kinder. Während dieses Zeitabschnittes mögen sie vielleicht wenig Interesse an ihrer Sexualität haben oder deren Entwicklung wenig verspüren. Aber ihr Interesse wird einige Jahre später wieder wachsen, wenn sich ihr Blickwinkel ändert und sie sich in größerem Umfang auf ihre persönlichen und gefühlsmäßigen Erfordernisse konzentrieren können. Und es gibt auch Frauen, die tatsächlich ohne Sex zufrieden wären, wenn nicht der Druck von außen, von ihrem Partner oder auch von den Medien käme.

Man sollte seine gegenwärtigen Gegebenheiten mit seinen gegenwärtigen Idealvorstellungen vergleichen. Es ist durchaus möglich, daß die derzeitige sexuelle Unzufriedenheit auf dem Fehlen einer festen Bindung beruht; sie kann ebenso an einer Entfremdung liegen, die zwischen dem Gefährten und einem selbst eingetreten ist, obwohl man gemeinsam unter einem Dach lebt, und das schon seit langer Zeit. Lebt man nicht in der partnerschaftlichen Situation, die man bevorzugen würde, welches sind die konkreten Schritte, die man zu einer Änderung der Verhältnisse unternehmen könnte? Sollte man vielleicht ausgehen und an Parties teilnehmen, sich unter Menschen bewegen, um so eventuell einen Partner kennenzulernen, mit dem es zu einer dauerhaften Bindung kommen könnte? Vielleicht bedarf es aber auch einer ernsthaften Aussprache mit dem gegenwärtigen Partner, um die Zukunft der Partnerschaft klarer zu definieren. Manchmal ist es leichter, das Augenmerk auf die sexuelle Unzufriedenheit zu richten, als auf die größeren Probleme einzugehen, für die das sexuelle Nichtbefriedigtsein nur symptomatisch ist. Wenn dies der Fall ist und die Situation hoffnungslos erscheint, mag eine Diskussion über eine mögliche Trennung oder Scheidung vom gegenwärtigen Partner wünschenswert erscheinen.

Der erste wichtige Schritt ist, Sexualprobleme von partnerschaftlichen Problemen zu trennen. Hier ein Beispiel: Eine Frau, die von ihrem Ehemann sexuell nicht erregt wird, aber alle Tage herumläuft und sich sexuell erregt fühlt, dabei auch von anderen Männern träumt, hat ganz sicher keinerlei Problem mit ihrer sexuellen Begierde. Davon hat sie mehr als genug. Aber warum ist sie dann bei ihrem Ehemann nie erregt? Haßt sie vielleicht die Art, wie sie Liebe machen und findet diese unbefriedigend oder ist sie ständig ärgerlich über ihn, so daß ihre sexuellen Gefühle für ihn ausgebrannt sind? Wenn hier ausgedehnte, nichtsexuelle Probleme zugrunde liegen, die auf den sexuellen Bereich übergreifen, wäre es vielleicht gut, einen Therapeuten in Anspruch zu nehmen.

Besteht dagegen der Eindruck, daß die Basis der Schwierigkeiten vorwiegend im Bereich der sexuellen Partnerschaft zu suchen ist, empfehlen wir das folgende Verfahren, um genau festzustellen, welche Änderungen der Verhaltensweise den größten Erfolg erzielen könnten. Zu Beginn sollte man erst einmal einige besonders gute sexuelle Erlebnisse zusammenstellen. Dann nehme man jedes Erlebnis für sich und rufe es von Anfang bis Ende genau ins Gedächtnis. Dieses Verfahren darf man nicht im Eiltempo versuchen. Es kann fünf oder zehn Minuten in Anspruch nehmen, um sich jedes Detail wieder ins Gedächtnis zurückzurufen. Mit wem hat man Geschlechtsverkehr gehabt? Wie steht man zu diesem Menschen? Wie waren die Stunden vor diesem Geschlechtsakt? Wie fühlte man sich selbst während dieser Zeit? Was hat man selbst dazu getan? Hat man sich während dieser Zeit mit dem Partner beschäftigt? Wenn ja, welche Art der gegenseitigen Beschäftigung war das? Wer war der Initiator, als das eigentliche Liebemachen begann? Worin bestand diese Initiative? Wo befand man sich zu dieser Zeit? Wie gestaltete sich die Umgebung? In welcher Weise hat man sich berührt? Wer war der bestimmende, wer der passive Partner? Welcher Sexpraktiken hat man sich bedient? Oralsex, Analsex? Welche Sexstellungen, Phantasien oder Sexgespräche spielten bei diesem Erlebnis eine Rolle? Wie endete das Erlebnis? Was tat man danach? Wie empfand man sich selbst, wie den Partner während des ganzen Aktes?

Anschließend sammelt man drei negative Sexerlebnisse. Man wiederholt auch bei ihnen das oben beschriebene Verfahren, um festzustellen, was diese gemeinsam haben. Versteht man nun besser, welche Faktoren dem Erreichen eines positiven Sexualerlebnisses im Wege stehen?

Nehmen wir als Beispiel, man hätte herausgefunden, der Sex sei derzeit nicht so erfreulich wie er früher war. Er sei zu ernsthaft und stehe zu stark unter dem Druck des Fertigwerdens. Ein Riesenschritt, der zum Fall führen müßte, wäre der, daß man für sich und seinen Partner die Teilnahme an einer Sexparty arrangieren würde, ohne sich darüber vorher ausgiebig zu unterhalten. Der Partner könnte darauf absolut negativ reagieren. Oder, wenn der Partner zu positiv reagieren würde, könnte man selbst ängstlich und unsicher werden, was für ein Risiko man da eingegangen sei. Oder seine Reaktion könnte immerhin so viele Bedenken bei einem selbst wachrufen, daß man durch sie gehindert wäre, ein Erlebnis zu genießen, das man selbst eingefädelt hat. Immerhin wäre es doch möglich, diesen Riesenschritt in mehrere kleinere Schritte aufzuteilen. Zunächst könnte man mit seinem Partner darüber reden, daß man den Geschlechtsverkehr mit ihm wieder erfreulicher gestalten möchte. Der Partner hat dazu vielleicht auch einige nützliche Einfälle, die zum wünschenswerten Erfolg beitragen können, vor allem wenn beide gemeinsam auf das angestrebte Ziel hinarbeiten.

Vielleicht würde man sich aber auch entscheiden, ganz offen den Versuch zu machen, etwas mehr Phantasie in sein Sexualleben zu bringen. Aber weil man so etwas noch nie versucht hat, fühlt man sich unsicher. Man kann langsam und vorsichtig damit beginnen, daß man mit seinem Partner darüber spricht. Wenn ein solches Gespräch einem als erster Schritt zu schwierig erscheint, kann man ihn bitten, gewisse Teile eines Buches zu lesen, die man unterstrichen hat, weil man daran Interesse gefunden hat. Dann kann man im Geist bestimmte Phantasievorstellungen bis ins einzelne ausarbeiten. Anschließend kann man selbst oder der Partner seine Phantasievorstellung für einige Minuten in das Liebemachen einbauen. Nach einem solchen kurzen Experiment mag es einem zunächst angenehmer sein, erst einmal zu den gewohnteren Formen des Liebemachens zurückzukehren und das Experiment zu einem späteren Zeitpunkt auszudehnen.

Doch welchen Weg man auch immer gehen will, jedes Verfahren zu Wandlungen des eigenen Geschlechtslebens birgt auch Risiken. Eine Veränderung des Status quo ohne jegliches Risiko ist in keinem Fall möglich. Etwas Neues zu unternehmen, bedingt immer einige Ungewißheit. Ganz sicher kann man über das Ergebnis niemals sein. Zudem wird man, wenn man etwas Neues ausprobiert, selbst immer besorgt sein, ob man es auch richtig macht. Man wird ein wenig ängstlich sein, daß es einem nicht nach Plan gelingt und daher ein Rückschlag eintreten könnte. Auch die mögliche Reaktion des Partners mag einen ein wenig bedrücken, daß er oder sie erschreckt werden und einen hinterher nicht mehr respektieren könnte. Vielleicht macht man sich auch Sorgen darüber, was andere Leute wohl denken würden, wenn sie wüßten – wie die eigenen Eltern wohl reagieren würden, wenn sie von solchen sexuellen Phantasien oder Aktivitäten erführen.

Unsere sexuellen Einstellungen entwickeln sich im Kontakt mit denen, die uns nahestehen – Eltern, Partnern, Freunden. Diese Einstellungen und Vorstellungen bestimmen unser Verhalten. Solange unsere Einstellungen und Aktivitäten miteinander übereinstimmen, brauchen wir uns keinerlei Sorgen darüber zu machen. Probleme und Unbehagen erwachsen erst, wenn die eigenen Einstellungen und die eigenen sexuellen Wünsche miteinander in Konflikt geraten. Oftmals werden Personen, die sich ihre sexuellen Phantasien zugestehen, von Gefühlen eigener Schlechtigkeit oder Promiskuität erfaßt. Gerade solche Gefühle sind es, die den Genuß beim Sex stören, nicht aber die ausgeübten Aktivitäten als solche. Da gibt es keinen Unterschied zwischen einer 65 Jahre alten Frau, die ein Verhältnis mit einem 55jährigen Mann hat, und einer anderen 65jährigen, die solche Dinge niemals in Betracht gezogen hat – außer in ihren Vorstellungen. Die eine ist nicht von Hause aus schlecht und die andere gut, die eine handelt nicht recht und die andere nicht falsch. Beide handeln in Übereinstimmung mit ihrer allgemeinen Einstellung. Sexuelle Einstellungen stellen kein Problem dar, außer wenn sie der Freude entgegenstehen, die wir suchen. Freilich reden wir hier nicht von bewußtem Verletzen eines anderen Menschen, weder körperlich noch in seinen Gefühlen. Wir stellen hier nur ausdrücklich fest, daß es niemals schlecht ist, wenn man seine eigene Sexualität weiter entwickeln möchte. Ebenso ist nichts Schlechtes daran, wenn man mit der derzeitigen Situation zufrieden ist, und keinerlei Wandel wünscht – selbst wenn der Geschlechtsverkehr sich schon seit fünfzig Jahren immer gleich gestaltet. Man hat diesen Ablauf des Aktes vielleicht beibehalten, weil er immer Befriedigung und Freude gebracht hat. Hat man dagegen das Gefühl, daß man etwas grundlegend gern machen möchte, um seine Sexualpartnerschaft auszudehnen, aber zögert , weil man sich davor fürchtet, was andere denken könnten, so sollte man zunächst seine innere Einstellung dazu erforschen. Warum sollte das falsch sein? Warum sollte man einen solchen Wunsch nicht hegen? Stecken da eine Stimme und ein Gesicht hinter den Worten? Sind das vielleicht Wertvorstellungen von anderen – einer religiösen Figur, der Eltern oder eines Freundes –, die man zu seinen eigenen gemacht hat? Wenn man genau weiß, wohin und zu wem die Worte gehören, wünscht man dann auch noch, sich nach ihnen zu richten? Diese Situation gleicht der einer Tochter, die mit den Vorstellungen ihrer Mutter aufgewachsen ist, die aber für eine Frau nicht gelten können, die Ärztin werden will.

Dieser Vorstellungen wegen geht sie dann nicht zur Universität, um Medizin zu studieren, wird aber gleichwohl Krankenschwester. Und von diesem Moment an ist sie ständig unzufrieden. Es ist ihr bewußt, daß sie ebenso intelligent ist wie die Ärzte, mit denen sie zu tun hat, aber sie hat nun einmal nicht die gleiche Autorität und denselben Status. Ihre Einstellung, daß Frauen nicht Ärzte sein sollten, hielt sie davon ab, das Medizinstudium zu absolvieren. Wäre sie in der Lage, ihre geistige Einstellung zu ändern und sich dazu durchzuringen, daß es absolut keinen Grund gibt, warum Frauen nicht auch Ärzte sein sollten, würde sie sich selbst dazu befreien, den Weg zur Universität zu gehen und Ärztin zu werden. Sie hätte es dann vielleicht ein wenig schwerer, weil sie älter wäre als die meisten Kommilitonen, aber dadurch würde das Studium nicht unmöglich für sie. Würde sie dagegen glauben, daß es für sie zu spät wäre und sie ihre Chance verpaßt hätte, würde sie sich in Zukunft zu ständigem Unbefriedigtsein im Beruf und ewigen Kompromissen verurteilen, wobei ihr aber immer das Bewußtsein bliebe, daß sie mehr Fähigkeiten hat.

Es ist niemals zu spät. Wie uns eine 67 Jahre alte Frau sagte: »Ich hab erst kürzlich die liebevollste, aufregendste und – nebenbei gesagt – sexuell erfüllendste Partnerschaft meines ganzen Lebens begonnen! Und das wäre unmöglich gewesen, wenn ich nicht zunächst einige meiner Ansichten revidiert hätte und seinen Werbungen gegenüber offen gewesen wäre.« Wie bei dieser Frau ist es bei allen von uns. Wie wir unser Sexualleben gestalten, haben nur wir selbst und niemand außer uns zu entscheiden. Seine Ansichten kann man an jedem Punkt seines Lebens ändern. Und Niemand, mit Ausnahme des eigenen Partners, hat einem da hineinzureden, hat in solchen Fragen mitzuentscheiden.